पत्रकारिता की आधुनिक प्रवृत्तियाँ
RECENT TRENDS OF JOURNALISM

पत्रकारिता की आधुनिक प्रवृत्तियाँ

RECENT TRENDS OF JOURNALISM

लेखक

अनुपम पाण्डेय

परास्नातक-भूगोल (प्रथम श्रेणी)

अनुसंधानरत-भूगोल (भूआकृति विज्ञान)

पर्यटन अध्ययन में डिप्लोमा (प्रथम श्रेणी)

रचनात्मक लेखन में स्नातकोत्तर डिप्लोमा (प्रथम श्रेणी)

डिस्कवरी पब्लिशिंग हाउस

नई दिल्ली–110 002

प्रकाशक:

तिलक वासन

डिस्कवरी पब्लिशिंग हाऊस प्राइवेट लिमिटेड
4383/4B, अन्सारी रोड, दरियागंज
नई दिल्ली - 110 002
दूरभाष–23279245, 23253475, 43596065
E-mail : discoverypublishinghouse@gmail.com
sales@discoverypublishinggroup.com
web : www.discoverypublishinggroup.com

First Published: **2007**

Reprinted: **2020**

ISBN: 978-93-5056-667-1

पत्रकारिता की आधुनिक प्रवृत्तियाँ

Printed at:
Infinity Imaging Systems
Delhi

प्रस्तावना

पत्रकारिता एक कला भी है और एक व्यवस्था भी जिसमें घटनाओं और मतों अथवा विचारों को संगृहीत करके शिक्षित जनता के लाभार्थ उनकी व्याख्या और विवेचना की जाती है। एक अमेरिकी विद्वान ने पत्रकारिता के सम्बन्ध में सही ही कहा है–''इसका इतिहास मानव समुदाय द्वारा एक-दूसरे के साथ मुक्त विचार-संप्रेषण को बनाए रखने के लिए, समाचारों, सूचनाओं को प्राप्त करने और संगृहीत करने के लिए और जनता के बीच भावों का बुद्धिमता पूर्ण विवेचन करने के लिए तथा जनमत को निर्धारित करने वाली सूचनाओं और विचारों के प्रवाह को रोकने वाले अवरोधों को समाप्त करने के लिए मानव समुदाय द्वारा निरंतर किए जाने वाले प्रयासों का इतिहास है।''

सम्प्रति पत्रकारिता के क्षेत्र में नवीन अनुसंधानों के अनुप्रयोग ने इसके स्वरूप को बदल दिया है। आधुनिक पत्रकारिता के आयाम में साक्षात्कार कला, फिल्म पत्रकारिता, फोटो पत्रकारिता, प्रिंट पत्रकारिता, इंटरनेट, इलेक्ट्रॉनिक मीडिया की पत्रकारिता, संचार व जनसंचार माध्यम, प्रसारण माध्यम, जनसंपर्क, विज्ञापन आदि को शामिल किया गया है। प्रस्तुत पुस्तक पत्रकारिता के इन आधुनिक प्रवृतियों की सूक्ष्म व्याख्या करता है।

सम्प्रति पत्रकारिता में जनसंचार और विज्ञापन को अधिक महत्त्व दिया जा रहा है। अब यदि हम जनंसचार की विवेचना करें तो यह सूचना, विचार तथा मनोरंजन का संचार माध्यमों से व्यापक प्रचार करता है। इसके तहत ऐसे माध्यम

भी सम्मिलित किये जाते हैं जो जनसंचार के आधुनिक साधनों का उपयोग करते हैं। उदाहरणार्थ—प्रेस, रेडियो, दूरदर्शन, समाचार-पत्र, सिनेमा तथा अन्य प्रकाशन एवं विज्ञापन आदि। साथ ही प्रमुख परम्परागत माध्यम जैसे लोक गीत, लोकनृत्य, नाटक, कठपुतली आदि का भी उपयोग किया जाता है। भारत में सूचना एवं प्रसारण मन्त्रालय के पास जनसंचार माध्यम सुव्यवस्थित है जिसके क्षेत्रीय तथा शाखा कार्यालय और चलते-फिरते इकाई सारे देश में फैले हैं।

आज के युग को यदि विज्ञापन का युग कहा जाए तो इसमें कोई अतिश्योक्ति नहीं होगी। ऐसा लगता है विज्ञापन जीवन मे सर्वव्यापी अवधारणा के रूप मे स्वीकार किया जाने लगा है। विज्ञापन सामान्यरूप से किसी वस्तु, विधा अथवा सेवा से उपभोक्ताओं की जानकारी करवाता है, उनमे खरीदने की इच्छा जाग्रत करता है अथवा अनेक उपलब्ध वस्तुओं में से एक का चयन करने में मदद करता है तथा किसी वस्तु के ब्रांड विशेष के प्रति उनकी प्रतिबद्धता बढ़ाता है। कभी-कभी ऐसा लगता है कि विज्ञापन हमारे जीवन मे सहायक की भूमिका तो निभा ही रहा है किन्तु कुछ मामलों मे वह ग्राहकों या उपभोक्ताओं को आदेश देने लगता है। यानी मस्तिष्क पर इतना गहरा प्रभाव पड़ता है कि किसी ब्रांड की उपभोक्ता को आदत पड़ जाती है।

अन्त में हम उन सभी लोगों के प्रति आभार प्रकट करते हैं जिन्होंने पुस्तक के प्रकाशन में प्रत्यक्ष व परोक्ष रूप से सहयोग किया। आशा है प्रयास की सराहना आप प्रबुद्ध पाठकों द्वारा अवश्यक की जायेगी।

—लेखक

अनुक्रम

1

मीडिया शोध

जनसंचार की विषय-वस्तु अत्यधिक विस्तृत है। इस विषय में शोध पत्रकारिता कार्य से परे हटकर काम करना एक विशुद्ध कार्य है, तथापि इन दोनों कार्यविधियों में अन्योन्याश्रय संबंध है। इस परिप्रेक्ष्य में इसको समझना आवश्यक है कि वास्वतिक रूप मं मीडिया करती क्या है? इसका अपना प्रभाव किस सीमा तक है और यह व्यवस्था परिवर्तन की क्षमता रखता भी है अथवा नहीं। अगर हम अपने दैनन्दिन जीवन के क्रिया-कलापों से पीछे भाककर देखें तो उस पर समुन्नत तरीके से काम कर सकते हैं।

यूनेस्को के एक प्रकाशन में कहा गया कि सूचनाओं की मौजूदगी पर ही एक बुद्धिमत्तापूर्ण संचार नीति निर्धारित है जो केवल शोध के द्वारा ही संभव है। यही नीति हमें अधिकाधिक शोध करने एवं संचार नीति के विकास हेतु प्रेरित करती है। हमने हाल के सालों में जनसंचार शोध के विकास की दिशा में महत्वपूर्ण उपलब्धि प्राप्त की है जनसंचार शोध का क्षेत्र पश्चिमी औद्योगिक देशों में फैलते हुए अब वैशिक स्वरूप की ओर तीव्रता से बढ़ता जा रहा है।

जनसंचार शोध का विकास अमेरिका में समाज विज्ञानों की अन्य शाखाओं के साथ-साथ ही विकसित हुआ। यह अनिवार्य रूप में आधुनिक, औद्योगिक और

ग्रामीण समाज में मात्रात्मक और गुणात्मक सूचना हेतु जिम्मेदार है जबकि भारतीय अथवा एशियाई समाज में दोनों विधाओं के विकास में असमानता और असामंजस्य की स्थिति काफी दिनों तक कायम रही। आज अंतर्राष्ट्रीय प्रामाणिकों के अनुसार शोध और मीडिया विकास हेतु प्रयत्नशील हैं और संतोषजनक सफलता भी प्राप्त किए हैं। जनसंचार शोध और विकास के संबंध में विकास हमारे समाज की समस्याओं के निदान पर निर्भर है। जैसे-जैसे हमारी सामाजिक कठिनाइयां कम होती जाएंगी हम उस दिशा में जरूरी सफलता प्राप्त करते जाएँगे। समाज कार्य, समाज विज्ञान और मनोविज्ञान का जनसंचार शोध से घनिष्ठ जुड़ाव है और अतः शोध समाज विज्ञानों की भूमिका सामाजिक समस्याओं के निवारण के लिए काफी आवश्यक है।

आलोचनात्मक एवं सामाजिक अनुसंधान

शुरूआती चरण में हम सामाजिक परिप्रेक्ष्य में ही आलोचनात्मक समस्यात्मक एवं नीतिमूलक शोध की विवेचना करते हैं। विस्तृत तौर पर आलोचनात्मक शोध यद्यपि एक विस्तारवादी और प्रतिक्रियात्मक कई मूल्यों की ही एक कड़ी है। फिर भी यह लोक सम्मति अथवा जनमत शोध से कम प्रमुख है तथा ऐतिहासिक और संस्थागत संबंधों द्वारा पत्रकारिता और प्रसार के परिपेक्ष्य में प्रतिबंधित की गई है। इसके यह बाजार, श्रोता वर्ग और जनसमूह से गहराई तक जुड़ी नहीं है तथा सेवा, प्रशासन तथा वाणिज्यिक गतिविधियों से कम संबंधित है।

जिस तरह मीडिया संस्थाएँ प्रभावशाली होती जाती हैं या महत्वपूर्ण होती जाती हैं। आलोचनात्मक नीतियों और समस्यामूलक दबाव बाहरी क्षेत्रों से पड़ने लगता है। यद्यपि विवेचनात्मक शोध इन कठिनाइयों की पूर्णतः उपेक्षा नहीं करता है फिर यह कठिनाइयों को उस रूप में नहीं लेता जैसा कि मीडिया के लोग अथवा राजनीतिज्ञ लेते हैं। पश्चिमी संसार में अनुशासन और संगठित शोध को एक अर्थपूर्ण व्यवसाय व पेशे के रूप में मान्यता दी जाती है। संचार का सामाजिक प्रक्रियाओं के साथ अन्य सामाजिक संस्थाओं के अध्ययन को शक्ति प्रदान किया जातां है। शोध को संगठन, सामाजिक संरचना, व्यवसाय, सहभागिता सामाजीकरण, इत्यादि के साथ-साथ अध्ययन किया जाता है। अतएव संचार प्रक्रिया एवं संचार प्रारूप का अध्ययन है। इसलिए संचार नीतियों का समाज के अन्य शैक्षिक, सांस्कृतिक, वितीय सामाजिक, नीतियों के साथ ही अध्ययन और उनके अनुसार जरूरी परिवर्तन संचार शोध का आधारभूत सिद्धांत है।

जनसंचार शोध के क्षेत्र में आने वाली समस्याएं

शुरूआत में यह विचार किया गया कि जनसंचार शोध के फलक में व्यापक और वास्तविक नियमों की स्थापना की अत्यंत आवश्यक है। वास्तव में, जनसंचार शोध का इतिहास सिद्धांत के सवाल पर मुंर्स से विवादित रहा है इसके अतिरिक्त इस प्रश्न पर जितने भी अंतर्राष्ट्रीय संगोष्ठियां (सेमिनार) हुई हैं, उनमें नियम के स्तर का निर्धारण करने में एकमत कभी भी नहीं रहा है इस संबंध में दो परामर्शों की चर्चा करना आवश्यक प्रतीत होता है। प्रथम परामर्श समाज के विस्तृत परिपेक्ष्य में मान्य हो। दूसरा सलाह यह है कि समाज के वर्गों के संदर्भ में अथवा मध्यम वर्ग को ध्यान में रखते हुए किसी ऐसे नियम का विकास किया जाए जो किसी सर्वव्यापी एवं सर्वमान्य नियम की स्थापना करने में सहायक हो सके।

इस संबंध में आने वाली समस्याओं के निदान हेतु सामान्य रूप से यह विचार बना कि हमें सिद्धांत और अनुभव सिद्ध या प्रयोग ज्ञान सिद्ध शोध के बीच संबंधों पर अपना ध्यान केंद्रित करना चाहिए। फिर भी संचार और समाज नियम के मध्य सूचना संबंधों की अनुपस्थिति में हमारे शोध की सफलता सदैव संदेहास्पद बनी रहेगी। इसका तात्पर्य यह नहीं है कि लोक सम्मत कार्यों की कोई सैद्धांतिक नींव नहीं है वरन् यह एक मूल्यात्मक स्थिति का आधार प्रदान करता है। किसी समाज के आधारभूत सिद्धांत के बगैर कोई भी शोध कार्यक्रम मीडिया और समाज के संबंधों की उपयुक्त व्याख्या प्रस्तुत नहीं कर सकता। यही कारण है कि मीडिया नियम की प्रतिस्थापना के लिए समाज के अनुभव सिद्ध अथवा प्रयोग ज्ञान को सिद्ध बातों का स्वागत किया जाना चाहिए।

समाज का एक निर्धारित नियम (नियम कानून आचार-मूल्य) होना जरूरी है और प्रायः हम सभी इस बात से बने हैं। जबकि किस तरह का सिद्धांत? यह प्रश्न अनुत्तरित है। कैरी का मानना है कि एक ऐसे संचार सिद्धांत अथवा शोध की अनिवार्यता है जिसमें विकास समाज के सिद्धान्त द्वारा किया गया हो इस प्रकार से एक शक्तिशाली और मूलभूत कार्य इस क्षेत्र और समाज विज्ञान के अन्य क्षेत्रों में किया जा सकता है और इससे हमारी संचार की पूर्ति हो सकती है।

जनसंचार शोध तथा समाज की समालोचना

पश्चिमी दुनिया में अलोचक अपनी आलोचनाओं को वर्तमान औद्योगिक में देखना चाहते हैं जबकि जहां तक भारतीय समाज का प्रश्न है हम अपनी अपनी संस्कृति और सामाजिक परंपराओं से बंधे हुए हैं। इसका तात्पर्य नहीं है कि हम

विज्ञान और नयी तकनीक को तवज़्ज़ो नहीं देते वरन् हम विशुद्ध विज्ञानवादी न होकर मानववादी और सार्थक विज्ञानवादी हैं।

अमेरिका और यूरोप में औद्योगिक क्रांति के संगठित रूप से एक बड़े इकाई के रूप में काम करने की जरूरत की समझ बढ़ी तथा समाज में समुदायों की धारणा बननी शुरू हुई, और इसी के साथ-साथ कुशलता और योग्यता के आधार पर निजी भावना का भी विकास हुआ। इसी औद्योगिक पृष्ठभूमि में पश्चिमी के समाज वैज्ञानिक, सामाजिक संगठन और सामाजिक विघटन की अवधारणा को करने का प्रयत्न करते देखे गए तथा सामाजिक सूचनाओं का विकास आधुनिकता के संदर्भ होने लगा। यही सूचनाएँ सामाजिक व्यवहार को प्रभावित करने लगीं जिससे जनमत का निर्माण हुआ। जबकि जैसा कि पश्चिमी समाज का सामाजिक एवं सांस्कृतिक पर्यावरण था उसमें प्रचार और विज्ञापन को ही महता प्राप्त हुई। इन्हीं परिस्थितियों में संचार एवं समाज की दिशा पर भी काम किया गया हो। और शहरी विकास के साथ-साथ समाज की स्थापना को भी बल प्राप्त हुआ। जिससे सामाजिक व्यवहार और सामाजिक नियंत्रण की दिशा में सूचना और संचार की उपादेयता बढ़ती चली गयी।

सामूहिक व्यवहार तथा सामाजिक निदान पर विशेष तौर पर किया और सामाजिक आंदोलन में संचार की भूमिका प्रधान होती गई। वूल्मर ने जनता, भीड़ और वर्ग (समाज) की व्याख्या की तथा उनके जनमत और प्रचार का दर्शन और उनका विज्ञापन जो सामाजिक क्रियाकलापों से संबद्ध था समाज के लोगों को संबोधित एवं मार्गदर्शन करने का एक साधन बना।

हैराल्ड लासवैल ने 1940 राजनीतिक शक्ति एवं प्रचार पर कार्य के परिपेक्ष्य में जनसंचार शोध के महत्व को प्रतिपादित किया। इसके उपरान्त सामाजिक परिदृश्यों के विश्लेषण के लिए संचार का सम्मान बढ़ता गया। इन्होंने जनसंचार को एक नयी सामाजिक शक्ति की संज्ञा दी। जनसंचार को एक निर्धारित दिशा देने में 'शिकागो स्कूल' का भी मुख्य योगदान रहा है। वर्तमान सामाजिक, राजनीतिक, वित्तीय, सांस्कृतिक और बौद्धिक वजहों और आवश्यकताओं के परिपेक्ष्य में संचार और मीडिया अपना स्वरूप ग्रहण कर रही थी। धीरे-धीरे जनसंचार की प्रक्रिया व असर सामाजिक संरचना और जरूरी सामाजिक पर्यावरण की प्रतीक बनती गयी जो आगे चलकर अध्ययन और वाणिज्यिक गतिविधियों हेतु अध्ययन का आधार बनी। फलस्वरूप मीडिया और जनसंचार एक आवश्यकता के रूप में उभर कर सामने आया।

राजनीतिक विज्ञान में समाजशास्त्री एवं संचार मीडिया शोध पर स्वतंत्र रूप से है। आगे चलकर मीडिया और संचार क्षेत्र में आने वाली समस्याओं को दूर करने के लिए अमेरिका कालेजों में पत्रकारिता और जनसंचार विभागों की स्थापना स्वतंत्र रूप से की गई तथा इसके वैज्ञानिक अध्ययन हेतु छात्रवृत्ति की भी शुरुआत की गयी। शनैःशनैः विश्वविद्यालयों में जब जनसंचार शोध संस्थागत रूप में गहण करने लगा तो शेराने ए. कावेरी ने शोध अनुशासन पर विशेष बल दिया। इसके पश्चात् क्रमिक ढंग से शोध पत्रिकाएँ, वैज्ञानिक संगठन, किताबें, पुस्ताकालय इत्यादि की व्यवस्थाएँ होनी शुरू हो गयीं।

मानव व्यवहार और प्रकृति के संदर्भ में, यद्यपि संचार का सामाजिक नियमों के विषय में अध्ययन का विचार अपनी जगह पर ही था, फिर भी जहाँ एक तरफ लासवेल लेजरफील्ड ड्यूश, लेविन और हावलैंड ने मानव संबंधों एवं सामाजिक संरचना से अपने संचार खोजों को जोड़ा तो वही दूसरी ओर विल्बर श्रम द्वारा जो पत्रकारिता शिक्षा में तथा अपने क्षेत्र में समय के अनुसार संचार नियमों का केंद्रीकृत व व्यवस्थित अध्ययन और शोध पर बल दिया गया नतीजन सांस्कृतिक और ऐतिहासिक संचार स्वरूप का परिवर्तन जनसंचार सिद्धांत और शोध के रूप में होने लगा।

संचार और मीडिया शोध तीव्र गति ने सूचना शक्ति के बारे में ज्ञान को सामाजिक और राजनीतिक जरूरत की ओर रुख कर और सामाजिक नियंत्रण में उसकी भूमिका को विश्व ने महसूस किया।

विल्बर श्रम ने अपने को जनसंचार के क्षेत्र में व्यावहारिक शोधकर्त्ता के रूप में प्रस्तुत किया तथा उन्होंने यह सिद्ध करने की कोशिश की कि मानव व्यवहार की प्रकृति और वजह क्या है? और कैसे संचार मनुष्य को एक दूसरे के साथ प्रसन्नतापूर्वक और अच्छे व्यवहार के साथ रहने हेतु प्रेरित कर सकता है। श्रम के अनुसार मानव संचार विज्ञान श्रोता अध्ययन, जनमत, वस्तुगत अध्ययन और सामाजिक प्रभाव के मापने के साथ-साथ विकसित हो सकता है।

लासवैल संचार प्रक्रिया के अत्यंत सरल मार्ग की व्याख्या की गयी। उन्होंने मानव संचार को समझने प्रभावपूर्ण और शक्तिशाली प्रारूप देने का प्रयत्न किया गया। लासवेल ने सिर्फ संचार प्रक्रिया के तत्वों (संचारक, संदेश, माध्यम, और प्रापक और प्रभाव) के अध्ययन पर ही प्रकाश डाला बल्कि संचार शोध के क्षेत्र में साधन (मीडिया) विश्लेषण, श्रोता-विश्लेषण और प्रभाव-विश्लेषण पर भी गहन अध्ययन किया। आरंभ में राजनीतिक संचार की शक्ति को महसूस करने के

पश्चात् उन्होंने संचारक ओर संदेश के भावों को समझने का प्रयत्न किया। उनका मानना है कि शक्तिशाली मीडिया संस्थानों को सामाजिक व्यवहार में खुद लाने की दिशा में खुद को लगाना चाहिए।

इसके पश्चात् जनसंचार शोध संचार के प्रकारों व जनसंचार प्रारूपों (माडल्स) के उपयोग को दर्शाते हैं। समाज विज्ञानों की प्रतिस्थापना के बाद सामान्यतया 1970 और 1980 के दशक में, संचार और मीडिया शोध सांस्कृतिक महत्व को स्वीकार करता हुआ मालूम होता है। हाल के सालों में जनसंचार शोध समाज विज्ञान शोध की एक मुख्य धारा के रूप में सामान्तर चल रहा है। इस क्षेत्र में किये गये शोध व्यक्तिपरक मूल्यों से संबधित होते ज्ञात होते हैं।

'जन' को गवर्नर ने संदेश की गति के तौर पर देखा न कि व्यक्तियों के संगठन के रूप में। उनका कहना है कि 'जन' मीडिया के ऐतिहासिक प्रतीकों की चाबी या उत्पादन और वितरण की प्रक्रिया के साथ हैं। अतएव जनसंचार तकनीकी और संस्थापिक रूप में विकसित और औद्योगिक समाजों में संदेशों के प्रसार के रूप में देखा जा सकता है।

लेजरफील्ड अमेरिकन समाज के परिपेक्ष्य में रेडियो और समाचारपत्रों की भूमिका और उनके प्रभाव की चर्चा करते हुए कहते हैं कि सामाजिक और राजनीतिक समस्याओं के संदर्भ में हम संचार साधनों पर एकाधिकार व समाज में उनका एक पृथक् वर्ग देख सकते हैं। इस युग में प्रेस, शिक्षा और रेडियो पर निजी व सामूहिक महत्वपूर्ण एक कठिनाई के रूप में उभर कर सामने आती है और रेडियो और प्रेस का गठजोड़ समाज में एक नया समीकरण व ध्रुवीकरण को पैदा करता है। लेजरफील्ड के माध्यम से प्रश्न किया जाता है कि सामूहिक स्वामित्व अथवा जातीय तनाव में परिवर्तित हो जाती है? और समाचारपत्र समूहों एवं रेडियो स्टेशन की संरचना में ही ये तस्वीरें क्यों उभरती हैं? इसलिए मीडिया व्यवहार के फलक में उत्तम शोध और अनुसंधान हेतु हमें दूरदृष्टि रखनी पड़ेगी।

लेजरफील्ड आर्थिक तौर पर शक्तिशाली समाज में और प्रसार माध्यमों के शक्तिशाली आर्थिक और व्यवसायिक विश्लेषण के विषय में यह निष्कर्ष निकालते हैं कि अभिव्यक्ति की आजाद सरकार, संचार उद्योग तथा वैयक्तिक नागरिकता इन तीन ध्रुवों के मध्य सीमित है।

संचार शोध का आधुनिक समय राजनीतिक, आर्थिक एवं सामाजिक वातावरण के द्वारा एक नया स्वरूप ग्रहण कर रहा था जो अपने भीतर द्वितीय विश्वयुद्ध के अनुभव को समाहित किए हुए था। सामाजिक शोध संस्थान तथा रेडियो शोध

कार्यालय, कोलंबिया विश्वविद्यालय में 1941 में 'दर्शन और समाज विज्ञान' के विशेष अध्ययन के प्रयोजन और 'मास कम्यूनिकेशन' की समस्याओं के समाधान हेतु आगे आते हैं। वर्तमान सामाजिक व्यवस्था में हमारे संचार माध्यमों की भूमिका का खास लक्ष्य अंतिम तौर पर सामाजिक सेवा ही होना चाहिए।

वैज्ञानिकों के द्वारा 1950 के आसपास जनसंचार के विभिन्न नियमों एवं मॉडलों की व्याख्या की गयी। इस समय खंड को उन्होंने 'समालोचनात्मक शोध' (क्रिटिकल रिसर्च) की संज्ञा दी है और समालोचनात्मक सिद्धान्त (क्रिटिकल थ्योरी) के अध्ययन की अनुशंसा की है। मास मीडिया के क्षेत्र में लेजरफील्ड द्वारा 'क्रिटिकल रिसर्च थ्योरी' न तो मार्क्सवाद सामाजिक व्यवस्था की तरफ झुकी है और न ही रूढ़िगत अमेरिकन समाज की तरफ झुकी है। जबकि उनका क्रिटिकल रिसर्च समाज विज्ञान शोध को ही अपना असली आधार मानता है और जनसंचार शोध का विकासात्मक स्वरूप प्रस्तुत करता है। साथ ही साथ निष्पक्ष और स्वतंत्र शोध को स्थापित करता है। गवर्नर ने इस शोध को बढ़ाते हुए जनसंचार शोध (मास कम्युनिकेशन रिसर्च) पर एक उदारवादी और जनतांत्रिक दृष्टिकोण सामने रखता है तथा समाज में वैयक्तिकता के साथ-साथ वास्तविक एवं सही जनमूल्यों को भी रेखांकित करता है। सन् 1960 में जनसंचार शोध पर एक मुख्य कृति 'दि इफैक्ट्स ऑफ मास मीडिया', का प्रकाशन जोसेफ क्लेपर के द्वारा किया गया जो उनके शोध निरीक्षण पर आधारित थी। तदोपरांत आधुनिक संचार तकनीकी को ध्यान में रखते हुए तथा प्रतिपुष्टि (फीडबैक) को समाहित करते हुए कई जनसंचार विशेषज्ञों ने जनसंचार पर अध्ययन किए। फिर भी हम संचार और समाज हेतु एक लोकप्रिय नियम की खोज करने में असफल रहे हैं।

जनसंचार शोध : एक दृष्टि में

जब जनसंचार शोध की बात की तो इसका अभिप्राय मुख्य तौर पर जनसंचार प्रक्रिया एवं जनसंचार के प्रभावों का वैज्ञानिक अध्ययन करना है जिससे किसी कथ्यात्मक निष्कर्ष पर पहुँचा जा सके।

साधन (मीडिया) और जनसंचार वर्तमान जीवन की अपरिहार्यता बन चुके हैं और ये हभारे राजनीतिक, आर्थिक, सामाजिक, सांस्कृतिक और यहां तक कि वैयक्तिक जीवन को काफी सीमा तक प्रभावित कर रहे हैं। साधन (मीडिया) पर हमारी निर्भरता ही हमें उसके प्रक्रिया एवं प्रभाव को समझने की प्रेरणा देती है। आज सम्पूर्ण मानवीय सामाजिक व्यवस्था इससे प्रभावित है।

जानकारी के स्रोत

'शोध' जनसंचार के बारे में ज्ञान प्राप्त करने का एकमात्र विश्वसनीय प्रकार है। इसके लिए वैज्ञानिक प्रणलियों का उपयोग आवश्यक है ताकि हम मानव व्यवहार का अध्ययन कर सकें और किसी निर्धारित वैज्ञानिक निष्कर्ष पर पहुँच सकें क्योंकि 'संचार' मानव व्यवहार से गहरे तौर पर संबंधित है।

शोध या रिसर्च से आप क्या समझते हैं? यह कहा जा सकता है कि निरीक्षण की नियंत्रित पद्धति के द्वारा सही और उपयोगी सूचनाओं का एकत्रीकरण एवं विश्लेषण है ताकि हम अपने प्रयोजन, निष्कर्ष तक पहुंच सकें, जिसमें त्रुटि की संभावनाएँ हों तथा जो वैज्ञानिकता पर आधारित हो।

शोध के मुख्य कारक

शोध हेतु प्रक्रिया और जनसंचार के प्रभाव पर तीन मुख्य कारण निम्न प्रकार हैं–

पहला–जनता मीडिया के संभावित नकारात्मक प्रभाव से गहरे रूप में से होती है और किसी भी प्रकार के होने वाले गलत परिणामों व खतरे को अतिशीघ्र जानने एवं उसका जवाब मालूम करना चाहते हैं।

दूसरा–जन संचार को अच्छी तरह से समझना भी आवश्यक है।

तीसरा–जनमाध्यम (मास मीडिया) और व्यावसायिक क्षेत्र के व्यावहारिक समस्याओं के निदान में शोध का विशेष महत्व तथा भूमिका है।

जनसंचार शोध के अन्य प्रेरक कारक भी हैं जो अनुसंधान को विशेष दिशा प्रदान करते हैं।

अनछुए पहलू प्रति जिज्ञासा

जिज्ञासा शक्तिशाली प्रेरक कारक होता है। जिज्ञासा से अभिप्रेरित होकर ही मनुष्य अपने चारों के परिवेश में से कुछ नयी चीज खोज निकालने का प्रयत्न करता है और ऐसा प्राप्त करने का प्रयास करता है जिसके बारे में ज्यादा लोग अज्ञानी होते हैं।

कार्य-कारण को जानने की जिज्ञासा

tulapkj अनुसंधान को अभिप्रेरित वाले कारकों में से किसी घटना के कार्य-कारण की इच्छा का योगदान अति आवश्यक है। शोधकर्त्ता को हमेशा यह

प्रेरणा मिलती है कि वह जिन घटनाओं पर अध्ययन कर रहा है उसके घटित होने का क्या वजह है।

रचनात्मक कल्पना शक्ति

रचनात्मक कल्पना शक्ति ही एक ऐसा आधार है जो अनुसंधानकर्त्ता को अध्ययन संबंधित आवश्यक परिकल्पनाओं का निर्माण करने की क्षमता प्रदान करता है।

नई परिस्थितियों का उत्पन्न होना

परिवर्तनशील दशाएँ एक शोधकर्त्ता को उनके वजहों की खोज को ही प्रेरित उनसे उत्पन्न असरों के आवश्यकता की भी प्रेरणा देती है।

नई विधियों की खोज एवं प्राचीन पद्धतियों की परीक्षा

नयी प्रणालियों की खोज और पुरानी पद्धतियों की परीक्षा जिससे नवीन वैज्ञानिक ज्ञान की प्राप्ति हो सके जो जनसंचार शोध हेतु कई प्रेरणादायक होती है। इसके अलावा कतिपय ऐसे मूलभूत प्रश्न हैं जो जनसंचार के कई आयामों तथा मानव समाज पर पड़ने वाले प्रभावों से संबंधित है शोध की दिशा प्रदान करते हैं।

शोध हेतु उल्लेखित कारकों के अलावा कतिपय ऐसे ज्वलंत प्रश्न हैं जिनके लिए मीडिया शोध या जनसंचार शोध की जरूरत पड़ती है।

1. दर्शक टेलीविजन संचालक को किस तरह एक नये दूरदर्शन समारोह में मूल्यांकित है?
2. क्यों नहीं हाल में शुरू किया गया नवीन दूरदर्शन कार्यक्रम उतना प्रभावशाली उससे आशा की गई थी?
3. क्यों नहीं हाल ही शुरू किया गया नवीन दूरदर्शन कार्यक्रम उतना प्रभावशाली है, जितना उससे आशा की गई थी?
4. प्रातःकाल के समय आकाशवाणी के कार्यक्रम में स्रोत किस तरह के उद्घोषक एवं कार्यक्रम को पसंद करते हैं?
5. किस तरह का विज्ञापन स्थानीय समाचार-पत्रों में प्रायः देखना पसंद करते हैं?
6. दर्शक टेलिविजन संचालक को किस तरह एक नये दूरदर्शन समारोह में मूल्यांकित है?

7. एक नये उपभोक्ता उत्पाद वस्तु को प्रस्तुत करने या विज्ञापित करने की खातिर किस प्रकार का विज्ञापन कॉपी एवं प्रभावी तत्त्व होने चाहिए?
8. क्या आजकल दूरदर्शन पर विगत पाँच वर्षों की तुलना में विशेष हिंसात्मक दृश्य अथवा कार्यक्रम प्रदर्शित हो रहे हैं? और उनका क्या असरों पड़ रहा है?
9. विभिन्न जनमाध्यमों दूरदर्शन, आकाशवाणी तथा अलग-अलग मुद्रण द्वारा विज्ञापन कितना प्रभावशाली है?
11. किसी सार्वजनिक अथवा व्यक्तिगत प्रतिष्ठान के कर्मचारी अपने आन्तरिक समाचार पत्र या गृह (हाउस जनरल) को क्यों नहीं पढ़ते हैं? या वे पत्र-पत्रिकाएँ क्यों नहीं प्रभावशाली और पढ़ने योग्य हैं?
12. राजनीतिज्ञों को मतदाताओं को आकर्षित करने व चुनाव जीतने हेतु चयन-प्रसार अभियान में किस प्रकार का संदेश प्रसारित या प्रयोग करना चाहिए?

(वीमर : 2003 :2)

12. समाचारों पत्रों की प्रसार एवं पाठक संख्या क्यों कम रही है?
13. एक नये दूरदर्शन कार्यक्रम हेतु किस प्रकार का उद्घोषक होना चाहिए?
14. क्या दूरदर्शन अपने कार्यक्रमों के द्वारा भारतीय सामाजिक मूल्यों को प्रभावित या बिगाड़ कर रहा है? **(वीमर : 2003: 2)**

एक पत्रिका के आवरण पृष्ठ की सफलता हेतु कौन-कौन से तत्त्व आवश्यक हैं?

निजी रूप से अथवा संपूर्ण समाज जिन उत्पादों का उपभोक्ता है उनके बारे में मीडिया के सकारात्मक और नकारात्मक प्रभाव को समझने में शोध का मुख्य योगदान है। जन संचार अथवा साधन शोध (मीडिया शोध) लोगों को उपयुक्त निर्णय लेने में सहायता प्रदान करता है।

शोधकर्त्ता महत्वपूर्ण तौर पर मौलिक या विशुद्ध शोध और व्यवहारिक शोध पर काम करते हैं। यद्यपि दोनों का पूर्णतया विभक्तिकरण संभव नहीं है। फिर भी दोनों का विशेष अध्ययन एक लाभदायक विचार और शोध की वजहों को ठीक तरह से समझने की अंतर्दृष्टि प्रदान करता है।

किसी के लाभ में वृद्धि के लिए विशुद्ध शोध उपयोग में नहीं लाया जाता। इसका रूपांकन और सामान्यता खोज का लक्ष्य है– विशेष और आधुनिक ज्ञान।' विशुद्ध शोध मुख्य रूप से शैक्षिक और बौद्धिक फलक द्वारा

किया जाता है। यह हमारी शारीरिक, जैविक और सामाजिक पर्यावरण को समझने का मूल रूप से प्रयास है। वह सामान्य और विशेष दोनों तरह का हो सकता है, जिसका संबंध सामाजिक घटनाओं के विषय में आधारभूत नियमों की रचना करना होता है।

माध्यमों-प्रभाव के विभिन्न प्रकारों को संचार शोधकर्ताओं ने समझने और उनकी व्याख्या हेतु बहुत से नियमों एवं विधियों को जन्म दिया है। उनमें कुछ बहुत व्यापक हैं तो कुछ काफी सीमित। कुछ सिर्फ दूरदर्शन तथा हिंसा पर आधारित हैं, तो कुछ धारावाहिकों पर आधारित हैं। बहुत सी विज्ञापन एजेंसियां फर्म्स, प्रकाशक, प्रसार तंत्र तथा जनसंपर्क (पब्लिक रिलेशन) संगठन इत्यादि व्यवहारिक शोध सिर्फ अपने लाभ हेतु किए हैं। इसी प्रकार मुद्रणमाध्यम, अन्य जन माध्यम, प्रसार, विज्ञापन और जन संपर्क (पब्लिक रिलेशन) के क्षेत्र में भी व्यवहारिक शोध किए गए हैं।

मुद्रणमाध्यम (प्रिंट मीडिया) यानी अखबार, पत्रिकाओं में व्यवहारिक शोध (एप्लाइड रिसर्च) का मुख्य लक्ष्य पाठकों, प्रसार पृष्ठ सज्जा इत्यादि का अध्ययन करना है। विज्ञापन और उसके प्रभावों के अध्ययन हेतु जनसंचार क्षेत्र में व्यवहारिक शोध (एप्लाइड रिसर्च) किए गए हैं। इसी तरह जनसंपर्क के क्षेत्र में भी (पब्लिक रिलेशन रिसर्च) मनुष्य और संगठनों संबंध, सोच इत्यादि शोध किए गए हैं।

जनसंचार शोध और प्रणालियों के मुख्य चरण

संचार शोध एक वैज्ञानिक और व्यवस्थित पद्धति है। जिसमें छः प्रमुख चरणों से गुजरना पड़ता है।

इसलिए इन संपूर्ण अध्ययन के आधार पर हम इस निष्कर्ष पर पहुंचते हैं कि मीडिया शोध ज्ञान का एक सबसे अच्छा साधन है। जिसमें शोधार्थी अपने विविध-चरणों का अध्ययन तथा विश्लेषण करके अंतिम निष्कर्ष पर पहुंचता है। निष्कर्ष की प्राप्ति संचार शोध का अंतिम चरण है। इसे शोध प्रतिवेदन के रूप में पेश किया जाता है। शोध से हम जन सामान्य की तथा मीडिया के सामाजिक और मनोवैज्ञानिक प्रभावों को संपूर्ण रूपरेखा प्रदान करते हैं। इस प्रकार एक ऐसा मार्ग प्रशस्त होता है जिससे संचार प्रक्रिया और जनसंचार प्रभाव को हम समझ और वर्णित कर सकते हैं। इसके अलावा माध्यम (मीडिया) और मीडिया पर आधारित संस्थान और उद्योग व्यवासायिक तौर पर आने वाली समस्याओं का समाधान भी करती हैं।

शोध विज्ञान के आधार (पैटर्न) पर ही जनसंचार कार्य करता है। चूंकि इसमें भी कारण और प्रभाव के अंतःसंबंधों की व्याख्या की जाती है। निष्कर्ष और तथ्यों हेतु विज्ञान के तर्ज पर पुनः परीक्षण भी किया जा सकता है। जिसके परिणामस्वरूप आज संचार अध्ययन हेतु भी अनेक शोध पद्धतियां एवं प्रारूप (रिसर्च डिजाइन्स) उपलब्ध हैं। सामाजिक विज्ञानों में जिस सर्वे शोधपद्धति का विकास किया गया है उसका संचार शोधार्थी भी विस्तृत तौर पर प्रयोग करते हैं। विषय वस्तु विश्लेषण संचार शोध की एक अद्वितीय वैज्ञानिक शोधपद्धति है जिसका संचार शोध में अत्यधिक महत्व है। एक माध्यम अपने श्रोता से क्या कह रहा है? श्रोता की प्रतिक्रिया है? संचार का क्या आशय है? इन सभी सवालों का उत्तर संचार शोध में 'विषय वस्तु विश्लेषण' द्वारा ही संभव है। शोधार्थी तथा मीडिया वैज्ञानिक संचार शोध के द्वारा ही जनमत के अध्ययन में विशेष सफलता प्राप्त किए हैं। सामाजिक प्रतिक्रिया द्वारा ही जनमाध्यम (मास मीडिया) अपने 'प्रस्तुतीकरण' की दिशा निर्धारित करते हैं जनमत शोध की तकनीक मीडिया अध्ययन में काफी प्रमुख साबित हुआ है। आंकड़ों (डाटा) और विषय वस्तु संदर्भ में माध्यम (मीडिया) असर का अध्ययन जनमत परिवर्तन हेतु जरूरी है। इससे हम जनमत की वास्तविकता और अवास्तविकता को भी ठींक तरीके से समझते व जाँचते-परखते हैं इस तरह संचार की दुनिया में एक काफी प्रमुख एवं आवश्यक भूमिका का उत्तरदायित्व पूर्ण निर्वाह कर रहा है।

आज समाज विज्ञान अथवा जनसंचार (मास मीडिया) के ज्यादातर शोधकर्ता 'कंप्यूटर सॉफ्टवेयर पैकेज' पर आधारित हैं। व्यावसायिक रूप से प्रशिक्षित शोधकर्ता प्रायः अपने अध्ययन और प्रयोग में उच्च स्तरीय पद्धतियों का उपयोंग करते हैं। जो एक विशेष ज्ञान हेतु आज जरूरत भी है। जबकि बिना इस विशेष प्रशिक्षण के भी शोधार्थी विशेष सवालों और उत्तरों को महत्व की दृष्टि से कर सकता है, समझ सकता है या एक अच्छे शोध के नियमों का समाधान कर सकता है। एक अच्छे मीडिया अथवा जनसंचार शोध के प्रमुख आयाम को समझने हेतु सोच-समझकर प्रश्न पूछना और व्यवस्थित रूप से उत्तर देना अपरिहार्य है।

अंत में निष्कर्ष के रूप में हम कह सकते हैं मीडिया और जनसंचार : शोध एक अनवरत् प्रक्रिया है जो निरन्तर चलती रहती है। शोध का कोई आदि अंत नहीं होता। कोई भी निष्कर्ष शाश्वत नहीं हो सकता और न ही हमेशा अद्यतन तथा सुसंगत। शोध के पारंपरिक विवरण को हम पांच विशेषताओं में अंतर्निहित कर सकते हैं। जिसके लिए पार्सन्स ने मूवी शब्द का प्रयोग किया है।

इसलिए जनसंचार मीडिया शोध जनसंचार के समाज एवं मनुष्य पर पड़ने वाले असरों को एक व्यवस्थित वैज्ञानिक, तार्किक और आलोचनात्मक सूक्ष्म परीक्षण है जो एक नए सिद्धांतों एवं कथ्यों की खोज करता है। यह न सिर्फ संपूर्ण सत्य की व्याख्या करता है, वरन् सत्य की खोज पर निर्भर शोधकर्त्ता के उन प्रयासों का दिग्दर्शन करता है जो मनुष्य और समाज के व्यवहारिक संबंधों के संदर्भ में की गयी है।

2

मुद्रण कला

मुद्रण कला अर्थात् आकार रूप में लाने की कला। विशेष रूप से मुद्रण शब्द पुस्तक, समाचार-पत्र आदि पर छपाई करने के काम से प्रसंगित और संबंधित हो गया है, अतएव कहना चाहिये कि कागजों पर छपाई करने की कला।

परिवर्तनकारी टाइपों द्वारा छपाई-क्रिया की खोज सन् 1441 व 1450 ई. के मध्य हुई थी। इसी क्रिया से जो पुस्तक सबसे पहले छापी गई थी, वह बाइबिल थी।

इस पुस्तक के विषय में ठीक-ठीक रूप में तो पता नहीं लगता कि यह किसके द्वारा और कहाँ छापी गयी। लेकिन जो साक्ष्य उपलब्ध हैं, उनसे यह ज्ञात होता है कि इसको छापने वाला स्टांसवर्ग का निवासी गुटेनवर्ग था। वह बाइबिल को ज्यादा संख्या में शीघ्रातिशीघ्र छापना चाहता था। इसी उद्देश्य से उसने टाइपों का अविष्कार किया।

यूरोप की इस पहली किताब को सन् 1456 ई. के तकरीबन या तो इसी साल में या इससे कुछ पूर्व के सालों में कभी छापा गया था। इसके टाइपों को बनाने की तकनीक गुटेनबर्ग की थी। फस्ट व शोफर उसके साथी अथवा सहयोगी थे।

संभवतः ये उसके व्यवसाय में हिस्सेदार भी रहे हों, क्योंकि गुटेनबर्ग निर्धन था, और छपाई की कला सीखने के लिये लालायित लोगों को अपना हिस्सेदार बनाया करता था।

गुटेनबर्ग हेतु टाइप बनाने वाली धातु एक हिस्सेदार थी, क्योंकि टाइप बनाने हेतु ऐसी मिश्रित धातु (एलाय) तैयार करने की आवश्यकता थी, जो इतनी सख्त न हो कि दबाव से कागज फाड़ दे अर्थात् उसमें लचीलापन हो। यह कार्य सरल नहीं था। इस तरह के एलाय में जो विशेषताएँ जरूरी थीं, वह थीं--(1) ढालने के तत्काल बाद ही धातु का कठोर हो जाना, तथा (2) उसका मुलायम अर्थात् स्पन्दशील होना। गुटेनबर्ग के पिता स्वर्णकार थे, अतः यह स्वाभाविक था कि वह अपने पिता के धातु मिश्रण संबंधी अनुभवों का लाभ उठाता परन्तु स्वर्णकारी के कार्य में प्रयोग आने वाली धातुओं की प्रकृति छपाई के काम में आ सकने वाली धातुओं की प्रकृति से पृथक होती है, इसलिए उपयुक्त धातु मिश्रण प्राप्त करने के लिए कई प्रयोग किये गये। अन्त में टाइप बनाने वाली धातु का आविष्कार हो सका। सीसा (लीड), टीन एवं ओमनी धातुओं के मिश्रण से बनाये गये टाइप अपेक्षित गुणों से युक्त बनाये जा सके। अपने विपरीत रूप में धातु के चौकोर आकार में ढाले हुए अक्षर को टाइप कहा जाता है।

यह अक्षर अलग-अलग ढले हुए होते हैं जिन्हें कम्पोजीटर द्वारा अपेक्षित रूपों में (लेखनीय सामग्री के अनुसार) एक दूसरे के साथ संयुक्त किया जाता है। टाइपों की ऊँचाई समान होती है। फेस, टाइप का वह हिस्सा है, जिसका कागज से संयोग होता है, अर्थात् टाइप का मुख, इसे फेस कहते हैं। फेस के नीचे वाले टाइप के भाग को शैंक या बाडी कहते हैं। शैंक का वह हिस्सा जो फेस के सामने की तरफ रहता है उसे वैली तथा पीछे वाले हिस्से को बैक कहा जाता है। ग्रूब टाइप के नीचे एक हल्का सा गड्ढा होता है। ग्रूब के दोनों ओर टाइप का जो हिस्सा होता है, उसे फुट कहते हैं। शैंक में वैली की ओर टाइप एक जगह धँसा रहता है, इसे निक कहा जाता है। इसी से कम्पोजीटर टाइप के सही फेस की पहचान करता है। कम्पोज करने के उपरान्त दोनों टाइपों के बीच की जो दूरी रहती है तथा फेस के अगल-बगल की खाली जगह, उसे काण्उटर कहा जाता है। फेस और शोल्डर के बीच टाइप के तिरछे अंग को विमई कहते हैं। फुट से लेकर फेस तक की टाइप की ऊँचाई को हाइट कहते हैं तथा टाइप की चौड़ाई को विड्थ कहा जाता है।

गुटेनबर्ग ने सबसे पहले टाइप का प्रयोग किया था। जिस तरह के टाइप का उसने उपयोग किया उसे 'टेक्स्ट टाइप' का नाम दिया गया था। आज टाइप के

आंविष्कार को हुए साढ़े पाँच सौ वर्ष हो चुके हैं। इस बीच टाइप का प्रयोग काफी अधिक हुआ है। इसके आकार-प्रकार में भी काफी अंतर आया और टाइप ढालने की पद्धति में भी काफी परिवर्तन हुए हैं। हालांकि मूल आधार पद्धति में किसी तरह का परिवर्तन नहीं हुआ है। टाइप का प्रयोग अपने आप में एक कला का रूप ले चुका है, जिसे टाइपोग्राफी कहते हैं।

मुद्रण कार्य—कम्पोजिंग, प्रूफ शोधन, पृष्ठ की साज-सज्जा, छपाई मशीन (प्रेस) के लिये कम्पोज किये गये पृष्ठों को कसना, उसके उपरान्त उसे छापना, मुद्रण कार्य के अंग होते हैं। छपाई की प्रक्रियाएँ अनेक हैं, जिनके मुद्रणीय तल के संदर्भ में विभाजित किया जा सकता है।

(1) टाइपोग्राफिक या लेटरप्रेस प्रणाली—यह उभरे मुद्रणीय तल की छपाई पर आधारित है।

(2) लिथोग्राफी या आफसेट प्रणाली—यह समतलीय मुद्रणीय तल पर की जाने वाली छपाई प्रक्रिया है।

(3) ग्रेकोर, इंटेगेलियो या डिप्रेस्ड प्रिण्टिंग—इस पद्धति में दबे हुए मुद्रणीय तल पर छपाई की जाती है।

(4) कम्प्यूटर कम्पोजिंग-प्रिण्टिंग—इस प्रकार की छपाई का आधार कम्प्यूटर कम्पोजिंग है। कम्प्यूटर कम्पोजिंग शुरू में मँहगी होने के कारण जल्द ही नहीं अपनाई गयी। परन्तु धीरे-धीरे इसका क्षेत्र बढ़ता गया। टाइप कम्पोजिंग के भारी तामझाम से प्रायः सभी प्रेस मालिक स्वतंत्रता चाहने लगा। कम्प्यूटर कम्पोजिंग कला को सीखने वाले व्यक्तियों की वृद्धि हुई। इसके अनन्तर मुद्रण परिणाम भी टाइप कम्पोजिंग से आधे थे और सबसे बड़ी बात यह है कि इस पद्धति में कम्पोजिंग में समय की काफी बचत होती है, इसका प्रभाव मुद्रण व्यवसाय पर काफी पड़ा। अतः पिछले कुछ समय में कम्प्यूटर कम्पोजिंग का युग स्वयमेव अभ्युदित हो गया और यह प्रणाली अधि ाक व्यय-साध्य भी नहीं रही।

टाइप के स्वरूप—टाइप किस प्रकार के हैं, इसकी पहचान इनकी प्वाइंट प्रणाली से संबंधित है। टाइप-फेस की संरचना की दृष्टि से कई सीरीज और नाम से बनाये जाने वाले टाइप कई प्वाइंटों में होते हैं। प्रारम्भ में विभिन्न राष्ट्रों में अलग-अलग प्रकार के टाइप बनाये गये, परन्तु संचार साधनों के प्रगाढ़ होते हुए वैश्विक क्षेत्र ने इस स्थिति में परिवर्तन को अपरिहार्य कर दिया। सम्पूण्र विश्व में यह अनुभव किया जाने लगा कि टाइपों का कोई मानक-आकार होना आवश्यक

है। इसी मानक को प्वाइण्ट प्रणाली द्वारा अपनाया गया। प्वाइण्ट पद्धति एक जैसे मानक आकार के टाइपों का निर्माण करने हेतु मार्गदर्शक पैमाना है। एक प्वाइण्ट, एक इन्च का बहत्तरवाँ भाग होता है अर्थात् एक इन्च बराबर 72 प्वाइण्ट। बारह प्वाइण्ट बराबर एक एम तथा छः प्वाइण्ट बराबर एक एल। इस मानक को अपनाये जाने के उपरान्त हर टाइप फाउण्ड्री इसी के अनुसार टाइप ढालने लगी। अतः निश्चित मानक होने के फलस्वरूप किसी भी फाउण्ड्री से टाइप क्रय करने के मार्ग खुल गये।

फेस के हिसाब से टाइप फाउण्ड्रियों द्वारा कई तरह के टाइप बनाये गये। पहले साधारणतः बम्बइया तथा कलकतिया टाइपों का चलन था, लेकिन धीरे-धीरे इनके चलन में नये फेसों की संरचना वाले टाइपों ने प्रवेश प्राप्त किया, अतः फेसों में विविधता आई। इनके कुछ नमूने यहाँ दिये जा रहे हैं।

भाजपा के राष्ट्रीय महासचिव प्रमोद महाजन की बुधवार को यहाँ राष्ट्रीय क्रांति पार्टी के अध्यक्ष कल्याण सिंह से हुई गुपचुप मुलाकात के बाद राजधानी का राजनीतिक माहौल एक बार फिर गरमा गया है।

10 Pt. Normal

बुधवार को बेमौसम की बरसात और जड़े ने आम आदमी को बिस्तरों में नजरबंद कर रखा था।

10 Pt. Bold

कश्मीर में 14 साल पहले आतंकवाद के उभार के बाद यह बैठक अपनी तरह की पहली कवायद है।

10 Pt. Italic

भाजपा ने अपने मुख्यमंत्रियों के केंद्र की सत्ता पर दुबारा काविज होने के 'ख्वाब' को हकीकत में बदलने हेतु जुट जाने को कहा है।

10 Pt. Bold Italic

भाजपा के राष्ट्रीय महासचिव प्रमोद महाजन को बुधवार को यहाँ राष्ट्रीय क्रांति पार्टी के अध्यक्ष कल्याण सिंह से हुई गुपचुप मुलाकात के बाद राजधानी का राजनीतिक माहौल एक बार फिर गरमा गया है।

12 Pt. Normal

बुधवार को बेमौसम की बरसात और जाड़े ने आम आदमी को बिस्तरों में नजदबंद कर रखा था।

12 Pt. Bold

कश्मीर में 14 साल पहले आतंकवाद के उभार के बाद यह बैठक अपनी तरह की पहली कवायद है।

12 Pt. Italic

भाजपा ने अपने मुख्यमंत्रियों से केन्द्र की सत्ता पर दुबारा काबिज होने के 'ख्वाब' को हकीकत में बदलने हेतु जुट जाने को कहा है।

12 Pt. Bold Italic

भाजपा के राष्ट्रीय महासचिव प्रमोद महाजन की बुधवार को यहां राष्ट्रीय क्रांति पार्टी के अध्यक्ष कल्याण सिंह से हुई गुपचुप मुलाकात के बाद राजधानी का राजनीतिक माहौल एक बार फिर गरमा गया है।

14 Pt. Normal

बुधवार को बेमौसम की बरसात और जाड़े ने आम आदमी को बिस्तरों में नजरबंद कर रखा था।

14 Pt. Bold

कश्मीर में 14 साल पहले आतंकवाद के उभार के बाद यह बैठक अपनी तरह की पहली कवायद है।

16 Pt. Normal

भाजपा ने अपने मुख्यमंत्रियों के केन्द्र की सत्ता पर दुबारा काबिज होने के 'ख्वाब' को हकीकत में बदलने हेतु जुट जाने को कहा है।

16 Pt. Bold

उपलब्धियों को जनता के बीच प्रचारित करें।

18 Pt. Normal

उपलब्धियों को जनता के बीच प्रचारित करें।

18 Pt. Bold

सचिन के बिना खेल सकती है टीम

48 Pt. Bold

एक नाप के या एक बाडी के टाइप में जितने कुल अक्षर होते हैं, उन्हें संयुक्त रूप से 'फॉण्ट' कहा जाता है। एक फॉण्ट में कुल अक्षर, संयुक्त एवं एक्सैण्ट, अंकों के टाइप, आधे टाइप, लीडर, बेस, निशान, पूर्ण विराम, कौमा, क्लाड और स्पेस आदि होते हैं। हिन्दी के पूरे फॉण्ट में 450 टाइप होते हैं।

अंग्रेजी-हिन्दी टाइप—अंग्रेजी और हिन्दी के टाइप पूरी तरह संरचना में भिन्न प्रकार के होते हैं। अंग्रेजी में तीन तरह के अक्षर ढाले जाते हैं—(1) कैपीटल

लैटर (2) स्माल कैपीटल तथा स्माल लैटर्स; (3) लोअर केस। अंग्रेजी में एक विशेष बात यह है कि इसमें मात्राओं को जोड़ने का झंझट नहीं होता। लेकिन अंग्रेजों के समस्त अक्षरों की इकाई समान नहीं होती, जैसे—1, की अपेक्षा ऊपर की ओर निकले रहते हैं और आदि नीचे की तरफ निकले रहते हैं। ढले हुए टाइप की जाँच से ज्ञात होता है कि अंग्रेजी के टाइप का प्वाइण्ट नीच से माना जाता है। इसका लाभ यह है कि पृथक-पृथक आकार को एकत्र करते समय प्वाइण्ट की समानता बनाये रखी जा सकती है।

अंग्रेजी के टाइप एक प्वाइण्ट से लेकर 80 प्वाइण्ट तक के ढाले जा सकते हैं। संगणक के द्वारा तो एक एम से लेकर 90 एम तक के शीर्षक दिये जा सकते हैं। देवनागरी में मात्राएँ और संयुक्त अक्षर, हलन्त आदि का उपयोग अंग्रेजी जैसी सुविधा कम्पोजिंग कार्य में प्राप्त नहीं करने देता। इसी कारण देवनागरी के अक्षरों को अलग तरह से ढाला जाता है और बाडी टाइप के रूप में 12 प्वाइण्ट के टाइप का ही उपयोग किया जाता है। हिन्दी के समाचार-पत्रों में 8 प्वाइण्ट से लेकर 12 प्वाइण्ट तक का प्रयोग होता है।

हिन्दी में दो प्रकार के टाइप हैं—(1) खण्ड, तथा (2) अखण्ड। इन्हें बम्बइया और कलकतिया भी कहा जाता है। हिन्दी का टाइप अक्षरों और मात्राओं में पृथक-पृथक खण्डित रहता है अर्थात् मात्राएँ अलग ढली होती हैं तथा अक्षर अलग।

बम्बइया और कलकतिया टाइप में मात्राओं को बैठाने में अन्तर होता है। बम्बइया टाइप की कम्पोजिंग में मात्राएँ बैठाने को क्रिया, कलकतिया टाइप की मात्राएँ बैठाने की क्रिया से अलग प्रकार की होती है। बम्बई विधि में मात्राएँ डिग्री के द्वारा बैठाई जाने के कारण ज्यादा सही बैठ जाती है, परन्तु इस कार्य में कुछ समय लग जाता है। इस विधि में यह लाभ है कि कम्पोजिंग में शुद्धता आती है।

मात्राओं को बैठाने की कलकतिया पद्धति कर्ण प्रणाली कहलाती है। इस टाइप में ह्रस्व व दीर्घ इकाई, ए, ऐ, ओ, औ की मात्राएँ अक्षरों से पृथक् होती है। इन मात्राओं को जोड़ने की क्रियाओं को कर्ण पद्धति कहते हैं। इसमें आवश्यकता इस बात की होती है कि सिरा और मात्रा का कर्ण बिलकुल ठीक-ठीक ढला हुआ हो। अतः इसमें टाइप की ढलाई पूर्ण सामंजस्ययुक्त होनी जरूरी होती है। ताकि कम्पोज करते वक्त अक्षर की बगल की मात्रा वाला टाइप कम्पोज करने पर मात्रा अक्षर के ऊपर चढ़कर बैठ जाय।

टाइप के प्रकार—यूं तो टाइप के कई प्रकार हैं, लेकिन इनका 'पञ्चकुल' ही सामान्यतः उपयोग में आने वाले टाइपों का कुल है। इसमें इस तरह के टाइप सम्मिलित हैं—

(1) टैक्स्ट (2) रोमन (3) इटैलिक (4) स्क्रिप्ट, तथा (5) गोथिक।

(1) टैक्स्ट—जब सबसे पहले टाइप का आविष्कार हुआ एवं मुद्रण कार्य टाइप परिवर्तनीय पद्धति से शुरू हुआ तो इसी टैक्स्ट नामक टाइप का प्रचलन प्रारंभ हुआ था। प्राचीन जर्मन पांडुलिपियों में उपयोग की गई लिखावट के अनुसरण पर इसको बनाया गया था। इंग्लैण्ड के सबसे पहले मुद्रक विलियम कैवस्टन ने इसी टाइप का प्रयोग किया था। अतः इसको ऑल इंग्लिश टैक्स्ट या ऑल इंग्लैण्ड नाम से भी जाना जाता है। बाइबिल का प्रथम मुद्रण भी इसी टाइप में हुआ था। अब यह टाइप प्रयोग से बाहर हो गया है। कभी-कभी शादी विवाहों के निमन्त्रण कार्डों पर इसकी छपाई देखने को मिल जाती हैं।

(2) रोमन—इस टाइप को विकसित करने का श्रेय इटली निवासी जेनान को जाता है। इसकी संरचना में भी इटली की प्राचीन पाण्डुलिपियों की लिखावट का अनुकरण हुआ है। इस टाइप में अलंकारिता कम होती है जबकि टैक्स्ट प्रकार के टाइप में सजावट ज्यादा होती है।

रोमन प्रकार के दो तरह के टाइप इस समय प्रचलित हैं—(i) पुरानी शैली का रोमन टाइप, तथा (ii) आधुनिक शैली का रोमन टाइप। वर्तमान शैली के रोमन अक्षरों में सैरिफ पतले और नीचे होते हैं, जबकि पुरानी शैली में रोमन टाइप में सैरिफ तिरछे और घुमावदार होते हैं। आधुनिक शैली के रोमन टाइप के जन्मदाता बडोनी हैं। यह आज भी प्रचलित है।

(3) इटैलिक—आल्डस मानूशियस (एएलडीयूएस) ने सन् 1501 में इस टाइप का निर्माण किया। यह टाइप हस्तलिपि से मिलता-जुलता था। इसी टाइप में उसने प्रथम बार पाकेट बुक्स छापी। इन किताबों की संख्या 123 थी। इसे आल्डास-टाइप भी कहते हैं। इस टाइप की विशेषता यह है कि इटालिक टाइप में अक्षर-दाहिनी ओर झुके होते हैं। इस टाइप में कैपिटल अक्षर रोमन की अपेक्षा छोटे होते हैं। शुरू में बाडी टाइप के रूप में इसका सबसे ज्यादा प्रयोग किया गया, किन्तु अब इस रूप में इस टाइप का प्रयोग नहीं होता। चूँकि इस टाइप में मुद्रित सामग्री के पढ़ने में मुश्किल होती है। शीर्षक, उपशीर्षक व विज्ञापन में इस टाइप का प्रयोग देखा जा सकता है।

(4) स्क्रिप्ट व कर्सिव—हस्तलिपि जैसे लगने वाले इस टाइप का रूप-स्वरूप इटालिक टाइप जैसा है। इसकी विशेषता इसकी हस्तलेखन जैसी लिखावट है। यद्यपि इसके अक्षरों में विलगाव होता है। किन्तु ऐसा प्रतीत होता है जैसे अक्षर एक दूसरे से जुड़े हुए हों। शीर्षक, विज्ञापन या निमन्त्रण वगैरह में इनका प्रयोग होता है।

(5) गोथिक व सेंसेरिफ—यह बिल्कुल सादा और सेरिफविहीन टाइप है। फ्रेंच में सेंसेरिफ का मतलब भी सेरिफविहीन होता है। इस टाइप का प्रत्येक अक्षर एक-सी मोटाई का होता है तथा इसमें कालापन भी नहीं होता। इस टाइप का चलन सबसे पूर्व जर्मनी में प्रारंभ हुआ। जबकि जर्मनी में इसका उपयोग रुक गया। पर अमरीका व दूसरे देशों में इसका खुलकर प्रयोग किया जाता रहा। इस टाइप का काफी महत्व है, जबकि अधिक संख्या में इसका इस्तेमाल नहीं किया जाता, चूँकी यह विशेष सुहावना नहीं लगता।

अन्य प्रचलित टाइप परिवार

(1) केसलान—यह एक पुराना और प्रतिष्ठित टाइप परिवार है। इसका जन्मदाता विलियम केसवाल था। इसके टाइप ने अमेरिका व ब्रिटेन को प्रभावित किया। विलिय बायर नामक एक मनुष्य को उसने अरबी टाइप का साँचा ढालने का कार्य दिया। बताते हैं कि केसवाल के ढाले टाइप में न्यू टेस्टामेंट के जो पृष्ठ कम्पोज किये गये, उसके प्रूफ में केसवाल ने अपना नाम अपने ही ढाले रोमन पइका टाइप में मुद्रण कर लिया। उसका यह टाइप इतना लोकप्रिय हुआ कि उससे इसकी पूरी शृंखला ढालने को कहा गया। यह टाइप अत्यधिक पठनीय था एवं ब्रिटिश के अनुकूल भी था। सन् 1734 में उसने प्रथम बार अपनी टाइप शृंखला के पूर्व नमूने प्रस्तुत किये और उसके तुरन्त बाद ही वे अत्यधिक लोकप्रिय हो गये। ये ही वर्ण ब्रिटेन के राष्ट्रीय वर्णाक्षर बन गये। यही टाइप अमरीका में भी लोकप्रिय हुआ। तभी से रोमन टाइप कुल का यह टाइप और इसकी कई शाखाएँ-प्रशाखाएँ आज भी लोकप्रिय हैं।

(2) सेंचुरी—इस टाइप को सन् 1895 में सेंचुरी पत्रिका की जरूरत के अनुसार ढाला गया। इसका मकसद कम चौड़ाई वाले अक्षर ढालना था, जिससे कम से कम जगह घिरे। शुरू में तो यह टाइप लोकप्रिय नहीं हो सका, जबकि बाद वाले समय में इसके सुधरे रूप को सेंचुरी एक्सपेंड्ड टाइप नाम दिया गया। यह ज्यादा बेहतर तरीके से पढ़ा जा सकने योग्य था।

(3) **चेलटेन हम**—बर्टेम ग्राम-वीनर-गुड कर्मणा नामक आर्किटेक्ट से मेरी माण्उट प्रेस के मालिक अपडाइक और चेलटेनहम मुद्राणालय के मालिक ईगाल्स ने अपने लिए विशेष टाइप बनाने को कहा। इसके तैयार होने के पश्चात अमरीकन टाइप फाउण्ड्री ने एक कुशल भवन निर्माता के द्वारा इस सुडौल व पठनीय टाइप में कई संभावनाएँ देखीं। बाद में इसे सुधार कर बेचा गया। साप्ताहिक व दैनिक पत्र इस टाइप का इस्तेमाल करते हैं।

(4) **गाउडी**—अमरीका के इस बड़े टाइप निर्माता के अपने स्कूली जीवन से ही अक्षर रूपांकित करने का शौक था। उसके हाथ में बने अक्षर विज्ञापन में अत्यधिक लोकप्रिय हुए। पहली टाइप डिजाइन उसने सन् 1896 में तैयार की। इसमें कैपिटल वर्ण और संख्याओं के टाइप थे। इसके पश्चात अमरीकन टाइप फाउण्ड्री ने इसमें लोअरकेस का टाइप भी जोड़ दिया। इस टाइप का नामकरण केमेलोट किया गया। इसके उपरान्त गाउडी ने कई तरफ के खूबसूरत टाइप बनाये। उनके समय में ही तकरीबन सौ तरह के टाइप बाजार में थे। इनमें गाउडी ओल्ड स्टाइल, गाउडी ओपन, गाउडी केटेलाग, फोरम कैपिटल, डीपेइन अधिक लोकप्रिय हुआ। टाइप को रूपांकित करने हेतु उन्होंने दो किताबें भी लिखीं, जिनमें रोमन वर्णमाला के विकास तथा इतिहास पर चर्चा है। उसने छोटे-छोटे मुद्रणालय भी चलाए। प्रथम विश्वयुद्ध के पश्चात सन् 1927 में फ्यूचरा टाइप का उपयोग किया गया। यह सादा व काला टाइप है। एरवाम ने गोटेस्क टाइप तैयार किया। यह कम स्थान घेरता था, इसलिए लोकप्रिय हुआ। सिर्फ टाइप भी उन दिनों अमरीका में काफी मशहूर हुआ। यह सुन्दर व आकर्षक भी था। बर्नहर्ड गोथिक, मीट्रो, वोग, लीडियन इत्यादि टाइप परिवार भी प्रमुख कहे जा सकते हैं।

कुछ समय पहले ही सेरिफ के आकार में परिवर्तन आया है। पुराने टाइप में सेरिफ का सजावट का साधन बताया गया था, कई नये टाइप में सेरिफ को सपाट और सादा बताया गया। अतः इस टाइप को सपाट सेरिफ वाला टाइप भी कहा जाता है। इसका लोकप्रिय नाम 'इंजिप्सियन' है। इस टाइप बनावट, उसके आकार-प्रकार और नाप-जोख इत्यादि के बारे में देवनागरी और अंग्रेजी के मध्य मूलभूत समानता है।

भारत में सबसे प्रथम मुद्रणालय सन् 1787 में कलकत्ता में स्थापित किया गया। पर इसका सारा सामान बाहर से आया था। अंग्रेजी में ही सबसे पहले यहाँ छपाई शुरू हुई। धीरे-धीरे में देवनागरी मुद्रण लिथो प्रेस पर ही हुआ। इसमें हाथ

से लिखकर ही प्लेट को छाप लिया जाता था। उर्दू आदि की लिपि को आज भी आमतौर पर इसी तरह से लिखा जाता है। यानी धीरे-धीरे में मुद्रण लिथो प्रेस पर होता था, जिसमें हाथ से लिखकर प्लेट छापी जाती थी। दिल्ली की साइकिल मार्केट (चाँदनी चौक) व बल्लीमारान की आल्हा प्रेस में यह प्रणाली देखी जा सकती है। देवनागरी के कुछ बड़े-बड़े टाइप लकड़ी से बनाये जाते थे। इनका प्रयोग शीर्षक के तौर पर किया जाता था। अंग्रेजी की तरह हिन्दी में टाइप बनाने का काम सबसे पहले कोलकाता में ही शुरू हुआ, जबकि उन्हें कामयाबी नहीं मिली। उसका आकार और फेस काफी भद्दा था। देवनागरी टाइप बनाने का श्रेय मुम्बई के निवासी जाबजी दादाजी नामक मनुष्य को जाता है। स्वर्गीय दादाजी किसी मिशनरी प्रेस में टाइप घिसने का काम करते थे। वहीं उन्होंने टाइप ढालने की कला सीखी थी। उन्होंने कतिपय साँचे ढाले। ये साँचे इतने लोकप्रिय साबिह हुए कि आज भी इन्हीं साँचों का प्रयोग टाइप हेतु किया जा रहा है। इन्हीं के नाम पर बंबइया टाइप नाम पड़ा, इसे कलकतिया या अखण्ड टाइप कहा जाता है। जिनमें इटालिक व स्क्रिप्ट के आकार के टाइप प्रमुख हैं। ये टाइप अधिकतर निमन्त्रण पत्रों, लेटर हैड और विजिंटग कार्ड इत्यादि के मुद्रण में ही कार्य में लाये जाते हैं।

संगणक के कारण अब तो कुछ सरल टाइप की सुविधाएँ हिन्दी में भी हो गई हैं। हिन्दी तथा अंग्रेजी टाइप के प्वांइट सहित कुछ उदाहरण इस प्रकार हैं—

संजय पब्लिकेशन्स	9 Pt. Normal
संजना पब्लिकेशन्स	**9 Pt. Bold**
संजय पब्लिकेशन्स	*9 Pt. Italic*
संजय पब्लिकेशन्स	***9 Pt. Bold & Italic***
संजय पब्लिकेशन्स	11 Pt. Normal
संजय पब्लिकेशन्स	**11 Pt. Bold**
संजय पब्लिकेशन्स	*11 Pt. Italic*
संजय पब्लिकेशन्स	***11 Pt. Bold & Italic***
संजय पब्लिकेशन्स	13 Pt. Normal
संजय पब्लिकेशन्स	**13 Pt. Bold**
संजय पब्लिकेशन्स	*13 Pt. Italic*
संजय पब्लिकेशन्स	***13 Pt. Bold & Italic***
संजय पब्लिकेशन्स	15 Pt. Normal

संजय पब्लिकेशन्स	15 Pt. Bold
संजय पब्लिकेशन्स	15 Pt. Italic
संजय पब्लिकेशन्स	15 Pt. Bold & Italic
संजय पब्लिकेशन्स	17 Pt. Normal
संजय पब्लिकेशन्स	17 Pt. Bold
संजय पब्लिकेशन्स	17 Pt. Italic
संजय पब्लिकेशन्स	17 Pt. Bold & Italic
SANJAY PUBLICATIONS	8 Pt. Normal
SANJANA PUBLICATIONS	8 Pt. Bold
SANJAY PUBLICATIONS	8 Pt. Itlaic
SANJANA PUBLICATIONS	8 Pt. Bold & Italic
SANJAY PUBLICATIONS	10 Pt. Normal
SANJAY PUBLICATIONS	10 Pt. Bold
SANJAY PUBLICATIONS	10 Pt. Italic
SANJAY PUBLICATIONS	10 Pt. Bold & Italic
SANJAY PUBLICATIONS	12 Pt. Normal
SANJAY PUBLICATIONS	12 Pt. Bold
SANJAY PUBLICATIONS	12 Pt. Italic
SANJAY PUBLICATIONS	12 Pt. Bold & Italic
SANJAY PUBLICATIONS	14 Pt. Normal
SANJAY PUBLICATIONS	14 Pt. Bold
SANJAY PUBLICATIONS	14 Pt. Italic
SANJAY PUBLICATIONS	14 Pt. Bold & Italic
SANJAY PUBLICATIONS	16 Pt. Normal
SANJAY PUBLICATIONS	16 Pt. Bold
SANJAY PUBLICATIONS	16 Pt. Italic
SANJAY PUBLICATIONS	16 Pt. Bold & Italic
SANJAY PUBLICATIONS	18 Pt. Normal
SANJAY PUBLICATIONS	18 Pt. Bold

SANJAY PUBLICATIONS 18 Pt. Italic
SANJAY PUBLICATIONS 18 Pt. Bold & Italic

हिन्दी और अंग्रेजी में काम आने वाले करीब-करीब एक समान ही प्वांइट हैं, पर अब तो सुविधा के कारण नये प्वाइंट भी बनाये जा सकते हैं, ऐसा प्रयोग में भी है। टाइप के विषय में विधिवत् एवं गहराई से जाने बिना प्रूफ रीडिंग नहीं की जा सकती।

सामान्य शब्दों में कम्पोजिंग का अर्थ है—केस के खानों में से एक-एक अक्षर उठाकर स्टिक में सही स्थान पर रखना। लेकिन यह अभिप्राय अपने आप में पूर्ण नहीं है। प्रक्रिया की दृष्टि से भले ही इस प्रक्रिया को उचित मान लिया जाय, पर कम्पोजिंग में और भी कई बातें हैं। किसी प्रकाशन संस्थान में अक्षरों को स्टिक में जमाने के बाद गैलियाँ बनाना, शीर्षक तैयार करना, प्रूफ निकालना, प्रूफ की त्रुटियों को सही करना, पेज बनाना और उसे फर्मे में कस कर मुद्रण हेतु मशीन पर भेजना भी कम्पोजिंग विभाग के अन्तर्गत ही आता है।

एक प्रूफ रीडर को इस विभाग की पूर्ण जानकारी होनी चाहिए। डी. एस. मोनियर का तो कहना है कि अच्छा कम्पोजिटर ही उत्तम प्रूफ रीडर होता है। कम्पोजिंग कक्ष के कई विभाग होते हैं। इसकी देख-रेख एक फोरमेन द्वारा की जाती है। आजकल नया नाम प्रेस सुपरिन्टेंडेण्ट है। अब तो इसमें भी कई नये पद सृजित कर दिये गये हैं। प्रोडक्शन मैनेजर, सिर्फ कम्पोजिंग सेक्शन का इंचार्ज सुपरवाइजर, असिस्टेण्ट सुपरवाइजर, डिप्टी सुपरिन्टेंडेण्ट आदि। सही मायने में कम्पोजिंग विभाग का कार्य पाण्डुलिपि कम्पोज कर मशीन तक पहुँचाना है।

कम्प्यूटर कम्पोजिंग में कम्प्यूटर ऑपरेटर को कापी सुपारवाइजर या इंचार्ज द्वारा दी जाती है। ऑपरेटर 'लॉग इन' देकर कॉपी कम्पोज कर देता है। इसके पश्चात कॉपी प्रूफ रीडर के पास भेजी जाती है। प्रूफ रीडर अशुद्धियां दूर कर दोबारा संगणक विभाग में भेजता है। इसके पश्चात इंचार्ज आमतौर पर उसी ऑपरेटर कोक कथित कॉपी देता हे, जिसने वह कॉपी मुद्रण की होती है यद्यपि उस कॉपी को कोई भी ऑपरेटर सही कर सकता है। ऑपरेटर गलती निकालकर कॉपी सीधे ब्रोमाइड विभाग में भेज देता है। आजकल तो कॉपी प्रकाशन संस्थान की विभिन्न शाखाओं में स्थापित उप-प्रकाशन संस्थाओं में प्रकाशनार्थ भेजी जा सकती है। कम्पोजिंग कक्ष का फोरमेन समाचार-पत्र के समय पर मुद्रण की व्यवस्था में मुख्य स्थान रखता है। प्रायः अनुभवी और वरिष्ठ व्यक्ति को ही यह जिम्मेदारी

सौंपी जाती है। उसका काम पाण्डुलिपि प्राप्त कर अलग-अलग कम्पोजिटरों को वितरित करने का भी है। जितनी सामग्री मुद्रित होती रहती है, उसे लोहे की एक लम्बी गैली में रखते हैं। ये गैलियाँ लकड़ी के बनाये खानों में रख दी जाती हैं, जिसे प्रेस की भाषा में बैंक कहते हैं।

पाण्डुलिपि—जिसके आधार पर प्रेस में छपाई अर्थात् मुद्रण का काम आगे बढ़ता है, वह मूल अलिखित सामग्री होती है, जो किसी लेखक या सम्पादक द्वारा लेख, काव्य, फीचर, समाचार आदि के रूप में लिखी जाती है जो किसी पुस्तक रूप में या पत्र-पत्रिका में छपने हेतु होती है। इसी को 'पाण्डुलिपि' कहा जाता है। पाण्डुलिपि हस्तलिखित भी हो सकती है, या टंकित भी। प्रायः आजकल बहुत से लेखक हाथ से न लिखकर सीधे टंकण-यन्त्र (टाइप राइटर) या संगणक पर अपने आलेख अंकित करने लगे हैं। समाचार-पत्रों और पत्रिकाओं के कार्यालय में समाचार समितियों आदि से सीधे समाचार प्राप्त होते हैं। इन समाचारों को 'प्रति' अथवा 'कॉपी' कहा जाता है। यह भी 'पाण्डुलिपि' की श्रेणी में आती है। कहने का अभिप्राय यह है कि वह मूल आलेख, जिनकी प्रतिलिपि रूप में मुद्रण द्वारा कोई पुस्तक, समाचार, पैम्फलेट, विज्ञापन, सूचना पत्र इत्यादि छपने होते हैं, पाण्डुलिपि कहलाते हैं। अंग्रेजी भाषा में इसे (Manuscript या MSS) या मूल प्रति कहते हैं।

समाचार-पत्रों या पत्रिकाओं के कार्यालय में प्राप्त होने वाली पाण्डुलिपियाँ अक्सर पूर्ण रूप से शुद्ध नहीं होता। उनकी भाषा-शैली, व्याकरण की संरचना, विरामादि चिन्हों की अशुद्धियां होती हैं। इस सामग्री में से छपने योग्य सामग्री का चुनाव उप-संपादक द्वारा किया जाता है। इसमें अगर उपरोक्त प्रकार की कोई त्रुटियाँ होती हैं तो वह ठीक की जाती हैं तथा आवश्यक होने पर उनका पुनर्लेखन, परिवर्द्धन अथवा संक्षिप्तीकरण भी मुमकीन है। यह कार्य उप-संपादकों द्वारा किया जाता है। इस प्रकार से तैयार की गई सामग्री 'समाचा-कथा' अर्थात् न्यूज स्टोरी (News Story) कही जाती है। इसे भी कॉपी कहते हैं यानी पाण्डुलिपि।

जबकि प्राप्त हुई पाण्डुलिपि में संशोधन, परिवर्द्धन या संक्षिप्तीकरण और पुनर्लेखन का सम्बन्ध 'प्रूफ-संशोधन' कार्य से सम्बन्धित नहीं है, इसका सम्बन्ध मुद्रण से है, चूँकी इसी के आधार पर मुद्रण किया जाता है, किन्तु मुद्रण हेतु तैयार की गई कॉपी की जरूरत प्रूफ संशोधन कार्य में पड़ती है। वह उसी के आधार पर प्रथम मुद्रित प्रतिलिपि अथवा प्रूफ कॉपी पर मुद्रण त्रुटियों को चिह्नित करता है, जरूरत होने पर कॉपी से सहायता लेता है। प्रूफ संशोधन कार्य में विलम्ब अथवा

भ्रम न हो, इस वजह से कॉपी पूर्णतः हर तरह से शुद्ध तथा टंकण करके तैयार की जाती है। इससे कम्पोजकर्त्ता को भी सुविधा रहती है और वह शीघ्रतापूर्वक कम्पोज कार्य कर देता है।

प्रूफ संशोधन—मुद्रण प्रक्रिया में सबसे मुख्य कार्य है—प्रूफ संशोधन। कम्पोज की हुई सामग्री में कई त्रुटियाँ रह जाती हैं। अतः कम्पोज की हुई सामग्री में जो अशुद्धियां होती हैं उनको चिह्नित करके, सही कर देने का कार्य प्रूफ संशोधन या प्रूफ रीडर का होता है। किसी भी प्रकाशन संस्थान में प्रूफ रीडर बहुत ही प्रमुख व्यक्ति होता है। उसे भाषा, व्याकरण तथा विरामादि चिह्नों को यथास्थान प्रयोग करने का परिपक्व ज्ञान होना जरूरी होता है। हर एक पढ़ा-लिखा व्यक्ति प्रूफ रीडिंग अर्थात् प्रूफ संशोधन का काम नहीं कर सकता। प्रूफ संशोधन कार्य करने वाले कुछ विशिष्ट व्यक्ति खास तौर पर यह कार्य स्वतंत्र रूप से भी करते हैं। साधारणतः बड़ी प्रकाशन संस्थाओं में जहाँ कार्य लगातार चलता रहता है, स्थायी प्रूफ रीडर नियुक्त किये जाते हैं। अखबारों में भी स्थायी रूप से प्रूफ संशोधन नियुक्त रहते हैं।

अन्तिम रूप से मुद्रित पुस्तक या समाचार-पत्र तथा पत्रिकाओं में अगर पाठक त्रुटियाँ देखता है (जो किसी भी तरह की हो सकती हैं, जैसे तथ्यात्मक वर्तनी सम्बन्धित, भाषात्मक या इसी तरह की त्रुटियाँ) तो पाठक को बड़ी झुंझलाहट होती है। बहुत-सी अशुद्धियां ऐसी भी रह जाती हैं जिन्हें पाठक भ्रम में पड़कर या अज्ञानवश शुद्ध मान लेता है और यदि वह स्वयं भी किसी शब्द की वर्तनी अथवा उपयोग को सही जानता हो तो भी छपी हुई अशुद्धता को ही प्रामाणिक मानकर खुद भी अशुद्ध लिखने लगता है।

समाचार पत्र में प्रूफ संशोधन विभाग होता है अथवा प्रूफ संशोधक एक, दो या अधिक भी हो सकता हैं। सम्पादक तथा उप-सम्पादक के माध्यम से समाचार, लेख तथा अन्य प्रकार की सामग्री को लिखकर और टाइप करवाकर कम्पोजिंग विभाग में भेज दिया जाता है। कम्पोज होने के उपरांत उसका प्रूफ संशोधन के पास जाता है जिसे वह उसकी कॉपी (पाण्डुलिपि अथवा मूल प्रति) से मिलाकर त्रुटियां को चिह्नित करके शुद्ध करता है और उन्हें ठीक करने हेतु पुनः कम्पोजिंग विभाग में भेज देता है। वहाँ वह ठीक की जाती है तथा उनका मिलान किया जाता है। आवश्यक होने पर इनका मिलान किसी तृतीय व्यक्ति के माध्यम से किया जाता है। उसके उपरांत सामग्री को मेकअप (पेज-निर्माण) विभाग में भेज दिया जाता है जो उसे अपेक्षित आकार-प्रकार दे देता है।

अखबारों में अशुद्धियों हेतु जितना सम्पादकीय विभाग उत्तरदायी है, उससे कम प्रूफ संशोधन विभाग भी नहीं है। प्रूफ संशोधकों की इतनी बड़ी जिम्मेदारी को स्मरण में रखते हुए **प्रेस आयोग** ने अपने प्रतिवेदन में उन्हें पत्रकार कोटी में रखने का सुझाव दिया, जबकि प्रेस मालिकों ने उसके इस प्रतिवेदन को ठुकरा दिया। **अखिल भारतीय श्रमजीवी** पत्रकार संघ और उसकी कई शाखाओं ने सर्वोच्च न्यायालय का द्वार खटखटाया। जिसका परिणाम यह हुआ कि सर्वोच्च न्यायालय ने प्रूफ संशोधकों को पत्रकार कोटी में मान्य कर लिया। कुशल प्रूफ संशोधक कथ्यों कॉपी को देखकर उसकी मक्खी पर मक्खी मारने का ही काम नहीं करते, वह सामग्री के विचारों, तथ्यों और भाषा के फलक में संपादकीय कार्य पर ही कड़ी नजर रखते हैं। वह मूल कॉपी में अगर टंकण की भी कोई गलती होती है तो वह उसको भी सुधार देते हैं। प्रूफ को संशाधित करना तो एक स्थूल कार्य है तथा उसे शुद्ध करने के अतिरिक्त प्रूफ रीडर का और कोई दायित्व नहीं है, जबकि जब कोई त्रुटि सामने आ जाती है तो वह उसे भी ठीक करा देना अपना दायित्व या कर्त्तव्य मानते हैं।

यह कहना तो उचित ही है कि प्रूफ संशोधन का कार्य काफी एकाग्रतापूर्वक करना जरूरी है। अधिक सावधानों के लिये प्रूफ रीडर की सहायता के लिये कॉपी होल्डर, यानी वह व्यक्ति जो कॉपी को पढ़े और प्रूफ रीडर उसे सुनकर त्रुटियों को चिह्नित करे। इसका कारण यह बताया जाता है कि यदा–कदा प्रूफ रीडर उसे सुनकर त्रुटियाँ ठीक करने में सामग्री छूट भी जाती है। प्रूफ रीडिंग का कितना काम किस प्रेस या समाचार-पत्र में हैं, इसके आधार पर वहाँ प्रूफ रीडर रखे जाते हैं। जहाँ एक से अधिक प्रूफ रीडर रखे जाते हैं, वहाँ प्रूफ रीडिंग विभाग बन जाता है जिसमें–

(1) मुख्य/प्रधान प्रूफ रीडर,

(2) प्रथम श्रेणी प्रूफ रीडर,

(3) द्वितीय श्रेणी प्रूफ रीडर,

(4) कॉपी होल्डर होते हैं।

प्रूफ संशोधन प्रक्रिया या प्रणाली–यद्यपि प्रूफ संशोधन हेतु कोई पद्धति निर्धारित नहीं होती है, जबकि सुविधाजनक यह होता है कि–

(1) अशुद्धियों की अधिकता होने पर पृथक् से उनके शुद्ध रूप हाशिये पर लिख दिये जायें।

(2) संशोधन कार्य करने हेतु संशोधन को मिली प्रति के मध्य हिस्से में एक कल्पित रेखा मान लेनी चाहिये। इसी के अनुसार अशुद्धियों को पृष्ठ के दायीं और

बायीं ओर चिह्नित कर देना सुविधाजनक होता है। प्रूफ संशोधन की यह भी एक प्रक्रिया है कि त्रुटियों से लाइन खींचकर हाशिये पर वह शुद्ध रूप में अंकित कर दी जाये।

(3) साधारण छूट अथवा शब्दों को बढ़ाने की हालत में इस प्रकार संशोधन करने की चेष्टा की जाय कि लाइन में त्रुटि के आगे या पीछे के कोई अनावश्यक शब्द हटाये जा सकें। ऐसा करने पर कम्पोजीटर को सामग्री जहाँ की तहाँ समायोजित करने की सुविधा रहेगी अन्यथा उसे लाइनें आगे ले जाकर कई पंक्तियों को आगे ले जाना पड़ेगा।

(4) एक शब्द अथवा पंक्ति में अधिक अशुद्धियाँ होने पर उनके पृथक-पृथक निशान लगाने से भ्रम उत्पन्न हो सकता है। इसलिए वह अलग से साफ-साफ लिख देना उचित रहता है।

(5) यदि कहीं कोई भ्रम की स्थिति हो तो उसका निवारण संपादकीय विभाग से कर लेना चाहिए।

(6) प्रूफ संशोधन करते समय मूल प्रति से मिलान करना आवश्यक है।

(7) प्रूफ संशोधन करते समय संशोधन करने के पश्चात प्रूफ के ऊपर अपने हस्ताक्षर करने चाहिये।

प्रूफ रीडर की योग्यता—प्रूफ रीडर जिस भाषा में प्रूफ संशोधन का काम करता है, उस भाषा पर एक प्रकार से उसका अधिकार होना चाहिए। प्रिण्टिंग प्रक्रिया सम्बन्धी ज्ञान भी उसे होना चाहिये। हर एक तरह के टाइपों (मुद्राक्षरों) के आकार-प्रकार एवं प्रूफ संशोधन हेतु उपयोग किये जाने वाले संकेत चिन्हों का ज्ञान उसके लिये आवश्यक है।

यदि प्रूफ संशोधन को आलेख की भाषा वाक्य रचना या व्याकरण सम्बन्धी कोई त्रुटि दिखाई देती है, तो उसे हाशिये पर प्रश्नवाचक चिह्न लगा देना चाहिये।

यदि प्रूफ संशोधक कुछ विशेष त्रुटियों के कारण प्रूफ दूसरी बार देखना उचित समझता हो तो उसे प्रूफ को दोबारा दिखाने का संकेत पृष्ठ पर लिख देना चाहिये। यदि प्रूफ साफ-सुथरा नहीं है तो प्रूफ संशोधक को दूसरा प्रूफ मँगाना चाहिये। अगर वह 'पेज-प्रूफ' यानी मशीन पर छपा प्रूफ देखना आवश्यक समझता हो तो उसे मशीन प्रूफ अर्थात् पेज प्रूफ दिखाने का आग्रह करना सही होता है।

ओ. के. संशोधन करके छापो—प्रूफ संशोधन से सन्तुष्ट होने पर प्रूफ संशोधक द्वारा दिया गया 'प्रिण्ट आर्डर' होता है। प्रूफ संशोधन का मिलान किसी जवाबदेह तीसरे व्यक्ति को कर लेना चाहिये।

प्रूफ संशोधक द्वारा किसी ऐसी अशुद्धि हेतु जो कॉपी लेखक द्वारा ठीक किये जाने को संकेतिक है, कॉपी लेखक को ठीक करके प्रूफ संशोधक के संकेत अथवा नोट को काट देना चाहिये।

प्रूफ रीडर को प्रेस अधिनियम की जानकारी भी होनी चाहिये तथा अगर कोई ऐसी सामग्री उसके सामने आती है जो छप जाने पर मुद्रक की परेशानी का सवब बन सकती है तो उसे चाहिये कि उसकी मुद्रक को जानकारी दें।

प्रति संशोधन चिह्न

अलग-अलग तरह के प्रति संशोधन चिह्नों का विवरण निम्न प्रकार से है—

मुद्रण कला में प्रूफ-संशोधन का महत्व

मुद्रण का रूप चाहे जिस भी तरह का हो, उसके द्वारा विचारों की अभिव्यक्ति होती है। मुद्रण ध्वनि क़ा रेडियो (आकाशवाणी) की तरह संप्रेषण नहीं करता। वह ध्वनि के प्रतीकों को पुनः प्रस्तुत करता है। पूर्व में जब लेखन का आविष्कार नहीं हुआ होगा, संप्रेषण शब्दों द्वारा ही किया जाता रहा होगा, किन्तु जब लेखन क्रिया प्रचलन में आ गई तो शब्दों के प्रतीक रूप में ध्वनि-प्रतीकों के साथ लिपि सामने आई। मानव सभ्यता के विकास के साथ या मनुष्य के विशेष भौगोलिक वातावरण में रहने के कारण ध्वनि और लिपि प्रतीकों में अन्तर आया। इस प्रक्रिया में आलेखों की प्रस्तुति द्वारा मनुष्य के ज्ञान का प्रसार हुआ, परन्तु आलेख की प्रतिकृतियाँ बनाना एक श्रमसाध्य कार्य था। जब तक मुद्रण क्रिया का आविष्कार नहीं हुआ, मानव को किसी आलेख की मूल कृतियाँ और प्रतिलिपियाँ प्राप्त करना भी आसान काम नहीं था। मुद्रण क्रिया ने इसे सरल और सुलभ बना दिया। वर्तमान युग मुद्रण कला का महान युग है। इस युग में बड़ी-बड़ी मशीनों का प्रादुर्भाव तो हुआ ही, संगणक आदि साधन भी प्रतिलिपिकरण के कारक हो गये हैं। मुद्रण जिस रूप में आज विकसित है, उससे कुछ ही मिनट में एक लेख की हजारों प्रतियाँ प्राप्त की जा सकती हैं। मुद्रण पूर्व, उसके लिये जो क्रिया कुछ समय पूर्व प्रचलित थी, वह थी अक्षरों की संयोजन क्रिया। यह अक्षर धातु से ढाले जाते थे और इन्हें आलेख के अनुसार हाथ से संयोजित किया जाता था, (यह कार्य आज भी होता है)। यह क्रिया 'कम्पोजिंग' नाम से जाना जाता है। आधुनिक काल में यह क्रिया कई समुन्नत रूपों में की जाती है, जैसे लाइनों टाइप, इण्टर टाइप, मोनो टाइप।

फोटो कम्पोजिंग के आविष्कार के साथ मुद्रण कला में नवीन क्रान्ति हुई है। परन्तु यह आवश्यक है कि कम्पोजिंग कार्य पूर्ण रूप से अशुद्धि रहित हो। कम्पोजिंग मुद्रण का आधार है, उसी से हजारों-लाखों प्रतियाँ तैयार की जाती हैं। वर्तमान युग में समाचार-पत्रों को त्वरित गति से प्रकाशित किया जाना मुद्रण कला ने तो सम्भव किया ही है लेकिन उसका मुद्रयोजन (कम्पोजिंग) ही अपरिहार्य मूल आधार है।

अक्सरः मूल आलेख का मुद्रयोजन एक ही बार में अशुद्धि रहित तौर पर नहीं हो पाता। इसमें मुद्रयोजक के सामने आलेख की अपनी ही त्रुटिपूर्ण लिखाई या स्पष्ट लेखन समस्या पैदा करते हैं। अतः जब पहली बार मुद्रयोजन हो जाता है तो उसकी प्रतिलिपि प्राप्त की जाती है और उसको मूल आलेख से मिलाया जाता है।

मूल आलेख को भी पहली बार त्रुटि रहित करने के लिये सुधारकर अन्तिम रूप से पहले ही, मुद्रयोजक (कम्पोजीटर) के पास जाने से पहले शुद्ध कर दिया जाता है। मूल आलेख के इसी शुद्ध रूप प्रति को पाण्डुलिपि अथवा मेन स्क्रिप्ट कहा जाता है। इससे मुद्रयोजित आलेख की प्रतिलिपि, जिसे आम भाषा में प्रूफ कहते हैं, से मिलान कर पूर्णतः त्रुटिहीन किया जाता है। इसे प्रूफ-संशोधन कार्य कहते हैं अर्थात् प्रूफ-रीडिंग। मुद्रण महायज्ञ में प्रूफ रीडिंग मुद्रयोजन के उपरान्त मुद्रण क्रिया का सर्वाधिक प्रमुख अंग है। प्रायः प्रूफ-संशोधन कार्य में किसी असावधानीवश कतिपय अशुद्धियों का रह जाना कोई आश्चर्य की बात नहीं है। इन अशुद्धियों के कारण बड़े-बड़े ग्रन्थ तथा समाचार-पत्र भी अशुद्ध छपाई के शिकार हो जाते हैं। हम प्रूफ संशोधन कार्य के महत्व को इस बात से आंक सकते हैं कि उसमें किसी त्रुटि के कारण यदि किसी ग्रन्थ या समाचार-पत्र में गलतियाँ छप जायें तो वह पाठक के मस्तिष्क पर सीधा प्रहार करती है। अक्सरः पाठक भी यदि गलत मुद्रित शब्दों के सही रूप से परिचित होते हैं तो वह उसे स्वतः ही समझ कर पढ़ भी लेते हैं, लेकिन कभी-कभी ऐसी भी स्थिति होती है कि कोई गलत छपा हुआ शब्द वाक्य का अभिप्राय ही बदल देता है जिसके कारण पाठक भी भ्रमित हो जाते हैं। इस प्रकार की त्रुटियों को अंग्रेजी में **'प्रिण्टर्स डेविल'** कहा जाता है। इसी कारण मुद्रण कार्य में प्रूफ संशोधन का काफी महत्व है।

3

साक्षात्कार कला

मनुष्य एक सामाजिक प्राणी है। वह सदैव अपने बारे में बताने तथा दूसरों के विषय में जानने की उत्सुकता उसका स्वाभाविक गुण है। शायद इसी कारण भाषा का उद्‌भव हुआ। सामान्यतः देखा गया है कि किसी के बारे में जानने की जिज्ञासा का समाधान संवादात्मक शैली में होता है। वह शैली ज्यादातर प्रश्नाश्रित होती है। जैसे कि "आप कहाँ जा रहे हैं?" "सम्भवतः आप कलकत्ता जायेंगे?" "आपका क्या नाम है?" "क्या आप ही अधिकारी महोदय हैं?" "मुझे शिव प्रसाद से मिलना था" आदि ज्यादातर देखा गया है कि सीधे वाक्य भी उच्चारण विधि (एक्सेन्ट) से प्रश्नवाचक बन जाते हैं। वर्तमान युग में सूचना-विस्फोट का युग है। रोज नई-नई जानकारियाँ प्राप्त होती हैं, व्यक्तित्व उभरते हैं। इन खोजपूर्ण जानकारियों को जनता के सामने प्रस्तुत करने उनसे संबंधित व्यक्तियों को जनता से परिचित कराने एवं उनकी कार्यशैली की जानकारी देने हेतु सम्प्रति साक्षात्कार (इन्टरव्यू) पद्धति का प्रयोग आज खूब लोकप्रिय है। **"साक्षात्कार"** शब्द अंग्रेजी **"इन्टरव्यू"** के शब्दार्थ के रूप में प्रयोग किया जाता है। हिन्दी "साक्षात्कार" शब्द का अर्थ होता है—**साक्षात् कराना अथवा करना** अर्थात् वह प्रक्रिया जो साक्षात करा दे। अब प्रश्न आता है कि किसको और क्यों? इस संदर्भ में आगे विचार करेंगे। एक

बात और यहाँ स्पष्ट कर देना चाहता हूँ कि साक्षात्कार का अंग्रेजी शब्दार्थ "इन्टरव्यू" से ज्यादा संवेदनशील शब्द है। उसके आधार पर साक्षात्कार से अभिप्राय है किसी के अन्त के अन्तस का अवलोकन करना अर्थात् जो बाह्य रूप में दिखाई नहीं देता हो और जिस प्रक्रिया द्वारा वह अदृश्य मूर्तिमान हो जाये, उसी को "इन्टरव्यू" अथवा साक्षात्कार कहते हैं। किसी भी मानव को पहचानने किसी कृतित्व को उभारने या किसी व्यक्ति अथवा कृति/ कार्य के अंतस् को टटोलने हेतु प्रयुक्त प्राश्निक पद्धति "साक्षात्कार" या "इंटरव्यू" कही जा सकती है।

आज के संदर्भों में साक्षात्कार के दो क्षेत्र दृष्टिगोचर हैं—एक माध्यमोपयोगी दूसरा-प्रतियोगितात्मक। हमारा अभिष्ट माध्यमपयोगी साक्षात्कार है, किन्तु सम्प्रति सामान्य जनजीवन में, जीविकोपार्जन और शिक्षा के क्षेत्र में प्रतियोगितापरक लिखित परीक्षा के पश्चात अभ्यर्थी के व्यक्तित्व, योग्यता, उपयोगिता, विश्वास जीवन-शैली हाजिर जवाबी इत्यादि को जाँचने हेतु आयोजित साक्षात्कार प्रणाली ज्यादा विख्यात है। इसलिए अन्त में इसकी बात भी कर लेना निरर्थक न होगा।

मालूम हो इस प्रकार के साक्षात्कार का प्रयोजन उचित अभ्यर्थी का चुनाव होता है। इसमें असफलता अभ्यर्थी के भविष्य को अंधकार में धकेल देती है। अवएव अभ्यर्थी को इसमें खरा उतरने की कला से भली तरह परिचित होना चाहिये। साक्षात्कार देने वाले मानव को इस बात की पूर्ण जानकारी होनी चाहिये कि उसे किस तरह अभिवादन करना है? प्रश्नों के जवाब किस प्रकार देने हैं, किस तरह के वस्त्र पहनने हैं? भाव भंगिमाएँ बनानी हैं—यानी अभ्यर्थी किस तरह श्रेष्टतम ढंग से अपने व्यक्तित्व को साक्षात्कार बोर्ड के सामने प्रस्तुत करता है इसकी जानकारी आवश्यक है।

साक्षात्कार की तैयारी करने से पूर्व अभ्यर्थी को यह कथ्य भलीभाँति प्रकार से समझ लेना चाहिये कि वह कि व्यवसाय, पद अथवा प्रतियोगिता हेतु साक्षात्कार दे रहा है, चूँकि व्यवसाय तथा पदानुरूप साक्षात्कार प्रविधि परिवर्तित हो जाती है। जैसे कि संघ लोक सेवा आयोग के साक्षात्कार में सवाल अधिक विचारात्मक होते हैं। इसलिए अभ्यर्थी को विश्लेषणात्मक उत्तर देने हेतु अपने ऐच्छिक विषय, राष्ट्रीय-अन्तर्राष्ट्रीय, सामाजिक गतिविधियों की पूरी जानकारी होनी चाहिये। इसके विपरीत लिपकीय या अन्य सामान्य परीक्षाओं में तथ्यपरक सवाल ज्यादा पूछे जाते हैं। इसकी भी कुछ ऐसी बातें हैं जो सामान्य रूप से हर एक साक्षात्कारदाता हेतु आवश्यक हैं और उनसे इनकी जानकारी आवश्यक है—

1. साक्षात्कार कक्ष में प्रवेश करते समय शरीर सीधा रखते हुए। (अनावश्यक तना हुआ नहीं) मुस्कराते हुए प्रवेश करना चाहिये।
2. साक्षात्कार से जुड़े व्यवसाय, उसके कार्य-क्षेत्र उसके उत्पादन, उसके कार्य, बाजार, सामाजिक स्थिति इत्यादि का पूर्वाभास और जानकारी।
3. अभ्यर्थी को अपने सम्बन्ध में पूर्ण जानकारी होनी चाहिये यानी जन्म निवास शैक्षिक योग्यता विशेष उपलब्धियाँ अभिरुचियाँ और सम्बन्धित साक्षात्कार का रूप अर्थात् व्यवसाय तथा पद की गरिमा और कार्य।
4. प्रमुख राष्ट्रीय अन्तर्राष्ट्रीय घटनाचक्रों वर्तमान समस्याओं की जानकारी और अपना स्पष्ट विचार।
5. वेशभूषा स्वच्छ और सुरुचिपूर्ण हो।
6. साक्षात्कार लेने वालों का स्वागत करना है।
7. आज्ञा प्राप्त होने पर कुर्सी पर बैठना चाहिये, झुक कर बैठना, सुसंगत नहीं लगता। जल्दी-जल्दी पहलू बदलना भी सही नहीं पैरों को फँसाकर नहीं बैठना चाहिये।
8. "अगर आपका चयन नहीं हुआ है" जैसे नकारात्मक शैली के सवाल से घबराना नहीं चाहिये बल्कि विश्वास के साथ आत्मविश्लेषण पुनः प्रयास, अन्य मार्ग खोजने का करना चाहिये। इस तरह के प्रश्न अभ्यर्थी के धैर्य की परीक्षा है।
9. सवाल का जवाब देते समय प्रश्न के प्रति नकारात्मक रवैया अपनाते समय आत्मविश्वास होना चाहिये जहाँ तक संभव हो "शायद अथवा हो सकता है जैसे संदेहास्पद वाक्यों के प्रयोग से बचना चाहिये।
10. साक्षात्कार अंत में मुस्कराते हुए साक्षात्कारकर्त्ता को धन्यवाद देकर अगर हाथ बढ़ाए तो हाथ मिलाकर बगैर पीछे मुड़कर देखे कमरे से बाहर जाना चाहिये।
11. सवालों के असली को समझने के पश्चात ही उत्तर अति शांत भाव से सुविचरित, विषयानुकूल एवं स्पष्ट उच्चारण के साथ देना चाहिये।
12. सिर खुजाना पेन खोलना-बन्द करना मेज थपथपाना हिलाना बिना आवश्यकता के हाथ पैर हिलाना, चेहरे के भाव-भंगिमाएँ बदलना इत्यादि आपके क्षीण आत्मविश्वास की सूचना देते हैं।

यह तो थी प्रतियोगितापरक साक्षात्कार की बात अब आइए करते हैं माध्यमोपयोगी साक्षात्कार की। आकाशवाणी दूरदर्शन अथवा प्रिन्ट माध्यम (समाचार पत्र-पत्रिकाएँ) इत्यादि में किए जाते रहते हैं।

पूर्व निवेदन है कि साक्षात्कार के द्वारा किसी व्यक्ति के व्यक्तित्व, कृतित्व, कार्यशैली तरह को जाँचा परखा जाता है एवं प्रचारित किया जाता है। सवाल यह उठता है कि माध्यमों द्वारा किसी व्यक्ति का साक्षात्कार क्यों लिया जाए, किस प्रकार परिस्थिति में लिया जाये? क्योंकि जिन साधनों की जनता के प्रति प्रतिबद्धता होती है और उनका लक्ष्य समूहगत हित को देखना है। ऐसी स्थिति में किसी व्यक्ति उसके व्यक्तित्व उसके विचार, उसकी जीवन शैली इत्यादि को जनता पर थोपना कहाँ तक उपरोक्त है? वास्तव में यह सवाल छोड़े गए प्रश्न कि साक्षात्कार किसका और क्यों?" को दोहराता है। यह स्मरण योग्य है के किसी भी समय, किसी भी व्यक्ति का साक्षात्कार जनसंचार माध्यमों पर नहीं किया जाता और न ही किया जाना चाहिये। जरूरत है—साक्षात्कार की प्रासंगिकता को जानने की, समझने की। इसमें सबसे मुख्य तथ्य है—जन प्रतिनिधित्व यानी व्यक्ति नहीं, समूह अभिरुचि आवश्यक है यानी जब कोई व्यक्ति सामान्य जीवन से हटकर कोई ऐसा कार्य करता है जिसके पीछे समूहगत हित है या उसकी संभावना है तो वह जन सामान्य में चर्चित हो जाता है, वह व्यक्ति मीडिया हेतु विशेष बन जाता है और इस खास को जानना और पहचानना मीडिया का कर्तव्य बन जाता है।

सर्वस्व विदेश से आकर अपना जीवन निर्धनों कोढ़ियों, बीमारों हेतु समर्पित कर देने वाली मदर टेरेसा "नोबेल पुरस्कार" अथवा "भारत रत्न" पाकर विशेष बन जाती है मतलब यह है कि जनता के मध्य लोकप्रिय होना, जनता की रुचि, व्यक्ति खास में होना, उसे मीडिया हेतु लोकप्रिय होना, जनता ही रुचि, व्यक्ति विशेष में होना, उसे मीडिया हेतु विशेष बना देता है। कहने का अभिप्राय यह है कि साक्षात्कार उसका लिया जाये जो विशेष हो।

किन्तु किसी भी विशेष व्यक्ति का साक्षात्कार कभी भी लेना प्रासंगिक नहीं होता। यह विशेष मौका आता है—उसके जीवन की किसी खास उपलब्धि से। जैसे कि "मदर टेरेसा" को जब नोबेल या भारत रत्न पुरस्कार प्रदान किया गया तो उनका साक्षात्कार जरूरी हो गया। उसी तरह "द सेटेनिक बर्सेज" "लज्जा" "द स्युटेबिल बॉय पुस्तकों के लोकप्रिय होने पर क्रमशः सलमान रशदी, तसलीमा नसरीन, विक्रम सेठ के साक्षात्कार की आवश्यकता दिखाई पड़ती है। इसी प्रकार किसी लोकप्रिय व्यक्ति के जीवन में विशेष परिवर्तित मौका के समय साक्षात्कार लिया जा सकता है उदारणार्थ प्रधानमंत्री बनने के उपरान्त मनमोहन सिंह का साक्षात्कार प्रासंगिक है, वहीं राष्ट्र की संवेदना तथा अर्थ व्यवस्था से जुड़े घोटालों विभिन्न प्रकरणों में चर्चित लालू यादव, अडवाणी, पवार

इत्यादि का भी, चूँकि यह सभी जनप्रतिनिधि हैं और उनकी जवाबदेही जनता के प्रति है। इसलिए जनता हेतु, जनता के सामने इनके व्यक्तित्व, विचारों को उजागर करना मीडिया का कर्तव्य है।

इसके विशेष अवसरों पर साक्षात्कार की उपयोगिता दिखाई पड़ती है। जैसे कि साहित्यकार, राजनेता, कलाकार खिलाड़ी इत्यादि के जन्मदिन, षष्ठीपूर्ति, पुण्यतिथि या उपलब्धियों में बढ़ोतरी होने पर, सम्बन्धित व्यक्ति या उन व्यक्तियों के सम्बन्धियों, आलोचकों मित्रों इत्यादि से साक्षात्कार उपयुक्त होता है। जैसे कि 2 अक्टूबर के दिन महात्मा गांधी की जन्मतिथि पर उनको श्रद्धांजली देने के लक्ष्य से और नई पीढ़ी को उनके व्यक्तित्व से परिचित कराने हेतु गांधी जी के वंशजों सहयोगियों इत्यादि का साक्षात्कार प्रासंगिक होगा। तुलसी जन्मशती पर किसी विख्यात तुलसी समालोचक से साक्षात्कार प्रासंगिक दिखायी पड़ता है अथवा सचिन तेंदुलकर के कम उम्र में कप्तान बन जाने पर टीम पर पड़ने वाले प्रभाव इत्यादि के सम्बन्ध में गावस्कर, कपिलदेव इत्यादि सीनियर एवं विशेषज्ञों की प्रतिक्रिया तथा मत जानना उचित होगा।

इसके अतिरिक्त लोग ऐसे हैं जो किसी असाधारण कार्यों की वजह से विख्यात हो जाते हैं और पब्लिक फिगर बन जाते हैं, यथा– कि जादूगर बी. एन. सरकार यध आनन्द अथवा टेनिस स्टार सानिया मिर्जा इंग्लिश चैनल पार करने वाली आरती इत्यादि। यहाँ तक कि समाज हेतु और घातक होते हुए भी कई व्यक्ति हों, साक्षात्कार के सुयोग्य बन जाते हैं। यथा– पूर्व चन्दन तरस्कर वीरप्पन, माफिया डान-इब्राहिम दाऊद इत्यादि।

कहने का तात्पर्य यह है कि माध्यमों द्वारा किसी विशेष लोकप्रिय व्यक्ति का विशेष मौके पर उपलब्धियाँ, योग्यता, परिचय इत्यादि जानने हेतु साक्षात्कार आयोजित किया जाता है।

कब और क्यों के बाद आता है कि साक्षात्कार कैसे लिया जाए, या दिया जाये? अच्छे साक्षात्कारकर्ता या दाता के अन्दर कौन कौन से गुण होने चाहिये इत्यादि?

सबसे पूर्व बात करते हैं कि साक्षात्कार कैसे लिया जाय? मालूम है कि प्रत्येक साधन की अपनी-अपनी सीमाएँ हैं, उपकरण हैं। अतएव हमें सबसे पहले यह विचार करना पड़ता है कि हमारा साधन क्या है? प्रिन्ट रेडियो अथवा दूरदर्शन। यह जानना इसलिए आवश्यक है क्योंकि रेडियो ध्वनि-बिम्बों का साधन है तो समाचार पत्र छपे अक्षरों का और दूरदर्शन दृश्य-श्रव्य दोनों का हमें रेडियो हेतु

साक्षात्कार लेना है तो हमें टेपांकन पद्धति के विषय में जानकारी अवश्य होनी चाहिए। ज्यादातर अखबार, पत्रिकाओं इत्यादि के साक्षात्कार हेतु भी टेपरिकार्डर का उपयोग किया जाता है, जिससे बातचीत की प्रामाणिकता और स्थायित्व बना रहे। वैसे समाचार पत्र हेतु लेखन-विधि का प्रयोग किया जाता है। यहाँ तक कि टेपांकित बात को लिप्यंकित करके ही अखबार में प्रस्तुत किया जाता है। इस पद्धति का यह फायदा है कि अनुपयोगी, बेकार, अनुपयुक्त या अकथनीय क़थ्यों का काट छाँटकर किया जा सकता है। हालाँकि रेडियो हेतु टेपांकित साक्षात्कार में भी सम्पादन मुमकिन है, परंतु उसमें वाक्यों को काटने-छाँटने में कठिनाई होती है, क्योंकि वाक्य को काँटने-छाँटने से वक्ता के बोलने की लय, गति में परिवर्तन आ जाता है जो कि स्पष्ट सम्पादन की सूचना देता है। इन सबके अतिरिक्त दूरदर्शन हेतु आयोजित साक्षात्कार में जो कहा जा रहा है, जिस मौके की चर्चा है, जिस उपलब्धि की बात है, उसको दिखा कर और अधिक समीक्षा पैदा कर दी जाती है। साथ ही साथ यह भी जान लेना चाहिये कि रेडियो और प्रिन्टमीडिया हेतु होने वाली बातचीत तो दो लोगों के बीच होती है, परंतु दूरदर्शन के साक्षात्कार का तृतीय द्रष्टा भी होता है, कैमरामैन। कैमरे के बीच दूरदर्शन साक्षात्कार संभव नहीं है। इसलिए दूरदर्शन साक्षात्कार टीम वर्क है-बाकी एकल।

ज्यादातर देखा गया है कि साक्षात्कार को करने के लिये प्रश्नोत्तर शैली का प्रयोग होता है। रेडियो और दूरदर्शन पर तो यह अत्यंत जरूरी है, परंतु समाचार पत्र पत्रिकाओं में प्रश्नोत्तरी के अलावा वर्णनात्मक ढंग से भी साक्षात्कार लेख की जैसा दिखाई पड़ता है, परंतु उसके कन्टेन्ट को पढ़कर बातचीत का अहसास होने लगता है। बीच-बीच में सवालों का वर्णन भी होता है। इस तरह के साक्षात्कार प्रस्तुत करने हेतु साक्षात्कारकर्ता को विशेष शैली अपनानी पड़ती है, जैसे विशेष विषय पर अपने मन्तव्य को स्पष्ट करते हुए बोले खास स्थिति पर उनके विचारों को सुनकर लगा कि......." उपवाक्य एवं वाक्यांश को प्रयोग में लाना पड़ता है। परंतु अगर यह शैली रेडियो व दूरदर्शन पर अपनाई जायेगी तो यह साक्षात्कार क्रमशः वार्तो और डाक्यूमेन्ट्री कहलायेगा। अतएव हर माध्यम की सीमाओं को ध्यान में रख कर ही साक्षात्कार किया जाना चाहिये। वास्तविकता यह है कि साक्षात्कार हेतु प्रश्नोत्तर शैली सबसे अच्छा माध्यम हैं माध्यम के आधार पर प्रस्तुति के प्रारूप अलग-अलग होने पर भी भी कई ऐसे तथ्य हैं जों कि समान तौर पर पाए जाते हैं। इस पर हम विस्तृत रूप से बात करेंगे।

मालूम हो कि साक्षात्कार द्विपक्षीय विधा है यानी साक्षात्कार के दो घटक होते है पहला साक्षात्कारकर्ता दूसरा साक्षात्कारदाता है।

हम दोनों पक्षों पर विचार प्रस्तुत करेंगे परंतु साक्षात्कारकर्ता इस विधा का नियामक है, अतएव सर्वप्रथम उसी के संदर्भ में।

1. व्यक्ति/विषय का विधिवत् अध्ययन--सम्पर्क-तिथि निश्चित होने के बाद साक्षात्कार को दाता के व्यक्तित्व की भी पूरी जानकारी करनी होती है, सम्बन्धित विषय का सही तरीके से अध्ययन करना पड़ता है। इस वक्त अध्ययन एवं जानकारी की कोई सीमा नही है, जितना अधिक साक्षात्कारकर्ता विषय या व्यक्ति से तादाम्त्य स्थापित करेगा, उतना ही उसके अन्तः को जनसामान्य के समक्ष उकेरने में सफल रहेगा। साथ ही अगर हो सके तो कर्ता का दाता या विषय से जुड़े पूर्व इन्टरव्यू देख पढ़ लेने चाहिये, परंतु उनका अध्ययन पुनरावृत्ति के रूप में नहीं करके कुछ उनसे हटकर कतिपय नया करने हेतु किया जाना चाहिये।

2. चयन— साक्षात्कार का यह प्रथम चरण है जो अत्यंत प्रमुख है। साक्षात्कारदाता का परिस्थिाते का, मौका का विषय का है, यहाँ तक कि साक्षात्कारकर्ता का चुनाव। साक्षात्कारकर्ता का चयन सम्भवतः चौकने वाली बात लगे परंतु सच्चाई यही है कि परिस्थति और व्यक्ति के अनुसार साक्षात्कारकर्ता का भी चुनाव किया जाता है।

समाचार पत्रिकाओं में तो स्वतंत्र पत्रकार होते हैं, जब कि रेडियो, दूरदर्शन, सरकारी तंत्र से संबंधित होने के कारण सरकार से प्रतिबद्ध। इसके फलस्वरूप पत्र-पत्रिकाओं हेतु साक्षात्कार लेने वाला व्यक्ति स्वयं के विचारानुसार व्यक्ति, परिस्थिति का चुनाव कर सकता है, परंतु रेडियो-दूरदर्शन पर यह असंभव है। ऐसी स्थिति में कार्यक्रम निर्देशक अपने विवेक से परिस्थिति तथा मौके को देखकर साक्षात्कार का विषय निर्धारित करता है। इसके पश्चात उपयुक्त साक्षात्कारदाता की खोज करता है और फिर उसके व्यक्तित्वानुसार, विषयानुसार साक्षात्कारकर्ता की। समाचार-पत्र पत्रिकाओं हेतु स्वतंत्र साक्षात्कारकर्ता भी होते हैं।

साक्षात्कारकर्ता का चयन विषय तथा दाता के चयन के बाद होता है। जैसे कि वर्ष 1997 स्वर्ण जयन्ती वर्ष के रूप में मनाया जा रहा था। इस अवसर पर अगर भारत की 50 वर्षों की उपलब्धियों का आकलन करना हो तो उस हेतु साक्षात्कारदाता स्वाधीनता आन्दोलन से संबद्ध राजनेता, स्वाधीनता सेनानी या स्वतंत्रता पूर्व भारत का कोई एक नागरिक हो सकता है और साक्षात्कारकर्ता कोई विख्यात चुनाव समालोचक इत्यादि।

3. सम्पर्क—विषय तथा व्यक्ति का चयन होने के बाद साक्षात्कारकर्ता द्वारा दाता से सम्पर्क करके समय तिथि स्थान इत्यादि का निर्धारण किया जाता है।

4. प्रश्नावली तैयार करना—विषय के अधिकतम अध्ययनापरान्त काल विशेष के आधार पर विषय से सवालों को लिख लेना चाहिए।

ज्ञात हो कि पत्र-पत्रिकाओं में पत्राचार द्वारा भी साक्षात्कार लिया जाता है, परंतु एक पक्षीय हो जाने की वजह से कुछ बात निकल कर नहीं आती। फिर कहा भी गया है कि बात से बात निकलकर सामने है। इसलिए जहाँ तक सम्भव हो कर्ता को दाता से आमुख-सम्मुख वार्ता करनी चाहिये। ज्यादातर देखा गया है कि रेडियो-दूरदर्शन के साक्षात्कार कार्यक्रमों में प्रश्नावली पूर्व से ही तैयार करके दाता को प्रश्नों से परिचित करा दिया जाता है, जिसके पीछे तर्क होता है कि माध्यमों में जीवन प्रसारण की स्थिति में सुधार की संभावना नहीं होती। अवएव कर्ता-दाता के साथ-साथ तकनीकी गड़बड़ी या कमजोरी न दिखाई पड़े इसके लिए प्रश्नोत्तर का अभ्यास कर लिया जाये। परंतु मुझे ऐसा लगता हैं कि साक्षात्कारकर्ता को दाता के साथ बैठ कर सिर्फ विषय पर चर्चा करके कंटेन्ट का परिचय देना चाहिये और जहाँ तक सम्भव हो कर्ता को अपने प्रश्नों को उसी पर केन्द्रित करना चाहिये, परंतु सभी सवालों को शब्दशः दाता को नहीं बताना चाहिये क्योंकि इस स्थिति में दाता पूर्वाग्रह से प्रेरित होकर प्रश्नों के उत्तर देगा जिससे वास्तविक तथ्य छुप सकते हैं, परंतु साक्षात्कार कर्ता को अपने मन में प्रश्नावली पूर्व से जरूर बना लेनी चाहिये। प्रश्नावली तैयार करते समय इस बात से पूरी तरह आश्वस्त हो जाना चाहिये कि कोई अन्दरूनी पहलू छूटा तो नहीं है और फिर अपने सवालों को क्रमबद्ध होने पर साक्षात्कार ट्रैक से या पकड़ कर बाहर नहीं जा पाएगा।

प्रश्नावली बनाते समय साक्षात्कारकर्ता को सजग रहना अति आवश्यक है क्योंकि अगर प्रयोजन विषय स्थिति, व्यक्ति का यथाचित परिचय पाठक/श्रोता/दर्शक को नहीं मिला तो प्रयोजन असफल हो जायेगा। उदाहरणतः अगर किसी साहित्यकार का साक्षात्कार करना हो तो कर्ता को प्रश्नावली तैयार करते समय एक दो प्रश्न परिचायात्मक रखने चाहिये। इसके उपरान्त कृतित्व की बात करनी चाहिये। कृत्य की प्रेरणा पर ध्यान केन्द्रित करना चाहिये, पारिवारिक सामाजिक परिस्थति का व्यक्तित्त्व कार्य पर असर जाँचना चाहिये तथा अंततः कार्य की प्रासंगिकता उपादेयता के संदर्भ में लेखक की मूल दृष्टि भी जान लेना उत्तम होगा। यदि लेखक या उसके कृतित्व के संदर्भ में, पाठकों की प्रतिक्रिया मालूम हो, तो उसके संदर्भ में लेखक से अवश्य सवाल पूछना चाहिये जिससे बात स्पष्ट हो

जायेगी। यदि मौका विशेष पर साक्षात्कार है तो उस अवसर से तादात्म्य स्थापित करना चाहिये। जहाँ तक सम्भव हो प्रारंभ में सरल प्रश्न पूछने चाहिये तथा फिर शनैः-शनैः गंभीर सवालों की ओर बढ़ना चाहिये।

प्रश्नावली तैयार करने के बाद उसको अच्छी तरह जाँच लेना चाहिये और साक्षात्कारदाता को दिन, समय, विषय आदि का स्मरण दिला देना चाहिये।

जब कर्ता-दाता आमने-सामने हों तो साक्षात्कार को निम्नांकित बातों का स्मरण रखना चाहिये—

1. दर्शक/श्रोताओं का परिचय साक्षात्कारदाता से अभिवादन के उपरान्त कराएँ। रेडियो में कर्ता का अभिवादन दिखाई नहीं देता है, अतः कर्ता का यह कर्त्तव्य है कि श्रोताओं को इशारा कर कि दाता अभिवादन कर रहा है। यथा—अच्छा तो श्रोताओं आपको मेरा नमस्कार तथा मेरे साथ पधारे.... को नमस्कार।
2. सवालों के जवाब अत्यन्त धैर्य के साथ सुनें एवं आवश्यकता होने पर दाता से प्रति प्रश्न करके या स्वयं समीक्षा करके श्रोताओं, दर्शकों की समीक्षा विश्लेषित कर दें।
3. प्रस्तुति के आरंभिक अनुच्छेद में व्यक्ति/परिस्थिति का परिचय दें।
4. स्पष्ट उच्चारण के साथ प्रश्न पूछे जाएँ।
5. शुरू में सरल प्रश्न पूछें जिससे दाता सहज हो जाये।
6. दूरदर्शन साक्षात्कार की स्थिति में बिना आवश्यकता हाथ-पैर आँख, मुँह आदि न नचाएँ।
7. प्रश्नोत्तर निश्चित विषय से हटकर न हो, अगर दाता विषय से विचलित होने लगे तो बहुत शिष्टता के साथ अपने वाक्चातुर्य और प्रत्युत्पन्नमति से उसे विषय पर केन्द्रित करें।
8. निष्कर्ष को सम्पूर्ण साक्षात्कार कह संक्षिप्त समीक्षा करते हुए साक्षात्कारकर्ता को दाता और दर्शकों/ श्रोताओं का अभिवादन करके बात समाप्त करनी चाहिए।
9. दाता के संवाद में बिना वजह हस्तक्षेप सही नहीं है।
10. दूरदर्शन पर साक्षात्कार लेते समय अगर सम्भव हो तो साक्ष्य/पुरस्कार/कृति आदि को दर्शकों के सामने प्रस्तुत करें, रेडियो पर भी यह संभव है, जैसे— "अच्छा...। आप अपनी यह कृति लाए हैं। ... अच्छा यही वीणावादिनी की मूर्ति आपको पुरस्कार में प्राप्त हुई थी। ...अरे यह तो

आपके गुरु की तस्वीर है। .....लगता है कि आप अपनी पुस्तकें सब जगह साथ ले जाते हैं।" आदि वाक्य मददगार होंगे।

साक्षात्कारकर्ता के आवश्यक गुण

1. **आकर्षण व्यक्तित्व**- चुम्बकीय व्यक्तित्व किसे नहीं आकर्षित करता है। व्यक्तित्व में आकर्षण से आशय मात्र बाहरी या शारीरिक सौन्दर्य से नहीं है अपितु साक्षात्कारकर्ता के चलने-फिरने, पहनने-ओढ़ने, बोलने-चालने आदि की गतिविधियाँ इसमें समाहित होती हैं। उत्तम व्यक्तित्व में निम्नांकित गुण देखे जा सकते हैं—

(क) अच्छे नयन नक्श—आकर्षण का प्रथम सोपान शरीर या बाहरी व्यक्तित्व होता है। यदि साक्षात्कारकर्ता का चेहरे अच्छे होंगे तो सहज तौर पर कार्यक्रम अधिकारी साक्षात्कार दाता, आम व्यक्ति उससे मिलकर खुशी अनुभव करेंगे। प्रिन्ट मीडिया और रेडियो माध्यम हेतु सुंदर चेहरे भले ही आवश्यक प्रतीत नहीं होते हैं, किन्तु दृश्य माध्यमों में यह आवश्यक अंग है क्योंकि दूरदर्शन आदि के साक्षात्कारकर्ता को एक सीमा तक अभिनेता भी बनना पड़ता है।

(ख) भाव-भंगिमा—शरीर की अपनी भाषा होती है, जिसे हम बॉडी लैंग्वेज कहते हैं अतः साक्षात्कार लेते समय साक्षात्कारकर्ता को अपनी भाव-भंगिमाओं को जरूरतों के अनुसार रखना चाहिये, बिना जरूरत के हाथ पैर हिलाना आँख नचाना, हुँकार भरना आदि सही नहीं। विशेषतः दृश्यमाध्यम पर कैमरे पर कैमरे की आँख आपके एक-एक भाव दर्शक के सामने रख देती है, अभिप्राय कभी-कभी भंगिमाएँ शब्द के अर्थ को विश्लेषित करती है तो कभी हास्यास्पद भी बना देती हैं।

(ग) पहनावा—उपयुक्त पहनावा भी व्यक्ति में चार चाँद लगाता है। अतः परिधन को सलीके से पहनना चाहिये। आवश्यकता के अनुसार परिस्थितिजन्य वेशभूषा अपनानी चाहिये। यथा कि यदि खेलकूद के मैदान में किसी खिलाड़ी का साक्षात्कार लेना है तो साक्षात्कारकर्ता भी अगर खिलाड़ियों वाले कपड़े पहने तो साक्षात्कारदाता और वातावरण बिलकुल सहज एवं स्वाभाविक दिखाई पड़ते हैं। वहीं राजनीतिज्ञों के साक्षात्कार में कुर्ता-पाजामा और धार्मिक व्यक्ति से मिलने पर धार्मिक वेशभूषा उचित लगेगी।

(घ) मिलनसारिता—अतिशीघ्र घुलने-मिलने वालों की प्रवृत्ति साक्षात्कार लेने हेतु अत्यावश्यक होती है। अगर साक्षात्कारदाता से साक्षात्कार कर्ता अपनापन स्थापित कर ले तो उसके व्यक्तित्व से निखार आएगा और उसका काम सरल हो जायेगा।

(ङ) **मृदु भाषिता**– *मीठी वाणी बोलिए मन का आपा खोय।*
औरन को शीतल करे आपहुं शीतल होय॥

निश्चित रूप से मृदुभाषी व्यक्ति बिगड़ते हुये कामों को बना लेते हैं और अपनी वाणी से परिस्थिति को मोड़ देते हैं।

2. **स्पष्ट उच्चारण**–साक्षात्कार हेतु यह बिन्दु अत्यधिक महत्वपूर्ण हैं क्योंकि अगर उच्चारण में जरा भी गड़बडी हुई तो अर्थ का अनर्थ हो जायेगा एवं दाता और श्रोता/दर्शक की बात समझने में असफल होंगे। अतएव साक्षात्कारकर्ता को अपनी शंकाएँ, विश्लेषण अत्यन्त स्पष्ट उच्चारण के साथ प्रस्तुत करना चाहिये। मुख्यतः रेडियो एवं दूरदर्शन हेतु कार्य करने वालों में यह गुण माध्यम की आवश्यक माँग है।

पक्षपातरहित दृष्टि–साक्षात्कारकर्ता को किसी पूर्वाग्रह से ग्रसित होने से बचते हुए विषयानुकूल, व्यक्तित्वानुकूल प्रश्नों को पूछना चाहिये। कर्ता को इस बात का पता होना चाहिये कि उसकी प्रतिबद्धता पाठक/श्रोता/दर्शक से उचित बात प्रस्तुत करनी है न कि साक्षात्कारदाता से अर्थात् कर्ता को साक्षात्कार लेते समय जन अभिरुचियों के प्रश्न को अवश्य पूछना चाहये। जैसे कि विनोद दुआ, दीपक बोहरा दूरदर्शन पर साक्षात्कार लेते समय प्रायः ध्यान रखते हैं जिस कारण उनके कार्यक्रम जन प्रिय साबित हुए हैं। साथ ही इस बात का भी ध्यान रखना चाहिये कि साक्षात्कारदाता कर्ता का मेहमान है, अतः उसकी अवहेलना न हो उसकी प्रतिष्ठा को आघात न लगे।

अच्छा श्रोता- साक्षात्कारकर्ता का एक श्रोता होना भी आवश्यक है अर्थात् साक्षात्कारकर्ता की विशेषता यह है कि वह कम बोले एवं दाता को ज्यादा से ज्यादा बुलवाये, तभी उसका उद्देश्य पूर्ण होगा, किन्तु इस बात का स्मरण रखना चाहिये कि दाता उस पर हावी होकर फालतू बातें न कह पाए अर्थात् दाता का प्रभुत्व इतना स्वीकार न किया जाये कि साक्षात्कार का ट्रैक ही परिवर्तित जाये।

3. **प्रत्युत्पन्नमति**- मालूम हो कि बात में से बात उभरकर सामने आती है। कभी-कभी अप्रत्याशित अवसर आ जाते हैं जबकि साक्षात्कारकर्ता को बात सम्हालनी होती है। यदि साक्षात्कार लिखवा कर प्रस्तुत किया जा रहा है तो वहाँ काट-छाँट सम्भव है, परंतु रेडियो, दूरदर्शन पर प्रश्न को पूछते, बुझते, उत्तरों को परिष्कृत करके साक्षात्कार का उद्देश्य प्राप्त करना कौशल का कार्य है चूँकि इनके द्वारा सब कुछ एक ही साथ सामने आता है। कोई रिहर्सल या कट आदि नहीं होता और फिर अगर जीवन्त

प्रसारण हो तो स्थिति और नाजुक हो जाती है। अतः किसी अनचाही असामाजिक बात के मुँह से निकल जाने पर साक्षात्कारकर्ता का ही उत्तरदायित्व है कि वह परिस्थिति को अनुकूल बनाए, जिस हेतु प्रत्युपन्नमति का होना आवश्यक है।

आत्म विश्वास—हर क्षेत्र में आत्मविश्वास सफलता प्राप्त करने हेतु जरूरी है। अतः माक्रोफोन के सामने बोलते हुए या कैमरे का सामना करते हुए या किसी बड़े व्यक्ति से आमने-सामने होते हुए साक्षात्कारकर्ता को अपना आत्मविश्वास सुरक्षित रखना चाहिये। उसके अंदर आई हीन भावना लक्ष्य-प्राप्ति में बाधक होगी एवं प्रस्तुति फीकी पड़ जायेगी।

4. **दाता में समन्वय**—दाता और साक्षात्कार में जितना संयोजन होगा, प्रस्तुति उतनी ही ज्यादा प्रभावी बनेगी अतः अच्छे साक्षात्कारकर्ता हेतु आवश्यक है कि वह दाता के सम्बन्ध में अधिक से अधिक जानकारियाँ संग्रहित करके उससे अपनापन स्थापित करने का प्रयास करे। दोनों के मध्य जितना बढ़िया समन्वय होगा, उतना ही संतोषप्रद साक्षात्कार।

साक्षात्कार दाता के सम्बन्ध में—साक्षात्कारदाता, साक्षात्कार का वह दूसरा एवं प्रमुख घटक है, जिसके बगैर साक्षात्कार का कोई महत्व नहीं। साक्षात्कारकर्ता यदि साक्षात्कार का नियामक है तो दाता उसका आधार। अतः साक्षात्कारदाता के सम्बन्ध में भी बातचीत अवश्य होनी चाहिये।

मालूम हो कि साक्षात्कार की ही विधा से साक्षात्कारकर्ता एवं दाता दोनों घटकों में कई बातें समान तौर पर प्राप्त होती हैं। यथा— आकर्षक व्यक्तित्व, आत्मविश्वास, तार्किक शक्ति, धैय, प्रत्युत्पन्नमति आदि लेकिन कुछ बातें ऐसी भी हैं जिनका प्रत्यक्ष सम्बन्ध दाता और उसके व्यक्तित्व से होता है। इनमें निम्नांकित बिन्दु वर्णनीय हैं—

तार्किक शक्ति—साक्षात्कारकर्ता के अन्दर तर्क करने की व्यापक क्षमता होनी चाहिये तभी वह सही बात दाता से उगलवा पाने में सफल होगा और दर्शकों/श्रोताओं/ पाठकों के सामने सही तथ्य रख पायेगा, किन्तु तर्क सकारात्मक होने चाहिये, नकारात्मक नहीं।

1. **शांत चित्तता**—शांतचित्तता का गुण दाता के व्यक्तित्व को गंभीर बना देता है। इस गुण के कारण दाता तटस्थ होकर पाठक/श्रोता/दर्शक की सहानुभूति प्राप्त कर लेते हैं। कभी-कभी साक्षात्कारकर्ता ऐसे सवाल

पूछना है जो कि दाता की कमजोरियों, निजी जीवन तथा अति कटु सत्य से जुड़े होते हैं। इन सवालों से दाता में बौखलाहट उत्पन्न होती है, जो आत्मविश्वास की कमी को दर्शाता है। अतः शांत भाव से हर परिस्थिति का सामना करके दाता अपने व्यक्तित्व को उभार सकता है।

2. **सुविचारकता**—साक्षात्कारदाता हेतु चिन्तक होना भी जरूरी है क्योंकि कर्ता द्वारा पूछे गए प्रश्न के उत्तर में दिये गये उत्तर उसके व्यक्तित्व ज्ञान एवं मानसिकता को दर्शाते हैं। अतः उत्तर देते समय त्वरित गति से सवालों पर विचार करना जरूरी है।
3. **स्पष्टवादिता**—स्वपष्टवादीता व्यक्ति सबको प्रिय लगते हैं, उनकी मित्रों में समाज में अपनी व्यक्तिगत पहचान होती है। अतः साक्षात्कारदाता स्पष्टवादीता होगा तो एक ओर जहाँ वह अपने व्यक्तित्व को आकर्षक बनाएगा, वहीं दूसरी ओर जनता में मित्रों में विख्यात होगा। प्रश्नों को समझ-बूझकर बिना उलझाये सामाजिक प्रतिबद्धता तथा जरूरत को ध्यान में रखकर, साक्षात्कारदाता द्वारा स्पष्ट उत्तर देना साक्षात्कार की सार्थकता के साथ-साथ निजी तौर पर भी प्रभावित करता है।
4. **अच्छी भाषा**—सदैव अच्छी भाषा का प्रयोग करना साक्षात्कारकर्ता को करना चाहिए। बड़ी से बड़ी कटु बात को सुन्दर शब्दावली में अभिव्यक्ति किया जा सकता है। उत्तम भाषा दाता की वक्तृत्त्वकला को निखारेगी।
5. **हाजिर जवाबी**—साक्षात्कारदाता का हाजिरजवाब होना अनिवार्य है क्योंकि उसके अन्दर यह गुण विद्यमान है तो वह बड़े से बड़े प्रश्न का काफी स्वाभाविक ढंग से अपनी प्रत्युत्पन्नमति मदद से सामना कर लेगा एवं गंभीर से गंभीर प्रश्न को स्वयं की इच्छा होने पर हल्का बना देगा नतीजन मानसिक दबाव से स्वतंत्र रहेगा।

4

फिल्म पत्रकारिता

सत्यजीत रे के मतानुसार—"एक फिल्म चित्र है, फिल्म आन्दोलन है, फिल्म शब्द है, फिल्म नाटक है, फिल्म एक कहानी है, फिल्म संगीत है, फिल्म हजारों अभिव्यक्ति श्रव्य तथा दृश्य आख्यान है।"

प्रो॰ सी॰ बी॰ पीटर के मतानुसार—"भारतीय सांस्कृतिक सन्दर्भ में सिनेमा शायद सबसे ज्यादा लोकप्रिय और सबसे अधिक शक्तिशाली संचार-माध्यम है और हिन्दी फिल्में सुनिश्चित रूप से दूसरी भाषाओं की फिल्मों की अपेक्षा अधिक लोकप्रिय है।"

डॉ. रोजर्स के अनुसार—"चलचित्र किसी क्रिया को उत्प्रेरित करने हेतु एक उत्तरोत्तर अनुक्रम में प्रक्षेपित छायाचित्रों की एक लम्बी श्रृंखला द्वारा विचारों के सम्प्रेषण का एक माध्यम है।"

जगदीश चन्द्र माथुर के विचारनुसार—"वाक्चित्रों ने विश्व के कोने-कोने से जीवन की सांगोपाग छवियों, संगीत, ध्वनिकायें और बोलियों को एक-दूसरे के नजदीक रखा। इस तरह 'वन वर्ल्ड' (एक दुनिया) का नारा तीव्र हुआ।"

चलचित्र मानव की गहन अनुभूतियों एवं संवेदनाओं को जाहिर करने वाला एक अत्याधुनिक माध्यम है जिसमें लेखन, कल्पना, दृश्य, मंच-निर्देशन,

रूप-सज्जा के साथ प्रकाश विज्ञान, इलेक्ट्रानिक्स, कार्बनिक तथा भौतिक रसायन विज्ञान के तकनीकी अंशदान हैं। यह सृजनात्मक एवं यान्त्रिक प्रतिभा का सुन्दर संगम है।

सामान्यतः चलचित्र का उपयोग मनोरंजन के लिए किया जाता है। इसकी जरूरत तब होती है तब व्यक्ति थक जाता है, छुट्टी के समय कुछ मनारंजन चाहता है। चलचित्र उसके मनोयोग को आकर्षित करता है, यही चलायमान चित्र अपने कथानक में द्रष्टा को समेट लेता है। वस्तुतः द्रष्टा जन-मन से चित्र-पट में स्वयं को खो देता है। जो दृश्य अथवा संवाद चलचित्र में दिखाई अथवा सुनाई पड़ते हैं, वे उस पर गहरा असर ड़ालते हैं। यह असर कभी कम होता है। यदा-कदा इसका असर स्थायी तौर पर पड़ता है। मानव-मन पर गहरा असर डालने की क्षमता की वजह से चलचित्र जन-संचार का सर्वाधिक साधन है।

चलचित्र में विज्ञान की शक्ति और कला का सौन्दर्य है जो मस्तिष्क को खाद्य देती है तथा हृदय को आन्दोलित करती है। चित्रपट अभिव्यक्ति का सबसे प्रभावशाली माध्यम है जो किसी घटना, विचार को मनोरम तरीके से प्रस्तुत करता है। व्यक्ति के अन्तःकरण को स्पर्शकर उसे सकारात्मक भूमिका हेतु अत्प्रेरित करने में इसकी कोई सानी नहीं है। वस्तुतः यह मनोरंजन का मात्र माध्यम नहीं है, चित्रपट तो, अजीज का अभिलेख, वर्तमान का चितेरा और भविष्य की कल्पना है। व्यक्ति, सामाजिक परिवर्तन, लोक-जागरण और बौद्धिक क्रान्ति की दिशा में भारतीय सिनेमा अविस्मरणीय है। यह ऐसा प्रभावकारी साधन है जिसने सभी आयु के लोगों के मानस को झंकृत कर दिया है। राष्ट्रीय एकता, अछूतोद्धार, नारी जागरण, अन्याय, शोषण, भाषावाद, क्षेत्रवाद, जातिवाद, सम्प्रदायवाद जैसे राष्ट्रीय कल्याण के सवालों पर जन-जन को जागृति करने वाला साधन फिल्म ही है। लहलत बलाओं के संगम के तौर पर प्रस्तुत फिल्में सामाजिक-राजनीतिक चेजना का माध्यम से तो है ही, जनता को प्रशिक्षित करने की उनमें अद्भुत क्षमता है। सिनेमा के किसी एक सीन अथवा संवाद के चलते दुर्दा ˘ अपराधी महात्मा बुद्ध बन जाता है। 'डॉ॰ कोटनीस की अमर-कहानी', 'पड़ोस', 'संत ज्ञानेश्वर', 'पुकार', 'आह', 'मदर इण्डिया', 'जिस देश में गंगा बहती है', 'इन्सानियत', 'आदमी', 'दर्द का रिश्ता', 'गाइड' आदि ऐतिहासिक चित्रों ने दर्शकों के सामने कई ज्वलंत सवालों का निदान प्रस्तुत किया जिसे उसी तौर पर स्वीकार कर लिया गया।

राष्ट्रभाषा के प्रचार-प्रसार में हिन्दी फिल्मों की भूमिका सदैव प्रमुख रही है। दक्षिण में भले हिन्दी का विरोध हो परंतु हिन्दी फिल्मों के गीत सभी जगह

गाये जा रहे हैं। मद्रास में बनने वाली फिल्मों में सबसे अधिक संख्या हिन्दी फिल्मों की है। हिन्दी के प्रति आस्था-भाव जागरित करने में फिल्म ही सशक्त साबित हुई है।

दिलीप के बिखरे बाल, देवानन्द की सजी-सँवरी हेयर स्टाइल, राजेश खन्ना का गुरु कुरता, अमिताभ बच्चन की नेताओं जैसी पोशाक वर्तमान पीढ़ी के नवयुवकों हेतु फैशन बन गया है। दक्षिण में राजनीति फिल्मों पर आधारित है। एम॰जी॰ रामचन्द्र एन॰टी॰रामाराव, जयललिता फिल्मों के कारण समादृत है। वैजयन्ती माला, सुनील दत्त, अमिताभ की सफलता के मूल में फिल्म ही है।

सामाजिक, आर्थिक, धार्मिक और राजनैतिक सभी स्थितियों को आतसात् करते हुए सिनेमा रचनात्मक द्वारा बना है। कविता, उपन्यास, कहानी, संस्मरण, रेखाचित्र, रिपार्ताज सभी को सिनेमा ने एक अभिव्यक्ति दी है अतः आज हम सिनेमा को 'मास स्केल' वाली कला कहते हैं। जिसमें व्यक्ति हेतु शाश्वत मनोरंजन, संस्कृति के परस्परित स्वर, उसके जीवन का विश्लेषण, शिक्षा-दीक्षा और साहित्यिक संवेदनाओं की रम्य चित्रानुभूति समाविष्ट है। साहित्य तथा·कला के विविध पक्ष अपने संगठित प्रयास से सिनेमा के तौर पर अभिव्यक्ति प्रदान करते हैं। इस तरह कला एवं रचना के रूपों में एक ही धरातल पर प्रतिष्ठित करने का काम फिल्म ने किया है।

फ्रांसीसी निर्माता-निर्देशक श्री आस्त्रुक का कहना है, "लिखे हुए शब्दों की तरह सिनेमा भी एक भाषा है जिसे लिखने और पढ़ने के लिए नवीन दृष्टिकोण की आवश्यकता है।"

डॉ॰ कालिदास नाग की दृष्टि में, "अपने वास्तविक अर्थों में सिनेमा सिर्फ गतिशील खिलौने का चित्र-मात्र नहीं है प्रत्युत् वह जनशिक्षण का बड़ा ही प्रभावशाली माध्यम है।" भारतीय ग्रामीण जनता हेतु सिनेमा ही एक ऐसा जरिया है जिसे विशेष बोली अथवा वहाँ की भाषा में सोद्देश्यता से प्रस्तुत किया जा सकता है। एक साधारण व्यक्ति सिनेमा में सुनता ही नहीं अपितु देखता हुआ विविध चित्र प्रतीक ग्रहण करता है और ये अलग-अलग पहलू पढ़ने की अपेक्षा में चित्रों के द्वारा ज्यादा आत्मसात् किए जा सकते हैं।

मोशन पिक्चर एसोसियेशन, अमेरिका के अध्यक्ष मि॰ ऐरिक जानस्टन के अनुसार "सिनेमा वर्तमान के समाज में संवहन का सबसे प्रभावशाली माध्यम है, जैसा कि यह शिक्षा और अन्तर्राष्ट्रीय सद्भावनाओं की वृद्धि का एक सबलतम साधन है। यदि यह कहा जाता है कि एक चित्र एक सहस्त्र चित्रों से अधिक गुणवान् है।"

उपन्यास या कहानी को पढ़ते हुए जो चाक्षुष आनन्द हम प्राप्त नहीं कर पाते वह सिनेमा के द्वारा हमें सजीव रूप में प्रत्यक्ष दिखाई पड़ता है। इस सन्दर्भ में श्री अवनीन्द्र कुमार विद्यालंकार का तथ्य है, "क्रान्ति का नियन्त्रण नहीं किया जा सकता- राजनीतिज्ञों और प्रचारकों के इस कथ्य को सिनेमा ने गलत सिद्ध कर दिया है। सिनेमा मनोरंजन ही नही करता, नई कल्पना देता है, नए विचार भी देता है तथा देता है उसके मधुर गीत की कड़ियाँ, साथ ही गुदगुदाते हुए सौंदर्य की नहीं, नये जगत् को देखने की दृष्टि देता है।"

सत्यजीत राय ने कहा है,"सिनेमा साधन है चरित्र अथवा स्थिति के विकास की सच्ची अभिव्यक्ति का ...... छायांकन की बारीकियों और गहराई में, भावना की प्रखरता में, साधनों की सीधे-साधे सही और सशक्त प्रयोग में, सिनेमा की समानता कोई कला नहीं कर सकती।"

सिनेमा तो जनरुचि का श्रृंगार करता है। यह देखना बुद्धिजीवियों का काम है कि वह जनरूचि का कहीं दुरूपयोग तो नहीं कर रहा। जनरूचि के विभिन्न अर्थ लेकर विविध-निर्माता निर्देशक निम्न स्तर के चलचित्रों का निर्माण कर रहे हैं।

निर्माता-निर्देशक चेतन आनन्द ने सिनेमा को एक महान् रचनात्मक माध्यम स्वीकार किया-"सिनेमा कहानी प्रस्तुत करने का एक माध्यम है, अतः फिल्म एक जबान है, भाषा है। कहानी कई ढंग से प्रस्तुत की जा सकती है- बोले हुए शब्दों में, नृत्य में, लिखे हुए शब्दों में, कविता में, हाव भाव में, गीत में, तस्वीर में। फिल्म में ये सब समा जाते हैं। सिनेमा सब माध्यमों का एक वर्ग है। सिनेमा कला नहीं कलाओं में महान् कला है।"

चल-चित्र से होने वाले लाभ

1. ध्वनि और रंग दोनों के समन्वय से दर्शकों में वास्तविकता का ज्ञान होता है।

2. ज्यादा समय तक चलने वाली क्रियाओं को थोड़े समय में दिखाया जाता है। इतिहास के पृष्ठों में संकलित कई सदी के दृश्य कम समय में ही प्रस्तुत होते हैं तो इस यान्त्रिक युग की आपाधापी में समीचीन हैं।

3. बहुत ही शीघ्रता से घटित घटनाओं को शनैः-शनैः चलचित्र की सहायता से देखा जा सकता है। कुछ सीखने के क्रम में मंद गति के चलचित्र से सहायता ली जा सकती है जैसे तैरना सीखना हो तो धीमें चलचित्र प्रदर्शन द्वारा हाथ और पैर की हर गति का सूक्ष्म अध्ययन किया जा सकता है।

4. चलचित्र से संदेश को सरस रुचिपूर्ण बनाया जाता है।

5. पुराण, इतिहास, स्मृति की बातों को यर्थाथ तौर पर प्रस्तुत कर सम्यक् ज्ञान की प्राप्ति मुमकिन है।

6. तेज और कम सभी वर्ग के श्रोता और दर्शकों हेतु चलचित्र उपयोगी है।

7. सौन्दर्यानुभूतिपरक रसात्मक कथ्यों के प्रसार में इसकी प्रमुख भूमिका है।

8. समन्वित नियम से जानकारी प्राप्त कराने की दिशा में चलचित्र का अपना महत्व है। कपास उत्पादन से लेकर कपड़ा बुनने एवं बाजारों में बेचने की समस्त प्रक्रियाओं को हम चलचित्र के द्वारा से सुस्पष्ट कर सकते हैं।

9. समाज-सेवा, आदर्श व्यवहार, समाज-कल्याण और नैतिक सदाचरण की बातों को अनुकरण के द्वारा देश में सर्वग्राह्य की दिशा में चलचित्र बहुत ही लाभकारी है।

10. चलचित्र द्वारा निरीक्षण-शक्ति और कल्पना-शक्ति की अभिवृद्धि सम्भव है।

चलचित्रों के द्वारा भारतीय संस्कृति के प्रसार में प्रमुख योगदान दिया है। दिलीप कुमार, संजय खान, बीना राय, मीना कुमारी ने अपने प्रमुख नाम को भुलाकर भारतीय नाम ग्रहण किया है जिससे भारतीयता की भावना पुष्ट होती है।

भारतीय सांस्कृतिक सन्दर्भ में सिनेमा सबसे अधिक लोकप्रिय एवं शक्तिशाली संचार-माध्यम है। हिन्दी में अन्य भाषाओं की तुलना में ज्यादा फिल्में बनती हैं फिल्मों के मुख्य प्रकार हैं—

(1) फीचर फिल्म्स- ये व्यवयासिक फिल्म हैं जो ज्यादातर सिनेमा घरों में प्रदर्शित होती हैं।

(2) चिल्ड्रेन्स फिल्म्स- छोटी फीचर फिल्म जो बाल मनोविज्ञान पर आधारित होती हैं। बच्चों की रुचि के अनुसार शिक्षाप्रद कहानियों से सम्बद्ध होती है।

(3) न्यूज फिल्म्स- इन्हें न्यूजरील्स भी कहते हैं। किसी अवधि के समाचारों पर इनका निर्माण होता है।

(4) डाक्यूमेण्टरी फिल्म- वृत्तचित्रों का प्रयोजन सूचना देना और प्रशिक्षित करना है। साहित्य, विज्ञान, कला, संस्कृति या संस्था से ये सम्बद्ध होते हैं।

(5) टेलीविजन फिल्म्स- टेलीफिल्मों का निर्माण छोटे परदे पर प्रदर्शन हेतु होता है।

(6) पब्लिक रिलेशन्स फिल्म्स- व्यवसायिक प्रतिष्ठानों और सरकारी संस्थाओं द्वारा जनसम्पर्क के निमित्त इनका निर्माण होता है।

(7) एडवर्टाइजिंग फिल्म्स- सामान्य प्रशिक्षण देने और तकनीकी जानकारी देकर कार्य-कौशल बढ़ाने के प्रयोजन से ऐसी फिल्में बनती हैं।

(8) इंस्ट्रक्शनल फिल्म्स- सामान्य प्रशिक्षण देने और तकनीकी जानकारी देकर कार्य-कौशल बढ़ाने के प्रयोजन से ऐसी फिल्में बनती हैं।

सिनेमेटोग्राफी

सन् 1824 में लन्दन में रॉयल सोसायटी ऑफ आर्ट्स की एक बैठक में पीटर मार्क रोजेंट ने अपना शोधपत्र प्रस्तुत किया। उनके विचारानुसार नेत्र किसी भी गतिशील वस्तु की झलक एक सेकण्ड के बहुत ही थोड़े समय हेतु रोकने में समर्थ है। अगर किसी दृश्य-वस्तु के दृष्टिपथ से हटाने की अल्पावधि से पूर्व ही दूसरी दृश्य-वस्तु सामने आ जाये तो दोनों वस्तुएँ जुड़ी हुई दृष्टिगोचर होंगी। विख्यात वैज्ञानिक माकेल फैरेडे ने इसके परीक्षण में सफलता पायी। सन् 1896 ई० में यह परीक्षण सफल हुआ और सिनेमेटोग्राफी कला का खोज हुआ।

फ्रांस के ऑगस्ट मेरी लुइस निकोलस (1862-1954) एवं लुइस जीन लुमिएर (1864-1948) ने सिनेमैटोग्राफ के आविष्कार से तहलका मचा दिया। इस सिनेमैटोग्राफ में कैमरा और प्रोजेक्टर संयोजित रूप से विद्यमान थे जो 16 फ्रेम प्रति सेकण्ड संचालित करने में सक्षम थे। 1895 में होने अपने सिनेमैटोग्राफ को पेटेंट कराया और पेरिस में प्रथम चलचित्र का प्रदर्शन किया। उनकी शुरूआती फिल्में छोटे स्थिर दृश्यों की थीं, जिनकी कथावस्तु रोजमर्रा के जीवन पर आधारित थी। 1895 में प्रदर्शित फिल्म 'ला सार्टी डेस उर्सींस लुमिएर' में श्रमिकों को दिखाया गया। 1895 में ही प्रदर्शित 'ला एरोसियर एरोज' विश्व की प्रथम काल्पनिक फिल्म थी। 1904 में उन्होंने रंगीन ट्रांसपेरेंसी बना सकने वाली प्लेटों की मार्केटिंग प्रारंभ की।

सन् 1895 ई० में अमेरिका में एडीसन, फ्रांस में ल्यूमिएर बन्धुओं, इंगलैण्ड में पाल ने किनेटोस्कोप और सिनेमैटोग्राफ इत्यादि उपकरण से गतिशील चित्रों का प्रदर्शन किया, गति चित्रों को प्राणवंत बना दिया। सन् 1896 में न्यूयार्क में इस नई कला का प्रथम प्रदर्शन म्यूजिक हाल में किया गया। प्रथम दृश्य दो युवतियों का छाता-नृत्य था। द्वितीय दृश्य समुद्र की लहरों का था। दर्शक दंग रह गए। इसी उपयोग की सफलता ने सर्वसमर्थ कला के रूप में सिनेमा को प्रतिष्ठित किया।

समाचार पत्रों के उपान्त फिल्मों द्वारा सूचना और विचार का प्रसासर हुआ। लुई डैगुएर के फ्रांस में फोटोग्राफी ने गहराई एवं गति का अहसास देने वाले चित्रों

के महत्व को बढ़ाया। अमेरिका में टॉमस एडिसन ने 1889 ई. में जॉर्ज ईस्टमैन की कोडक फिल्मों के आधार पर किनेटोस्कोप का आविष्कार किया एडिसन के एक सहायक ने सन् 1903 ई. ' 'द ग्रेट ट्रेन रॉबरी' नामक सर्वप्रथम चलचित्र का निर्माण किया जो लोकप्रिय हुआ। फ्रांस के लुमिएर ब्रदर्स (अर्नेस्ट तथा लुई जूनियर) ने 'सिनेमाटोग्राफ' नाम वाला यंत्र बनाया जिसे आधुनिक फिल्म जगत् का जनक कहा जा सकता है।

अवाक फिल्म

अमेरिका के ग्रिफिथ ने (1914-15) ई. में 'द बर्थ ऑव ए नेशन' नामक सिनेमा बनाया। पूर्व के समस्त चलचित्र मूक थे, उद्घोषकों की मदद से दिखाए जाते थे व चित्रों के नीचे शीर्षक लिख दिया जाता था। सन् 1926 ई. में चलचित्रों के साथ ध्वनि मिलाई गयी इसके फलस्वरूप चलचित्रों ने दृश्य-श्रव्य माध्यम की सार्थकता साबित की। असी वर्ष 'डॉन जुआन' फिल्म में चित्र और संगीत का मनोरम रूप दिखलायी पड़ा। सन् 1927 ई. में 'जार्ज सिंगर' बना जिसने मानव-मन की गहराई को छुआ।

7 जुलाई 1896 को ल्यूमिएर ब्रदर्स ने बम्बई में 6 छोटे चलचित्रों का प्रदर्शन किया। 'कोकोनट फेयर' नामक फिल्म को भारत में 1897 ई. में फिल्माया गया। प्रथम भारतीय फिल्म निर्माता हरिशचन्द्र सखाराम भाटवडेकर थे जिन्होंने 1899 ई. में 'दि रेस्टर्स', 'मैन एण्ड मंकी', फिल्में बनाईं। 'राजा हरिशचन्द्र' पूर्णतः भारतीय फीचर फिल्म थी जिसके निर्माता ढुंढीराज गोविन्द फालके (दादा साहेब फालके) थे। हिन्दी और अंग्रेजी में स्वत्वाधिकार प्राप्त इस फिल्म का प्रदर्शन 3 मई, 1913 को हुआ जो 23 दिनों तक चली। 3700 फीट वाली फिल्म 'हरिशचन्द्र' से पहले 'पुंढलीक' फिल्म बन चुकी थी जो निर्माण की नजर से आधी ब्रिटिश थी। यही वजह है कि दादा साहेब फालके को ही 'भारतीय सिनेमा का जनक' होने का गौरव प्राप्त है। फिल्म विधा में निष्णात वे भारतीय संस्कृति के प्रकाशक थे।

सवाक् चलचित्र

14 मार्च, 1931 को ध्वनि फिल्म 'आलमआरा' का प्रदर्शन बम्बई के मेजेस्टिक सिनेमा में हुआ। इस फिल्म के निर्देशक आर्देशिर ईरानी और इसका निर्माण इम्पीरियल फिल्म कम्पनी ने किया था। इस बोलने वाली फिल्म के चलते

अवाक फिल्में बन्द हो गई। सन् 1931 में ही दक्षिण भारत में 'भक्त प्रहलाद' (तेलुगु) और 'कालिदास' (तमिल) सवाक् फिल्में बनीं।

जन-संचार के सबल माध्यम के रूप में फिल्मों का आविर्भाव चौथे दशक में हुआ। समाज एवं संस्कृति के अधःपतन को प्रस्तुत कर फिल्मों ने भारतीय जनमानस के उन्नयन का स्तुत्य कोशिश किया। वी॰ शान्ताराम की 'दुनिया ना माने, 'आदमी', 'पड़ोसी', पी॰ सी॰ बरूआ की 'देवदास' और 'मुक्ति', देवकी बोस की 'विद्यापति' और 'सीता', नितिन बोस की 'कड़ी कहन', फ्रेंज ओस्टिन की 'अछूत कन्या', वी॰ दामले एवं फतेलाल की 'सन्त तुकाराम', महबूब की 'वतन', 'एक ही रास्ता' तथा 'औरत' जैसी फिल्मों ने समाज में फैल रहे बाह्यमुण्डाकार और कुरीतियों को दूर करने की सीख दी। अधिकतर फिल्में सामाजिक अन्तर्विरोधों पर आधारित थीं।

प्रथम बार रंगीन फिल्म का प्रयत्न आर्देशिर ईरानी द्वारा हुआ। उन्होंने 1937 ई॰ में 'किसान कन्या' नामक रंगीन फिल्म बनाने का प्रयास किया। इसके अगले वर्ष 'मदर इण्डिया ' बनी। सन् 1939 में द्वितीय विश्व युद्ध के शुरू हो जाने से रंगीन फिल्मों के निर्माण को कई वर्षों तक स्थगित रहना पड़ा।

वी॰ शान्ताराम की 'डॉ॰ कोटनीस की अमर कहानी', उदय शंकर की 'कल्पना', एस॰ एस॰ वासन की 'चन्द्रलेखा', चेतन आनन्द की 'नीचा नगर', अब्बास की 'धरती के लाल' जैसी कुछ विशिष्ट फिल्में पाँचवें दशक में बनीं। ऐतिहासिक सिनेमा का दौर 'पुकार' से शुरू हुआ। इस फिल्म को 1949 ई॰ में सोहराब मोदी ने बनाया। 'सिकन्दर' और 'पृथ्वी वल्लभ' जैसी फिल्में इसी दशक में आई। विजय भट्ट ने 'भरत मिलाप' तथा 'रामराज्य' के निर्माण के द्वारा पौराणिक-धार्मिक फिल्मों की दिशा में नयी शुरुआत की।

सन् 1942 ई॰ में भारत में प्रथम अन्तर्राष्ट्रीय फिल्म समारोह आयोजित हुआ जिसके द्वारा भारतीय सिनेमा जगत् की महता स्पष्ट हुई। सत्यजीत रे की 'पाथेर पांचाली' का अवतरण 1953 में हुआ जिसे देश-विदेश में पुरस्कृत किया गया। यह सिनेमा मानवीय संवेदनाओं पर आधारित सबसे पहली कृति थी जिसे विशिष्ट पुरस्कार मिला। बिमल रॉय की 'दो बीघा जमीन', महबूब की 'आन', 'मदर इण्डिया', के॰ ए॰ अब्बास की 'मुन्ना' तथा 'राही', राजकपूर की 'आवारा', 'बूट पालिश', 'जागते रहो', वी॰ शान्ताराम की 'दो आँखे बारह हाथ', गुरुदत्त की 'प्यासा'- ये सभी फिल्में यथार्थ और इन्सानियत सम्बन्धी सद्गुणों पर प्रकाश

डालने वाली थीं। इन फिल्मों ने भारत के दर्शकों पर तो जादू किया ही, वैश्विक स्तर पर भी इन्हीं की वजह से भारत की धाक जम गयी।

'बैजू बावरा', 'नया दौर', 'देवदास', 'श्री 420', 'झनक-झनक पायल बाजे', 'सुजाता', 'मधुमति', 'अनाड़ी', 'कानेन', 'कागज के फूल' ये सभी फिल्में छठे दशक में धूम मचाने वाली थी। इसी अवधि में भारत-रूस की सहायता से 'परदेशी' का निर्माण हुआ। सातवें दशक की 'मुगले आजम', 'जिस देश में गेगा बहती है', 'गंगा-जमुना', 'वक्त', 'संगम', 'गाइड', 'हकीकत', 'लव इन टोकियो', 'एक फूल दो माली', 'आँखे' 'आराधना', 'दो रास्ते', 'उपकार' इत्यादि फिल्मों ने सम-सामयिक समस्याओं को प्रस्तुत किया।

आठवें दशक में 'जानी मेरा नाम', 'हाथी मेरे साथी', 'मेरा गाँव मेरा देश', 'पाकीजा', 'बॉबी', 'अभिमान', 'सीता और गीता', 'शोले', 'दीवार', 'खून पसीना', 'कभी-कभी', 'शोर', 'रोटी कपड़ा और मकान', 'धर्मवीर', 'अमर अकबर एंथनी' प्रमुख फिल्में थीं और कुछ कम बजट वाली नये तरीके की फिल्में थीं।

सत्यजीत रे, मृणाल सेन और ऋत्विक घटक भारतीय चलचित्र जगत् में 'नये सिनेमा' के संस्थापक हैं। इन व्यक्तियों ने वास्तविकता को चित्रित किया। इनमें कठोर सत्य को सूक्ष्म दृष्टि से देखने की अद्भुत क्षमता है। सत्यजीत रे की 'पाथेर पांचाली', 'अपराजिता', 'अपूर्व संसार', 'जन आरण्य' तथा मृणाल सेन की 'भुवन सोम', 'मृगया', 'एक दिन प्रतिदिन', ऋत्विक घटक की 'मेघे ढका तारा', 'सुवर्ण रेखा', में नव यर्थाथ, नई लहर एवं अनोखी कल्पना समाज को बदल डालने की व्यग्रता दीख पड़ती है। बम्बई में नये सिनेमा से जुड़ी 'दस्तक', 'उसकी रोटी' 'दुविधा' 'आविष्कार', 'अंकुर' को ज्यादा ख्याति मिली। दक्षिण में निर्मित 'संस्कार', 'स्वयम्बरम' 'तम्बू', 'काडु' में सामाजिक जागरण के संदेश हैं। मीरा नायर की सिनेमा 'सलाम बॉम्बे' में अनाथ बच्चों की सम्मानप्रियता, शलीनता तथा साहस की गाथा है। वस्तुतः समाज की कठिनाइयों से संश्लिष्ट भारतीय फिल्में, लोक-रूचि के शुद्धि तथा समाज-कल्याण हेतु कृतसंकल्प हैं।

आधुनिक स्थिति

वर्ष 1991 में मिलाकर 910 फिल्में बनाने वाला भारत दुनिया का सर्वाधिक फिल्म निर्यातक देश बन चुका है। वर्तमान में एक तरफ तो कलात्मक, सृजनात्मक फिल्मों का निर्माण हो रहा है जिनका प्रयोजन दर्शकों की अभिरुचि को श्रृंगार

करना है। दूसरी तरफ अश्लील, फार्मूला फिल्मों की बाढ़ आ गयी है। निर्माताओं का प्रमुख प्रयोजन पैसा कमाना रह गया है। यौन, बलात्कार, वासना, हिंसा, भ्रष्टाचार को दिखाकर एक ऐसे समाज का निर्माण किया जा रहा है जहाँ नैतिकता गूलर का फूल बन कर रह गयी है। कभी-कभी तो फिल्म-निर्माता यह कुतर्क प्रस्तुत करते हैं कि जनता सामान्य रूप से ऐसी ही फिल्म चाहती हैं तो हमें उसकी रूचि के समान ही फिल्म प्रस्तुत करनी पड़ती है।

अपने देश में फिल्म का जनसंचार द्वारा के रूप में सबसे अधिक उपयोग होता है। सूचना तथा प्रसारण मन्त्रालय का फिल्म डिवीजन वृत्तचित्र बनाता है जिसे सारे राष्ट्र में दिखाया जाता है। राज्य स्तर पर भी वृत्तचित्र तैयार होते हैं। फिल्म डिवीजन ने अब तक करीब साढ़े पाँच हजार से भी ज्यादा वृत्तचित्रों को प्रस्तुत किया है। वी॰ सी॰ आर॰ और वी॰सी॰पी॰, डी॰ वी॰ डी॰ का प्रचलन बड़ी तेजी से बढ़ रहा है।

नब्बे के दशक में सिनेमा हाल जाने के गाँव-गाँव, मोहल्ले-मोहल्ले वीडियो पर मिल बैठकर फिल्म देखने की जो तीव्र आँधी चली थी, वर्तमान में वह केबिल टीवी/डिश एन्टेना नेटवर्क के फैलते संजाल की वजह से वीडियो पर फिल्म देखने वाली भीड़ भी अपने-अपने घरों तक ही सीमित हो गयी। स्पष्टता है अब सिर्फ फिल्म ही नहीं, फिल्मी गानों पपर आधारित तमाम मनोरंजक कार्यक्रम, समाचार, समाचारों पर आधारित बहसें, कार्टून, वयस्कों की फिल्में, पर्यटन, वन्यजीवों, रोमांचकारी अभियानों पर आधारित तमाम आकर्षण घर के टीवी सेट के तमाम चैनलों पर मौजूद हैं। फिर क्या जरूरत पड़ी है कि लोग फिल्म देखने हेतु सिनेमाहाल तक जाएँ, बुकिंग की खिड़की पर लाइन में लगें और कई तरह के झंझटों से मुकाबिल हों। ब्लू फिल्में व आयातित फिल्में आज बन्द कमरे में देखी जा रही हैं। मकान का हर एक लघु थियेटर बन रहा है।

फिल्मों में हिन्दी के साहित्यकार अधिक समाहत नहीं हुए। सर्वश्री प्रदीप, सुदर्शन, नरेन्द्र शर्मा और कमलेश्वर कुछ जम पाये। प्रेमचंद, भगवतीचरण वर्मा, 'अश्क', फणीश्वर नाथ 'रेणु', नीरज, महावीर अधिकारी, रामावतार त्यागी, अमृतलाल नागर जैसे मनीषियों के संस्पर्श से सिनेमा उपकृत नहीं हुआ, यह फिल्म जगत् हेतु बेहद ही कष्टकारी कथन है। विमल रॉय सदृश मनीषियों की फिल्मों में जहाँ भावुकता, निर्मलता, मधुरता, संवेदनशीलता, प्राकृतिक सौन्दर्य, कलात्मकता और जीवन की यथार्थ लीला है वहाँ मनुष्य मन की भावनाओं को रूपायित करने की अद्‌भुत कला है। वर्तमान में समर्पित साधकों के चित्रों से भारतीय संस्कारों से

सनी मृदा की खुशबू फैल रही है। 'फिल्म फिनान्स कॉरपोरेशन', 'फिल्म डिवीजन ऑफ इण्डिया' 'फिल्म एण्ड टेलीविजन इन्स्टीच्यूट पुणे, 'रूटेट फिल्म यूनिट', 'डाइरेक्टोरेट ऑफ फील्ड पब्लिसिटी', 'चिल्ड्रेन फिल्म सोसाइटी' के द्वारा फिल्म-जगत् समृद्ध हो रहा है।

आधुनिक भारतीय फिल्मों में चालू मार्का पत्रकार तथा लेखकों की बाढ़ आ गयी है। रोमांस, अपराध, हिंसा, बलात्कार के जाल में उलझकर फिल्मी पत्रकार उस श्रमिक की तरह हो चला है जो चुटकी बजाते ही फरमाइश के अनुसार सब कुछ प्रस्तुत कर देता है। 'न्यू दिल्ली टाइम्स', 'अपना देश पराये लोग', 'हक', 'सच्चे का बोलबाला', 'जिम्मेदार', 'घायल', 'षडयन्त्र', 'मैं आजाद हूँ', 'आँधियाँ', 'पाप की कमाई', 'मेरी आवाज सुनो', 'रिपोर्टर राजू', 'आरोप', 'श्री मान यसत्सवादी' इत्यादि फिल्में पत्रकारिता के विभिन्न पहलुओं को उजागर करती हैं। सम्प्रति समाचार पत्रों के मालिक अपने पत्रकार-लेखक से ऐसी कथाएँ लिखवाता है जिनसे जन साधारण को आकर्षित किया जा सके, उनकी प्रवृत्तियों को दूषित किया जा सके व अधिक से अधिक धन कमाया जा सके। डांस, रोमांस, पिकनिक से परिपूर्ण, मारपीट आज की फिल्म युवा पीढ़ी को अस्त-व्यस्त रहने, दाँत पीसने, चबा-चबा कर बोलने, होंठ हाटने की शिक्षा दे रही है। बंसी की धुन, तबले की थिरकन, नदियों का कलरव और पत्तों की सरसराहट- ये सभी अब कहीं गुम होते जा रहे हैं। अपसंस्कृति की मादकता से परिपूर्ण चित्रपट मानव के नैतिक मूल्य को अधोगति में पहुँचा रहा है जिस तरफ बुद्धिजीवियों का ध्यान अपेक्षित हैं।

वृत्तचित्र

डाक्यूमेन्ट्री किसी भी विषय पर सूचना, ज्ञान, शिक्षा या मस्तिष्क व्यायाम हेतु किसी भी बिन्दु को आधार बनाकर लिखी जा सकती हैं। इसके लिए लेखक में सर्जनात्मकता और कल्पना के साथ-साथ कर्मठता, समयबद्धता, इत्यादि गुण होने चाहिए। उपर्युक्त गुणों तथा टेलीविजन-प्रक्रिया को प्राप्त करके कोई लेखक टेलीविजन हेतु अच्छा व्यवसायिक लेखक बन सकता है।

टीवी की विभिन्न विधाओं में 'डाक्यूमेन्ट्री' (वृत्तचित्र) एक प्रमुख विधा है। अंग्रेजी शब्दकोशों के अनुसार 'डाक्यूमेन्ट्री' शब्द का सम्बन्ध डॉक्यूमेन्ट शब्द से है। डॉक्यूमेन्ट का कोशीय अभिप्राय होता है- Deed, writing or inspiration यानी लेख या प्रमाणपत्र। इसके साथ डॉक्यूमेन्ट्री के हिन्दी रूपान्तरण - वृत्तचित्र, के सम्बन्ध में कोश में उल्लिखित है' शिलालेख, विशिष्ट घटना या कार्य की

जानकारी के लिए दिखाया जाने वाला सिनेमा चित्र (न्यूज रील)। दोनों में एक तत्त्व समान तौर पर प्राप्त होता है वह है प्रमाण एवं सत्यता। 'डीड' सरकारी स्वीकृति-प्राप्त प्रामाणिक प्रपत्र है और 'न्यूज' भी सत्यता और प्रमाण की माँग करती है। शिलालेख के प्रामाणिक, ऐतिहासिक माध्यम होते हैं और घटना का घटित होना सच्चाई पर बल देता है। लेख में सत्य कथनों और सुबूत की माँग की जाती है या विवेचन के आधार पर कहा जाय तो यह कहा जा सकता है कि डॉक्यूमेन्ट्री वह विधा है जो किसी सत्य घटना, सूचना, कथ्य, व्यक्तित्व तथा परिस्थिति पर आधारित होती है व जिसका प्रयोजन मनोरंजन की तुलना में शिक्षा और सूचना देना अधिक होता है। जब यह कार्य दृश्यों द्वारा किया जाये तो यह प्रक्रिया फिल्म अथवा टेलीविजन डॉक्यूमेन्ट्री कहलाती है और जब ध्वनि माध्यम द्वारा प्रस्तुत किया जाय तो ध्वनि या रेडियो डॉक्यूमेन्ट्र कहलाती है। ध्वनि अथवा रेडियो डाक्यूमेन्ट्री रेडियो की विधा है, इसे रूपक में सम्मिलित कर सकते हैं।

वृत्त चित्र के विविध रूप

सूचनात्मक डॉक्यूमेन्ट्री—सूचनात्मक डाक्यूमेन्ट्री का प्रयोजन लोगों को ज्ञान तथा कुछ सीखने का अवसर प्रदान करना है। इस प्रकार के वृत्तचित्र लोगों को मानसिक व्यायाम कराने के साथ-साथ उनके आत्मविश्वास को बढ़ाने वाले होते हैं। अतः यह कहा जा सकता है कि कथनों द्वारा सूचना देते हुए दर्शकों को कुछ सीखने का मौका देने वाले वृत्तचित्र सूचनात्मक वृत्तचित्र कहलाते हैं।

कहानी डॉक्यूमेन्ट्री—इस विधा में एक चरित्र के द्वारा कहानी को दर्शाया जाता है। उस चरित्र को सहायक चरित्रों तथा तथ्यों के द्वारा उजागर व विकसित किया जाता है। दर्शक इन चरित्रों को अपने से अलग नहीं मानते हैं चूंकि ये चरित्र काल्पनिक होते हुए भी वास्तविक होते हैं। इस तरह की डॉक्यूमेन्ट्रीज, कल्पना (Fantasy) से उद्भुत विषय पर बनायी जाती है।

यात्रा-वृत्तान्त डॉक्यूमेन्ट्री—इसमें कथ्य पहले से संगृहीत नहीं किये जाते बल्कि स्थान अथवा लक्ष्य निर्धारित होने के बाद विशेषज्ञ, कैमरामैन इत्यादि को लेकर निकल पड़ता है। निश्चित विषय के अनुकूल उसे जो भी सामग्री, साक्षात्कार, दूसरी घटनाएँ लाभदायक लगते हैं, वह उन्हें एकत्रित करके स्टूडियों में ले जाता है, जहाँ पटकथा लेखक उस (संकलित दृश्यों) को देखकर एक वृत्तचित्र हेतु कमेन्ट्री लिख देते हैं। यात्रा में आने वाली समस्याओं, मौसम, दृश्य, रूथान, लोगों का चरित्र, वहाँ का खान-पान, निवासियों के कथन, वृत्तान्त

इत्यादि को चित्रों, और ध्वनियों के माध्यम से दिखायी जाने वाली चित्र कथा इस विधा में आती है।

सामाजिक डॉक्यूमेन्ट्री—इसमें समाज में होने वाले उतार-चढ़ाव और व्यक्तियों की मानसिकता दर्शायी जाती है। गहन विचार और वास्तविकता पर विशेष ध्यान दिया जाता है। इस विधा के द्वारा लोगों की सहभागिता, सामूहिक रूप में तथा राष्ट्रीय तौर पर दिखायी जाती है। इतना ही नही, सामाजिकों की विचारधारा तथा दुःख-सुख को, कथनों के साथ-साथ या कृत्रिम दृश्यों के माध्यम से प्रस्तुत किया जाता है, जिससे दर्शकों में मानवीय भावनाएँ, शिक्षा, देश-प्रेम, जन आन्दोलन, जन जागरूकता आ सके।

शोधपरक डाक्यूमेन्ट्री—इस कोट की डाक्यूमेन्ट्री का उद्देश्य किसी विषय-वस्तु को लेकर उसकी प्रयोजन करना और अन्त में सत्य को उजागर कर दर्शकों को सही-गलत का ज्ञान कराना है।

ऐतिहासिक डाक्यूमेन्ट्री—इसमें कथन को शत-प्रतिशत ऐतिहासिक कथ्यों में दर्शाया जाता है। ऐतिहासिक कथ्यों में व्यक्तित्व तथा सामाजिक चेतना व संस्कृति तथा सामाजिक-आर्थिक घटनाओं को भी उसी सन्दर्भ में दिखाया जाता है।

किसी विशेष धार्मिक, सामाजिक, वितीय तथा सांस्कृतिक समस्याओं में सम्पृक्त मनोरम चलचित्र ही वृत्तचित्र है जिससे दर्शक की ज्ञान में वृद्धि होती है। इसमें कळाा, रूपक, मनोरंजन का तत्त्व गौण होता है। जबकि तथ्यपरक सूचना की मुख्यता होती है। शिक्षा, सूचना व संदेश की प्रधानता के कारण से वृत्तचित्र को विशुद्ध जनसंचार माध्यम कहा जा सकता है। मुद्रित संचार माध्यम में जो स्थान 'फीचर' (रूपक) का है वही स्थान श्रव्य-दृश्य संचार में वृत्तचित्र का है।

वृत्तचित्रों के अन्तर्गत विज्ञापन, चित्र, लघुचित्र, सूचना, कार्टून चित्र का समावेश हो सकता है। दो पहलवानों के मल्ल युद्ध से सन्दर्भित चित्र प्रथम वृत्तचित्र है। ओरियेन्टल फिल्म कम्पनी के सुचेत सिंह के द्वारा निर्मित लोकमान्य बाल गंगाधर तिलक के अन्तिम संस्कार से जुड़े हुए वृत्तचित्र 'द क्रिमिनेशन ऑफ द लेट लोकमान्य तिलक' बहुचर्चित था। ऐतिहासिक वृत्तचित्र 6 अप्रैल, 1930 को बापू की दांडी यात्रा पर बना जिसके निर्माता नानक मोरवानी थे। अपने राष्ट्र में 1 फरवरी, 1943 को 'इन्कॉर्मेशन फिल्म्स ऑफ इण्डिया' की स्थापना की गई, जिसके तत्त्वावधान में Indian News Parade के नाम से वृत्तचित्र बने। 'Our Heritage', ' The Golden River ', 'A Tree of Wealth' प्रमुख वृत्तचित्र हो चुके हैं। सन् 1948 में श्री मोहन भवनानी के निर्देशन में भारतीय चलचित्र विभाग (The

Films Division of India) की स्थापना हुई जिसके द्वारा 'A Private life of Silkwarm' (1950), The Story; of Steel (1951), Mahabalipurum (1952) , **भारत दर्शन (1956),** Calls of Mountains (1959), Tajmahal (1960) बने जो चर्चित तथा पुरस्कृत हुए। गणतन्त्र दिवस, ग्राम पंचायत, कुम्भ मेला, लोक नृत्य, विद्युत, उद्योग-धन्धों से सन्दर्भित वृत्तचित्र जीवन की वास्तविकता को व्याख्यायित करते हैं।

वित्त चित्र फिल्में फिल्म का यर्थाथवादी रूप हैं। जो कुछ जैसा है जैसा हुआ है उसे उसी रूप से प्रस्तुत करना ही डॉक्यूमेन्ट्री फिल्मों का प्रयोजन है। इतिहास के दृश्य-दस्तावेज तौर पर में भी इसे समझा जा सकता है। जन-मानस को इतिहास के प्रसंगों के द्वारा प्रभावित करने का सर्वश्रेष्ठ साधन डॉक्यूमेन्ट्री फिल्म ही है जो जीवन से जुड़ी है।

किसी भी तथ्यपरक जानकारी को क्रमबद्ध तरीके से वृत्तान्त बनाकर चित्रमय प्रस्तुति वृत्तचित्र है। रेडियो डाक्यूमेन्ट्री, दूरदर्शन डॉक्यूमेन्ट्री और फिल्म भी डॉक्यूमेंटस के आधार पर बनाई जाती है। यह एक कार्यक्रम प्रस्तुति का स्वरूप है। इसमें फैक्ट्स, फीगर, वॉयस, ड्रमिट्राइजेसन, संवाद और डॉक्युड्रामा, भेंटवार्ता, वार्ता, चर्चा तथा दूसरे प्रारूप भी मिले-जुले हो सकते हैं।

केन्द्रीय फिल्म प्रमाणन बोर्ड

इसका गठन सिनेमेटोग्राफी अधिनियम 1952 के अनुसार हुआ। बोर्ड में 25 सदस्य और एक अध्यक्ष होता है जिसका मुख्यालय मुम्बई में है। बंगलोर, कोलकाता, दिल्ली, कटक, हैदराबाद, मद्रास, गुवाहाटी तथा तिरूअनन्तपुरम् में क्षेत्रीय कार्यालय हैं। अपने यहां फिल्म जब तक केन्द्रीय फिल्म प्रमाणन बोर्ड से प्रमाणित न हो तब तक सार्वजनिक तौर पर प्रदर्शित नहीं होती। बोर्ड 'यू', 'ए', और 'यू ए' प्रमाण-पत्र निर्गत करता है-

'यू' का तात्पर्य है सार्वजनिक प्रदर्शन पर कोई प्रतिबन्ध नहीं।

'ए' का तात्पर्य है फिल्म मात्र वयस्कों के लिए है।

'यू॰ए॰' का तात्पर्य है 12 वर्ष से कम बच्चों के लिए माता-पिता को निर्देश।

राष्ट्रीय फिल्म अभिलेखागार

सन् 1964 में सूचना तथा प्रसारण मंत्रालय के अन्तर्गत भारतीय राष्ट्रीय फिल्म अभिलेखागार की स्थापना हुई। सिनेमा के विविध रूपों और अभिव्यक्ति के

संरक्षण का गुरुतर दायित्त्व इसे सौंपा गया है। इसकी अपनी पुस्तकालय है जो देशभर के 100 सक्रिय सदस्यों के बीच फिल्में बांटता है। भारतीय फिल्म व टेलीविजन संस्थान तथा दूसरे सांस्कृतिक शैक्षणिक संस्थाओं की मदद से फिल्म शिक्षण का कार्यक्रम भी इसके द्वारा चलाया जाता है।

भारतीय राष्ट्रीय फिल्म अभिलेखागार का मुख्य प्रयोजन फिल्मों का संरक्षण एवं उद्धार है। अभिलेखागार की प्राथमिकताओं में सर्वोपरि आदर्श भंडारण स्थिति में फिल्मों का संरक्षण है। इसका मुख्यालय पुणे में है और तीन क्षेत्रीय कार्यालय बंगलौर, कोलकाता तथा तिरुअनन्तपुरम् में हैं। फिल्म मूल्यांकन पाठ्यक्रमों के संयोजन से इस संस्था ने भारतीय सिनेमा के विभिन्न पक्षों को उजागर किया है।

अभिलेखागार की मुख्य गतिविधि प्रलेखन है जिसमें फोटो, पुस्तिकाएँ, पोस्टर, ऑडियो टेप, डिस्क रिकार्ड, फिल्म-समीक्षाएँ, लेख के द्वारा सूचनाएँ एकत्रित होती हैं। भारतीय राष्ट्रीय फिल्म अभिलेखागार मई 1969 से अन्तर्राष्ट्रीय फिल्म अभिलेखागार महासंघ का पूर्ण सदस्य है।

भारतीय फिल्म एवं टेलीविजन संस्थान, पुणे

इस संस्थान की स्थापना 1960 में हुई जिसमें दो सालों के समय वाले निम्नांकित पाठ्यक्रम चलाए जाते हैं–

1. कला निर्देशन (फिल्म और टेलीविजन)।
2. निर्माण प्रबन्ध (फिल्म और टेलीविजन)।
3. अभिनय में 6 माह की अल्पावधि सर्टिफिकेट पाठ्यक्रम।
4. निर्देशन में उत्तर डिप्लोमा पाठ्यक्रम।
5. आडियोग्राफी।
6. फिल्म सम्पादन।
7. मोशन पिक्चर फोटोग्राफी।

टेलीविजन समाचार-संकलन-सम्पादन के पाठ्यक्रम संचालन के जरिए संस्थान कार्मिकों हेतु मुख्य प्रशिक्षण केन्द्र बन चुका हैं।

राष्ट्रीय फिल्म विकास निगम

चलचित्रों की गुणवत्ता में वृद्धि करने के प्रयोजन से 11 अप्रैल, 1980 को राष्ट्रीय फिल्म विकास निगम की स्थापना हुई। राष्ट्रीय फिल्म विकास निगम का कोलकाता स्थित फिल्म केन्द्र निर्माण के पश्चात वांछित सुविधाएँ मौजूद कराता

है। चेन्नई स्थित वीडियो केन्द्र अच्छी फिल्मों के अन्तरण की सुविधा सुलभ कराता है। निगम का मुंबई स्थित लेजर सब टाइटल संयंत्र सब टाइटलिंग के स्तर को बनाता है। पड़ोसी राष्ट्रों हेतु भी सबटाइटलिंग की सुविधा इसके द्वारा प्रदत्त है।

राष्ट्रीय फिल्म विकास निगम कम बजट वाली फिल्मों की धारणा को महत्व देता है। सिनेमाघरों की स्थिति सुधारने की दिशा में भी निगम का प्रमुख योगदान है। भारतीय सिने कलाकारों को पेंशन तथा उनकी योजनाओं की पूर्ति हेतु आर्थिक सहायता करता है। हिन्दी कार्यशालाओं के आयोजन के द्वारा राष्ट्रीय फिल्म विकास निगम ने हिन्दी को राष्ट्रभाषा के रूप में लोकप्रिय बनाने की योजना का कार्यान्वित कर काम उल्लेखनीय कार्य किया है।

फिल्म समारोह निदेशालय

सूचना और प्रसारण मंत्रालय के अन्तर्गत भारत सरकार द्वारा सन् 1973 ई० में फिल्म समारोह निदेशालय की स्थापना हुई । अच्छी शिक्षाप्रद अनुकरणीय फिल्मों को प्रोत्साहन देना ही इसका मुख्य प्रयोजन है। प्रतिवर्ष राष्ट्र फिल्म समारोह आयोजित कर यह निदेशालय भारतीय सिने जगत् की श्रेष्ठ कृतियों को प्रोत्साहित कर रहा है। फिल्म समारोह अन्तर्राष्ट्रीय संस्कृति के आदान-प्रदान और मैत्री, सदभाव को बढ़ाने का सक्षम माध्यम सीमित हुआ है। सरकार की ओर से फिल्मों के विशेष कार्यक्रम का आयोजन, फिल्मों के प्रिंट एकत्रित करना, विदेशों में अन्तर्राष्ट्रीय फिल्म समारोहों में भाग लेना, भारत में अन्तर्राष्ट्रीय फिल्म समारोह आयोजित करना, सांस्कृतिक आदान-प्रदान के विविध कार्यक्रमों का आयोजन इस निदेशालय क्षरा होता है।

केंद्रीय फिल्म सेंसर बोर्ड

रोमन साम्राज्य में सेंसर नाम का एक दण्डनायक था। उसका काम लोगों में नैतिकता बनाये रखना था। यही शब्द नैतिकता को बनाए रखने हेतु किये जाने वाले प्रकारों का पर्याय बन यगया है। सेंसर सम्बन्धी आधिकरण का काम प्रकाशन अथवा प्रदर्शन में नैतिक मूल्यों को बनाए रखने से होता है।

सेंसरशिप की हर बार इस आधार पर आलोचना की जाती है कि वह संविधान के अनुच्छेद 19 में प्रत्येक नागरिक को दिए गए स्वतऩता भाषण और

अभिव्यक्ति के मौलिक अधिकार पर अंकुश लगाता है किंतु ऐसा कहना ठीक नहीं होगा। जहाँ सविंधान ने इस तरह के मौजिक अधिकार दिये है, वहाँ अनुच्छेद 19 2 के तहत कुछ नियंत्रण भी लगाए है। इसके अन्तर्गत सुरक्षा, व्यवस्था, नैतिकता व इसी तरह की अन्य बातों के लिए अंकुश लगाया जा सकता है।

जहाँ तक फिल्मों के सेंसर का प्रश्न खड़ा होता है, वह लगातार चला आ रहा है। इसके विषय में पृथक्-पृथक् राष्ट्रों की सामाजिक व्यवस्थाओं, नैतिकता के मापदण्ड़ और मान्यताओं के समान कार्य होता है, एक फिल्म अगर यूरोपीय देशों में प्रदर्शन हेतु स्वीकृत की जा सकती है तो यह जरूरी नहीं कि वह भारतीय समाज व्यवस्था व नैतिक परम्पराओं के अनुकूल हो। अतः कई बार विदेशी फिल्मों के प्रदर्शन पर प्रतिबंध लगा दिया ज़ाता है। ऐसे अनेक देश हैं जहाँ सेंसर बोर्ड होता ही नहीं है जबकि भारत में ऐसा नहीं है।

हमारे देश में फिल्मों के प्रदर्शन से पूर्व सेंसर बोर्ड के सामने प्रस्तुत करना होता है। सेंसर की अनुमति के बगैर कोई फिल्म प्रदर्शित नही हो सकती। सेंसर इस आधार पर परखता है कि उसमें यौन, हिंसा, घृणा तथा अन्य आपत्तिजनक बातें तो नही हैं जो व्यक्तियों पर उल्टा असर डाले। अगर उसे दृश्यों या संवादों में किसी तरह आपत्ति नजर आती है तो वह उन अंशों को काट देता है। निर्माता कानूनन इस बात हेतु मतबूर होता है कि उन दृश्यों या संवादों को फिल्म से निकाल दे। उनके जगह पर जगह नए दृश्य या संवाद जोड़े जाते है। तो सेंसर बोर्ड पुनः देखता है और फिर अपनी स्वीकृति देता है।

फिल्म गीतों के सम्बन्ध में भी ऐसा ही होता है। हिन्दी फिल्मों में वर्तमान समय में संगीत इस कदर छाया हुआ है कि शब्दों का महत्व ही नहीं रह गया है। ऊल-जलूल शब्दों को ठूँस कर धुन तैयार करने की प्रवृत्ति में ऐसे गीतों की संख्या बहुत कम देखने को मिलते हैं जो अच्छे साहित्यिक स्तर के अर्थ-प्रधान गीत कहे जा सकते है। द्विअर्थी संवादों के साथ ही द्विअर्थ गीतों का बल में भी बढ़ोतरी होती जा रही है। वैसे तो फिल्मों में प्रारंभिक और मध्यकाल में भी यह बात देखने में आती थी किन्तु तब अर्थहीन या द्विअर्थी गीतों का इतना चलन नहीं था। पुरानी फिल्मों में ऐसे कई गाने थे तो सीधे-सादे शब्दों में अपनी बात शालीनता से कह देते थे किन्तु अब कई गीतों में मर्यादा का पालन नही किया जाता। यही कारण है कि सेंसर के शायद ऐसे अवसर भी आये हैं जब उसने या तो पूरे गाने को या उसके अंश को फिल्मों से निकाल दिया।

कानूनी प्रावधान

हमारे देश में सिनेमेटोग्राफ कानून बना हुआ है, जिससे फिल्मों को सार्वजनिक प्रदर्शन से पहले परखा जाता है। सेंसर बोर्ड इसी के समान काम करता है। फिल्म से जुड़े कानून और नियमों में समय-समय पर संशोधन भी होते रहते है। सिनेमेटोग्राफ कानून के अन्तर्गत कि सह भी फिल्म को तब तक प्रदर्शित नहीं किया जा सकता तब जक कि सक्षम अधिकरण (सेंसर बोर्ड) उसके प्रदर्शन की स्वीकृति नहीं दे दे। यह स्थिति तब भी थी तबकि हमारे देश में वीडियो नहीं थे। तब जबकि वीडियो के द्वारा गाँवों तक में फिल्मों के अस्थायी प्रदर्शन होने लगे हैं अतएव इस कानून का परिपालन न कर वीडियो फिल्में दिखाई जाती है। अब इस दिशा में कुछ सक्रियता बरती गई है और शनैः-शनैः शिकंजा कसा जा रहा है जिससे वीडियो पर अवैधानिक तौर पर फिल्मों का प्रदर्शन न हो सके।

फिल्म प्रभाग

भारत सरकार का अपना फिल्म प्रभाग है जो सूचना और प्रसारण मंत्रालय के अधीन काम करता है। प्रभाग की ओर से वृत्तचित्र व समाचार पत्र तैयार किये जाते है। इनका प्रदर्शन हर सिनेमाघर हेतु जरूरी है। प्रदर्शन नहीं करने पर सिनेमाघर के मालिक को सजा दी जा सकती है।

फिल्म प्रभाग की स्थापना मुंबई में 1948 में की गई थी। इसका उद्देश्य फिल्मों के द्वारा देश के विविध कार्यों में लोगों को हिस्सा लेने हेतु पेरित करना है। इसके अतिरिक्त देश के प्रमुख पहलुओं विशेषकर सामाजिक वितिय पहलुओं पर व राष्ट्रीय एकता, अस्पृश्यता-उन्मूलन परिवार कल्याण आदि ज्वलंत मामलों पर जानकारी देना है। विदेशों में दिखाने के लिए प्रभाग द्वारा निर्मित फिल्मों का उद्देश्य देश की यर्थाथवादी तस्वीर प्रस्तुत करना व विदेशों में भारत की नीतियों का सही मूल्यांकन करना है। फिल्म प्रभाग का एक तथा प्रयोजन शिक्षा संचार के माध्यम के तौर पर वृत्तचित्रों को विकसित और समृद्ध करना भी है।

फिल्म प्रभाग ने निर्माण के अन्तर्गत सरकार की नीतियों और कार्यक्रमों के अनुसार फिल्में बनाई हैं। कृषि, शिक्षा, बिजली, उत्पादन इत्यादि क्षेत्रों व आहदवासी और पूर्वोत्तर क्षेत्रों के लोगों के विकासार्थ चलाए गए कार्यक्रमों का प्रचार करने हेतु फिल्मों के निर्माण के अतिरिक्त राष्ट्रीय महत्व की सामाजिक वितिय समस्याओं और राष्ट्रीय एकता, साम्प्रदायिक सद्भाव, मद्यपान की बुराइयाँ, दहेज प्रथा,

अस्पृश्यता लोकतंत्र की रक्षा, देशभक्ति, परिवार कल्याण इत्यादि विषयों पर फिल्म बनाई गई है।

फिल्म प्रभाग ने पाक्षिक समाचार पत्रिका का निर्माण जारी रखा है। रंगीन समाचार-चित्र निर्मित करके प्रदर्शन हेतु जारी रखा है। इसके अलावा फिल्म प्रभाग के न्यूज रील अधिकारियों ने दूरदर्शन हेतु भी कुछ समाचारों के चित्र निर्मित किए। फिल्म प्रभाग में 17 विदेशी न्यूजरील संगठनों के साथ समाचार-चित्रों के आदान-प्रदान की व्यवस्था है। कार्टून फिल्मों को निर्मित करने हेतु 'फिल्म प्रभाग' में एक पृथक एकक है। प्रभाग के पास वृत्तचित्रों और समाचार-चित्रों के 'एनिमेशन' कथाक्रम तैयार करने के अतिरिक्त प्रतिवर्षचार कार्टून फिल्मों के निर्माण हेतु स्टाफ व उपकरण मौजूद हैं।

लोकसेवा संचार परिषद्

लघु फिल्म और राष्ट्रीय एकता, पर्यावरण उपभोक्ता जागरूकता व नशीले पदार्थो की बुराई जैसे सार्वजनिक महत्त्व के विषयों पर संदेशों को प्रात्साहन देने के प्रयोजन से जनवरी, 1987 में लोकसेवा संचार परिषद् का गठन किया गया। परिषद् एक गैर-सरकारी निकाय है जहाँ सभी सदस्य स्वयंसेवी आधार पर अपनी सेवाएँ देते हैं। कार्यक्रम-क्विकीज के प्रस्तुतीकरण का खर्च जैसे– प्रयोगशला शुल्क तथा परिवहन इत्यादि का वहन साधारणतौर पर भारतीय विज्ञापनदाना समिति के विज्ञापनदाता करते हैं। इसके कला और तकनीकी पक्षों की निगरानी एजेंसियाँ मुफ्त करती हैं। दूरदर्शन इन संदेशों को निःशुल्क प्रसारित करता है।

लोकसेवा संचार परिषद् के लोगों के तहत कई क्विकीज़ का प्रसारण किया गया। इसमें स्वतंत्रता दौड़, एक रागदेश सुर के चुनिंदा शास्त्रीय अंश, गांधीजी, हेल्मेट कार सुरक्षा-दुर्घटना, नगरपरिका की सहायता से आपकी मदद, जल संरक्षण (पुरुष दाढ़ी बनाते तथा बच्चा दाँतों में ब्रुश करते), एंटी बर्न्स राष्ट्रगान और मिस वर्ल्ड -1994 सुश्री ऐश्वर्या राय वाली 'नेत्रदान' इत्यादि सम्मिलित है।

फोर्ड फाउंडेशान के सहायता से लोकसेवा संचार परिषद् ने लोकसेवा संचार पहल शुरू की है जिसमें पर्यावरण, स्थायी विकास, सामाजिक न्याय और महिलाओं के मुद्दे जैसे विषयों पर जोर दिया गया है इस विषयों पर लोकसेवा फिल्म/स्पॉट वृत चित्र/टेलीफिल्म बनाई और प्रसारित की जा रही है। कई फिल्म-निर्माताओं ने लोकसेवा संचार पटल में रूचि दिखायी। परिषद् सामाजिक उत्तरादायित्व पर भी

अभियान शुरू कर रही है जहाँ अच्छे नागरिक शिष्टाचार, व्यवहार तथा मिलजुल कर काम करने की भावना पर बल दिया जाऐगा।

नई डिजिटल तकनीक एवं फिल्म

नई तकनीकी आने से अब सिनेमा भी डिजिटल हो रहा है। डिजिटल तकनीक के चलते फिल्मों में मानवीय कौशल के स्थान पर तकनीकी कौशल का महत्व बढ़ जाएगा। कम्प्यूटर पर बनाए गए पात्र अभिनय करेंगे और वास्तविक अभिनेताओं की उपस्थिति बहुत कम हो जाएगी। किसी लोकप्रिय अभिनेता की छवि को डिजिटल फॉर्म में परिवर्तित करके उसके निधन के पश्चात भी उससे अभिनय कराया जा सकता है। इसके लाभ-हानि दोनों हैं। एक लोकप्रिय छवि को लम्बे समय तक भुनाया जा सकता है, इससे नए चेहरों को मौका मिलना कम हो जायेगा।

संचार क्रांति तथा उच्च प्रोद्योगिकी के इस दौर में कलात्मक फिल्मों के लिए गुंजाइश बहुत कम हो गई है। आज प्रोद्योगिकी के विकसित होने से उपकरण प्राप्त हो गए हैं और कोई भी मानव अपनी प्रतिभा को सामने लाने हेतु निर्माण कर सकता है। संचार उपग्रहों के एक काम यह भी हो सकता है कि जो कलात्मक फिल्में बिचौलियों के षड्यंत्र के चलते दर्शकों तक नहीं पहुँच पाती हैं, वे दर्शक तक प्रत्यक्ष रूप से पहुँच पाती हैं, वे सीधे दर्शक तक पहुँच सकती हैं। 'डायरेक्ट टू होम' सुविधा के विस्तार के साथ यह भी संभव हो जाएगा कि आप अपने घर में बैठकर भी किसी नई फिल्म का प्रीमियर देख सकते हैं। कोई छोटा सैटेलाइट कलात्मक फिल्म जो वितरक न मिलने के कारण डिब्बों में बन्द हो जाता हैं, उन्हें दर्शक देखते हैं और वे पचहत्तर रुपए भी देते हैं तो 75 लाख रुपए की कमाई की जाएगी। इससे सिनेमाघरों को घाटा हो सकता है, परन्तु सिनेमा को लाभ ही होगा।

यह भी एक भ्रम ही है कि अच्छी और कलात्मक फिल्में बहुत कम बनाई जा रही है। संवेदनाओं एवं भावनाओं को इतने कलात्मक कौशल के साथ किया जाता है कि वे फिल्में दिल को छू लेती है। दरअसल हमारे यहाँ के नए फिल्मकार आम जनजीवन से कटे हुए है। अतः वे हमारे समाज की समस्याओं और संवेदनाओं को नहीं पकड़ पाते हैं। संरल वृत्तचित्रों के क्षेत्र में हमारे वहाँ अत्यन्त महत्वपूर्ण काम हो रहा है। इनतने अलग-अलग क्षेत्रों में इतना कलात्मक काम हो रहा है कि आश्यर्च होता है। समाज, शिक्षा, स्वास्थ्य, प्रकृति, पर्यावरण तमाम विषयों पर एक से बढ़कर एक वृत्तचित्र बन रहे हैं।

टेलीविजन और फिल्म में नियोजन

फिल्म और टीवी अलग-अलग क्षेत्र हैं, इन दोनों में कई तकनीकी समानताएँ हैं। कई व्यावसायिक कोर्स ऐसे हैं जिन्हें करने के पश्चात टीवी व फिल्म-उद्योग दोनों में नियोजन हो सकता है। कैमरामैन, आडियो विजुअल तकनीशियन, फिल्म सिनेमाटोग्राफी, सम्पादन, फिल्म-निदेशन, मेकअप मैन और ग्राफिक आर्टिस्ट जैसे कई व्यावसायिक कोर्स ऐसे हैं जिसे करने के छोटे और बड़े पर्दे से जुड़ सकते हैं।

उद्घोषक/समाचारवाचक- छोटे पर्दे पर उद्घोषक, समाचारवाचक के कार्यक्षेत्र को 'एंकरिंग' करना कहा जाता है। राष्ट्रीय दूरदर्शन और पृथक्-पृथक् चैनलों में विभिन्न तरीके से एंकरिंग की जाती है। एंकरिंग का ट्रेनिंग प्राप्त होने पर वरीयता मिल सकती है। जिस भाषा का उद्घोषक अथवा समाचारवाचक/वाचिका बनाना है उस पर वरीयता मिल सकती है। जिस भाषा का उद्घोषक अथवा समाचारवाचक/वाचिका बनाना है उस पर अधिकार होना चाहिए। प्रसारण हेतु उपयुक्त आवाज और स्पष्ट दर्शनीय, उच्चारण-क्षमता , राष्ट्रीय, अन्तर्राष्ट्रीय घटनाक्रमों का सम्यूक ज्ञान होनी चाहिए।

सह-समाचार सम्पादक—यह पद टीवी की पत्रकारिता में रूचि रखने वाले युवक-युवतियों हेतु है। उल्लेखनीय है कि उद्घोषकों/समाचारवाचकों की नियुक्ति टीवी प्रबन्ध करता है। लेकिन सह-समाचार सम्पादक, संवाददाता और उप सम्पादकों की रिपोर्टरों, एजेंसियों और दूसरे माध्यमों से आए समाचारों का चयन तथा सम्पादन करना होता है।

संवाददाता—जो शैक्षिक योग्यता समाचार सम्पादक हेतु सुनिश्चित की गई है, वही संवाददाताओं हेतु भी है। दोनों पदों पर नियुक्ति चुनाव आधार पर होती है। प्रतियोगी परीक्षा में भाषाज्ञान, एवं अन्तर्राष्ट्रीय/राष्ट्रीय घटनाक्रमों से सम्बन्धित सवाल पूछे जाते हैं। निजी टीवी चैनलों में समाचार सम्पादक/रिपोर्टर हेतु संघ लोकसेवा आयोग नियुक्ति नहीं करता, बल्कि वे खुद सुयोग्य उम्मीदवारों का चयन करते हैं। चैनलों में मान्यप्राप्त या, फिर किसी स्तरीय निजी ट्रेनिंग केन्द्र से टीवी पत्रकारिता कर चुके लोगों की नियुक्ति की जाती है अथवा फिर प्रिंट मीडिया के पत्रकारों को सह-समाचार सम्पादक रिपोर्टर नियुक्त किया जाता है।

कैमरामैन-आजकल दो प्रकार के कैमरामैनों की माँग है- न्यूज कैमरामैन व फीचर कैमरामैन।

न्यूज कैमरामैन का कार्यक्षेत्र समाचार-संकलन (विजुअल) करना। दूरदर्शन (राष्ट्रीय) समाचार, आँखों देखी, आजतक, टु नाइट, इंडिया दिस वीक, बी.आई. टीवी, सिटी चैनल, जी. टीवी सहित दर्जनभर टीवी न्यूज प्रस्तुत करने वाले चैनल हैं, जहाँ न्यूज कैमरमैन की आवश्यकता पड़ती है। सभीह चैनल नेटवर्क स्वयं अपनी टीम के द्वारा तैयार कराई गई खबरों का प्रसारण करते हैं। जिसके लिए कुशल और दक्ष कैमरामैन की आवश्यकता पड़ती है।

फिल्म, वीडियो सम्पादक—दूरदर्शन से फिल्म, वीडियो सम्पादक का पद बहुत उपस्करों का अनुरक्षण लॉगबुक में ही नम्बर लिखना, स्टॉक शॉट्स ध्वनि प्रभावों को क्रम में रिकॉर्डिग रखना के लिए लूप और डबिंग क्यू शीट तैयार करना, निगेटिव, प्रिंटों तथा ध्वनि ट्रैकों को विछाने की जाँच कम्प्यूटराइज्ड करना, वीडियो एडीटिंग सीट में टाइम्स कोड का उपयोग।

आडियो विजुअल तकनीशियन—आडियो विजुअल तकनीशियन का कार्यक्षेत्र है—टांसपेरेंसी का उपयोग, ग्राफिक चार्ट-निर्माण, पोस्टर, मोशन, स्लाइड पिक्चर आर्ट वर्क इत्यदि। किसी स्तरीय प्रशिक्षण संस्थान से डिप्लोमा/सर्टिफिकेट-धारक उम्मीदवार को नियुक्ति के अवसर मिलते हैं।

मेकअप सहायक—टीवी के कार्यक्रमों में भाग लेने वालों को सजाना-सँवारना मेकअप सहायक का कार्यक्रम है।

इसके अतिरिक्त साउंड इंजीनियरिंग, वीडियोग्राफी, प्रोडक्शन से सम्बन्धित कई तकनीशियनों और इंजीनियरों की पड़ती है। पेंटर, फ्लोर मददगार, ग्रैफिक प्रापर्टी ,कलाकार सहायक इत्यादि की भी नियुक्ति की जाती है। इन सभी पदों हेतु तकनीकी योग्यता होनी चाहिए।

फिल्म-दूरदर्शन ट्रेनिंग हेतु मान्यताप्राप्त सरकारी संस्थान गिने-चुने हैं, जिनमें सीटों हैं। टेलीविजन व उसके विविध चैनलों, फिल्म उद्योग में जितने कार्मिकों, तकनीशियनों की माँग है, उसे सरकारी संस्थान पूरा नहीं कर पा रहे हैं, अतएव स्तरीय ट्रेनिंग देने वाले निजी संस्थानों से भी प्रशिक्षुओं को लिया जा रहा है।

फिल्म पत्रकारिता की दशा पर डॉ. टी.डी.एस. आलोक की टिप्पणी उल्लेखनीय है—

"अविवेकपूर्ण प्रवाह अभी ठहरता हुआ नजर नहीं आता, लेकिन खारे समुद्र में इसका मिलन निश्चित दिखाई पड़ता है। फिल्म पत्रकारिता ने पत्रकारिता के उपवन में ऐसी जगह खोज ली है जहाँ न उसे देश के दिशाबोधक माली का भय है, न ही उसे पाठकों की संवेदना के कण्टक का दर्द सालता है फिल्म पत्रकारिता

की चेतना के रास्तें पर से गुजरते हुए राष्ट्रीय मूल्यों को खोज पाना, एक मुश्किल कार्य तो है ही, एक जोखिम-भरा काम भी है। फिल्मी समाचारों के संकलन, रहस्य के वक्तव्यों, उद्घाटन और प्रतिक्रियाओं के अर्द्धसत्यों के घटाटोप में कलम की करवटों को निहारता पाठक कभी चकित होता है, तो कभी नयी जानकारी से आश्वस्त भी और कहीं लगाव महसूस कर उद्वेलित भी हो जाता है। इस तरह फिल्म पत्रकारिता के मूल्य द्वन्द्व और अनुभव को करते हैं तो लगता है, मनुष्यत्व को खोजने में यह एक दुधारे सच की खोज है। एक धार पर यातना तथा शोषण है; दूसरी धार से यातना और शोषधस के बन्धन कटते हैं। व्यंजन बनी युवा पीढ़ी फिल्मी जगत् के भोजनालय के डायनिंग टेबल पर परोसे जाने के लिए सदैव बेचैन नजर आती है। इस सन्दर्भ में दिखनेवाले सारे सुबूत देश-दुनिया के जीवन्त कोलाहल में भी क्यों समाकर रह जाते हैं। पत्रकारिता के आलोक में जो साफ-साफ दिखता है वह प्रत्येक सुबह आम पाठक के दरवाजे पर दस्तक देती अखबारी पृष्ठों की वे तस्वीरें एवं चटखारेदार खबरें होती हैं, जिन पर न चाहते हुए भी आम पाठक की नजर थमकर ही रह जाती है। देखने वाला पाठक फिर उन्हें मनभावन दृश्यों की तरह देखता ही रह जाता है जहाँ शब्दों की आँखें भी पाठकों को बस देखती रह जाती हैं। फिल्म पत्रकारिता में वह दृष्टि तथा दिशाबोध भी दिखायी नहीं पड़ता जो बुराई में भी अच्छाई के दर्शन करा दे। ज्यादातर होता यह है कि फिल्म बनानेवाले, न देखनेवाली फिल्मों के विषय में यह तर्क दे देते हैं कि वे फिल्मों में जो कुछ दिखा रहे हैं वह कहीं-न-कहीं समाज में घट रही रही घटनाओं का हू-ब-हू विवरण ही तो है। नंगे सच को दिखाने में ही वे शायद समाज की भलाई समझते हैं। असत्य से सत्य की ओर ले चलने का, अन्धेरे को प्रकाश में बदलने का प्रयत्न न तो फिल्म-निर्माता ही करना चाहते हैं और न ही फिल्म पत्रकारिता के पृष्ठों पर ऐसा कोई सन्देश अथवा सद्प्रेरणा मिल पाती है।”

मानवीय विकास एवं युग-बदलाव को सिनेमा-रेडियो के आविष्कारों ने अपेक्षित गति और व्यापकता दे दी। सिनेमा मनोरंजन के साथ-साथ सामाजिक उदेश्य से भी कार्यरत था। एक अभूमपूर्व उत्साह का संचार हो रहा था। लगता था जैसे पूर्ण परिवर्तन हो जाएगा। सिनेमा के सम्मोहन से मोहित लोगों में ऐसी उम्मीदें तरंगें ले रही थीं, मानो वे परिवर्तन के रथ पर आरूढ़ सबसे आगे भी पंक्ति में हों। शहरों और कस्बों में ही इसकी अधिक धूम थी। महँगा साधन होने की कारण यह गाँवों में उस अनुपात में असरकारी नहीं हो सका। ‘जड़ता

के आदानों की इतनी बड़ी जय क्यों? भवानी प्रसाद मिश्र। प्रिंट मीडिया से मास मीडिया एवं मास मीडिया से इलेक्ट्रॉनिक मीडिया और इलेक्ट्रॉनिक मीडिया से बिग मीडिया बना यह आज का मीडिया बड़ा सशक्त दार्शनिक भावभूमि का आधार लेना चाहिए। अन्यथा हम एक यांत्रिक विवेचन के फेर में पड़कर दस तंत्र को ही निहारते रह जाएँगे । वैज्ञानिक उन्नति और विकास मनुष्य जाति की क्रमोन्नति का सूचक है, इसमें कोई शक नहीं है। अधुनातन खोज और जीवन के विविध फलकों में इनके व्यवहार से विश्व अब विश्व-गाँव में परिवर्तित होता जा रहा है, किन्तु यह व्यवसायवाद की कोख से जन्मी है।

5

फोटो पत्रकारिता

"राष्ट्रों की जनता के मध्य मेल-मिलाप करने में फोटो पत्रकार की बहुत बड़ी देन होती है। दुनिया की सभी भाषाओं में फोटो समाचारों की भाषा सबसे ज्यादा होती है। आज के युग में जब कि अगणित मनुष्यों पर अत्याचार हो रहे हैं कई देशों में व्यक्तिगत स्वतन्त्रता भंग हो रही है, चित्र व्यक्ति की स्वतन्त्रता को बरकरार रखते हैं क्योंकि वे सच्चाई को ज्यों का त्यों प्रस्तुत करते हैं।"

—आइज़नहावर

जन-संचार में फोटोग्राफी का प्रमुख स्थान एवं रासायनिक तत्त्वों की क्रिया से स्थायी तथा सुस्पष्ट प्रतिबिम्ब तैयार करने की यह एक विशिष्ट कला है। प्रकाश एवं रासायनिक प्रक्रिया से बने प्रतिबिम्ब को छाया चित्र (Photograph) कहते हैं। फोटोग्राफ सार्वभौम भाषा (Universal Language) बोलते हैं, सभी को आकर्षित करते हैं। इनको बनाने और रखने में सुविधा होती है। इसकी शक्ति निम्न है–

1. भाषा में आने वाली बाधा को इसके इस्तेमाल से दूर किया जा सकता है।

2. फोटोग्राफ का प्रभाव जल्द पड़ता है क्योंकि इसे यथार्थ, सत्य माना जाता

है। इसमें विश्वसनीयता होती है। लोगों के दृष्टिकोण और अभिरुचि को फोटोग्राफी के द्वारा ही परिवर्तित किया जा सकता है।

3. फोटोग्राफ एकसाथ बड़ी संख्या में लोगों के पास पहुँचाये जा सकते हैं।

4. समाजिक बुराइयों और अपराधों को फोटो से पहचानने में मदद मिलती है इसके फलस्वरूप उनसे दूर रहने की प्रेरणा भी मिलती है।

5. इसके द्वारा सीखने की प्रक्रिया को तीव्र किया जा सकता है।

फोटो अपने में समाचार, रिपोर्ताज, विचार, लेख, सम्पादकीय तथा दस्तावेज सभी कुछ है। विश्वसनीयता का यह सबसे उत्तम साधन है।

विवादस्पद बातों पर फोटो के द्वारा की गई अभिव्यक्ति निर्णायक होती है। सफल फोटोग्राफर वही होता है जो संवेदनशील अनुभूतियों को दर्शक के सामने प्रस्तुत करता है। सच का सम्प्रेषण ही उसका प्रेरक होता है और सत्य ही उसकी कथा की जान है।

फोटो पत्रकारिता का लक्ष्य भावना को बढ़ाना, घटनाओं पर टिप्पणी करना और दर्शकों का मनोरंजन है। फोटो पत्रकार के विषय में कहा गया है–

'आप तस्वीर खींचते नहीं हैं अपितु आप इसका सृजन करते हैं।'

घटनाओं, समाचारों विचारों की रोचक व्याख्या करने व उन्हें बनाने में फोटो पत्रकारिता की महत्ता अधिक है। यह सम्पादकों तथा निर्माताओं हेतु ऐसा शक्तिशाली माध्यम है जिससे सामाजिक परिवर्तन मुमकिन है। फोटोग्राफी एक विशिष्ट योग्यता है जिसमें रहस्यमय वस्तुओं का अन्वेषण तथा संचरण होता है। फोटोग्राफर कैमरे के द्वारा जो देखता है उसी को वह सम्प्रेषित करता है। डॉ. जेम्स एस. मूर्ति ने 'लाइफ' की घोषणा को ही फोटो पत्रकारिता को सुस्पष्ट करने वाला बतलाया है।

"जीवन को देखनाः विश्व को महानूः देखना घटनाओं का साक्षी बनानाः गरीब का चेहरा तथा गौरवान्वित की भंगिमाएँ देखनाः अपरिचित एवं विलक्षण वस्तुओं जैसे मशीनों, वनों, सेनाओं एवं चन्द्रमा पर कई विम्बों को देखनाः आदमी के कार्य, उसकी मीनारें, चित्रकारी तथा खोज देखनाः हजारों मील दूर की चीजों को, दीवारों के पीछे एवं कमरों के अंदर रखी चीजों तथा, को खतरनाक चीजों को देखनाः उन स्त्रियों को देखना जिन्हें जिन्हें पुरूष प्यार करते असंख्य है बच्चों को देखना : देखना एवं देखना की प्रक्रिया में आनन्द लेना : देखना और चकित होना देखना और अनुदेशित होना।"

सन् 1839 ई. में विलियम हेनरी फाक्स ने उस प्रक्रिया का खोज किया जिसके द्वारा 'निगेटिव' से 'पॉजिटिव' चित्र बनाना सम्भव हो पाया। फोटो के द्वारा समाचारों के प्रसारण को पत्रों ने सम्मान दिया। सन् 1842 ई. में 'इलस्ट्रेटेड लन्दन न्यूज' ने ऐसा किया। अमेरिका-स्पेन युद्ध, प्रथम विश्व-युद्ध व स्पेन के गृहयुद्ध के वक्त फोटो पत्रकारिता पनपी। मैथ्यू ब्राडी, सी. जे., जिमी हयरे, हेमंट ने युद्धों का रोचक चित्र प्रस्तुत किया।

फोटो पत्रकारिता

समसामायिक घटनाओं के सचित्र वर्णन की प्रस्तुति फोटो पत्रकारिता है। भयावह, विकृत, विनाशकारी, वीभत्स घटनाओं को कैमरे में कैद करने हेतु एक फोटो पत्रकार जितना तत्पर रहता है उतना ही वह किसी समारोह, उत्सव एवं आयोजन के समय भी एकाग्रचित होता है। फोटो पत्रकार बटन दबाने वाला नहीं होता। वह सूक्ष्म दृष्टि से सम्पन्न और जीवन्त दृश्य को पकड़ने में समर्थ होता है। चित्रों की प्राप्ति, चित्रों का सम्पादन, चित्रों का चुनाव–ये तीन प्रमुख कार्य फोटो पत्रकार के हैं। समाचार, फीचर, रिपोर्ट को आकर्षक, रोचक और मुखर बनाने में फोटो पत्रकार सदैव चिन्तामग्न रहते हैं। प्रासंगिकता और दूरदृष्टि से जुड़े गुणों की वजह से फोटो पत्रकार सभी जगह समादृत होते हैं। सामान्य पत्रकार तो विलम्ब हो सकता है, पक्षपात कर सकता है, उसकी लेखनी बहक सकती है, किन्तु फोटो पत्रकार चाहते हुए भी कुछ नहीं कर सकता। फोटो पत्रकारिता में सत्यता, वस्तुनिष्ठता एवं विश्वसनीयता का समावेश रहता है। फोटो पत्रकार को अपने पूर्वज, जॉर्ज ईस्टमैन को जानना चाहिए।

जॉर्ज ईस्टमैन

अमेरिकी उद्यमी जॉर्ज ईस्टमैन ने 1888 में कोडेक बॉक्स कैमरे का आविष्कार किया। ईस्टमैन ने इस कैमरे में हल्की रोल-फिल्म का इस्तेमाल किया। इस ब्राउनी कैमरे के आविष्कार से पूर्व फोटोग्राफी की नियम बहुत ही खर्चीली थी। 1892 में ईस्टमैन कोडेक फोटोग्राफिक कम्पनी की स्थापना हुई जिसने 1900 तक एक डॉलर की कीमत पर कैमरे बेचना शुरू कर दिया था। कैमरे में होने वाली रेगीन फिल्म में विद्युत-संवेदी मिश्रण की कई परतें होती है जो विद्युत की हर किरण को अलग-अलग रंगों में रिकॉर्ड करती हैं। यह मिश्रण विद्युत-संवेदी सिल्वर हेलाइड एवं

जिलेटिन से बना होता है। जब इन परतों को रंगीन प्रिंट अथवा ट्रांसपेरेंसी की तरह से देखा जाता है तो पृथक्-पृथक् रंग संयोजित होकर वास्तविक दृश्य का उचित रंग दिखाते हैं।

फोटो पत्रकारिता का आकर्षण

शोहरत, ग्लैमर एवं खतरों से भरा एक फलक फोटोग्राफी है जिसकी ओर युवा पीढ़ी बड़ी तीव्रता से बढ़ रही है। वर्तमान में मीडिया के अलावा फिल्म, विज्ञापन, फैशन, सेना, पुलिस, विज्ञान, पर्यटन आदि ऐसे क्षेत्र हैं, जहाँ फोटोग्राफी के बगैर सम्बन्धित कार्य को अधूरा समझा जाता है। अतः फोटोग्राफी के क्षेत्र में रूचि रखने वालों हेतु फोटोग्राफी का कैरियर बहुत ही संभावनाओं वाला है। जिस तरह 'पत्रकारिता' को एक चुनौतीपूर्ण कैरियर माना जाता है, उसी प्रकार 'फोटोग्राफी' को भी अपनी मेहनत, दृढ़ निश्चय, लगन तथा आत्मविश्वास के द्वारा सफल कैरियर बनाया जा सकता है।

फोटोग्राफर अपनी सृजनशक्ति द्वारा विशेष कोण या पोज के आधार पर किसी सामान्य चेहरे एवं व्यक्तित्व में भी चार चाँद लगा देता है। दौलत तथा शोहरत के अलावा रोजगार की सुनिश्चितता को लेकर शिक्षित युवक-युवतियों के लिए यह आकर्षक कैरियर बनता जा रहा है। विशेषता उन लोगों हेतु यह फलक उपयुक्त है, जिनमें चीजों को उनकी सूक्ष्यता व सम्पूर्णता में देखने की आन्तरिक प्रतिभा मौजूद है।

यों तो रंगों, दृश्यों, प्रकाश, आकार-प्रकार, समय विविध से तादात्म्य स्थापित करने वाले व्यक्ति सैद्धान्ति ज्ञान प्राप्त कर लिया जाए, तब तो सोने में सुहागा वाली बात होगी। इस कोर्स के तहत शिक्षण के दौरान उम्मीदवारों को कैमरा और फोटोग्राफी से जुड़ी विविध पहलुओं को प्रायोगिक और सैद्धान्तिक तौर पर पढ़ाया जाता है। प्रशिक्षण के दौरान प्रशिक्षुओं को दूसरे स्थानों पर ले जाकर फोटोग्राफी करवाई जाती है। इस दौरान जरूरी प्रकाश, छाया, रंग आदि की भी सूक्ष्म जानकारी दी जाती है। फोटोग्राफी कला को ललित कला फोटोग्राफी एवं कॉमर्शियल फोटोग्राफी के तौर पर बाँटा गया है। मन्दिरों किले, मसजिदें, इमारतों, मूर्तियों से सम्बद्ध फोटोग्राफी ललित कला से सम्बधित है लेकिन फैशन, विज्ञापन फिल्म कॉमर्शियल फोटोग्राफी के अन्तर्गत आते हैं।

अंग्रेजी, हिन्दी, रूसी, उर्दू, चीनी ये सभी भाषायें अलग-अलग प्रतीकों द्वारा समझी और लिखी जाती हैं। कई देशवासी विभिन्न भाषाओं में अपने मतों को

स्पष्ट करते हैं। इस विश्व में मात्र चित्र ही ऐसा है जिसकी एक भाषा है जो सर्वजन हेतु बोधगम्य है। भाषा की दीवार को चित्र तोड़ता है फोटो पत्रकार शब्दों के स्थान पर प्रतीकों (चित्रों) का प्रयोग करता है। आम जनता के दृष्टिकोण बदलने एवं अभिरुचि को प्रभावित करने की दिशा में चित्र बहुत ही फोटो के चलने सन् 1860 ई. में अब्राहम लिंकन को सफलता मिली। यह चित्र खुद लिंकन का था जिसे मैथ्यू ब्राडी ने खींचा था। चयन के समय इसे बहुत जोर-जोर से प्रचारित किया गया था कि लिंकन गँवार जंगली है, वह राष्ट्रपति पद के लायक नहीं है। इस आरोप के खण्डन में ब्राडी का चित्र सभी जगह दिखलाया गया मतदाताओं का दृष्टिकोण परिवर्तित हुआ और उनकी अभिरुचि लिंकन के प्रति जागृत हई। अमेरिका के ही सीनेटर मिलार्ड टायडिंग को कम्यूनिस्ट नेता अर्ल ब्राउडर के साथ वार्ता करते दिखाया गया। इस कम्पोजिट चित्र का प्रचार हुआ इसके फलस्वरूप अगले चुनाव में टायडिंग हार गये। अपने देश में भी चित्रों के चलने कई उथल-पुथल हुए हैं। जो वर्तमान में इतिहास के पन्नों में दृष्टिगत हो रहे हैं।

फोटो पत्रकारिता के द्वारा सामाजिक कुरीतियों और अपराधों को पहचाचने में मदद मिलती है। फोटो पत्रकार त्याज्य अथवा ग्राह्य कार्य के प्रति भावनाओं को उत्तेजित करने में प्रभावकारी भूमिका निभाता है।

फोटो की भाषा समझाने में न उम्र, भौगोलिक, लिंगक्षेत्र, साक्षरता, सामाजिक-वितीय स्तर कुछ भी अवरोध पैदा नहीं करते है। एक अच्छा फोटो पत्रकार अपना छायाचित्र जिस परिप्रेक्ष्य में उतारता है ठीक उसी परिप्रेक्ष्य में पाठक वर्ग तक पहुँचाने में ही उसकी सफलता समझी जाती है। एक सफल फोटो-पत्रकार में निम्नवत गुणों का होना आवश्यक है।

1. उसे फोटो तकनीक की नजदीकीयों में निपुण होना चाहिए।

2. फोटो पत्रकार को मिलनसार, सृजनशील और संवेदनशील होना चाहिए।

3. एक अच्छे फोटो पत्रकार को कैमरों, फिल्टर्स, लैन्सों, शटर-गति, फोकस, प्रकाश-नियन्त्रण, फ्लैश-गन, इत्याति के बारे में मालूमात होनी चाहिए।

4. उसे घटनाओं, परिवर्तनों तथा कार्यक्रमों की जानकारी होना चाहिए।

5. उसे एक पत्रकार के समान सदैव सजग, जिम्मेदार तथा सावधान रहना चाहिए।

6. उसमें जिज्ञासाओं को शांत करने की इच्छा होनी चाहिए। जिन घटनाओं, समाचारों में अधिकतम लोगों की रुचि हो, उससे आगे के छायाचित्र पाठकों तक अविलम्ब ही पहुँचाने चाहिए।

7. उसमें जिज्ञासाओं को शांत करने की इच्छा होनी चाहिए। जिन घटनाओं, समाचारों में अधिकतर लोगों की रूचि हो, उससे आगे के छायाचित्र पाठकों तक तुरन्त ही पहुँचाने चाहिए।

8. फोटो पत्रकार को पत्रकारिता आचार-संहिता का ज्ञान होना आवश्यक है जिससे राष्ट्र, विधायिका, समाज व न्यायपालिका का सम्मान सुरक्षित रहे।

9. उसमें फिल्म प्रोसेसिंग, डार्क-रूम तकनीक, फोटो पेपर ग्रेड और फोटोग्राफी रसायनों की भी अच्छी तरह जानकारी होनी चाहिए। फोटो पत्रकार को कम्पोजीशन की विधि, सेन्टर ऑफ इन्टरेस्ट, रूल ऑफ थर्ड आदि का भी बोध चाहिए।

खोजी पत्रकारिता और फोटो पत्रकार

खोजी पत्रकारिता और पुलिस सम्बन्धी प्रकरणों में फोटो पत्रकार की भूमिका रहती है। आधुनिक पत्रकारिता के प्रसंगों में प्रमाणस्वरूप दस्तावेजों के फोटो समाचारपत्र में प्रकाशित किये जाते हैं जिन्हें विशेष तरह के सप्लीमेन्ट्री लेन्सों व सूक्ष्म फोटोग्राफी की सहायता से तैयार किया जाता है।

पुलिस प्रकरणों और न्यायलयीन कार्यों में भी प्रेस-फोटो की बड़ी महत्ता होती है। हत्या, लूट की वारदात आदि में छायाचित्रों को एक शृंखला के रूप में खींचा जाना चाहिए जिसमें मृतक के विभिन्न कोणों से फोटो, रक्त के धब्बों, मृतक द्वारा संघर्ष के घातक, निशान हथियार चोट आदि के चिन्ह, मृतक के आस-पास की स्थिति तथा बिखरे पड़े सामान, वस्तुओं को दर्शाते चित्र जिससे घटना के सम्बन्ध में पूरी जानकारी प्राप्त हो सके तथा जरूरत पड़ने पर अदालत में इन फोटो श्रृंखला की मदद से घटना की यथार्थता पर प्रकाश डालने में तथा मिले।

भ्रष्टाचार, अपराध, दंगों, लूट-पाट, कानून, चोरी तथा व्यवस्था सम्बन्धी परिस्थितियों के फोटो का पुलिस द्वारा इस्तेमाल करने से एक फोटो पत्रकार की भूमिका बहुत ही मुख्य हो जाती है। अपराध अपुसन्धान तथा उपराधियों की खोज में छायाचित्र काफी मददगार साबित हो रहे हैं। अनपढ़ व्यक्ति से भी अदालन में पूछताछ करने में फाटो से आसानी रहती है। फोटोग्राफ घटनास्थल के खुद एकमात्र मौजूद आकलन कर सकता है। वैसे भी गवाहों से सुनी-सुनाई बातों की की तुलना में फोटो में देखी बात अधिक विश्वसनीय लगती।

फोटो पत्रकारिता : एक चुनौती

फोटो पत्रकार को सदैव चुनौतियों का सामना करना पड़ता है। प्रतिकूल स्थितियों, समय सुविधा, साधन की फिक्र किये बगैर ही उसे समय-सीमा में तस्वीरें समाचारपत्रों को भेजती होती है। बाढ़, आतंकवादी, भूकम्प घटना, रेल दुर्घटना, आगजनी, किसी भी विपरीत परिस्थिति में पहुँचकर उसे अपनी कौशल और कला का परिचय तथा नित्य नई कसौटी पर खरा उतरना होता है। मुद्रण तकनीक और डिजीटल तकनीक की नई चुनौतियों से जूझते हुए उसे तत्काल घटनास्थल की तस्वीरें माडेम, कम्प्यूटर तथा उपग्रह नेटवर्क के द्वारा दुनिया के एक कोने से दूसरे कोने तक अपनी फोटो भजेनी होती है। उसकी फोटो में सम्पूर्णता, सम्प्रेषणीयता विषय-वस्तु की स्पष्टता, आवश्यक है। कलात्मकता, सृजनशीलता व संवेदनशीलता जैसे गुण भी बहुत ही आवश्यक है जो एक अच्छे फोटो पत्रकार की सफलता की कुज्जी है।

फोटो पत्रकार को स्वयं कार्य अति सावधानीपूर्वक करना पड़ता है। एक बार घटनास्थल/कार्यक्रम का जो भी फोटो पत्रकार अपने कैमरे में बटन दबाकर खींचता है वह सदैव के लिए अमिट हो जाता है।

एक पत्रकार अपनी खबर को लिखकर ठीक कर सकता है, अपने से अनुभवी मनुष्य का मार्गदर्शन ले सकता है। इसी प्रकार एक चित्रकार भी अपनी चित्रकला में हुई अशुद्धियों को बाद में ठीक कर सकता है, अनुभवी लोगों के सलाह के अनुसार दुबारा ठीक करके बना सकता परंतु फोटो पत्रकार को वही घटना/कार्यक्रम की फोटो दुबारा प्राप्त करने का मौका नहीं मिलता है अतः उसे बहुत ही अधिक सावधानीपूर्वक कलात्मक तथा तकनीकी कुशलता के साथ ही अपने कैमरे का बटन दबाना होता है।

6

प्रिंट पत्रकारिता

प्रिण्ट पत्रकारिता के विराट वृक्ष की छाया, पत्र, फूल एवं फलों, शाखा-प्रशाखाओं की प्रकृति और आंधी-तूफान में उसकी कलाबाजियों का विवेचन करने से पहले, हमें यह समझ लेना सही होगा कि आखिर प्रिण्ट पत्रकारिता है क्या? लेकिन इसे समझने से पूर्व हमें संदर्भज्ञान हेतु यह भी जान लेना ठीक होगा कि पत्रकारिता से हमारा आशय क्या है?

पत्रकारिता की कहानी कितनी पुरानी है, इसका केवल आकलन लगाया जा सकता है। इसका यथार्थ ज्ञान करना असंभव है, चूँकि इस धरती पर मनुष्य कब पैदा हुआ? किस ज्ञान-स्तर को लेकर उत्पन्न हुआ? निर्णय नहीं किया जा सकता है। इस दिशा में जो निर्णय लिये गये हैं, प्रायः काल्पनिक, अनुमानित एवं भ्रमोत्पादक है। लेकिन इतना तय है कि 'संचार क्रिया' का जन्म भी मानव के साथ ही हुआ। दूसरों से बात करना और दूसरों की बात सुनना, उसके लिए उसी प्रकार की आवश्यकता थी, जैसे भोजन की। अतः संचार-क्रिया को भी भोजन, वस्त्र, आवास की तरह ही समझना सही होगा। भले ही मानव को वस्त्र और आवास की अपने आरंभिक काल में भोजन जैसी अनिवार्य आवश्यकता नहीं रही हो, लेकिन दूसरों से बातें करना और दूसरों की वातों को समझना उसके लिये अवश्य ही

भोजन की तरह ही अनिवार्य आवश्यकता के रूप में रहा होगा। यही संप्रेषण और संचार का प्रथम रूप था। जब मानव ने लिखना सीखा तो उसके संप्रेषण क्षेत्र पत्र लेखन ने स्थान ग्रहण किया, जो आज भी मानवीय व्यवहार में उतना ही मुख्य है जितना कभी भी किसी भी युग में रहा होगा। पत्र लेखन की सीमा दो व्यक्तियों के बीच साबित होती थी। एक व्यक्ति, दूसरे व्यक्ति को पत्र लिखकर उसी तरह कुछ बताता था, या कोई संदेश सूचना भेजता था, जैसे वह आमने-सामने वाणीक्रिया द्वारा करता था और करता है, किंतु जब सूचना-संदेशों, वार्ताओं, समाचारों आदि का संप्रेषण निजी संबंधों की सीमाओं को पार करने लगा, तो उसी को पत्रकारिता कही गया। इस पत्रकारिता का भी सीमा फलक प्रशासनिक नियमों, घोषणाओं और संदेशों तक ही था, जो किसी राज्य-व्यवस्था के अन्तर्गत जनता तक ढोल इत्यादि वाद्यों के माध्यम से लोगों को एकत्र करके सुनाए जाते थे। इन्हीं को संचरित करने हेतु शिलालेखों का प्रयोग लेखन-माध्यम से हुआ। धर्म के उदय के साथ धार्मिक प्रवचनों तथा कथा-वार्ताओं की सूचनाएँ भी इसी प्रकार की जाती थीं। ऐसी स्थिति में संप्रेषण एकांगी होते थे, यानी वह मानव द्वारा सुने जा सकते थे, जनता को अगर कोई बात कहनी होती थी तो उसके रूप प्रदर्शन एवं आन्दोलन ही हो सकते थे। इस समस्या का निदान किया प्रिण्ट पत्रकारिता ने। संप्रेषण का स्वरूप संचार बनकर पत्रकारिता नाम लेकर ही सामने आया मान ऐसा संप्रेषण जो सार्वजनिक सूचना-संदेश दे भी सकता था, और उसकी प्रतिक्रियाओं को प्राप्त भी कर सकता था। जब लेखन की क्रिया-विधियाँ प्रचलन में नहीं थीं, जन-प्रतिक्रियाओं का स्फुरण तो तब भी होता था, जबकि तब उनके संप्रेषण के माध्यम व्यक्तिगत थे, जिनका ज्ञान या तो घोषणाएँ और कानूनों को लागू करने वाले शासक गुप्तचरों के द्वारा प्राप्त करते थे अथवा उनकी परिषदों के मंत्री तथा प्रजा के वरिष्ठ व्यक्ति उनके पास पहुँचकर उन्हें बताते थे। प्रिण्ट पत्रकारिता के चलन ने इन सबका रूप ही बदल दिया। संचार क्रिया को इसने अबाध भी किया, सरल तथा व्यापक भी। आज के युग को प्रिण्ट पत्रकारिता के तौर पर आम जनता को मिला सबसे बड़ा वरदान था। यह पत्रकारिता का प्रथम स्वरूप था।

Laxicon Universal Encyclopeadia में Journalism के परंपरागत स्वरूप के विस्तृत क्षेत्र को निम्न तरह से रेखांकित किया गया है–

"Traditiorally Journalism is regarded as the collecting, writing, editing and publishing of news, or comment up on news in news papers and periodicals. The scope of Journalism has presentation of material of current interest or wide popular appeal in a variety of media, notably radio and television which are commonly reffered to as electronic Journalism."

यदि पत्रकारिता (Journalism) की व्याख्या इसके उत्तम रूप में करें तो हमें इसके विस्तृत क्षेत्र का ज्ञान जरूर होता है, जबकि इससे यह भी मालूम होता है, कि इसकी क्रिया समाचार संग्रह और समाचारों की व्याख्या को लिखने, संपादन करने और प्रकाशन में भी निहित है। स्मरणीय है कि चाहे यह सामग्री प्रिण्ट पत्रकारिता यानी समाचार-पत्रों, पत्रिकाओं इत्यादि में छपे अथवा दूरदर्शन तथा आकाशवाणी से प्रसारित हो, लिखी जरूर जायेगी, संपादित की जायेगी, तदुपरान्त ही प्रकाश में लाई जायेगी। इसका अभिप्राय है कि पत्रकारिता का मूल संबंध लेखन से ही है।

आज की पत्रकारिता के तहत वे सभी तरह की विधाएँ आ जाती हैं, जिनके द्वारा समाचार, विचार, समाचारों और घटनाओं पर टिप्पणियाँ, समीक्षाएँ, व्याख्याएँ व्यापक जन-समुदाय तक पहुँचती हैं। सदा सर्वदा से ही व्यक्ति अपने चारों ओर क्या घटित हो रहा है, इसे जानने को उत्सुक रहा है और अपने चारों ओर के वातावरण के प्रति जिज्ञासु रहा है, अतः विश्व की हर गतिविधि पत्रकारिता के क्षेत्र में आ जाती है। इस प्रकार जब प्रेस का आविष्कार हुआ, लेखन कार्य मानवीय लेखन क्रिया से निकलकर यान्त्रिक क्षेत्र में पदार्पण कर गया तो प्रिण्ट पत्रकारिता का जन्म हुआ। यूरोप में ही इसका जन्म हुआ, क्योंकि लेखन का यान्त्रिक मुद्रण भी वहीं से शुरू हुआ। इसलिए समाचार-पत्रों का प्रकाशन शुरू हुआ, पत्रिकाएँ प्रकाशित होने लगीं और जल्द ही उसके परिणाम भी सामने आये। यान्त्रिकता से लेखन के संबंधों का जुड़ाव एक क्रांतिकारी घटना थी। सही मायने में यह आजाद अभिव्यक्ति के महाद्वार का खुलना था। कोई भी मानव जो अपने विचारों को व्यवस्थित तौर पर लेखनी के माध्यम से प्रकट कर सकता था, वह उन्हें मुद्रण द्वारा प्रकाश में लाने हेतु आगे बढ़ सकता था। वह परम्परागत मान्यताओं, अन्धविश्वासों पर प्रहार भी कर सकता था। वह किसी भी दूसरे के विचारों पर टीका-टिप्पणी कर सकता था, उनका अनुमोदन अथवा विरोध कर सकता था। साधारण जनता प्रिण्ट पत्रकारिता के प्रभाव में अपना सोच बदल भी सकती थी और उसमें किसी भी प्रकार के संगठित सोच का प्रादुर्भाव भी हो सकता था। लोग किसी भी दुखदायक प्रशासनिक कार्यवाही का विरोध खुलकर कर भी सकते थे। इसके द्वारा जनता

में उग्रता या आन्दोलन आवेश भी पैदा कराये जा सकते थे और आन्दोलनों को शान्त भी कराया जा सकता था।

प्रिण्ट पत्रकारिता का सार्वजनिक महत्व है। इससे जुड़े पत्रकारों का यूं तो यह धर्म माना गया है कि वह ऐसी सामग्री का अखबारों और पत्रिकाओं में प्रकाशन न करें, जो सामाजिक हित में नहीं हों। जबकि सामाजिक हित क्या है, या जिन विचारों को वह सामाजिक हित हेतु उपरोक्त मानता है, यह पत्रकारों अथवा लेखकों के अपने दृष्टिकोण की बात हो जाती है। इस प्रकार सामाजिक हित की आड़ में परस्पर विरोधी मान्यताओं का प्रचार भी प्रिण्ट पत्रकारिता का गुण कहा जाय अथवा दोष, इसका विश्लेषण नहीं किया जा सकता, क्योंकि इतना कहा जा सकता है कि प्रिण्ट पत्रकारिता जनमत तैयार करने का एक प्रभावशाली साधन है।

पत्रकारिता के क्षेत्र में रेडियो, टेलीविजन, इण्टरनेट, वीडियो, केबल इत्यादि ने प्रवेश करके इसे व्यापक रूप दे दिया है। इस नये प्रवेश को हम नई पत्रकारिता के नाम से या इलेक्ट्रॉनिक पत्रकारिता के नाम से भी जानते हैं और व्यापक तौर पर विस्तृत हो गई समग्र पत्रकारिता को, चाहे वह प्रिण्ट पत्रकारिता हो या इलेक्ट्रॉलिक पत्रकारिता, आज हम मल्टीमीडिया के नाम से पहचानते हैं।

इलेक्ट्रॉनिक पत्रकारिता ने जनता तक प्रत्यक्ष रूप से जो व्यापक निकटता प्राप्त की है, वह हालांकि प्रिण्ट पत्रकारिता को प्राप्त नहीं है, लेकिन प्रिण्ट पत्रकारिता दीर्घ प्रभावी है चूंकि यह संग्रहणीय है तथा वैचारिक साक्ष्यों एवं ज्ञान को बार-बार पढ़ने तथा उस पर विचार करने की सुविधा प्रदान करने वाला है। मानव सिर्फ कुछ बातों को सुन लेने देख लेने तक ही अपने को साबित नहीं रख पाता, वह उनको अपनी वैचारिक रुचि के अनुसार संग्रहणीय भी समझता है। सदैव पत्रकारिता धर्म को निस्पृह रूप से पवित्र मानते हुए पाठकों की धारणा उसमें विश्वास करने और समाचार-पत्रों में जो लिखा होता है, उसे सत्य मान लेने की होती है, अतएव इसके द्वारा जो जानकारी मिलती है, वह जनमत में किसी बात के प्रति विश्वासोत्पादक होती है। इसके द्वारा प्रसारित जानकारी किसी भी व्यक्ति को भले ही ज्ञान के क्षेत्र में सही मार्गदर्शन अथवा पूर्ण तथ्यात्मक जानकारी न दे, लेकिन जो भी जानकारी दी जाती है वह कभी-कभी तो परम बौद्धिक लोगों को भी अपने अनुकूल कर लेती है, जो जनमत को ऐसी जानकारियों के बल पर अपने प्रकार से बनाने में सफल होते हैं। इसलिये इसके भी बड़े दीर्घगामी विपरीत नतीजे होते हैं। युग चेतना में परिवर्तन हो जाते हैं। यूरोप इसका जीता-जागता उदाहरण है। प्रिण्ट पत्रकारिता तथा तत्कालीन लेखकों ने विविध रूप में अपने-आप के

बौद्धिक चिन्तन को जनता के सामने रखा कि आम जन का विश्वास उदारता, सहृदयता, परोपकार और भलाई नाम के सद्गुणों से ही हट गया। क्रूरता, शोषण, निर्दयता, अत्याचार इत्याद कर्मों के प्रतिरूप में समाज के समूह विशेष को ही मान्यता प्राप्त करा दी। यूरोप में जिस युग को जागरण काल कहते हैं, उसके सांस्कृतिक पक्ष का निर्माण प्रिण्ट पत्रकारिता ने ही किया था, जो वर्तमान विश्व की आधारशिला के रूप में जम गया। इसके कारण सापेक्ष थे, अर्थात् पूर्वाग्रही वैचारिकता पर आधारित थे। इस प्रकार प्रिण्ट पत्रकारिता को हम एक युगविप्लवी अस्त्र भी कह सकते हैं तथा उसे एक ऐसे युग का प्रदाता भी जिसने मानव सभ्यता, संस्कृति मुख्य विचाराधारा की दिशाएँ परिवर्तित कर दीं।

वस्तुतः प्रिण्ट पत्रकारिता में दो प्रमुख अवयव हैं—(1) प्रेस अर्थात् मुद्रण व्यवस्था, तथा (2) सम्पादक।

(1) मुद्रण-व्यवस्था—वैचारिकता जब मूर्त रूप में लेखन में प्रकट होती है तो उसका प्रसारण मुद्रण कार्य के द्वारा ही किया जा सकता है। हालांकि मुद्रण व्यवस्था एक भौतिक क्रिया है, इसको यान्त्रिकता को किसी भी वैचारिकता की करवटों से नहीं जोड़ा जा सकता। यहां तो आप जो भी सामग्री छापना चाहेंगे वही छपेगी। अतएव इसे सिर्फ वैचारिकता के प्रसार का भौतिक साधन कहा जा सकता है। किन्तु यह साधन अवयवी इस तौर पर है कि इससे जुड़े हुए लोक एक ऐसे सामाजिक समूह से आते हैं, जिन्हें वे 'प्रिण्ट पत्रकारिता' के इस माध्यम से जुड़े होने के कारण अपना एक सामाजिक प्रभाव रखते हैं। अधिकांश व्यक्ति तो प्रिण्ट पत्रकारिता से जुड़ते ही इस वजह से हैं कि उनकी सामाजिक स्तर पर पहचान हो। अतएव परोक्ष रूप से यह समूह भी प्रिण्ट पत्रकारिता का ही अवयव है, जो उसकी मुद्रण-व्यवस्था से संयुक्त होता है।

(2) संपादक—प्रिण्ट पत्रकारिता का दूसरा तथा प्रमुख अवयव है, सम्पादक। प्रिण्ट पत्रकारिता ही वह धुरी है। यूं तो समाचार-पत्रों के प्रकाशन संस्थानों पर प्रकाशकों को भी इस अवयव का हिस्सा मान लिया जाता है, किन्तु यह ध्यान देने की बात है कि समाचार-पत्रों के प्रकाशन कार्य को जिन लोगों ने अंगीकार किया, वह किसी न किसी स्तर के अथवा सामाजिक वर्ग के बौद्धिक लोग थे। बहुत से प्रकाशक तो ऐसे थे जिनके पास पत्र प्रकाशन हेतु समुचित अभिप्राय की व्यवस्था भी नहीं थी। ऐसे प्रकाशन संस्थानों या प्रकाशकों की समाचार-पत्र प्रकाशन व्यवस्था में आने के कतिपय खास वजह होते हैं, जिनमें प्रधान कारण है—उनकी विचारधारा, जिनका इस्तेमाल वह जनमत को अपनी विचारधारा के प्रभाव में लाना

चाहते हैं। इसी कारण प्रायः समाचार-पत्रों की नीतियों को सभी बौद्धिक विचारक समझ लेते हैं। ऐसी स्थिति में किसी भी लेखक या विचारक के द्वारा समाचार-पत्रों को भेजी जाने वाली सामग्री उनकी नीति अथवा वैचारिक आधार की होती है तो प्रकाशित कर दी जाती है, अन्यथा नहीं। बहुत से समाचार-पत्र स्वयं को निष्पक्ष कहते हुए भी निष्पक्ष नहीं होते। पत्रकारिता ने इस दिशा का अनुगमन शुरू से ही किया है और इसके द्वारा व्यावसायिक रूप लेने के पश्चात् तो यह बात बहुत मुखर हो गई है। यदि कोई संपादक साम्यवादी विचारंधारा का है तो उसे हर विषय में साम्यवादी तत्व ही दिखाई पड़ेंगे और अगर कोई संपादक धर्मनिरपेक्षता के प्रति अनुग्रहित है तो उसे उसी बात में धर्मनिपेक्षता दिखाई देगी, जिसमें वह देखना चाहता है। इसी प्रकार के अन्य उदाहरण भी दिये जा सकते हैं। इन समाचार-पत्रों की नीतियाँ राजनीतिक लक्ष्य से भी जुड़ी होती हैं। अतएव यह उन्हें प्राप्त करने के लिये पत्रकारिता का इस्तेमाल करते हैं। संपादकों की विचारधारा के अनुकूल ही समाचार-पत्रों से संवाददाता भी जुड़े होते हैं। इसलिये पत्रकारिता आजकल उद्देश्यनिहित हो गई है। पत्रकारिता धर्म के अनुसार उसे न्याय की तुला ग्रहण करने कां अधिकार नहीं है। किन्तु वह एक पंच की तरह न्याय भी करती है, एक प्रशासन की तरह प्रशासन भी और एक उपदेशक की तरह उपदेश भी देती है। उसका दृष्टिपथ सापेक्ष रहता है। लेकिन यह पत्रकारिता का दोष नहीं है। यह तो मनुष्य की सापेक्ष प्रवृत्तियों का दोष है। हम केवल पत्रकारों से निरपेक्ष रहने की आशा ही कर सकते है, उसी तरह जैसे प्रशासन से न्याय की या पुलिस से वास्तविक अपराधी को दण्डित कराने की अथवा यह सब यथार्थ में नहीं होता।

7

इंटरनेट

विज्ञान एवं प्रौद्योगिकी की प्राथमिकता वाले इस युग में यंत्रों ने बड़ी तीव्रता से जमाने के स्वरूप को बदल दिया है। इंटरनेट मनुष्य के सबसे प्रमुख एवं पेचीदा आविष्कारों में से मुख्य है। यह मनुष्य के द्वारा निर्मित एक ऐसा जादुई आविष्कार है जिसकी तुलना जिलस्मी कहानियों के जादू की छड़ी से की जा सकती है, छड़ी घुमाया मनचाही वस्तु हाजिर। वैसे ही आज किसी प्रश्न का जवाब चाहिए, किसी समस्या का निदान चाहिए तो बस कम्प्यूटर का बटन दबाइये आपके प्रश्न का उत्तर मिल जाएगा। इंटरनेट सूचना प्रौद्योगिकी के क्षेत्र में आता है। लेकिन इसका इस्तेमाल करने हेतु किसी कम्प्यूटर विशेषज्ञ की सहायता नहीं लेनी पड़ती। यह विश्वव्यापी कम्प्यूटर नेटवर्क है, जहाँ अलग-अलग क्षेत्रों से सम्बन्धित विस्तृत जानकारी एकत्रित की गई है और जिसे कम्प्यूटर पर उपलब्ध कराया जाता है। इंटरनेट का कनेक्शन रखने वाला व्यक्ति किसी भी विषय पर शीघ्र ही जानकारी प्राप्त कर सकता है, उस क्षेत्र से सम्बद्ध विशेषज्ञ का पता लगा सकता है। विश्व स्तर पर उसके साथ पत्र व्यवहार भी कर सकता है और अपने सवालों का शीघ्र ही उत्तर प्राप्त कर सकता है।

आधुनिक युग में इंटरनेट मानव जीवन का एक अनिवार्य हिस्सा बनता जा रहा है। इसका उपयोग शिक्षा, व्यापार, सूचनाओं का आदान प्रदान, चिकित्सा, सामाजिक सम्बन्ध स्थापित करने जैसे कई कार्यों में किया जा रहा है। इंटरनेट सेवा के फैलाव से कोई भी व्यक्ति घर बैठे इंटरनेट पर अखबार, किताबें, पत्रिका इत्यादि पढ़ सकता है, दूर देश के व्यक्तियों का पत्र कुछ ही सेकेण्ड में प्राप्त कर सकता है एवं तरह-तरह से मनोरंजन आदि भी कर सकता है।

वास्तव में इंटरनेट मनुष्यों का सबसे बड़ा वर्ग है और इसका बुनियादी नियम है कि इस वर्ग का कोई भी इंचार्ज या प्रभारी नहीं है। इससे स्पष्ट है कि इस प्रणाली में कोई सेन्सरशिप नहीं है, यह स्वतंत्र है। सूचनाओं के मुक्त प्रवाह और ज्ञान में भागीदारी की वजह से इसकी लोकप्रियता दिन-प्रतिदिन तीव्रता से बढ़ती जा रही है।

संगणक नेटवर्क

कम्प्यूटर नेटवर्क पर उठा सवाल है कि आखिर कम्प्यूटर नेटवर्क होता क्या है? कम्प्यूटर नेटवर्क कम्प्यूटरों का एक ऐसा वर्ग है जो आपस में इस प्रकार जुड़े रहते हैं कि वह एक-दूसरे को सूचनाओं का आदान-प्रदान कर सकते हैं। ये कम्प्यूटर तार, लाइन, टेलीफोन, फाइबर आप्टिक केबल, सेटेलाइट प्रसारण अथवा रेडियो सम्पर्क द्वारा जुड़े होते हैं। नेटवर्क को साधारणतया इस तरह स्थापित किया जाता है जिसमें सामान लक्ष्य रखने वाले वर्ग या संगठन कम्प्यूटरों के माध्यम से सूचनाओं का आदान-प्रदान कर सकते हैं, एक-दूसरे को कम्प्यूटर तथा आँकड़ा पद्धति का प्रयोग कर सकते हैं। हर कम्प्यूटर नेटवर्क में एक मेजबान या होस्ट कम्प्यूटर होता है जिसे सर्वर (सेवक) के नाम से सम्बोधित किया जाता है। नेटवर्क पर नियन्त्रण रखने का दायित्व इन्हीं सर्वरों पर होता है। कम्प्यूटर नेटवर्क हेतु कम्प्यूटर एक ही जगह पर पास-पास रखे जा सकते हैं। एक ही भवन के पृथक्-पृथक् कमरों में रखे जा सकते हैं या फिर विश्व भर में भिन्न-भिन्न स्थानों पर रखे जा सकते हैं। कहने का अभिप्राय है कि नेटवर्क छोटे से छोटा और बड़े से बड़ा हो सकता है। छोटे से छोटे नेटवर्क के अन्तर्गत एक आफिस में टेलीफोन लाइनों के द्वारा जुड़े मात्र दो कम्प्यूटर भी हो सकते हैं, इसके विपरीत सम्पूर्ण विश्व में फैले जाखों, करोड़ों, कम्प्यूटरों, टेलीफोन लाइनों, आप्टिक केबल, सेटेलाइट प्रसारण फाइबर, अथवा रेडियो सम्पर्क के द्वारा जुड़े हो सकते हैं।

कम्प्यूटर नेटवर्क के अन्तर्गत अगर एक ही भवन में छोटे से क्षेत्र में रखें गये कम्प्यूटर शामिल होते हैं तो इन्हें 'स्थानीय नेटवर्क' कहा जाता है, अगर कम्प्यूटर का प्रसार बड़े फलक में होता है तो उन्हें विस्तृत क्षेत्र नेटवर्क (W.A.N.) कहते हैं। स्थानीय नेटवर्क ऐसे कार्यालयों में स्थापित किये जाते हैं जिसके कई प्रभाग होते हैं व सभी विभागों के कम्प्यूटर एक दूसरे से जुड़े रहते हैं। इसमें हर एक विभाग अन्य विभागों के कम्प्यूटरों में सूचनाओं को शीघ्र प्राप्त कर सकता है। विस्तृत क्षेत्र नेटवर्क (W.A.N.) के तहत अलग-अलग शहरों, देशों या महाद्वीपों में कम्प्यूटर गले रहते हैं। उदाहरणार्थ हमारे देश के कई विश्वविद्यालयों में कम्प्यूटर नेटवर्क उपलब्ध है। जिसके द्वारा विद्यालयों को उन सभी विश्वविद्यालयों के पुस्तकालयों में सुलभ पुस्तकों, पत्र-पत्रिकाओं तथा अन्य सुविधाओं से सम्बन्धित जानकारी प्राप्त करने में सहायता मिलती है। इन सुविधाओं का लाभ तभी उठाया जा सकता है जब पुस्तकालय का कैटलॉग कम्प्यूटरीकृत हो।

संगणक नेटवर्क से लाभ

वर्तमान आधुनिक युग में व्यक्ति के जीवन में कम्प्यूटर की महता तीव्रता से बढ़ रही है। आज का समाज जिस तेजी के साथ उन्नति के पथ पर अग्रसर है उसमें कम्प्यूटरों का अपना खास महत्व है। कम्प्यूटर नेटवर्क को आज चिकित्सा, शिक्षा, अनुसंधान, कृषि, मनोरंजन, व्यापार इत्यादि के लिए प्रयुक्त होने लगा है। कम्प्यूटर नेटवर्क से निम्नवत लाभ हैं–

1. संचार (इलैक्ट्रानिक मेल)
2. आँकड़ों का (एक कम्प्यूटर में एकत्र किए गये) का आदान-प्रदान।
3. संसाधनों (बाहरी संसाधनों तैसे प्रिन्टर तक पहुँच) का आदान-प्रदान किया जा सकता है।

साफ्टवेयर की मदद से नेटवर्क से जुड़े कम्प्यूटरों के बीच इलेक्ट्रानिक के द्वारा आँकड़ों का संचार जल्द ही किया जा सकता है। इस प्रकार के संचार को 'ई मेल' (इलेक्ट्रानिक मेल) कहा जाता है। 'ई मेल' के द्वारा लम्बी दूरी तक शीघ्र संचार संभव हो गसा है। उदाहरणस्वरूप हमारे देश में रेलवे विभाग काफी हद तक कम्प्यूटराइल्ड हो गया है। एक रेलवे स्टेशन का आरक्षण विभाग दूसरे से कम्प्यूटरों के द्वारा जुड़े हुए हैं। इस प्रकार जिन-जिन रेलवे स्टेशनों को कम्प्यूटराइज्ड़ कर दिया गया है सभी परस्पर जुड़े हुए हैं। दूसरा उदाहरण है- किसी पुस्तकालय में कैटलॉग (पुस्तकों की सूची) जैसे आँकड़े इत्यादि नेटवर्क से सम्बद्ध समस्त

उपभोक्ताओं को उनके कम्प्यूटर पर प्राप्त कराया जा सकता है। अगर पुस्तकालयाध्यक्ष नेटवर्क पर आँकड़ों में कोई संशोधित करता है तो वह जल्द सभी उपभोक्ताओं तक पहुँच जाता है। संसाधनों में हिस्सेदारी से प्रयोग है नेटवर्क से जुड़े सभी कम्प्यूटर, प्रिन्टर, हार्डडिस्क ड्राइवर और साफ्टवेयर आदि का आपस में प्रयोग किया जा सकता है।

इंटरनेट

प्रश्न यह उठता है कि प्रगति की गति देती इंटरनेट सेवा क्या है? इंटरनेट का अभिप्राय है- 'इंटरनेट वर्क' अर्थात् आन्तरिक संजाल। इंटरनेट वर्क सिस्टम का संक्षिप्त नाम इंटरनेट है। यहाँ भिन्न-भिन्न तरह की अनेक नेटवर्क प्रणालियाँ (विभिन्न-विभिन्न 40 हजार से ज्यादा हैं) सुलभ है जिसका भरपूर लाभ इंटरनेट के द्वारा आसानी से उठाया जा सकता है। यह एक ऐसी प्रौद्योगिकी है जिसमें करोड़ों कम्प्यूटर एक नेटवर्क से जुड़े हुए है। यह डिजिटल स्रोत और रिसीवर को जोड़ने की प्रक्रिया है। यह साधारण तरीके पर कम्प्यूटरों के विश्वव्यापी नेटवर्क के तौर पर व्याख्यायित कर सकते हैं, जो एक प्रोटोकोल (सूचना के आदान-प्रदान सम्बन्धी नियम) के आधार पर संचार करते हैं। इसके द्वारा से सबसे अधिक विविध स्रोतों से सूचनाओं तक पहुँचा जाता है, जिसमें व्यक्तियों और विश्व भर के संगठनों का अंशदान होता है, इसे नेटवर्क ऑफ सर्वर्स (सेवकों का नेटवर्क) कहा जाता है।

इंटरनेट का एक 'वर्ल्ड वाइड वेब' (W.W.W.) है जिसका छोटा नाम 'वेब' है। जो विभिन्न संगठनों, औद्योगिक इकाईयों, वाणिज्यिक प्रतिष्ठानों, शैक्षिक प्रतिष्ठानों आम व खास हितों से सम्बद्ध समूहों या निजी व्यक्तियों द्वारा बनाए गये हजारों सर्वसो को आपस में जोड़ता है। सर्वर्स पर भरे गये 'वेब' पृष्ठों (पेजिज) में कई प्रकार की जानकारी प्राप्त होती है। उदाहरणार्थ पाठ सामग्री (प्लेन टेक्स्ट), तस्वीर एनिमेशन, मल्टीमीडिया इत्यादि। इसे प्राप्त करने हेतु सामान्य शुल्क देना पड़ता है। कभी-कभी बिना शुल्क भूगतान किए ही जानकारी सुलभ हो जाती है। 'वेब' पृष्ठों से 'ई मेल' कांफ्रेसिंग, इलेक्ट्रानिक पब्लिकेशन्स जैसी सेवाएँ तथा अन्य व्यावसायिक सुविधाएँ भी मौजूद होती हैं। इंटरनेट पाठ सामग्री (टेक्स्ट) या सूचना को दुनिया भर में एक स्थान से दूसरे स्थान पर पहुँचाने का एक नूतन साधन है जो तीव्रता के साथ कम खर्च में सुगमतापुर्वक संचार करता है। यह खुद अन्तरक्रिया नहीं करता लेकिन उपभोक्ता कम्प्यूटरों के द्वारा इस पर नियंत्रण रखते हैं, जो उन्हें नेटवर्क पर सूचना भेजने तथा प्राप्त करने में मदद पहुँचाते हैं।

नेट के अन्तर्गत सूचना इंटरपीडिएट नोड्स के माध्यम से स्रोत से प्रयोजन तक पहुँचती है। ये नोड्स सूचना को सही प्रयोजन तक पहुँचाने में काफी सक्षम होती हैं। स्रोत और लक्ष्य स्थलों के मध्य सूचना पैकेट विविध मार्गों से होकर गुजरते हैं। किसी भी जानकारी को लक्ष्य तक पहुँचाते समय इंटरनेट आधारित सभी प्रणालियों को नियमों और प्रक्रियाओं के एक समान वर्ग का पालन करना पड़ता है जिन्हें प्रोटोकोल कहा जाता है। इन सिद्धान्तों और प्रक्रियाओं को ट्रोंमिशन कन्ट्रोल प्रोटोकॉल एवं इंटरनेट प्रोटोकोल मैकनिज्म के तौर पर जाना जाता है।

इंटरनेट पूर्व और वर्तमान समय में इंटरनेट

इंटरनेट के इतिहास के बारे में कहा जाता है कि उत्तरी अमेरिका में सन् 1969 में जब सरकार तथा शिक्षण संस्थाएँ, समस्याओं के निदान हेतु कम्प्यूटर का प्रयोग सीख रही थीं, उस समय उन्होनें सामान्य 'वर्ड प्रोसेसर' पर इपनी उपलब्धियों को लिखित तौर पर कम्प्यूटर पर संगृहीत किया जबकि उस समय कोई ऐसी आधुनिक लाइब्रेरी नहीं थी वहाँ व्यक्ति यह पता कर सके कि दूसरे व्यक्तियों ने क्या लिखा है जिसमें वे अपनी खोज को भी जोड़ सकें। इसी बात को स्मरण में रखकर 'डिफेंस एडवांस्ड रिसर्च प्रोजेक्ट एजेंसी' के एक कर्मचारी के मस्तिष्क में यह बात आई कि यदि कई कम्प्यूटरों को टेलीफोन लाइनों द्वारा जोड़ हिया जाए तो वे एक दूसरे से बात कर सकते हैं, सम्पर्क कायम कर सकते हैं एवं कम्प्यूटर पर लिखे गये नोट को शीघ्र दूसरे सभी जुड़े हुए कम्प्यूटरों पर मौजूद कराया जा सकता है। प्रारंभ में उस कर्मचारी ने चार कम्प्यूटरों को एक दूसरे से जोड़कर 'नेटवर्क डानपेनेट' का निर्माण किया।

अतएव सन् 1969 में अमेरिकी रक्षा विभाग ने एडवांस्ड रिसर्च प्रोजेक्ट एजेन्सी के द्वारा टेलीफोन लाइनों पर प्रयोग के तौर पर पैकिट स्विच्ड नेटवर्क की स्थापना की। नेटवर्कों के इस आरंभिक संग्रह से ए॰ आर॰ पी॰ ए॰ नेटवर्क का जन्म हुआ, जिसे इंटरनेट के आरंभिक नेटवर्क का शुभारम्भ माना जाता है। ए॰ आर॰ पी॰ ए॰ नेटवर्क से वैज्ञानिकों, अनुसंधानकर्ताओं एवं सैनिक कर्मियों को पृथक्-पृथक् स्थानों पर इलेक्ट्रानिक-मेल (इ-मेल) के द्वारा सूचनाएँ भेजने का मौका मिला। तुरन्त ही वे स्थान भी जो ए॰ आर॰ पी॰ ए॰ नेटवर्क से जुड़े हुए नहीं थे यह एहसास करने लगे कि इलेक्ट्रानिक संचार से जुड़ने के कई फायदे हैं। ये स्थानीय नेटवर्क अपने कम्प्यूटरों को ए॰ आर॰ पी॰ ए॰ नेटवर्क से जोड़ने के उपायों पर विचार करने लगे। इन निजी नेटवर्कों के पास उसी प्रकार के होस्ट (मेजबान) कम्प्यूटर नहीं थे।

इस प्रकार उन्हें ऐसी कम्प्यूटर प्रणालियों से जुड़ने की जरूरत पड़ी, जो मूलतः एक-दूसरे से पृथक् थे (जैसे आई. बी. एम. और गैर आई. बी. एम. मशीनें) आठवें दशक के पूर्वाद्ध में ए. आर. पी. ए. ने नियमों का एक सेट विकसित किया, जिसे प्रोटोकोल नाम दिया गया। जिससे भिन्न-भिन्न तरह के होस्ट कम्प्यूटर रखने वाले भिन्न-भिन्न नेटवर्कों को जोड़ने में सहायता मिली। इस दशक के अंतिम चरण तक आते-आते इस ओर लोगों का झुकाव इजनी तीव्रता से बढ़ा कि सम्पूर्ण विश्व के कई नेटवर्क ए. पी. आर. ए. नेटवर्क से जुड़ गए। सन् 1982 में ए. पी. आर. ए. नेटवर्क एम. आई. एल. नेटवर्क (मिलिटरी नेटवर्क) तथा कुछ अन्य नेटवर्कों के साथ जुड़ गया। इसलिए विभिन्न नेटवर्कों का आपस में इस तरह से एकीकरण हो जाने से इंटरनेट का जन्म हुआ।

इंटरनेट का संचालन

आश्चर्यजनक बात यह है कि इसका संचालन करने हेतु कोई नियमित संस्था नही है, लेकिन इसका प्रयोग करने वालों का एक संगठन है जिसे 'इंटरनेट सोसायटी' (आई. एस. ओ. सी.) के नाम से जाना जाता है। यह संगठन पूर्णतः स्वयंसेवी संगठन है जिसका एकमात्र लक्ष्य इंटरनेट के द्वारा अन्तरराष्ट्रीय सूचनाओं के आदान-प्रदान को प्रोत्साहन देना है। संगठन में प्रयुक्त प्रतिनिधियों को मिलाकर इंटरनेट आर्किटेक्ट बोर्ड का गठन किया जाता है। यह बोर्ड इंटरनेट मामलों को तकनीकी प्रबन्ध व संचालन का काम करता है। यह संगठन सम्पर्क सम्बन्धी प्रोद्योगिकी के मानकीकरण संचार और इंटरनेट के अन्दरूनी कार्यों के प्रति जिम्मेदार है। इन मामलों का विकास जरूरत के मुताबिक किया जाता रहा तथा इनमें इच्छुक लोगों के बहुतायत में आँकड़े उपलब्ध कराये। निवेश सामग्री आई. एस. ओ. सी. के एक अन्य संगठन इंटरनेट इंजीनियरिंग स्टाक फोर्स से भी प्राप्ति हुई। यह काम दल भी उन स्वयंसेवकों से मिलकर बना है जो इंटरनेट की तकनीकी समस्याओं का हल करना चाहते थे।

इंटरनेट की विशेषताएं

आज इंटरनेट पूरी दुनिया का एक ज्ञान मंच बन चुका है। इस दशक के पहले तक इंटरनेट की सुविधा का लाभ विशेष रूप से विकसित देशों को ही प्राप्त था। जबकि सदी से अन्तिम दशक में विकासशील एवं अर्धविकसित देशों में इसकी लोकप्रियता बढ़ी है। इस नेटवर्क से किसी भी विषय पर जानकारी सुलभ की

जा सकती है। यहाँ इतनी अधिक जानकारी उपलब्ध है जिसे आत्मसात् करने या इतनी ज्यादा मात्रा में जानकारी प्राप्त करने का कोई दूसरा माध्यम नहीं है। किसी भी सूचना-माध्यम की तरह इंटरनेट पर प्राप्त जानकारी को भी सूचीबद्ध किया गया है। यह अनुमानित किया गया है कि अगर इसके इन्डैक्स के पन्नों को प्रतिदिन सौ की दर से पढ़ा जाए तो पूरी सूची पढ़ने में तकरीबन चार वर्ष लग जायेंगे।

नवम्बर 1996 में दुनिया भर में इंटरनेट सेवा उपयोगकर्ताओं की संख्या जहाँ 2 करोड़ 20 लाख थी वहीं अक्टूबर 1998 में यह संख्या बढ़कर 4 से 6 करोड़ के बीच में आंकी गई है। हाल में किए गये सर्वोक्षण के आधार पर यह संकेत मिला है कि इस शक्तिशाली सूचना स्रोत के प्रयोगकर्ताओं की संख्या अगले दो सालों में हर एक वर्ष 54% की वृद्धि होगी। जिसके परिणामस्वरूप सन् 2000 तक विश्व भर में इसके 15 करोड़ से अधिक उपभोक्ता हो जायेंगे। जुलाई 1997 तक विश्व भर में इंटरनेट के मेजबान कम्प्यूटरों की संख्या 1 करोड़ 90 लाख से ज्यादा हो गई तबकि सन् 1993 में इसकी संख्या केवल 22 लाख थी।

समग्र रूप से इंटरनेट की निम्नवत विशेषताओं का वर्णन किया गया है-

1. ज्ञान में वृद्धि—इंटरनेट के द्वारा मानव के ज्ञान में तीव्रता से वृद्धि होती है। इंटरनेट पर एक प्रश्न का जवाब खोजने के सिलसिले में कई दूसरे कई का ज्ञान भी प्राप्त हो जाता है जो अचानक ही खेज के दौरान जाहिर होते हैं। इंटरनेट की भाषा में इसे 'सिरेनडियिटी' आकस्मिक लाभवृत्ति कहा जाता है।

2. अन्वेषण—इंटरनेट पूरे विश्व को एक-दूसरे से जोड़ता है, जिसके द्वारा हम विविध राष्ट्रों, स्थानों और विचारों की जानकारी प्राप्त करते हैं। इतना ही नहीं इंटरनेट से विभिन्न देशों-शहरों का सैर किया जा सकता है, घर बैठे ही अमेरिका, जापान इत्यादि घूम सकते हैं। यूरोप का म्यूजियम देख सकते हैं चाँद, तारों की यात्रा कर सकते हैं इत्यादि पहले कहा जाता था कि 'जहाँ न पहुँचे रवि, वहाँ पहुँचे कवि' आज इंटरनेट ने कवियों को भी काफी पीछे छोड़ दिया है। यह पलक झपकते ही मनचाही जगह पहुँचा देता है। यह मानव के मन में उठी जिज्ञासा को शान्त करता है।

3. अनुसंधान—इंटरनेट पर हर वस्तु एक-दूसरे से जुड़ी हुई है। अपनी खोज को कहीं से भी प्रारंभ किया जा सकता है तथा लक्ष्य तक पहुँचा जा सकता है। यहाँ संगीत, खेल, इतिहास, विज्ञान, शब्दकोष, साहित्य, मनोरंजन, कृषि, पाकविद्या आदि समस्त विषयों की जानकारी सुलभ है। उपयोगकर्ताओं को इसकी जितनी अधिक जानकारी प्राप्त होगी वह उतनी ही तीव्रता के साथ अपने आविष्कार के बारे में जानकारी प्राप्त कर सकता है। सूचना को अतिशीघ्र कैसे प्राप्त किया जाय,

इसकी विस्तृत जानकारी प्राप्त करने हेतु 'पैट्रिक विनसेंट' की लिखी पुस्तक 'फ्री स्टफ फ्राम द इंटरनेट' का अध्ययन करके लाभ उठाया जा सकता है।

प्रारंभिक दौर में इंटरनेट का उपयोग अनुसंधान सम्बन्धी प्रयोजनों हेतु ही विशेष रूप से किया जाता था चूंकि सूचना के तीव्र विनिमय की इसकी क्षमता से अन्तरराष्ट्रीय पहुँच, लागत में किफायत और डिजिटाइज्ड मोड सुलभ होने से सूचना का प्रयोग काम हेतु आसानी से हो सकता था। वर्तमान स्थिति यह है कि दुनिया भर के शोधकर्ता एक साथ काम करने, विचारों और परिणामों का आदान-प्रदान व पृथक्-पृथक् जगहों से एक साथ प्रयोग अथवा अनुकरण हेतु संचार के अवसरों का फायदा उठाने की योजना बना रहे हैं।

4. सम्पर्क साधन—'ई मेल' व 'चैट ग्रुप्स' के द्वारा संसार में किसी से भी वार्तालाप किया जा सकता है। जिस प्रकार बीस-पच्चीस वर्ष पहले 'पैन्-फ्रेन्ड' बनते थे आज इसके द्वारा 'की पोल' बना सकते हैं। दूसरे देश के किसी वैज्ञानिक से बात किया जा सकता है। बोलने और सुनने की इस दिशा में हम विभिन्न स्थानों के व्यक्तियों से सम्पर्क साध कर जीवन के प्रति उनके विविध दृष्टिकोणों की जानकारी हासिल कर सकते हैं। देखा जाय तो यह शत-प्रतिशत सच है कि इंटरनेट पर सम्पूर्ण विश्व पड़ोसी है।

पत्र व्यवहार हेतु पहले के जमाने में कबूतरों की मदद लेनी पड़ती थी, उसके बाद डाक विभाग यह काम करने लगा। आज के वैज्ञानिक युग में यह कार्य अब 'ई-मेल' के द्वारा किया जा सकता है। इसमें समय भी नहीं लगता, आप अपने कम्प्यूटर पर टाइप करते जाइए आपका पत्र पलक झपकते ही उसके कम्प्यूटर पर आ जाएगा जिसे आप भेज रहे होते हैं। टेलीफोन की सहज सुलभता के कारण आजकल लोगों में पत्र-लिखने की प्रवृति कम हुई थी, इंटरनेट की वजह से यह पुनः फलने-फूलने लगी है।

5. चैटिंग- वार्तालाप भी इंटरनेट के 'चैट ग्रुप्स' के द्वारा दूरभाष की तरह ही है, अंतर सिर्फ इतना ही है कि टेलीफोन पर मुँह से बात करते हैं, इंटरनेट पर 'की बोर्ड' के द्वारा सम्पर्क स्थापित किया जाता है। इंटरनेट पर सूचना भेजने अथवा पत्र-व्यवहार की एक आम विधा और भी है। जिस प्रकार हम अपनी मनपसन्द पत्रिका के लिए चंदा देते है, उसी तरह हम यहाँ भी मेलिंग लिस्ट के लिए चंदा दे सकते हैं। इसका लाभ यह होगा कि जब हम किसी ऐसे ग्रुप को पत्र लिखते हैं तो लिखे गये पत्र की कॉपी लिस्ट के सब व्यक्तियों को एक साथ ही मिल जाती है। सभी को पृथक्-पृथक् लिखने की जरूरत नहीं होती है।

6. मनोरंजन—मानव ने जीवन में मनोरंजन को विशेष जगह दिया जाता है। बिना मनोरंजन के जीवन में नीरसता आ जाती है, सारे समय काम करते-करते वह बोर होने लगती है। ऐसे समय में मनोरंजन मन को असीम शान्ति प्रदान करता है। मनोरंजन यानी विभिन्न प्रकार के खेलों से मनुष्य की कल्पना शक्ति का विकास होता है। इंटरनेट पर भी मनोरंजन की कई विधाएं प्राप्त हैं जो मस्तिष्क को तरोताजा बनाए रखती हैं व मानसिक मनोरंजन देती हैं जिससे सन्तुष्टि तो प्रदान होती है साथ में दुनिया तथा जीवन के प्रति एक नई दिशा दृष्टि भी मिलती है।

इंटरनेट का अन्य कार्यों में उपयोग

भारत सहित दुनिया के अन्य देशों में इंटरनेट का उपयोग कई प्रकार से किया जा रहा है जो निम्नवत है—

(क) टेलीविजन एवं समाचार पत्र—टी॰ वी॰ के समान ही आज इंटरनेट पर चयन प्रचार-प्रसार किया जा रहा है, चयन परिणामों की घोषणा तथा अन्य जानकारी प्राप्त कराया जा रहा है। कहने का तात्पर्य यह है कि जो कार्य पहले टी॰ वी॰, रेड़ियों के माध्यम से किया जाता था आज उसे इंटरनेट के द्वारा से किया जा रहा है। वर्तमान समय में इंटरनेट पर कई पत्र-पत्रिकाएँ सुलभ हैं। जिसके पास इंटरनेट कनेक्शन है उन्हें अखबार अथवा पत्रिकाएँ खरीदने की आवश्यकता नही है। इंटरनेट पर इन्हें पढ़ा जा सकता है। इंटरनेट पर प्राप्त पत्र-पत्रिकाओं की प्रति व छपी हुई प्रति में कोई अंतर नहीं होता है।

(ख) एस.टी.डी., आई.एस.डी. टेलीफोन सेवा इंटरनेट पर—विज्ञान के क्षेत्र में हुई उन्नति की वजह से अब एस.टी.डी./आई.एस.डी. काल हेतु टेलीफोन की फलक नही रह गया है। इसकी जगह इंटरनेट कनेक्शन का उपयोग कर काफी पैसा बचाया जा सकता है।

(ग) वरचुअल हास्पिटल—इंटरनेट की Sitehtpp,//indy.radiologu. vniowa.edu/virtuaths Bital.html नाम की सेवा एक प्रकार का अस्पताल है, जहाँ से चिकित्सा जगत् सम्बन्धित हर सूचना को प्राप्त किया जा सकता है। यह चिकित्सा की शिक्षा प्राप्त कर रहे विद्यार्थियों हेतु दूरस्थ शिक्षा प्रणाली की एक सुविधा है जिसे निरन्तर अद्यतन किया जाता है जिससे बीमारों की चिकित्सा और देखभाल के लिए समस्त यप्रकार की नवीन सूचनाएँ मौजूद हों। यह प्रणाली चिकित्सा सम्बन्धी कई पत्रिकाओं के कम्प्यूटरों से भी जुड़ी हुई हैं। चिकित्सा जेत् में नवीनतम अनुसंधान तथा विकास की पूरी जानकारी यहाँ से प्राप्त की जस काती है।

(घ) मैरिज ब्यूरो—आज इंटरनेट के द्वारा विश्व के किसी भी कोने से अपने पसन्द का वर-वधू तलाश किया जा सकता है। दिल्ली के एक कम्पनी पैनालिक इंटरनेट सर्विसेज ने इंटरनेट पर http:llwwwIndiaconnect.com नाम की मैट्रिमोनियल सेवा प्रारंभ की है। इसके द्वारा विवाह हेतु इच्छुक युवक-युवतियाँ अपने चित्र, बायोडाटा, जन्मकुण्डली इत्यादि वैवाहिक विज्ञापन की भांति इंटरनेट पर भी सुलभ करा सकते हैं। इसका शुल्क 500/- है जिसमें संक्षिप्त बायोडाटा, जन्मकुण्डली और फोटोग्राफ दिखाने का भी खर्च शामिल है। इस तरह का विज्ञापन एक महीने तक इंटरनेट पर रहता है। इस सेवा का फायदा अमेरिका व अन्य देशों में रह रहे उन भारतीयों को विशेष तौर पर मिल रहा है जिन्हें भारत में वर अथवा वधू की तलाश है। इंटरनेट की इस सुविधा को देखकर यह कहना अतिशयोक्ति नहीं होगा कि अब शादी स्वर्ग में नही इंटरनेट पर तय होते हैं।

इंटरनेट कनेक्शन की प्राप्ति

इंटरनेट का कनेक्शन लेने वाले के पास कुछ न्यूनतम कम्प्यूटर हार्डवेयर और साफ्टवेयर होना जरूरी है। इसके लिए न्यूनतम अपेक्षाओं में- एक पर्सनल कम्प्यूटर (पी॰सी॰), एक मॉडेम (मॉडयुलेटर और डीमॉडयुलेटर), जिसमें संचार साफ्टवेयर हो व एक टेलीफोन कनेक्शन होना चाहिए। विचारणीय बात यह है कि कम्प्यूटर पर्सनल तथा पुरानी हो तो कोई अंतर नही पड़ता जबकि वह मॉड़ेम से सम्पर्क स्थापित करने और संचार साफ्टवेयर के संचालन में सक्षम होना चाहिए। मॉडेम के द्वारा एक मानक टेलीफोन लाइन पर दो कम्प्यूटरों के मध्य मोडेम सम्पर्क की प्रक्रिया में कम्प्यूटर के डिजिटल संकेत ऐनलॉग (तुल्यरूप) संकेतों में परिवर्तित (माड्युलेटिंग) करके टेलीफोन लाइन पर भेजे जाते हैं, प्राप्त होने के साथ इन संकेतों को डीमॉडयुलेट करके वापस डिजिटल रूप में लाया जाता है। जिन्हें संगणक समझ सकता है।

इंटरनेट का कनेक्शन इंटरनेट सर्विस (सेवा) प्रदान करने वालों के द्वारा दिए जाते है।, भारत में पहले 'डॉट' तथा विदेश संचार निगम लिमिटेड (वी॰एस॰एन॰एल॰) का इस पर एकाधिकार था, जबकि नयी इंटरनेट नीति की घोषणा के उपरान्त यह निजी क्षेत्र के लिए भी खोल दिया गया है।

इंटरनेट सेवा योजना के द्वारा प्रगति

नवें दशक के मध्य से भारत में सूचना प्राद्योगिकी फलक में व्यापक क्रान्ति

हुई है, जिसके परिणामस्वरूप आज भारत अन्तर्राष्ट्रीय सूचना प्रौद्योगिकी के क्षेत्र में आगे माना जा रहा है। देश में सूचना प्रौद्योगिकी की पहचान एक ऐसे एजेन्ट के रूप में हुई है जो मानव जीवन के सभी पहलुओं में बदलाव लाने वाला है और जिससे 21वीं सदी में हमारे यहाँ ज्ञान पर आधारित समाज का निर्माण होगा। नौवीं पंचवर्षीय योजना के अर्थ पत्र में इसके महत्व को स्वीकार करते हुए देश में सूचना प्रौद्योगिकी और संचार ढाँचे को विकसित करने हेतु खास जोर दिया गया है। इस योजना के आधार पर सन् 2000 तक देश के सभी गाँवों में टेलीफोन सुविधा उपलब्ध कराने की बात कही गयी है।

सन् 1998 के अंतिम चरण में सरकार ने नयी इंटरनेट नीति की घोषणा करके इस क्षेत्र को निजी क्षेत्र हेतु भी खोल दिया गया है। इस क्षेत्र में अब निजी कम्पनियाँ अपनी इंटरनेट सेवा प्रारंभ कर सकती है। लेकिन पहले इस सेवा पर 'डॉट' एवं 'वी॰ एस॰ एन॰ एल॰' का एकाधिकार था। नयी सूचना प्रौद्योगिक कार्य योजना के तहत विश्व स्तर के सूचना-ढाँचे की स्थापना के लिए अभियान चलाने पर विशेष जोर दिया गया है, जिसमें फाइबर आप्टिक नेटवर्कों, दूरसंचार नेटवर्क और स्थानीय राष्ट्रीय और अन्तर्राष्ट्रीय प्रसार की बात कही गई है जिससे राष्ट्रीय स्तर पर इंटरनेट, ऐक्स्ट्रानेट्स और इन्ट्रानेट्स की तीव्र गति से विकास मुमकिन हो सके।

इस कार्य योजना के रिपोर्ट में वर्णित है कि दूरसंचार विभाग इंटरनेट नोड्स खोलेगा और सभी जिला मुख्यालयों व लोकल चार्जिंग क्षेत्रों में 26 जनवरी 2000 तक आई॰एस॰ पी॰ आप्रेशॅन्स की स्थापना हेतु लाइसेंस शुल्क नहीं लिया जाएगा। बाद के दस वर्षों में पाँच वर्ष पर एक मात्र एक रूपया शुल्क लिया जाएगा। अन्तर्राष्ट्रीय गेटवे पर वी॰एस॰एन॰एल का जो एकाधिकार है उसे समाप्त कर दिया जाएगा तथा प्राधिकृत सार्वजनिक सरकारी संगठनों को सीधे इंटरनेट गेटवे ऐक्सेस (पहुँच) उपलब्ध करायी जाएगी। नयी इंटरनेट कार्य योजना के अन्तर्गत प्राइवेट आई॰ एस॰ पी॰ की रक्षा विभाग से सुरक्षा सम्बन्धी मंजूरी के बाद इंटरनेट गेटवे प्रदान करने की आज्ञा प्रदान कर जाएगी व सुरक्षा मानदण्डों का ध्यान रखने हेतु चुस्त-दुरूस्त निगरानी तंत्र स्थापित किया जाएगा।

सूचना प्रौद्योगिकी और इंटरनेट को केबल टी॰वी॰ हाउसिज एवं अधिकृत केबल टी॰वी॰ औप्रेटर्स के विस्तृत नेटवर्क के द्वारा जन-जन तक पहुँचाने में मददगार प्रौद्योगिकी को प्रोत्साहन देने के नये-नये उपायों पर विचार कि क्रियान्वित किया जाएगा। उन्हें बगैर किसी अलावा लाइसेंस के इंटरनेट ऐक्सेस सुलभ कराने की आज्ञा होगी। भारत में साफ्टवेयर उत्पादों तथा इसके बहुआयामी तरीकों को

मद्देनजर रखते हुए पैकेजों के विपणन और उन्हें प्रोत्साहित करने हेतु इंटरनेट पर मैगा वेब साइट्स बनाये जायेगें, साथ ही भारत में स्थित सर्वर्स पर वेब साइट्स बनाने और उसकी मेजबानी को भी विशेष तौर पर बढ़ावा दिया जाएगा। इस कार्य योजना के अनुसार सन् 2008 तक सबके लिए 'सूचना प्रौद्योगिकी' पर समुचित धन दिया गया है जिसके तहत देश भर में निजी कम्प्यूटर/सेट-टॉप बाक्स के प्रसार की दर 1998 के मुकाबले 500 में से एक व्यक्ति के पास से बढ़ाकर हर 50 में से एक व्यक्ति मौजूद कराने का संकल्प लिया गया है व आर्थिक, राजनैतिक, सामाजिक व जीवन के समस्त पहलुओं में सूचना प्रौद्योगिकी के उपयोग को बढ़ावा देने हेतु इंटरनेट तक सार्वभौमिक पहुँच पर खास जोर दिया गया है।

भारत में सूचना तकनीकी को ज्ञान का अग्रणी फलक स्वीकार करते हुए ऑप्रेशन नॉलिज नाम की एक कार्य योजना प्रस्तावित की गई है। जिसका प्रमुख उद्देश्य है—समान तौर पर कम्प्यूटर साक्षरता उपलब्ध कराना, शिक्षा के क्षेत्र में कम्प्यूटरों तथा सूचना-प्रौद्योगिकी का प्रचार-प्रसार करना। इस योजना के तहत स्कूल, पोलिटेक्निक कालेज एवं सार्वजनिक अस्पतालों में सन् 2003 तक कम्प्यूटर और इंटरनेट सेवा करा दी जाये। देश भर के समस्त विश्वविद्यालयों, इंजीनियरिंग एवं मेडिकल कालेजो, अनुसंधान, विकास संगठनों एवं उच्च अध्ययन संस्थानों में सन् 2000 तक शिक्षा गुणवत्ता में सुधार करने के प्रयोजन से दूरस्थ शिक्षा के पूरक कार्यक्रम हेतु नेटवर्क स्थापित किया जाएगा। ऐसा अनुमानित किया जाता है कि इस शताब्दी के अन्त तक देश में इंटरनेट उपभोक्ताओं की संख्या 15 से 20 लाख तक पहुँच जायेगी चूंकि भारत सरकार द्वारा नवम्बर सन् 1998 में लागू की गई 'नई इंटरनेट नीति' की घोषणा के बाद व्यक्तिगत फलकों के पदार्पण से इसका प्रसार तीव्रता से बढ़ेगा। ग्रामीण स्तर पर व्यक्तियों को इंटरनेट संचार सेवा उपलब्ध कराने हेतु अनेक नीतिगत तरीका राष्ट्रीय स्तर पर किए जा रहे हैं।

अतः भारत सरकार की नयी इंटरनेट नीति की घोषणा से यह बात स्पष्ट जाहिर हो जाती है कि देश में इंटरनेट सेवा शहरों तक ही सीमित नहीं होगा लेकिन गाँव-गाँव में भी इसे सुलभ कराया जाएगा। इसी सदी के शुरू में ही भारत सुपर इन्फार्मेशन हाइवे (उच्चकोटि का सूचना राजमार्ग) का लक्ष्य प्राप्त कर लिया है। आज हमारे देश में जिस तीव्रता के साथ सूचना प्रौद्योगिकी के क्षेत्र में क्रान्ति आई है। उससे ही यह आम व्यक्ति तक अपनी पहुँच बना सकती है। छोटे-छोटे कस्बों, शहरों में साइबर कैफे का प्रसार इसका सुबूत है।

8

इलेक्ट्रॉनिक मीडिया की पत्रकारिता

रेडियो और दूरदर्शन : लेखन-सम्पादन

वर्तमान संचार-क्रान्ति ने समाचार जगत में पूरी तरह उथल-पुथल मचा दी है। इस क्रांति ने प्रथम चरण आकाशवाणी (रेडियो) में रखे थे, उसके बाद टी. वी. (दूरदर्शन) प्रचलन में आया जो समाचार क्रांति हेतु ही नहीं बल्कि सांस्कृतिक क्रांति का भी नया चरण रखती प्रतीत होती है। संगणकों का पूरा-पूरा वर्चस्व संचार माध्यमों पर इण्टरनेट पत्रकारिता के द्वारा हुआ जो संचार जगत को विज्ञान की नई देन है। आकाशवाणी तथा दूरदर्शन की अपनी विशिष्टता है और उनके द्वारा समाचार-सम्प्रेषण की अपनी तकनीक। इस कारण उनके समाचार लेखन और संपादन की कला भी मुद्रण-माध्यम के समाचार-संपादन तथा लेखन से अलग है।

टी.वी समाचार चैनलों ने समाचार लेखन को एक नवीन आयाम प्रदान किया है। उपग्रह और आधुनिक संचार तकनीक ने समाचार में दूरी और समय के अन्तर को पार कर दिया है, जिसका परिणाम है दूरदर्शन तथा केबिल टेलीविजन। बीस प्रतिशत से ज्यादा अमरीकी घर केबिल न्यूज सिस्टम से जुड़े हुए हैं। उपग्रह

संचार व्यवस्था के माध्यम से भारत में भी इस प्रकार टेलीविजन और केबिल न्यूज टेलीविजन कार्यक्रम प्रसारित किये जा रहे हैं। वीडियो टेप दृश्य और ध्वनि को हाथों में ले लेने का एक बहुत ही परिवर्तनशील अद्‌भुत माध्यम है। माइक्रोवेव सर्किट द्वारा तस्वीर तथा वर्णन प्रत्यक्ष रूप से समाचार कक्ष में भेजना आजकल सम्भव हो गया है। आज तो समाचार कक्ष की काया ही पलट गई है। कापी राइटिंग, संपादन, चयन, संवाद और उससे जुड़ी सभी प्रक्रियाएँ वीड़ियो स्क्रीनों और कम्प्यूटरों द्वारा पूरी होने लगी हैं।

उपग्रहों द्वारा प्रेषित संवाद रात-दिन पृथ्वी की परिक्रमा कर रहे हैं जिसे रेडियो द्वारा सुना जा सकता है तथा दूरदर्शन द्वारा देखा जा सकता है। समाचार की दुनिया में उपग्रहों के द्वारा अनेक चमत्कार हुए हैं। इन्सेट बी की सहायता से मद्रास में मध्य रात्रि में तैयार होने वाले समाचार-पत्र 'द हिन्दू' को गुड़गाँव (हरियाणा) से प्रकाशित किया जाता है। दक्षिण भारत में उसका प्रकाशन कार्य सम्पन्न करने का चमत्कार अन्तरिक्ष के अनुसंधान में लगे उपग्रहों की सार्थकता के कारण ही पूर्ण हो पाया है। लम्बे-लम्बे लेख, समाचार और तत्काल अभिलेख पलक झपकते ही एक स्थान से दूसरे स्थान पर पहुँच जाते हैं। इसके परिणामस्वरूप समाचार-पत्र अत्यन्त तीव्र गति से नये से नये समाचारों की जानकारी विश्व के बुद्धिजीवियों को देते हैं। फोटो ट्रांसमीटर द्वारा एक देश में होने वाली प्रतिक्रिया का प्रत्यक्ष प्रसारण दूसरे देश में किया जाता है। सीधे प्रसारण का कार्य दूरदर्शन के द्वारा किया जाता है। उपग्रह की मदद से ही समाचार-पत्रों के तैयार पृष्ठों की प्रतिच्छाया एक केन्द्र से दूसरे केन्द्र पर मुद्रण हेतु भेजी जाती है, जिससे समाचार-पत्रों की काया ही परिवर्तित हो गई है। यही कारण है कि आधुनिक विस्मयकारी संचार उपकरणों ने समाचार-संकलन, सम्पादन, मुद्रण, प्रतिशोधन, प्रकाशन और प्रसारण के क्षेत्र में अद्‌भुत क्रान्ति उत्पन्न कर दी है। समाचार-पत्रों के क्षेत्र में जो क्रान्तिकारी परिवर्तन हुए हैं, उनमें रेडियो (आकाशवाणी) और टेलीविजन (दूरदर्शन) की भूमिका भी अनदेखी नहीं की जा सकती। रेडियो और दूरदर्शन पत्रकारिता इसी की देन है। समाचार एवं उनके सम्प्रेषण के प्रमुख समाचार लेखन की सीढ़ी पर इन दोनों समाचार सम्प्रेषण माध्यमों को चढ़ना पड़ता है। इस क्रम में पहले हम रेडियो (आकाशवाणी) समाचार लेखन की विशेषताओं पर गौर करेगें।

आकाशवाणी (रेडियो) समाचार-लेखन–रेडियो अपनी प्रकृति में मुद्रण और श्रव्य-दृश्य दोनों ही माध्यमों से पृथक् है। रेडियो की भिन्नता उसकी भाषा के सन्दर्भ में भाषित होती है क्योंकि वह सिर्फ सुनी जा सकती है। अतः उसकी भाषा

का वैशिष्ट्य कुछ अलग तरह का ही होता है, या यों कहा जाय कि उसे पृथक प्रकार से प्रस्तुत किया जाना सम्भव होता है। इस कारण यह भी कहा जा सकता है कि रेडियो की भाषा उसकी अपनी भाषा है। तकनीकी दृष्टि से रेडियो ध्वनियों का प्रसारण करता है। अतः जब हम जनसंचार के क्षेत्र में सिर्फ ध्वनियों के माध्यम से प्रवेश करते हैं तो श्रोताओं के मन में एक कल्पनालोक का सृजन करके ही उनके ज्ञान चक्षुओं को किसी घटना की प्रतिच्छवि प्रदान कर सकते हैं। अतः रेडियो के द्वारा ऐसी भाषा का प्रयोग आवश्यक होता है जो श्रोताओं के मन में अलग-अलग बिम्बों की रचना करने में सक्षम होगी, उसी में रेडियो द्वारा सम्प्रक्षण हेतु लिखे गये समाचार श्रेष्ठ होंगी, यह एक स्वाभाविक बात है।

रेडियो प्रोड्यूसर के पास ध्वनियों की विविधतामयी शृंखला रहती है। यह उसका अपना तकनीकी कौशल है कि वह रेडियो प्रसारण हेतु सार्थक रूप से ध्वनि प्रतीकों का चयन करे। रेडियो की शब्दावली भी तीन प्रकार की सामग्री से तैयार होती है—वाक (Speech), संगीत सहित ध्वनि प्रभाव (Sound effect including music) तथा मौन (Silence) अर्थात् वाक् यानी वाणी का रेडियो-सम्प्रेषण विशेष तरीके से करना होता है हालाँकि वह बगैर ध्वनि प्रभावों के भी सम्प्रेषित की जा सकती है। अतः जो कुछ बोला जाता है वह जितना आसान होगा उतना ही अच्छा और स्पष्ट सुनाई देगा और बोला वह जायेगा जो लिखा जायेगा। यह जरूरी है कि जो कुछ बोला जाय वह श्रोता के मस्तिष्क में दृश्यात्मक बिम्बों का स्पष्ट सृजन करे। मुद्रित वाक्यों को दोबारा-तिबारा पढ़कर समझा जा सकता है किन्तु रेडियो श्रोताओं को यह सुविधा नही देता। अतः रेडियो हेतु समाचार अथवा संवाद लेखन में यह ध्यान रखने की बात होती है कि जो भाषा श्रव्य का माध्यम बनाई जा रही है वह श्रोता के मस्तिष्क में तुरन्त, जो कहा जा रहा है उसका बिम्ब बना दे। लेकिन यह तभी हो सकता है जब लेखन की भाषा आसान और सहज हो।

यह सभी जानते हैं कि रेडियो में वाचन भी लेखन की तरह ही प्रमुख होता है। भाषा में अटकाव, वाचन को अवरुद्ध करता है अतः ऐसे शब्दों से बचना आवश्यक होता है जो उनके वाचन को अवरुद्ध करें। फिर भी रेडियो-सम्प्रेषण में श्रोताओं का ध्यान आकर्षित करने हेतु वक्ता को अपनी वाणी में उतार-चढ़ाव तथा ताल (Tempo) और स्वर (Tone) में विविधता लानी पड़ती है। अतएव समाचार लेखन में इस बात का भी ध्यान रखना आवश्यक होता है, कि लेखक वक्ता को अपनी भाषा में उचित उतार-चढ़ाव, ताल और स्वर के सार्थक प्रयोग का मौका दें।

ध्वनि प्रभावों द्वारा जीवन के विविध दृश्यों को विम्बित करने में मदद मिलती है। अतः वह जब किसी कहानी का हिस्सा होते हैं तो स्वयंमेव शब्दों का काम करते हैं। यह कौशल प्रोड्यूसर द्वारा उत्पन्न किया जाता है।

मौन या चुप्पी क्षणिक निःशब्दता, शब्दों के प्रभाव को बढ़ाता है, लेकिन लेखक को भी यह स्मरण कराना जरूरी है कि वक्ता को वह मौन का अवकाश किन शब्दों में प्रभाव उत्पन्न करने के लिये होता है।

नाटक हो या वार्ता, समाचार हो या अन्य कोई विधा रेडियो के लिये लेखन में रेडियो की भाषा की प्रकृति का ध्यान अवश्य ही रखना चाहिये। इसके साथ यह बातें भी ध्यान में रखनी चाहिये–

(1) वाक्य विधान लम्बा नहीं होना चाहिये। किसी बात को छोटे-छोटे वाक्यों में बाँधना उचित है। यह स्मरण रखने की बात है कि छोटे-छोटे वाक्यों के बीच यदि मौन को प्रक्षेपित कर दिया जाय तो वह वाक्य के प्रभाव को उसकी लम्बाई का रूप दे सकता है।

(2) सामान्य बोलचाल में आने वाले शब्दों का यथासम्भव उपयोग करना चाहिये।

(3) यह भी रेडियो पर प्रसारण हेतु लेखन में ध्यान रखने की बात होती है कि लेखक अपनी बात की क्या प्रतिक्रिया चाहता है अर्थात् उसे ऐसी भाषा का इस्तेमाल करना चाहिये जो श्रोताओं के मन में वही प्रतिक्रिया पैदा करे, जिसकी उसे उनसे आशा हो सकती है।

(4) विषय के अनुसार भाषा में प्रभाव क्षमता लाने का प्रयास करना चाहिये।

(5) रेडियो हेतु लेखन में सबसे महत्व की बात है – समय सीमा। लेखक को उस समय सीमा का ध्यान रखना चाहिये जो समाचार वार्ता, अथवा अन्य विधा के लिये निर्धारित है।

संकलन एवं प्रेषण हेतु आकाशवाणी द्वारा भी संवाददाता नियुक्त किये जाते हैं, जिनका कार्य अप्रत्याशित घटनाओं के कथ्य संगह करना तथा अन्य ऐसे कार्यक्रमों में जाकर सूचनाएँ जमा करने का होता है, जो आकाशवाणी को अपेक्षित होती है। संवाददाताओं द्वारा प्रेषित तथा अन्य स्रोतों से प्राप्त सामग्री में से ऐसी सामग्री का प्रयोग करना, जो सम्प्रेषणीय होती है, रेडियो स्टेशन में स्थित जनरल न्यूज रूम का कार्य होता है। रेडियो स्टेशन में स्थित सामान्य समाचार का वही कार्य होता है जो किसी समाचार-पत्र के संपादन-कक्ष का होता है। रेडियो स्टेशन से प्रेषित किये जाने

वाले अक्सर सभी समाचार जनरल न्यूज रूम द्वारा ही लिखे जाते हैं और चूँकि भारत में आकाशवाणी एक सरकारी तन्त्र है अतः वहाँ से जो समाचार अथवा अन्य आलेख प्रसारित किये जाते हैं, वह निर्धारित सरकारी नीति के अनुसार ही किये जाते हैं।

समस्त स्रोतों से प्राप्त समाचारों का अन्तिम तौर पर लेखन कार्य पूरा हो जाने पर उन्हें पूल में, जिसे हिन्दी में 'समाचार सरोवर' कहा जाता है, में रख दिये जाते हैं। वहाँ से वाचन हेतु उनमें चयन किया जाता है तथा वाचन हेतु अभीष्ट समाचार वाचक को दिये जाते हैं।

दूरदर्शन लेखन

टीम वर्क–टेलीविजन लेखन को एक लेखक हेतु चुनौतीयुक्त कार्य कहा गया है। अक्सर साहित्य के क्षेत्र में स्थापित नाटककारों और कहानीकारों की यह धारणा होती है कि उनके लिये यह कोई मुश्किल काम नहीं है। परन्तु जब वह क्रियात्मक स्थिति में पहुँचते हैं तो उन्हें यह देखकर आश्चर्य होता है कि ऐसे लेखक जिन्हें न कोई साहित्यिक समझ होती है और न लेखन कला की गहराइयों की अनुभूति, बड़ी आसानी से सिनेमा और टेलीविजन के क्षेत्र में अधिष्ठित हो रहे हैं तथा उनके सामने फिल्म अथवा टेलीविलन पर दिखाये जाने वाले सीरियलों के निर्माता स्थापित साहित्यकारों को पूछता तक नहीं है। वास्तविक बात यह है कि टेलीविजन हेतु लेखन कार्य एक अलग तरह की तकनीकी लेखन कला है और रेडियो आलेखन से ज्यादा बारीक है, क्योकि लेखक को हर स्थिति में दृश्यों और बिम्बों में सोचना पड़ता है; उसे इन दोनों बातों में उचित सामंजस्य तो करना ही पड़ता है, परन्तु इस बात के अलावा निर्माता, निर्देयाक, निर्माण सहायक, तल प्रबन्धक, अभिनयकर्मियों, कैमरा मैन, दृश्य बन्ध अभिकल्पकार, लेखचित्र तथा पर्यवेक्षक एवं कलाकार, रूप सज्जाकार, सामग्री पर्यवेक्षक, आदि चित्रण-टीम के लोगों की सुविधाओं, जरूरतों का ध्यान भी रखना होता है। विशेष तौर पर निदेशक, निर्माता तथा अभिकल्पकार के साथ जो दृश्य बन्ध की रूपरेखा बनाता है, टेलीविजन-लेखन में सामंजस्य होना बहुत जरूरी है। अतः टेलीविजन-लेखन सिर्फ लेखन या मात्र लेखक कल्पना बन्ध न होकर टीम-प्रसूत परिणाम होता है।

टेलीविजन भाषा–यूं तो टेलीविजन के सक्रीन पर दिखाई वाले पात्र वही भाषा बोलते हैं जो कागज पर अंकित भाषा को जो भाषा चेतंन्यता प्रदान करती है, वह टेलीविजन की भाषा होती है। यह भाषा यान्त्रिक एवं तकनीकी वर्णमाला

की होती है। जिस तरह रेडियो की भाषा का वेश दूसरा है, उसी तरह टेलीविजन की भाषा का विन्यास भी अलग होता है। इस भाषा के शब्द भी बोलते हैं, रंग भी, चेहरे भी, दृश्य और उसका वातावरण भी, मौन भी, संगीत भी तथा सज्जा भी। अतः लेखक हेतु यह जरूरी है कि वह टेलीविजन की भाषा की प्रकृति को समझे।

टेलीविजन की भाषा वह है जो उसके बिम्बों से वह अनुभूति प्रदान करवा सके जिसकी लेख कल्पना करता है। अतएव उसे टेलीविजन कार्यक्रम के लिये लिखते समय यह ध्यान में रखना पड़ेगा कि दृश्य बन्ध में शिथिलता तो नहीं है, वह अचेतन अथवा गतिहीन तो नही है। पात्र जो बोलते हैं, वह टेलीविजन की भाषा में रूपान्तरित हो रहा है या नहीं। दृश्यों की तारतम्यता स्वाभाविक तौर पर जुड़ी हुई है या नहीं।

टेलीविजन में भी रेडियो की तरह ही वाणी, ध्वनियों तथा मौन का सार्थक प्रयोग किया जा सकता है परन्तु कैसे। अगर ऐसे प्रयोग द्वारा कही कथा-कहानी या अन्य आलेख-दृश्यों में ज्यादा ऊर्जा प्रदान की जा सकती है तो लेखक को ऐसी दृश्यात्मकता उत्पन्न करने की कला का निक्षेप लेखन में करना उपयुक्त रहता है ताकि ओजस्वी दृश्य बन्ध की कल्पना की जा सके। वस्तुतः किसी भी आलेख के आधार पर निर्देशक तरह-तरह के दृश्यांकन की कल्पनाएँ करते हैं, उस स्थिति में ज्यादातर वह लेखनीय दृश्य बन्ध या सीक्वेंस (दृश्य-क्रम) में वाणी, ध्वनियों तथा मौन के उपयोग से प्रभाव लाने के लिये उन्हें परिवर्तित कर देते हैं। कभी यह कार्य सम्पादन कक्ष में होता है, कभी दृश्यांकन (शूटिंग) के मौके पर।

दूरदर्शन की पत्रकारिता में लेखन–दूरदर्शन विधा का जो प्रयोग पत्रकारिता के क्षेत्र में किया गया है, वह एक बहुत बड़ा चमत्कार है। विश्व में किसी भी कोने में घटित होने वाली घटनाओं को आज हम प्रत्यक्ष रूप में उसी क्षण देख भी सकते हैं जब वह घटित होती है या फिर उनके दृश्यांकन को बार-बार उनके जीवन्त रूप में देख सकते हैं। यह सबसे प्रभावशाली 'इलैक्ट्रोनिक जनमाध्यम' के रूप में आज स्पष्ट हुआ है, जिसने समस्त विश्व को एक ऐसे छोटे से गांव के रूप में बदल दिया है, जहाँ कोई भी व्यक्ति जल्द ही किसी घटना को उसी प्रकार देख सकता है जैसे वह उसके पास ही घटित हो रही हो। ऐसी स्थिति हालांकि बड़ी अविश्वसनीय सी लगती है परन्तु विज्ञान ने उसे वास्तविक रूप दे दिया है। दूरदर्शन-पत्रकारिता द्वारा यह साध्य हो गया है कि वह प्रमाण सहित समस्याओं का प्रसारण कर सकती है।

आधुनिक युग में पत्रकारिता का अर्थ मात्र समाचारों का ज्ञान कराना अर्थात् किसी घटना की यथावत सूचना दे देने तक ही सीमित नहीं रहा है, वह सर्वागींण ज्ञान-प्रसार का मूर्त रूप बन चुकी है, वैचारिक उद्वेलन की कारक और ज्ञान की गहराइयों तक पहुँचाने के उसके प्रयासों ने व्यापक रूप ले लिया है। अतः जब हम अलग-अलग ज्ञान-विज्ञान की सूचना देने वाले कार्यक्रमों को घटनाओं की सूचना देने के अतिरिक्त देखते है तो समझना चाहिये कि वह दूरदर्शन पत्रकारिता के ही रूप हैं। इसी तरह की बात समाचार-पत्रों तथा रेडियो द्वारा ज्ञान-विज्ञान वर्द्धक लेखों, रूपकों आदि को देखकर समझी जानी चाहिये। अक्सर सभी टी.वी. चैनल आज समाचार-प्रसारण कार्यक्रम प्रस्तुत करने लगे हैं। अतः दूरदर्शन हेतु पत्रकारिता लेखन पर भी खास तौर पर दृष्टि डालनी उचित है।

दूरदर्शन समाचार-लेखन और प्रस्तुतिकरण–जैसा कि हमने दूरदर्शन-लेखन पर पूर्व में लिखा है, वह सब तो टी.वी. के आलेखों में जरूरी है ही, परन्तु पत्रकारिता के दृष्टिकोण से किस तरह के लेखन की उपयुक्तता होती है, वह उससे कुछ भिन्न है। टी.वी. समाचार चैनलों ने समाचार लेखन और उसकी प्रस्तुतीकरण को नया आयाम प्रदान किया है। यह स्मरण रखने की बात है कि दूरदर्शन द्वारा प्रेषित किये जाने वाले समाचारों में केवल वाचक की ही भूमिका नहीं रहती, अपितु उन दृश्यों की भी होती है, जो हमें समाचारों के साथ दिखाये जाते हैं और दूरदर्शन-संवाददाताओं द्वारा हमें घटनाओं की यथास्थिति से भी अवगत कराया जाता है तथा घटनास्थलों के चित्र भी दिखाये जाते हैं। अतः दूरदर्शन के पत्रकार लेखकों को भी अविलम्ब दृश्यों और बिम्बों में सोचना पड़ता है। दूरदर्शन-समाचार सम्प्रेषण के दो प्रधान पक्ष हैं–

(1) निर्माण पक्ष, जिसमें समाचार संयोजन और सम्पादन भी शामिल हैं।

(2) वाचन द्वारा समाचार सम्प्रेषण।

(1) समाचार संयोजन, निर्माण तथा सम्पादन–दूरदर्शन हेतु समाचार लेखन क्रियाओं को समाचार-पत्र तथा रेडियो हेतु लेखन का ऐसा परिष्कृततम रूप कह सकते हैं जो समाचार केन्द्रित भी हो, बिम्बधारक भी हो और दृश्य बिन्दुओं की पूर्णरूपेण सापेक्षिक भी हो। अर्थात् उसका दृश्यात्मक चरित्र पूरी तरह उभरकर सामने आता हो। इस कार्य में समाचार वाचन के साथ दिखाई जाने वाली सामग्री की समय सीमा तथा दृश्यों के सन्दर्भों का खास ध्यान रखा जाता है। यदा-कदा दृश्य या चित्र उपलब्ध नही होते तो लेखन द्वारा ही समाचार में भाव-प्रवणता का

समावेश करना पड़ता है। अतः दूरदर्शन लेखन में ध्यान रखने की मुख्य बातें निम्नलिखित हैं–

(i) संक्षिप्तता–दूरदर्शन समाचार लेखन में भी रेडियो समाचार लेखन की ही भांति वास्तविक घटना का पूर्ण विवरण संक्षिप्ततम अभिलेखों में होना चाहिये। जिन चित्रों को दिखाया जा रहा है, वह अपने आप में दूरदर्शन की वाणी की तरह ही दर्शक स्वीकार करते हैं। अतएव ऐसे दृश्यों के सम्बन्ध में क्या कहता है, यह अत्यन्त संक्षिप्त होना चाहिये।

(ii) तारतम्यता–समाचारों की विषय-वस्तु एवं दृश्य तथा चित्र-सामग्री के क्रम में तारतम्य तथा पूर्ण सापेक्षता आवश्यक रूप से महत्वपूर्ण होता है। अतः लेखक को घटना इस तरह उल्लेखित करनी चाहिये, जिस प्रकार वह घटी हो और जिस तारतम्य में उसके चित्रों का प्रसारण किया जाना हो। किसी महत्वपूर्ण भाषण को ज्यों का त्यों दिखाना समाचार-प्रसारण में न तो उपयुक्त होता है और न दर्शकों हेतु रूचिपूर्ण। अतः उसके मुख्य अंश को बोलते हुए ही, या फिर वाचक द्वारा कहलवाते हुए ही दिखाना उचित समझा जाता है। अतः ऐसे भाषण के अंशों को सम्पादित करना भी समाचार लेखक का काम है तथा अगर दृश्यों के साथ समाचार प्रकाश में लाना है तो उनके विवरण में तारतम्य होना जरूरी है।

(iii) प्रमाणक ग्राह्यता–दूरदर्शन से समाचार प्रेषण के साथ-साथ घटनास्थलों को दिखाना, घटना से प्रभावित लोगों, या भाषण स्थलों से भाषणकर्ताओं को प्रत्यक्ष दृश्य प्रसारण आदि ऐसी क्रियाएँ हैं जिनका समावेश समाचार-लेखन में प्रसारण के प्रति ग्राह्यता और प्रामाणिक होने का विश्वास उत्पन्न करते हैं। अतः लेखन में इनके समावेश तथा वाचन-सामंजस्य करना दूरदर्शन पत्रकारिता की स्वयं की विशेषता है। यह विशेषता अधिकाधिक कुशलता से लाना समाचार लेखन को विशिष्टता प्रदान करती है।

(iv) चित्रात्मकता–दूरदर्शन-समाचारों में चित्रात्मकता होती है। दर्शकों को दूरदर्शन से यह अपेक्षा होती है कि वह समाचारों को चित्रों के द्वारा प्रेषित करे। दूरदर्शन विधा में ध्वनि तथा दृश्य; दोनों ही विशेष आकर्षण की सामग्री होते हैं। यही कारण है कि जिन समाचारों को दृश्यात्मक बनाया जाता है, उनके उन अंशों को ज्यादा उजागर किया जाता है जिनमें दृश्यों या चित्रों के इस्तेमाल का संयोजन किया गया होता है।

(2) समाचार-बुलेटिन की तैयारी और प्रसारण–दूरदर्शन द्वारा प्रसारित किये जाने वाले समाचार भी उनके कुशल सम्पादन की देन होते हैं। दूरदर्शन में

समाचार-संकलन के प्रमुख स्रोत हैं– रिपोर्ट्स, एजेन्सीज की फीड, एम. एस. आर. (बाहर की फीड), सैटेलाइट, डी. एल. एस आदि। समाचारों के साथ प्राप्त चित्रात्मक सामग्री जैसे– फिल्म, वी.सी.आर. कवरेज आदि तथा अन्य सामग्री भी प्रसारण काल तक अपेक्षित रहती है।

समाचार सम्पादक का कार्य प्रारंभ होता है प्राप्त समाचारों की भीड़ में से प्रसारण योग्य समाचारों का चुनाव करने और उसके साथ दृश्यात्मक सामग्री को संयुक्त करने हेतु उसका सम्पादन करने से। इस तरह से चयन करते हुए वह हर समाचार में लगने वाले समय का भी निर्धारण करता है। समाचार-सम्पादक और समाचार-वाचक के अलावा एक महत्वपूर्ण व्यक्ति और सम्पादक-कक्ष से जुडा होता है, और वह है समाचार-प्रस्तुतकर्त्ता। यह व्यक्ति सम्पादक के सुझाव से चित्रों का सम्पादन करता है और क्रम से उन्हें भिन्न-भिन्न टेपों पर चिमका देता है। यह कार्य समाचार-प्रसारण हेतु निर्धारित समाचार-क्रम के अनुसार किया जाता है। इन टेपों के अनुसार समाचार सम्पादक समाचारों का लेखन करता है। उनका सम्पादन भी करता है और उन पर संख्या क्रम लिखकर समाचार वाचक को सौंप देता है।

दूरदर्शन की समाचार-प्रसारण क्रिया में इलेक्ट्रोनिक स्लाइड प्रोजेक्टर तथा फिल्म चलाने का एक अन्य प्रोजेक्टर, जिससे फिल्म चलाई जाती है, भी होता है जिसे **टेलीसिने** कहते हैं। वर्तमान में टेलीसिने का उपयोग बहुत कम हो गया है क्योंकि उसकी जगह वी.डी.ओ. टेप का उपयोग किया जाता है।

समाचार सम्पादक के दूसरे काम हैं– (1) इन वी.सी.आर. को कहाँ होल्ड करना है और उसे पुनः कहाँ चालू करना है। समाचार वाचक जब दो व्यक्ति होते हैं तो जो समाचार जिस वाचक को दिये जाते हैं, उसका नाम समाचार के हर पृष्ठ पर सम्पादक द्वारा अंकित किया जाता है अतः जिस समाचार पर जिस वाचक का नाम अंकित करना है, वह उसी को वाचन हेतु दिया जाता है। (2) समाचार के लेख पर उससे सम्बन्धित चित्र सामग्री का प्रयोग समाचार में कहाँ करना होगा।

समाचार वाचक में निम्न विशेषताएँ होनी चाहिए–

(1) वाचक का उच्चारण स्पष्ट और दोष रहित होना चाहिये।

(2) प्रसारणीय समाचार की भाषा का तो समाचार-वाचक को पूरा ज्ञान होना चाहिये तथा उसे अन्य मुख्य भाषाओं की भी पूरी तरह से जानकारी होनी चाहिये, यदि उसमें कोई कमी है तो अन्य भाषा में प्रसारण सुनने से अपनी त्रुटियों में सुधार होता है।

(3) वाचक के हृदय में आत्मविश्वास होना चाहिये।

(4) वाचक की वाणी में सहज प्रवाह एवं लोच होनी चाहिये, ताकि वह समाचार का प्रभावशाली वाणी में प्रेषण कर सकें।

(5) एक अन्य विशेषता समाचार वाचन करने वाले में होनी चाहिये। वह हैं–

(6) त्वरित बुद्धि हो तो वाचक प्रसारण में त्रुटि होने पर उसे उसी क्षण सुधार लेता है।

उसका प्रियदर्शी होना अर्थात् वह जितना वाणी से प्रभावशाली हो, उतना ही अपने स्वरूप से भी सुदर्शन होना चाहिये।

आकाशवाणी एवं दूरदर्शन हेतु समाचार-लेखन में अन्तर

आकाशवाणी और दूरदर्शन की अपनी-अपनी विशेषताएँ हैं और सीमाएँ भी हैं। आकाशवाणी से आपको समाचार सुनाये जा सकते हैं, आप समाचार वाचक के दर्शन नहीं कर सकते, लेकिन दूरदर्शन पर ऐसा नहीं है। आपको समाचार वाचक सामने पर्दे पर दिखाई देता है। अतः स्वाभाविक है कि दोनों के समाचार वाचन में जिस तरह अन्तर होता है, उसी तरह उनके लिये जो समाचार लिखे जाते हैं, वह रेडियो प्रसारण के लिये तैयार किये गये आलेख से अलग प्रकार का होता है। टेलीविजन समाचार प्रेषण कक्ष में माइक्रोवेव सर्किट द्वारा तस्वीर तथा वर्णन भेजना एक सामान्य सी प्रक्रिया में उपलब्ध है, अतः दूरदर्शन हेतु समाचार लेखन तकनीक भी उसकी अपनी ही तरह की है। रेडियो हेतु तैयार समाचार बुलेटिन की भाषा और दूरदर्शन के समाचार बुलेटिन की भाषा में अन्तर होता है। हालाँकि दोनों की भाषा लोगों को आसानी से ग्राह्य हो, ऐसी होती है, लेकिन दूरदर्शन में वाचन के साथ दिखाये जाने वाले यथार्थ दृश्यों से उसके लेखन का समन्वय एक अतिरिक्त प्रकरण है जो वाचन के बीच में समाचार के साथ स्पष्ट कर दिया जाता है। तकनीकी दृष्टि से रेडियो-प्रसारण ध्वनि मात्र का प्रसारण है, जिसे समझ कर समाचारों के कल्पना लोक का सृजन करना श्रोताओं का कार्य है। उसे सुनने को जो बिम्ब प्राप्त होते हैं वह लेखन द्वारा निर्मित होते हैं, जिनका रूप श्रोता बनाते हैं। रेडियो समाचार लेखन की यही विशेषता होती है कि वह ऐसी भाषा में लिखे जायें, जिसे सुनकर श्रोता शीघ्र समझ जाय, उसे समझने हेतु श्रोता को अपने मन-मस्तिष्क पर जोर न देना पड़े। रेडियो लेखन ऐसे रूप में किया जाता है कि उसके शब्दों में ध्वनि प्रभाव उत्पन्न करने की ताकत हो। उसमें ऐसी सरलता भी

हो कि वाचक को अपनी वाचन क्रिया में खबर के उतार-चढ़ाव से प्रवाह पैदा करने का भी मौका रहे।

टेलीविजन का लेखन एक टीम की आवश्यक अपेक्षाओं से नियन्त्रित होता है। उसमें लेखक को निर्माण सहयोगियों की सुविधा का ख्याल रखना होता है। टेलीविजन की तकनीक का लेखन को निर्माण सहयोगियों की सुविधा का ध्यान रखना होता है। टेलीविजन की तकनीक का लेखक की भाषा से प्रत्यक्ष सम्बन्ध होता है। टेलीविजन दर्शकों को वाणी द्वारा प्रेषित समाचारों में श्रोताओं को बिम्ब कल्पना भी देता है, तो सीधे-सीधे समाचारों के बिम्बों को भी इस गति को प्रदान करने की कला भी टेलीविजन लेख में समाहित होती है।

आकाशवाणी तथा दूरदर्शन द्वारा समाचार सम्प्रेषण वाचन क्रिया द्वारा होता है। दोनों माध्यमों में क्रिया रूप में वाचन समान होता है, परन्तु तकनीकी तौर पर भेद है। साधारणतः हम यही समझते हैं कि किसी समाचार को प्रसारण हेतु जब रेडियो या टैलीविजन पर कोई व्यक्ति सुनाता है तो उसे समाचार-वाचक की संज्ञा दी जाती है। स्थूल रूप में वाचन होता भी यही है। परन्तु इतनी ही बात वाचन क्रिया को पूरी तरह स्पष्ट नहीं करती। समाचार-वाचन का अभिप्राय है, जिस माध्यम से समाचार-सम्प्रेषण वाचन द्वारा हो, वह तकनीकी रूप से भी उस माध्यम के अनुसार हो, अतएव समाचार वाचक को सम्बन्धित माध्यम की सम्प्रेषण तकनीक का समुचित ज्ञान भी होना चाहिये तथा उसे उस माध्यम पर वाचन करने में कुशल भी होना चाहिए।

रेडियो और दूरदर्शन, दोनों ही आम जनता को जानकारी देने हेतु समाचारों को प्रसारित करते हैं, अतः यह स्पष्ट है कि उनके प्रसारण आम बोलाचाल की भाषा में होने चाहिये। अतएव समाचारों की भाषा सरल तथा प्रवाह युक्त होनी चाहिये। वाचन क्रिया उसे सरस भी बना देती है। यह बात वाचक के बोलने की कुशलता पर आधारित होती है। बहुत से श्रोता किसी विशेष वाचक की वाणी सुनने के लिये ही समाचार सुनते हैं। वाचक नीरस समाचारों को भी अपनी वाणी सेस उसमें प्रवाह उत्पन्न कर देता है। रेडियो के प्रसारण इस तरह किये जाते हैं कि जिस बारे में कहा जा रहा है, उसे स्वतः निर्मित बिम्बों के रूप में श्रोता कल्पना कर सके। इस बात हेतु आवश्यक है कि वाचक की वाणी में स्पष्टता और माधुर्य होना चाहिये। रेडियो समााचारों में सपाटता होती है, क्योंकि जो भी वास्तविक समाचार है उसका लेखन भी बड़े सपाट रूप में, किन्तु बहुत स्पष्ट होती ., क्योंकि जो भी यथार्थ समाचार है उसका लेखन भी बड़े सुचारु रूप में, किन्तु बहुत स्पष्ट

होता है। उसके बीच में समाचार को अधिकतम रूप में ग्राह्य बनाने के लिये कोई अन्य उपक्रम नहीं होता।

दूरदर्शन पर समाचार वाचन के मध्य, समाचार की पुष्टि या श्रोता दर्शक का प्रत्यक्ष सम्बन्ध घटनास्थल से भी कर दिया जाता है। उस समय उसे संवाददाता से सीधी जानकारी प्राप्त होती है जहाँ वह मौजूद होता है, अर्थात् घटनास्थल पर दूरदर्शन का समाचार-लेखन भी उसी प्रकार का होता है। बीच-बीच में सीधे सवांदाता से समाचारों की जानकारी देने के लिये दूरदर्शन कक्ष से उसका सम्पर्क जोड़ा जाता है।

आकाशवाणी की वाचन प्रणाली और दूरदर्शन की वाचन क्रिया में विभेद होता है। दूरदर्शन में वाचक की वाणी द्वारा प्रसारित किये जा रहे समाचारों के साथ समाचरित्र घटनाओं अथवा हालातों के चित्रों का संयोजन भी रहता है। अतः श्रोताओं का घटना के पात्रों से प्रत्यक्ष सम्पर्क भी जुड़ता है और भावात्मक बिम्बों का सृजन होता है। निश्चय ही समाचारों की दृश्यावली के साथ वाणी का सांमजस्य रहता है परन्तु श्रोता उससे ज्यादा समााचार के दृश्यों पर अपना ध्यान केन्द्रित रखता है। समाचार वाचन के बीच-बीच में समाचार से सम्बन्धित दृश्यों को दिखाने के अन्तराल में वाचक से कुछ विश्राम मिलता रहता है, जो आकाशवाणी के वाचक को अक्सर नहीं होता। अतः उसे ज्यादा सजग रहना पड़ता है।

रेडियो पर अक्सर 15 मिनट का समाचार बुलेटिन सबसे बड़ा होता है। इस बड़े बुलेटिन में दो विराम होते हैं। इससे छोटा बुलेटिन दस मिनट का होता है जिसमें एक विराम होता है। सबसे छोटे पाँच मिनट के बुलेटिन में कोई विराम नहीं होता। प्रत्येक बुलेटिन में विराम पाँच मिनट के अन्तर पर रखे जाते हैं। विराम, साधरणतः अभिप्रेय होते हैं। जैसे इनमें व्यावसायिक विज्ञापनों का प्रसारण एवं आकाशवाणी या दूरदर्शन समाचार-सम्पादक को समाचार क्रम में अगर कोई परिवर्तन करना हो तो उसके लिये मौका। आकाशावाणी पर विराम के लिये प्रायः तीन तरह की अभिव्यक्तियाँ होती हैं,—"यह आकाशवाणी है", "ये समाचार आप आकाशवाणी से सुन रहे हैं", और "ये समाचार आकाशवाणी से प्रसारित किये जा रहे हैं।"

जैसा कि स्पष्ट है वाचन क्रिया का समाचार प्रसार क्रिया से प्रत्यक्ष सम्बन्ध होता है। आकाशवाणी पर वाचन क्रिया का सम्बन्ध दूरदर्शन की ओर **'फोन इन'** समाचारों से नहीं होता 'फोन इन' समाचारों का अभिप्राय है—दूर-दराज के इलाके से संवाददाता की आवाज को मिलाना और समाचार को उसी की आवाज में

प्रस्तुत करना। दूरदर्शन में समाचार प्रसारित करने की दूसरी पद्धति का भी सहारा लिया जाता है जिसे 'वायस ओवर' कहते है। इसमें किसी विशेष घटना, प्रोजेक्ट अथवा व्यक्ति के बारे में संवाददाता संम्पादित अंश के द्वारा अपने स्वर में जानकारी देता है। समाचार प्रसार में वाचक इस विधि से दर्शकों को अपने संवाददाता द्वारा सीधे समाचार का प्रेषण कराता है। वह कहता है प्रस्तुत है...... ....ये हमारे संवाददाता..........की रिपोर्ट हैं।'

आकाशवाणी अथवा दूरदर्शन पर समाचार प्रसारण एक यान्त्रिक पद्धति है, जो लेखन स्तर से वाचक स्तर तक वर्तमान तक है। आकाशवाणी या टेलीविजन पर समाचार प्रसारण में वाचक को कोई आजादी नहीं होती, यहाँ तक कि शब्दों के हेर-फेर भी नहीं, क्योंकि जो कुछ अन्तिम रूप से उसके सामने होता है वह एक 'टीम वर्क' का परिणाम होता है, जिसे समाचार-प्रसारण नीति के अनुसार रूप दिया गया है। किसी समाचार को वाचन रूप देने तक आकाशवाणी में यह प्रक्रिया चलती रहती है।

लिखित समाचार 'पूल' में रखे जाते हैं। मूल का अभिप्राय है समाचारों का 'भण्डारण-गृह'। पूल (समाचार-सरोवर) प्रायः दो विभागों में होता है—प्रथम विभाग देशीय समाचारों हेतु होता है, दूसरा भाग विदेशी समाचारों के लिये। पहले विदेशी समाचार पूल के खेल-समाचार भी होते थे, लेकिन अब इसके लिये भिन्न पूल व्यवस्थित किया गया है, अतः इसे पूल का अनुभाग कहना चाहिये। इनके अनुसार इन्हें क्रमशः मार्निंग पूल, डे-पूल, ईवनिंग पूल तथा नाइट पूल कहते हैं। समय के अनुसार समाचार प्रसारण हेतु निर्धारित पूलों को संक्षेप में संकेताक्षरों से जाना जाता है, यथा—मार्निंग पूल को एम. पी., दिन के पूल को डी. पी., शाम के पल को ई. पी. और रात्रि के पूल को एन. पी. कहा जाता है।

पूल से प्रसारण हेतु प्रसारणीय अर्थात् प्रसारण हेतु उपयुक्त समाचारों का चयन प्रसारण कार्यक्रम का बहुत प्रमुख भाग होता है। इस स्थिति में समाचारों के पुनर्लेखन की भी जरूरत होती है और चुने गये समाचारों को शीर्षक देने की भी। बुलेटिन के समाचारों में अगर कोई सुधार प्रसारण की दृष्टि से आवश्यक होता है तो सम्पादक उन्हें पुनः लिखता है। इस प्रकार के पुनर्लेखन में जो काट-छाँटकर समाचार को अन्तिम रूप देने की चेष्टा होती है उसमें लेखन तो मुख्य है ही, उसका वाचन भी महत्वपूर्ण होता है, क्योंकि समाचार के पुनर्लेखन के पश्चात उसे पुनः बोलकर भी देखा जाता है अर्थात् यह सुनिश्चित किया जाता है कि वह वाचन योग्य बन गया है नहीं। अगर उसमें वाचन द्रृष्टि से कोई कमी होती है तो उसे

पुनः वाचन योग्य बनाने के लिये सुधारा जाता है। इसके पश्चात् चयनित समाचारों में से ऐसा समाचार चयनित किया जाता है जो सबसे पूर्व प्रसारित किये जाने योग्य हो। इसे 'लीड' समाचार कहते हैं। इस क्रिया में समाचारों को क्रम दिया जाता है और उनके शीर्षक क्रमवार किये जाते हैं। इस तरह वाचन के लिये प्रस्तुत बुलेटिन तीन हिस्सों में बाँटा जाता है–

(1) शीर्षक (हैड लाइन)

(2) समाचार का विवरण,

(3) विराम (ब्रेक)।

रेडियो या दूरदर्शन पर समाचारों की क्रम पद्धति समाचार पत्रों की पद्धति से पृथक् होती है। रेडियो से प्रसारित होने वाले समाचारों तथा समाचार-पत्रों में प्रकाशित होने वाले समाचारों में न सिर्फ संरचना और लेखन के स्तर पर अन्तर होता है, अपितु उनके क्रम में भी अन्तर आता है। रेडियो पर संक्षेप में ज्यादा से ज्यादा समाचार दिये जाते हैं, अतएव उसका क्रम निर्धारण भी इसी योजना से किया जाता है। समाचार-पत्र में अक्सर प्रथम पृष्ठ पर ही सबसे आवश्यक या महत्व के समाचार दिये जाते हैं। यह समाचार किसी भी प्रकार के हो सकते हैं। ये सब एक ही पृष्ठ पर प्रकाशित किये जाने में तारतम्यता का ध्यान रखना जरूरी नहीं है। समाचार को पूरक रूप में दिया जाना यदि एक पृष्ठ पर सम्भव नहीं रह पाता तो उसका उर्द्धांश दूसरे या अन्य पृष्ठ पर दिया जाता है। अक्सर सभी प्रमुख समाचारों के अंशात्मक रूप में मुख पृष्ठ पर तथा उनके शेषाशें को दूसरे पृष्ठ पर देखने की परम्परा है। स्वाभाविक है कि रेडियो बुलेटिन में यह सम्भव नहीं है और न ही दूरदर्शन के समाचार बुलेटिन में। रेडिया या दूरदर्शन पर प्रमुख समाचार एक क्रम में ही प्रसारित किये जाते हैं। अगर किसी समाचार में कुछ और वृद्धि समाचार में भी उसे जोड़ दिया जाता है, परन्तु समाचार श्रृंखला को भंग करके ऐसा नहीं किया जाता।

रेडियो और दूरदर्शन में पहले समाचार क्रम के अनुसार मुख्य पंक्तियों अर्थात् उनके शीर्षकों का वाचन किया जाता है, बाद में समाचारों को विस्तृत रूप में प्रस्तुत किया जाता है। रेडियो पर पाँच मिनट के प्रसारण में कोई मुख्य पंक्ति देने की प्रथा नहीं है। दस मिनट के बुलेटिन में प्रायः तीन-चार तथा पन्द्रह मिनट के बुलेटिन में प्रायः पाँच-छः मुख्य पंक्तियां दी जाती हैं। बुलेटिन के अन्त में मुख्य समाचार को दुहराया जाता है। रेडिया में प्रसारित की जाने वाली मुख्य पंक्ति अधूरी नहीं दी जाती, जबकि समाचार-पत्र में ऐसा करना सम्भव है।

समाचार सम्पादन और समाचार वाचक के मध्य अच्छा तालमेल प्रसारण को यथेष्ठ, आकर्षक और सहज बनाये रखता है। यदा-कदा वाचक, अपनी वाचन सुविध या अन्य कारण से समाचार सम्पादक को परामर्श भी देते हैं, जिन्हें सम्पादन मान भी लेते हैं या सधन्यवाद अमान्य कर देते हैं। यदा-कदा प्रसारण के बीच में किसी समाचार के शेष को प्रनलिखित रूप में भी वाचक को देना जरूरी हो जाता है। इससे वाचक को प्रश्न तो होती है, परन्तु वह उसका प्रसारण निर्देशानुसार करता है। अक्सर कुशल सम्पादन वाचन के उच्चारण को अच्छी प्रकार जानते हैं। अतः वह उनके उच्चारण के अनुकूल शब्दों का चयन, लेखन प्रक्रिया में करते हैं। प्रायः समाचार सम्पादन उच्चारण विषयक वाचक से परामर्श भी करते हैं।

यदा-कदा समाचार बुलेटिन के प्रसारण काल में भी सम्पादक के पास कोई महत्व का समाचार आ जाता है जिसे देना आवश्यक होता है। इस स्थिति में सम्पादन उसका लेखन अविलम्ब करता है और उसे समाचार वाचक के पास पहुँचा देता है। ऐसे समाचार को 'फ्लैश' कहा जाता है।

वीडियो पत्रकारिता

जब अमेरिका में टी. वी. की धूम मची थी, तभी वहाँ टी.वी. पत्रकारिता का भी जन्म हुआ। शीघ्र ही इसके प्रति व्यक्तियों का आकर्षण इतना तीव्र हुआ कि इसमें नये-नये प्रयोग होने लगे। इन्हें पृथक्-पृथक् आन्दोलनों के रूप में पहचाना गया। टी.वी. की शुरुआत अमेरिका में सन् 1940 ई. हो गई थी। साठ-सत्तर के दशक में वहाँ 'नई पत्रकारिता' न्यू जर्नलिज्म' आन्दोलन का काफी जोर रहा। **न्यू जर्नलिज्म** के दृश्य श्रव्य संचार द्वारा समाचार वाचक की भूमिका में बदलाव हुआ। वह कोरा समाचार वाचन करने वाला न रहकर एक टिप्पणीकार भी बना दिया गया। समाचार वाचक में तटस्थता तथा भावहीनता की नीरस भूमिका श्रोता और दर्शकों को पसन्द नहीं आई। समाचारों के वाचक का प्रचलन कुछ इस तरह से आरम्भ हुआ कि वाचक को समाचार सम्प्रेक्षण करते हुए अपने मुखमण्डल पर कुछ भाव लाने भी जरूरी हुए। आवाज में उतार-चढ़ाव, अपने चेहरे एवं भंगिमा पर समाचारों की विषय-वस्तु के अनुकूल-प्रतिकूल प्रवाह लाने की कला 'न्यू जर्नलिज्म' में एक आधार तत्त्व के रूप में स्वीकृत हुई। इस प्रकार के समाचार वाचन का उद्देश्य यह था कि भाषा और पृष्ठभूमि में दिखाये जाने वाले दृश्यों से भी कुछ अतिरिक्त प्रभाव संप्रेषण में उत्पन्न हो। ऐसा प्रतीत हो कि जैसे वह श्रोता

से वार्ता कर रहा हो। परन्तु जल्द ही अमेरिका में 'न्यू जर्नलिज्म' पुराना कहकर समाप्त हो गया। दो दशक पहले वहाँ की पत्रकारिता ने इसे तिलांजलि दे दी। वहाँ इस दिशा में नई तकनीक एवं परम्पराएँ विकसित होने लगी। लेकिन यह-न्यूजर्नलिज्म भले ही अमेरिका ने कूड़ेदान के हवाले कर दिया था, भारत में इसका स्वागत **'विडियो पत्रकारिता'** के रूप में हुआ। भारत में विडियो पत्र-पत्रिकाओं के लिए यह बड़े काम की चीज साबित हुई। विडियो पत्रकारिता के रूप में इसने यहाँ प्रवेश पाकर वाचन क्रिया को कई रूपों में स्पष्ट करने की स्वतन्त्रता में नाटकीयता के रूप के दृष्टिकोण से भी तथा स्वयं को जनता के सम्मुख प्रस्तुत करने में विडियों पत्रकारिता में बुद्धिजीवियों के लिए बहुत मौके थे।

इंण्डिन बुक हाउस के वीडियो कैसेट पर एक पत्रिका 'मूवी वीडियो' के प्रकाशन से भारत में यह कार्य शुरू हुआ। हिन्दी वीडियो पत्रकारिता **'कालचक्र'** प्रथम प्रयास के तौर पर सामने आई। इसके निर्माण से **विनित नारायण** ने हिन्दी वीडियो पत्रकारिता जगत में हलचल मचा दी है। गरवारे फिल्मस द्वारा भी **'लहरें'** नामक कैसेट पत्रिका दर्शकों में लोकप्रिय हुई। हर माह हजारों कैसेट बाजार में आते है। **फिल्मस वीडियो** पत्रिकाओं की इस सफलता ने और भी लोगों को इसकी तरफ आकर्षित किया। चेन्नई की **'गणभूमि विजन'** ने रामायण, महाभारत, वेद-पुराणों से संबंधित **'गणभूमि विडियो पत्रिका'** का प्रकाशन शुरू किया। आध्यात्मिक जगत में इसका हार्दिक स्वागत किया गया। इसी तरह 'अमर चित्रकथाओं को लेकर **अनन्तयै** ने आडियो कैसेट के क्षेत्र में पैर रखा है। वे **'टिंकल'** 'जैसी बालपत्रिकाओं' के सम्पादक हैं। इस शृंखला का नाम है-**'टिंकल टाइम विद अंकल'**। इस कार्यक्रम को बच्चों हेतु समर्पित रखा जाता था। बच्चों के स्वास्थ मनोरंजन का ध्येय इसके प्रकाशन से जुड़ा हुआ है। इनके कैसेट भी निर्मित किये जाते हैं।

समाचार-पत्र पत्रकारिता का मात्र पठनीय माध्यम है और आकाशवाणी सिर्फ श्रव्य लेकिन इन दोनों से ज्यादा रुचिकर माध्यम दूरदर्शन तथा बी. सी. आर. सिद्ध हुए हैं, क्योंकि वे श्रव्य और दृश्य भी हैं, साथ ही पठनीय भी। इन्हीं तीनों विशेषताओं के कैसेट बाजार को बहुत गर्म कर रखा है। क्षेत्रीय भाषाओं में भी कैसेट कार्यक्रम तैयार किये जा रहे हैं।

राजनीतिक तौर पर कुछ घटनाएँ इतनी प्रमुख तथा रुचिकर होती हैं कि लोग उनके प्रति हमेशा आकर्षित रहते हैं। उन्हें वह लोक कथाओं के रूप में स्मरण रखना चाहते है; जैसे-हिन्दुस्तान-पाकिस्तान का कारगिल युद्ध, पूर्व-पाकिस्तान

पर भारत का आक्रमण और बंगला देश का प्रादुर्भाव, इन्दिरा गाँधी तथा राजीव गाँधी की हत्याएं','बाबरी मस्जिद का विध्वंस, मेहम काण्ड मण्डल आयोग की सिफारिशों पर हुआ देश की राजनीतिक हवा में बदलाव आदि। इसी तरह की कई घटनाएँ होती है, जो कैसेट पत्रिकाओं के बाजार को काफी गरम किये रहती हैं।,

टेड टर्नर **सी. एन. एन** के मालिक हैं। इन्होंने खाड़ी युद्ध का आँखों देखा हाल कैसेट में उतारा था। दैनिक 'नवभारत टाइम्स' 27 फरवरी, 1992 के अंक में जब सन् 1991 की वीडियो पत्रकारिता की समीक्षा की गयी तो उन्हें 'पिछले साल का आदमी' कहकर महत्व दिया गया था।

अगर वीडियो पत्रकारिता पर ध्यान दिया जाय तो इसका भविष्य बहुत उज्ज्वल है। कुछ समय पहले इसकी चर्चा काफी रही, लेकिन अब वह चर्चा कम ही सुनी जाती है।

केबल

हमारे नित्य का जीवन विद्युत और दूरभाष के मध्य सिमटा हुआ सा प्रतीत होता है। ज्यादातर लोग विद्युत का प्रयोग करते है और अब तो विद्युत का जाल गाँव-गाँव तक फैलता जा रहा है। टेलीफोन अर्थात् दूरभाष द्वारा संसार से जुड़ जाने का क्रम भी काफी तेजी पर है। यह दोनों ही आधुनिक समय में मानव की जीवनचर्या में एक आवश्यक स्थान ले चुके प्रतीत होते हैं। मनुष्य जीवन की इस आवश्यकता पूर्ति में अगर सबसे ज्यादा महत्व है तो उस तार का जो तंतुवाही या प्लास्टिक आदि से ढँका रहता है और अपने अंदर विद्युत तथा समाचार-संदेश प्रवाही बनकर लोगों के घरों से जुड़ा होता है। बिजली कंपनियाँ केबल का प्रयोग विद्युत प्लास्टिक से मढ़े हुए तार जो पहले इसी काम में आता था। दूरदर्शन के आविष्कार के उपरान्त आपके हमारे टेलीविजन यन्त्रों को श्रव्य-दृश्यों और पाठ्य-दृश्यों का आनन्द प्रदान करने के लिए बड़े काम की वस्तु बन गया है। अगर आप दूरदर्शन के विभित्र प्रक्षेपण केन्द्रों से संबंध स्थापित रखना चाहते हैं, (जिसके बिना टी. वी. सैट रखने का कोई आनन्द नहीं) तो आपको और हमें केबल की शरण में जाना ही पड़ेगा। पहले समय में भारी-भारी केबल समुद्रों के बीच होकर दूर देशों तक समाचार-संदेश प्रवहन हेतु डाले जाते थे, घरों में लगे दूरभाषों को सक्रिय रखने के लिए केबल की भूमिका काफी महत्वपूर्ण थी। विद्युत प्रवाह के लिए तो इनका उपयोग प्रारम्भ से ही रहा है।

वर्तमान समय में सामान्य केबल इण्टरनेट से जोड़ दिया गया है। टी.वी. सेट से एक्सेल केबल को जोड़ने की पद्धति से यह कार्य किया जाता है। इसका उपयोग टेलीविजन सेटों या नेटवर्क कार्ड के द्वारा कम्प्यूटर में किया जाता है। आज केवल के द्वारा भारतवर्ष में स्थापित सभी राष्ट्रों और विदेशी टी.वी. चैनलों का प्रसारण कार्य चल रहा है। सभी मुख्य शहर केबलों से जुड़े हुए हैं। इन टी.वी. चैनलों पर ज्ञान-विज्ञान, खेल-कूद, व्यापार-उद्योग, सिनेमा, स्वास्थ्य, ज्योतिष, भजन-कीर्तन शिक्षा के कार्यक्रम प्रसारित किये जाते हैं। केबल संयुक्तीकरण ने इण्टरनेट के कार्यक्रमों की उपलब्धि भी प्रत्येक लोगों हेतु सम्भव कर दी है।

सभी भाषाओं में दूरदर्शन चैनलों द्वारा कार्यक्रम निर्मित किये जाते हैं और उनका प्रसारण होता रहता है। चाहे रात हो या दिन, प्रसारण लगातार चलता रहता है। टी.वी. चैनलों पर होने वाले सभी कार्यक्रमों मे अक्सर मनोरंजन हेतु निर्मित कार्यक्रमों का प्रसारण अधिकाधिक होता है, परन्तु ज्ञानवर्द्धक कार्यक्रमों का भी अभाव नहीं होता, लेकिन बगैर केबल माध्यम के इन्हें देख पाना संभव नहीं है। इस तरह हमारे मनोरंजन क्षेत्र से लेकर जानकारी के क्षेत्र तक केबल बहुत महत्वपूर्ण हो गया है।

मल्टी-मीडिया

मीडिया का अभिप्राय है-संचारतन्त्र अर्थात् समाचार और सन्देश प्रसारण का तन्त्र। (Medium) अर्थात् माध्यम।Media इसी शब्द का बहुवचनीय रूप है। शुरूआत में समाचार या सन्देश प्रसारण के माध्यम थे-दूरभाष (टेलीफोन), तार (टेलीग्राम), समाचार-पत्र, रेडियो (आकाशवाणी), टेलीविजन (दूरदर्शन), सिनेमा (चलचित्र)। अतः यह सभी संचारतंत्र चूँकि समाचार-संदेश के माध्यम थे, अंग्रेजी शब्द(Media) में रूपान्तरित हो गये। इसी क्रम में संचारतन्त्र ने इलेक्ट्रानिक एवं अन्तरिक्ष विज्ञान के युग में प्रवेश किया, जिन्होंने संचारतन्त्र को नये आयाम दिये, अतएव इसके व्यापक और विराट परिवेश ने इसे नाम दे दिया-मल्टी मीडिया (Multi-Media) अर्थात् बहुव्यापक अथवा विराट संचारतन्त्र जिसने संगणक से जुड़कर अपने स्वरूप को वास्तव में ब्रह्मण्डीय रूप दे दिया था। अब पूरा संचारतन्त्र कम्प्यूटर से संबद्ध हो गया था-समाचार पत्रों से लेकर अन्तरिक्ष संचार प्रणाली तक। अतः सम्पूर्ण संचार व्यवस्था, संचार उपकरण, साधन और समाचार-सन्देशों के प्रस्तोता संस्थान; जैसे-भारत के पत्र सूचना संस्थान और कार्यालय (प्रेस ट्रस्ट आफ इण्डिया, यूनाइटेड न्यूज ऑफ इण्डिया, समाचार भारती,

हिन्दुस्तान समाचार, केन्द्र तथा राज्य सरकार के सूचना कार्यालय तथा प्रकाशन विभाग आदि) तथा विदेशों के ऐसे ही संस्थान, मल्टी-मीडिया के ही अंग हो गये थे।

इस तरह मल्टी-मीडिया के यह अंग बने–

(1) इलेक्ट्रानिक मीडिया–इसमें दूरदर्शन(Telivision), आकाशवाणी (Radio), दूरभाष (Telephone), तार (Telegraph), फैक्स (Fax), अन्तःजाल (Internet), स्पीकर (Speaker), केबल (Cable), आदि आते हैं।

(2) कम्प्यूटर–कम्प्यूटर ही वह वैज्ञानिक उपकरण है, जिसने मीडिया को मल्टी-मीडिया बना दिया है। वर्तमान समय में कम्प्यूटर ने जीवन के हर क्षेत्र की तरफ हाथ पसार दिये हैं। इसके माध्यम से काम्बो डॉस, सी.डी.बी.डी., सी.डी. राइटर उपकरण संचालित होते हैं। ये इण्टरनेट से सम्बद्ध होकर सी.डी. प्लेयर, विण्डोमीडिया, प्लेयर माध्यमों से उपलब्ध समस्त सामग्री को विश्वव्यापी संचार क्रिया का पात्र बना देते हैं। अक्सर मानव जीवन से संबंधित सभी विषयों को विश्वव्यापी संचार क्रिया का पात्र बनाने का श्रेय कम्प्यूटर विधि को ही जाता है।

(3) अन्तरिक्ष विज्ञान–यह मल्टी-मीडिया का तृतीय अंग है। इसकी योजनाएँ भू-उपग्रहों की स्थापना से संबंधित हैं।

(4) अन्य माध्यम–इसमें समाचार-पत्र सूचना कार्यालय, प्रकाशन विभाग, डाक-प्रणाली, चलचित्र आदि आते हैं।

मल्टी-मीडिया के उपकरण–मल्टी-मीडिया जिन उपकरणों के सहारे काम करती है, वह ये हैं–

(1) आडियो (ध्वनि) संबंधी उपकरण–इनमें आडियो फर्स्टमिक्स इण्टीग्रेड, डिजिटल आडियो आदि आते हैं।

(2) वीडियो काम्प्रेशन कोडेक्स–इसमें सिनेपात्रक, डिप्डियों आर 3.1, आई. वी. व्ही. यू. 1.32, कम्प्रेशन ड्राइवर, वीडियोनेट, वीडियावेन, वीडियो कोडेक आते है।

(3) आडियो कम्प्रेशन कोडेक्स–इसमें लर्न आउट एण्ड होस्पाई कोडेक्स विण्डो मीडिया आडियो, सिप्रोलैव टेलीकॉम, ए.सी. ई. एल. पी. नेट, टू स्पीच साफ्टवेयर इत्यादि आते हैं।

(4) विडियो कैप्चर डिवाइसेज–ये गेम पार्ट आपस्टिक या विभिन्न खेलों से संबंधित हैं।

(5) एम. आई. डी. आई. डिवाइसें और उपकरण–इनसे एम. आई. डी आई पर एम. पी. यू. 401 कम्पेटियाँ होती है।

(6) मिक्सर डिवाइस—इनमें मिक्सर साउण्ड मेक्स, इण्टीग्रेटेड डिजिटल आडियो होते है।

(7) लाइनपुट डिवाइसेन—इसमें एक्टिव मूवी एम. सी. आई. ड्राइवर-सी. डी., आडियो डिवाइस, एम. आई, सिक्वेन्सर डिवाइस, मोशन वीडियो डिवाइस, पायोनियर लेजर डिस्क डिवाइस, विस्का वी. सी. आर. डिवाइस, वेव वीडियो डिवाइस सम्मिलित है।

आधुनिक युग में मल्टी-मीडिया ने सांस्कृतिक और सामाजिक संक्रमण में बहुत बड़ी भूमिका का निर्वाह किया है। ज्ञान के क्षेत्रों का विकास विश्वव्यापी स्तर पर कर दिया है तथा मनोरंजन की दुनिया में क्रांतिकारी वातावरण की सृष्टि कर दी है। अब हम किसी भी भाषा के चलचित्रों, दूरदर्शन कार्यक्रमों को किसी भी दूसरी भाषा में देख अथवा सुन सकते हैं। विश्व की हर सूचना को इण्टरनेट से प्राप्त कर सकते हैं। दूर देशों में बैठे लोगों से गपशप कर सकते हैं।

पत्रकारिता के क्षेत्र ने तो इतना व्यापक रूप ले लिया है कि टेलीविजन पर समाचार वाचक हमें सीधे समाचार क्षेत्र के दर्शन भी करा देता है। हमें घटनास्थल पर खड़े अपने संवाददाता से ही नहीं, वहाँ के अन्य लोगों की वैचारिकता से भी प्रत्यक्ष रूप में अवगत करा देता है। समाचारों की प्रामाणिकता पर कोई भी दर्शक अब स्वयं समाचारों के स्रोत का ज्ञान कर सकता है। हम विश्व के किसी भी कोने में घटित होने वाली घटनाओं को अपनी आँखों से घटित होते हुए घर बैठे देख सकते हैं। कहने का आशय यह है कि मल्टी-मीडिया ने आधुनिक जीवन और संस्कृति को व्यापक तौर पर प्रभावित किया है, क्योंकि इसकी गिरफ्त से न तो समाचार संवाहक क्षेत्र बचा है न मनोरंजन के लीला रूप और न ही ज्ञान संवर्द्धन के प्रयास।

जिस तरह से मल्टी-मीडिया का स्वरूप प्रखर हुआ, उस पर संक्षिप्त चर्चा करना उपयुक्त होगा।

समाचार-पत्र के चलन ने अक्सर जनजीवन को समाचारों से अवगत होने की मानवीय उत्सुकता और जिज्ञासा की तृप्ति की थी। साहित्यिक विधा को पत्र-पत्रिकाओं ने प्रमुखता दी, जिसमें मनोरंजन साहित्य भी शामिल था तथा ज्ञानवर्द्धन और वैचारिक साहित्य भी। साहित्य की विधा में नये-नये रचना प्रयोग भी सामने आये। इन्हीं का पदार्पण रेडियो तथा बाद में दूरदर्शन के क्षेत्र में हुआ, किन्तु समाचार-पत्रों की उपयोगिता तथा उनके प्रति जन-प्रेम में कोई अन्तर नहीं आया। आज भी अगर लोगों के घर प्रातः काल में ही समाचार-पत्र नहीं पहुँचता

तो वह उसके लिए छटपटाते हुए से देखे जा सकते हैं। सामान्य तौर पर देखा जाय तो समाचार-पत्रों, रेडियो या दूरदर्शन पर प्रकट किये जाने वाले सभी समाचारों को जान लेने का कोई प्रयोजन आम जनता का नहीं होता परन्तु उसकी रुचि फिर भी सभी तरह के समाचारों को जानने की होती है। इसी रुचि में समाचार पत्रों की ग्राहक फिर भी सभी तरह के समाचारों को जानने की होती है। तथा आम जनता की विचारधारा पर समाचारों के आक्रमण का भी भेद निहित है। इसके बाद आती है समाचार पत्रों की मनोरंजक तथा ज्ञानवर्द्धक सामग्री। यह जनता को प्रभावित करने वाला संचार साधनों का द्वितीय तंत्र है। मल्टी-मीडिया के रूप में स्वयं तो संचारतन्त्र के क्षेत्र में क्रांति की ही, सामान्य जनजीवन में भी ने इसके बीच बाये। उसने रहन-सहन से लेकर सच के तरीके को भी बदला। अतः क्रांति दोनो ही पक्षों में हुई। फलस्वरूप यह हुआ कि संचार आधुनिक युग में एक पूर्ण व्यवसाय के रूप में जम सकने में सफल हुआ और पत्रकारिता, समाचार पत्रों की पहली सीढ़ी से चढ़ती हुई अन्तरिक्ष तक पहुँच गई अैर मल्टी-मीडिया स्वाभाविक तौर पर घर-घर की सेवा में लग गई।

मल्टी-मीडिया का प्रबल रूप अन्तरिक्ष जनसंचार के रूप में स्पष्ट हुआ। अभी तक सूर्य के चारों तरफ चक्कर लगाने वाले दो प्राकृतिक उपग्रह थे, लेकिन आधुनिक विज्ञान ने पृथ्वी की कक्षा में कक्षीय और भूस्थिर उपग्रह प्रक्षेपण करके संचार क्षेत्र को यह वरदान दे दिया। सन् 1956 ई. से वैज्ञानिकों ने यह कार्य करना शुरू किया। इन कृत्रिम उपग्रहों का कार्य होता है, पृथ्वी से उन तक भेजे गये संकेतों को ग्रहण करना एवं शीघ्र ही उन्हें परावर्तित कर देना। इन परावर्तित संकेतों का आवर्द्धन सभी दिशाओं में होता है, जिन्हें पृथ्वी पर स्थित कई केन्द्र ग्रहण करके प्रसारित कर देते हैं। विषवत् रेखा के ऊपर एक निश्चित ऊँचाई पर स्थापित किये **भूस्थिर** नामक उपग्रह अन्तर्राष्ट्रीय संचार पद्धति के आधुनिकतम आधार हैं।

इन उपग्रहों द्वारा समुद्र विज्ञान, मौसम विज्ञान, मत्स्य पालन, सूखा और बाढ़ की स्थिति, पेट्रोलियम उद्गमों एवं प्राकृतिक संसाधनों संबंधी सामाजिक सूचनाओं को प्राप्त करना आसान हो गया। पृथ्वी पर मौसम की सतत् जानकारी, रेडियो के क्षेत्रीय और राष्ट्रीय कार्यक्रमों का प्रसारण, पूरे देश में दूरदर्शन कार्यक्रमों का सीधा प्रसारण तथा दूरसंचार व्यवस्था को इन्होंने विकसित कर दिया। उपग्रह एपल के सहारे 13 अगस्त, 1981 को भारतीय दूरदर्शन के

इतिहास में एक अनोखी घटना अवतरित हुई। इसी उपग्रह के द्वारा दिल्ली, मुम्बई, चन्नई तथा तीन अन्य महानगरों में हजारों लोगों ने दूरदर्शन पर देखा कि प्रधानमंत्री इन्दिरा गाँधी दिल्ली दूरदर्शन के स्टूडियो से अहमदाबाद के स्पेस सेण्टर में एकत्रित हुए वैज्ञानिकों से इस तरह वार्तालाप कर रही थीं, जैसे वह एक प्रत्यक्ष वार्तालाप हो।

उपग्रहों द्वारा प्रेषित सैकड़ों संवाद रात-दिन पृथ्वी की परिक्रमा कर रहे हैं। उन्हें टी. वी. एवं रेडियो द्वारा देखा तथा सुना जा सकता है। समाचार-जगत में चमत्कार हो रहा है।'इन्सेट 1-बी' के सहारे चेन्नई में आधी रात को तैयार समाचार पत्र 'द हिन्दू' गुड़गाँव (हरियाणा) से भी उसी समय प्रकाशित हो रहा है। दक्षिण भारत में समाचार-पत्र की पूर्ण तैयारी हो और हजारों मील दूर उत्तर भारत से भी वह उसी समय प्रकाशित किया जा सके। यह चमत्कार अन्तरिक्ष में उपस्थित उपग्रह विज्ञान के कारण ही सम्भव हो सका है। इन्सटेण्ट डाक्यूमेण्ट ट्रान्समिशन (Instent Document Transmission) द्वारा पलक मारते ही लम्बे आलेख और समाचार एक स्थान से दूसरे स्थान पर पहुँच जाते हैं। फोटो ट्रांसमीटर द्वारा एक देश में खेले जा रहे मैच के चित्र कुछ ही घंटों के पश्चात दूसरे देश के पत्रों में छप जाते हैं। एक ही समाचार-पत्र के कई संस्करण भिन्न-भिन्न नगरों में एक साथ प्रकाशित हो रहे हैं। इलेक्ट्रानिक विधियों द्वारा **विजुअल डिस्प्ले टर्मिनल** पर मुद्रण, संघटन, प्रतिवाचन एवं पृष्ठ सज्जा का कार्य एक ही मानव द्वारा पूरा किया जा रहा है।

मल्टी-मीडिया ने संचार का स्वरूप ही परिवर्तित कर दिया है। यहाँ तक कि अब सन्देशों के अलावा समाचारों का अवलोकन **मोबाइल दूरभाष** पर भी देखा जा सकता है। इण्टरनेट द्वारा आप जहाँ से चाहें विश्व में अपना सम्पर्क साध रखते हैं। यह निश्चित है कि आगे आने वाला समय अथवा युग इण्टरनेट का होगा। यह अब तक के सर्वाधिक शक्तिशाली सूचना माध्यम के रूप में उभरा है। हम अगर चाहें तो इण्टरनेट पर समाचार-पत्रों में छपे ताजा समाचार पढ़ सकते हैं। इण्टरनेट के द्वारा हम घर पर बैठे-बैठे ही खरीददारी कर सकते हैं। दूरदराज रहने वाले किसी व्यक्ति से विचार-विमर्श कर सकते हैं। किसी सेमिनार अथवा विवाद में भी भाग ले सकते हैं। खेल और सिनेमा देख सकते हैं। कोई व्यवसाय कर सकते हैं, बगैर कागज के कार्यालय चला सकते हैं। **वीडियो ई-मेल** से दुनियाभर में फैले अपने सम्बन्धियों से सम्पर्क कायम कर सकते हैं।

ई-मेल की तरह ही **'ई-कॉमर्स'** भी लोकप्रिय हो रहा है। ऐसा लगता है कि नजदीकी भविष्य में सारा कारोबार **इलेक्ट्रानिक्स कॉमर्स** के माध्यम से होने लगेगा।

इंटरनेट का सीधा-सादा तात्पर्य है अन्तर्ज़ाल। जब हम आधुनिक जीवन में संचार प्रौद्योगिकी के साहसिक क्रियाकलापों के प्रवेश पर दृष्टि डालते हैं तो चकित रह जाना पड़ता है। अब वह समय नहीं रहा कि आप विश्व के किसी भी कोने से अविलम्ब संबंध स्थापित न कर सकें। इंटरनेट कम्प्यूटरी अन्तर्जाल है जिसने समग्र विश्व को एक सूत्र में बाँध दिया है। समाचार वाहक के रूप में इसने पत्रकारिता को अक्सर अपने आश्रित ही कर लिया है। इसके अलावा यह बहुत तेजी से मानवीय व्यवहार क्रिया के बीहड़ धरातल से लेकर ज्ञान के क्षितिज आयाम तक की सूक्ष्म कलाओं को अपने अंदर आत्मसात करता चला जा रहा है। आप इंटरनेट द्वारा संसार में होने वाली या हो चुकी सब घटनाओं के सूक्ष्म विवरण शीघ्र इंटरनेट पर प्राप्त कर सकते हैं। इंटरनेट द्वारा आप अपना संदेश क्षणमात्र में विश्व भर में पहुँचा सकते हैं, आप अपने मन का मित्र प्राप्त कर सकते हैं, साहचर्य हेतु साथी की तलाश कर सकते हैं। संसार जगत भी इंटरनेट की हम यदि क्रान्ति कहें तो अत्युक्ति नहीं होगी। इंटरनेट का प्रारम्भ सबसे पूर्व अमेरिका में हुआ। नब्बे के दशक में इसने अपनी पहचान अमेरिका में बनाकर विश्व की यात्रा आरम्भ की और पाँच वर्ष की यात्रा करके यह भारत पहुँचा। जहाँ भी पहुँचा, इसका पूरे विश्व में खूब स्वागत हुआ। इसमें कोई आश्चर्य की बात नहीं थी, न विस्मय की ही थी, परन्तु कुतूहल विशेष की बात जरूर थी। यह क्या-क्या सेवाएँ प्रदान करता था, इसे जानने हेतु बड़ी उत्सुकता भी थी।

भारत में 15 अगस्त, सन् 1995 ई. को इंटरनेट सेवाएँ विदेश संचार निगम लिमिटेड ने शुरू कीं। उस समय इसके सिर्फ सात सौ तीन ग्राहक थे। जब भारत में यह सेवा आरम्भ की गई थी, केवल चौसठ लाइनें तथा एक इंटरनेट बिन्दुओं से काम चलाया जा रहा था। आधुनिक समय में विदेश संचार निगम लिमिटेड के पास बारह हजार लाइनें हैं और तकरीबन एक लाख पच्चीस हजार ग्राहक हैं, जिन्हें चालीस बिन्दुओं द्वारा जोड़ा गया है। उपभोक्ताओं की संख्या छः लाख है। एक औसत वेब पृष्ठ पर तकरीबन पाँच शब्द होते हैं। इस समय भारत की इंटरनेट सेवा के पास पाँच करोड़ वेब क्षमता है। जब यह आंकड़े लिये गये थे, तब से अब तक आँकड़ों की संख्या में कितनी बढ़ोतरी हो चुकी है, इसकी सही-सही जानकारी अगर हम करना चाहें तब भी नहीं कर सकते, क्योंकि जानकारी प्राप्त करते-करते

आँकड़ों में तेजी से बढ़ोतरी हो जाती है। इंटरनेट उपभोक्ताओं की संख्या दिन-प्रतिदिन क्या प्रति मिनट बढ़ती चली जा रही है।

सूचना सम्प्रेषण—इंटरनेट तकनीकी का जन्म एक विचित्र संयोग द्वारा ही हुआ, क्योंकि इसका उद्देश्य व्यापक-संचार-प्रणाली का संगठन करना नहीं था। इसको सूचना सम्प्रेषण हेतु, अमेरिकी रक्षा विभाग की एक अनुसंधान ऐजेंसी ने चार कम्प्यूटरों को जोड़कर शुरू किया था, जिसका कार्य सैनिकीय कार्य-व्यवहार में इस्तेमाल किया गया। चार कम्प्यूटरों के इस छोटे से नेटवर्क में तीन कम्प्यूटर **कैलिफोर्निया** में तथा एक **यूदा** में। बाद में इस नेटवर्क में सैंतीस कम्प्यूटर और शामिल किये गये। इस प्रणाली के आविष्कार के समय तक इसकी भविष्यगत जाल-विस्तार-संभावना की लोग कल्पना नहीं करते थे, लेकिन यह प्रणाली सन् 1990 तक अमेरिका में ही अपने वर्तमान रूप में आ गई। एक आकलन के अनुसार सन् 2000 ई. तक अमेरिका की आधी जनसंख्या इंटरनेट के जाल में आ चुकी थी। यह तो इस विवरण से समझ ही लिया होगा कि इंटरनेट एक से ज्यादा कम्प्यूटरों को आपस में जोड़ देने से निर्मित होता है। अतः इंटरनेट ऐसे अनेक नेटवर्कों को परस्पर जोड़ने वाला नेटवर्क है।

इस समय पूरे विश्व में तकरीबन दस लाख वेबसाइट विद्यमान हैं। प्रत्येक वेबसाइट अपने आप में एक वेबसाइट है। समस्त वेबसेट किसी न किसी माध्यम से परस्पर संबंद्ध है। परिस्थिति अब यह है कि इंटरनेट को भंग नहीं किया जा सकता उसे बढ़ाया तो जा सकता है। इसकी तुलना टेलीविजन से कर सकते हैं, क्योंकि टेलीविजन पर जिस तरह रोक लगाना सम्भव दिखाई नहीं देता, उसी प्रकार नेटवर्क को भी भंग कर पाना अब संभव नहीं है।

सूचना-सागर—इंटरनेट नेटवर्क के इस ब्रह्माण्ड में जितने विषय मानव की जानकारी में हैं, उतने ही इंटरनेट के गर्भ में भी समाये हुए हैं। वे समस्त वैश्विक जानकारी का सबसे बड़ा भण्डार है। समाचार-पत्र, टी.वी. या आकाशवाणी भी समाचार प्रेषक होते हैं, परन्तु इंटरनेट के सामने यह कुछ नहीं हैं। इंटरनेट आप यदि जानकारी करना चाहे तो प्रत्येक विषय पर पूरी की पूरी माध्यम इंटरनेट से पहले कोई नहीं था, लेकिन इंटरनेट के आने के बाद अब लोग इन माध्यमों से जानकारी में आये समाचारों से पूर्व ही सब समाचार जान लेते हैं। द्वितीय बात यह है कि समाचार-पत्र आदि की सूचनाएँ संपादक द्वारा अपने अनुसार छाँटकर तथा अखबार की नीतियों को ध्यान में रखकर दी जाती हैं। समाचारों की व्याख्या संपादन विभाग के अपने दृष्टिकोणों से प्रभावित रहती है, जो प्रायः पाठकों पर

एक विषय होते हैं, समाचार-पत्रों के द्वारा जिनकी जानकारी प्राप्त होती है, वह प्रायः अधूरी होती है, लेकिन इंटरनेट पर वह अपने पूर्णरूप में प्राप्त रहती है।

इंटरनेट पर सूचनाओं का प्रवाह लगातार चलता रहता है। इस कारण यह सबसे बड़ी सुविधा होती है कि जानकारी प्राप्त करने हेतु समाचार-पत्रों के प्रकाशन की नियमित कालावधि के आधीन नहीं रहना पड़ता। इंटरनेट पर जो भी सूचना प्राप्त होती है, उसका स्रोत कोई न कोई कम्प्यूटर होता है, जो उससे जुड़ा रहता है। इसे 'सर्वर' कहा जाता है। 'सर्वर क्लाइण्ट' एक कम्प्यूटर प्रोग्राम होता है, जो मांगी गई सूचनाओं का संकलन करता है। क्लाण्इट को यह मालूम होता है कि किसी सर्वर पर उपलब्ध सूचनाओं को किस तरह प्राप्त किया जाय।

पत्रकारों हेतु किसी भी अधूरी सूचना का पूरा रूप जान लेना इंटरनेट पर सरल हो गया है। इंटरनेट के द्वारा अनेकानेक घटनाएँ विभिन्न स्रोतों से प्राप्त होती हैं। समाचारों के इंटरनेटीय प्रवाह-क्रम पर पत्रकार ही नहीं बैठे होते, वह उनके समाचार पत्रों के कई पाठकों को उनसे भी अधिक ज्ञान उपलब्धि का साधन बना रहता है, जो बहुत से विषयों से संबंधित होता है। इस कारण पत्रकारों को सावधान भी रहना पड़ता है, अतः अब वह समाचार संपादक की मेज पर उपलब्ध कराने के रूप में बहुत ध्यान देने को बाध्य होते हैं। इसका एक परिणाम इस रूप में भी सामने आया है कि समाचार-पत्रों को स्वयं में पाठकों की रुचि जागृत करते रहने हेतु विशेष प्रयास करते रहने के लिये समाचारों के प्रस्तुतीकरण में नई-नई शैलियाँ अपनाने को विवश होना पड़ा है।

डाटा बैंक—संगणक हमें वही जानकारी देने में सक्षम होता है, जो उसमें भरी जाती है। लेकिन इंटरनेट पर हमें वह सामग्री भी प्राप्त होती है जो किसी बात के विशद रूप से संबंधित होती है। यह 'डाटा बैंक' की महिमा है। विश्व भर के व्यक्ति उसे नवीनतम जानकारी उपलब्ध कराते रहते हैं। यह जानकारी इंटरनेट द्वारा कोई भी प्राप्त करने में सक्षम होता है।

सूचना संप्रेषण—इंटरनेट पर सूचनाएँ छोटे-छोटे भागों में विभक्त होकर संप्रेषित होती रहती है। सर्वर सूचना को निर्धारित आकार देता है और क्लाइण्ट के पास पहुँचाता है। क्लाइण्ट के कम्प्यूटर पर जब सूचना के कई टुकड़े पहुँच जाते हैं तो वह इन्हें एक-एक करके प्रस्तुत करने के काम को पूरा कर लेता है। सर्वर का काम है विभिन्न स्थानों से मिली सूचनाओं को उसके पते पर पहुँचाने की व्यवस्था करना। टुकड़ों को जोड़ने की प्रक्रिया **ट्रान्समीशन कण्ट्रोल प्रोटोकोल**

के नियमों के तहत की जाती है। यह कार्य 'ई-मेल' द्वारा होता है। इसके द्वारा संदेश एक कम्प्यूटर से दूसरे कम्प्यूटर में हस्तान्तरित किये जाते हैं। इस तरह कम्प्यूटर धारक अपने कम्प्यूटर पर सूचनाएँ सुलभ कर लेते हैं।

सर्वाधिक शक्तिशाली सूचना माध्यम—अब तक के सभी सूचना माध्यमों से इंटरनेट सूचना माध्यम सर्वाधिक शक्तिशाली रूप में सामने आया है। यह पत्रकारिता के क्षेत्र में सर्वाधिक उपयोगी साबित हुआ है। इसे विचारों की स्वतन्त्र अभिव्यक्ति का इकलौता माध्यम कहा जा सकता है। रेडियो तथा इंटरनेट बहुमुखी प्रयोगों का माध्यम बन गया है, यथा—

(1) कोई भी इंटरनेट के माध्यम से घर बैठे ही खरीददारी कर सकता है। उसे बाजार जाने का कष्ट करने की जरूरत ही नहीं होगी।

(2) अगर कोई चाहे तो इंटरनेट पर समाचार-पत्रों में छपे समाचार पढ़ सकता है। अब समाचार-पत्रों तथा संवाद-समितियों के अपने-अपने वेबसाइट बनने शुरू हो गये हैं। ऐसी संभावनाएँ पैदा हो गई हैं कि शायद समाचार-पत्रों को घर तक पहुँचाने वाले हॉकरों का कार्य ही न कहीं खत्म हो जाय। लेकिन ऐसा शायद नहीं होगा, क्योंकि पाठक केवल समाचार ही नहीं पढ़ना चाहता वह तत्कालीन समाचारों की व्याख्याओं को उनकी अपनी मानसिक व्याख्या से संबंद्ध करने एवं पढ़ने में ज्यादा रुचि लेता है।

(3) ईमेल से बधाई कार्ड भेजे जा सकते हैं।

(4) दूर-दराज स्थानों पर रहने वाले अपने बन्धु-बान्धवों, मित्रों अथवा परिचितों-अपरिचितों से विचार-विमर्श और गप-शप कर सकता है। वह किसी सेमिनार या वाद-विवाद में हिस्सा ले सकता है। कोई व्यवसाय कर सकता है, बगैर कागज के कार्यालय चला जा सकता है।

(5) बैकों के लेन-देन में बैंकों में जाना भी जरूरी नहीं होगा, अब बैंकों से घर बैठे लेन-देन कर सकते हैं।

(6) संवाददाता घटनाओं की रिपोर्ट के साथ उससे जुड़े चित्र भी संपादक को प्रस्तुत कर सकते हैं।

व्यापार—कई बड़े-बड़े देशों के सरकारी प्रतिष्ठानों, निजी संस्थानों, बैंकों आदि की निजी वेबसाइट स्थापित हो गई है एवं अब ई-मेल की तरह ई-कामर्स भी लोकप्रिय हो रहा है। ई-कामर्स के विषय में ज्यादा जानकारी www.internet news.com/cc.news कमाण्ड का प्रयोग करके इलेक्ट्रॉनिक्स कामर्स से संबंधित सभी सूचनाएँ प्राप्त की जा सकती हैं। ई-कामर्स में उन सब सूचनाओं का भण्डार

होता है जो सौदे को अन्तिम रूप देने हेतु आवश्यक होती हैं।

बैंकों में अब एटीएम पद्धति द्वारा पैसा निकालने की सुविधा प्राप्त होने लगी है। भारत में भी कई बैंकों ने इसे आरम्भ कर दिया है। इसमें अब तक क्रेडिट या डेबिट कार्ड का उपयोग करना होता है, लेकिन अब जल्द ही ऐसी प्रक्रिया का विकास हो रहा है, जिसके द्वारा बैंकों से पैसा प्राप्त कराने के लिये ग्राहकों के शरीर और अंगों के आधार पर पासवर्ड बनाये जाएँगे और आँखों के रंग या उंगलियों के निशानों से ही मशीनें अपने खातेदारों को पहचान कर भुगतान करने लगेंगी।

इंटरनेट ने टी.वी. को पीछे धकेलने की भूमिका बना दी है, लेकिन इंटरनेट के साथ उसका इस्तेमाल करने वालों के साथ उसके शिक्षित होने का संबंध जुड़ा हुआ है, क्योंकि यह उपकरण या पद्धति मुख्य रूप से ज्ञान का प्रसार करने वाली है, मनोरंजन या अन्य तरह के इसके उपयोग बाद में आते हैं, लेकिन मनोरंजन भी एक मुख्य कारण है, जो इसकी ओर विशेष रूप से युवकों को आकर्षित करता है और उन्हें तरह-तरह के सपने भी दिखाने लगता है। टी.वी. कम्पनियाँ शायद इसी प्रयत्न में लगी हुई हैं कि टी.वी. सेट को ही व्यक्तिगत कम्प्यूटर के रूप में विकसित कर दिया जाय। निजी (पर्सनल) वीडियो रिकार्डर के माध्यम से यह कार्य किया जा रहा है। यह उपकरण टी.वी. को इण्टरएक्टिव टी.वी. में परिवर्तित कर देता है। इस प्रकार टी.वी. में कई संभावनाओं की खोज की जा रही है। इस तरह से इंटरनेट को घर-घर पहुँचाना सरल है। पत्रकारिता जगत में इसी कारण इंटरनेट का स्वागत जोरों से किया गया है।

मानव-जीवन के अत्यन्त व्यक्तिगत परिवेश में भी इंटरनेट ने प्रवेश कर लिया है। यहाँ तक कि वर-वधू ढूँढ़ने के काम के साथ विवाह आदि समारोह की तैयारियों में भी इंटरनेट एक साधन बन चुका है। समाचार-पत्रों को यह भय सताने लगा है कि कहीं उनको क्लासीफाइड विज्ञापनों की आमदनी से हाथ न धोना पड़े। लेकिन भारत जैसे देश में अभी समाचार-पत्रों को इसकी घोर चिन्ता करने की जरूरत नहीं है। ऐसे समय आने की भी संभावना है कि लोग शायद पत्र लिखना छोड़ दें और फैक्स से ही काम चलाने लगे। अब फैक्स का स्थान इंटरनेट ने ले लिया है। अभी भारत में इंटरनेट फोन पर बातचीत करने को कानूनी मान्यता नहीं मिली है क्योंकि इससे राजस्व में भारी गिरावट आने की संभावना है, लेकिन आशा यह है कि इस संबध में कानूनी मान्यता शायद जल्द ही मिल जाय।

9

संचार

"आधुनिक शिक्षा प्रणाली में संचार प्रसार शिक्षा का एक आवश्यक अंग बन गया है"। प्रसार एक शैक्षणिक प्रक्रिया है जिसमें उपयोगी ज्ञान को लोगों तक संचारित किया जाता है। आदिकाल से मानव विविध मुद्राओं के द्वारा कई भावों को अभिव्यक्त करता आया है। खजुराहो की मूर्तियाँ इसके ज्वलंत उदाहरण हैं। **जीव-पाल फार आन्द्रे के अनुसार**, "संचार मानव के स्वभाव का अनिवार्य हिस्सा है। मनुष्य द्वारा शब्द; संगीत, हाव-भाव इत्यादि रूपों से होने वाली सम्प्रेषण प्रक्रियाएँ संचार का हिस्सा हैं। संचार मानव समुदाय के जीवन की वह धुरी है, जिसके द्वारा मनुष्य के सामाजिक सम्बन्धों का निर्माण एवं विकास होता है। संचार के बगैर मनुष्य के सामाजिक जीवन की कल्पना नहीं कर सकते हैं।"

सी. एल. लॉयड के अनुसार, "संचार ही मानव समाज की संचालन प्रक्रिया को सम्भव बनाता है।"

मानव में बाल्यावस्था से ही संचार प्रक्रिया का विकास शुरू हो जाता है। शिशु में संचार व्यवहार के विकास हेतु प्रेरणा एवं पर्यावरण आधारभूत तत्व है।

सी. एल. लॉयड के अनुसार, "संचार की प्रक्रिया में सूचना प्रवाह एवं सूचना की ग्रहणशीलता के काम में मानव शरीर के कई अंग संयुक्त अथवा पृथक-पृथक रूप में भूमिका निभाते हैं। इनमें मुख, हाथ, चेहरा तथा शरीर के अन्य कई अंग प्रमुख हैं। संचार प्रक्रिया में शरीर के भाग, सूचना प्रेषक, सूचना, संचार माध्यम, संचार संपादन एवं सूचना नियन्त्रक का कार्य करते हैं।" वास्तव में ज्ञानेन्द्रियों के माध्यम से ही मानव अपने जीवन के अनुभवों को सहेजता है और दूसरों के साथ बाँटता है।

संचार के अंग

संचार माध्यम	संचार साधन	संचार प्रक्रिया
(1) मुँह	हवा	बोलकर
(2) हाथ एवं बाँहें	दृष्टिगत	हाव-भाव स्पर्श,
(3) चेहरा	दृष्टिगत	भाव या रंगत
(4) आँखें	दृष्टिगत	देखकर
(5) कान	हवा	सुनकर
(6) पैर	दृष्टिगत	हाव-भाव स्पर्श

सूचना का मात्र सम्प्रेषण होना ही संचार नहीं है। सम्प्रेषण पर एक प्रभावी प्रतिक्रिया होना भी आवश्यक है, जिसे संचार प्रक्रिया के तहत प्रतिपुष्टि या फीडबैक के रूप में जाना जाता है। समाज में संचार प्रवाह भाषा या भाव-भंगिमा के द्वारा ही होता है। भाव भंगिमा अमुक प्रक्रिया होती है जो कि संचार का ही एक रूप है। भाषा एक स्पष्ट प्रकार का सामाजिक संचार है और यह सभी मानव समाज में प्रभावी है। संचार समाज का आधार तत्व है।

संचार का अभिप्राय

संचार को आंग्ल भाषा में कम्युनिकेशन (Communication) कहा जाता है। कम्युनिकेशन शब्द लैटिन भाषा के कम्युनिस (Communis) से निर्मित है जिसका अभिप्राय है—to make comon, to share, to import, to transmit. अतः संचार एक ऐसी प्रक्रिया है जिसमें एक व्यक्ति दूसरे को पारस्परिकता के आधार पर भावनाओं तथा विचारों का आगत-निर्गत करता है। यह एक दोहरा प्रवाह है जिसमें एक तरफ सम्प्रेषक (Sender) एवं और

उसका सन्देश (message) होता है एवं दूसरी तरफ प्राप्तकर्त्ता (Receiver) और उसकी अनुक्रिया (response) है। इस प्रकार ज्ञान की बातों, भावनाओं, विचारों तथा सूचनाओं के आपस में आगत-निर्गत की प्रक्रिया से संचार कहते हैं। संचार क्रिया द्वारा एक मनुष्य दूसरे मनुष्य के विचारों, मनोवृत्तियों एवं सूचना में हिस्सा लेता है।

सामान्य रूप में, प्रेषक (Sender), सूचना देने से पूर्व विषय को अपने तरीके से परिवर्तन करता है जिसे संकेतन (Encoding) कहा जाता है, इसी तरह सूचना ग्रहण करने वाला (Receiver), सूचना ग्रहण करने से पूर्व अपने तरीके से सूचना को समझता है एवं फिर ग्रहण करता है, इसे विसंकेतन (Decoding) कहते हैं। इस प्रकार सूचना या विचार उचित संचार माध्यम के द्वारा सूचना वाहक से श्रोता तक पहुँचाता है।

संचार प्रक्रिया का आंरभ शिशु के जन्म से होता है और उसका अन्त मानव जीवन के अन्त से ही होता है। इस तरह संचार जीवन का अनिवार्य भाग है।

सन्देशों का आगत-निर्गत लिखित, मौखिक अथवा सांकेतिक भाग होता है। माध्यम बातचीत, विज्ञापन, रेडियो, समाचार-पत्र, टेलीविजन, ई-मेल, पत्राचार आदि के द्वारा हो सकते हैं।

संचार की मान्य परिभाषाएँ

(1) **अमेरिकन कॉलेज शब्दकोश** के अनुसार, "सम्प्रेषण कथन, लेखन या प्रतीकों द्वारा विचारों, तथ्यों अथवा सूचनाओं का आदान-प्रदान या उसमें हिस्सेदारी है।"

(2) **डेल एस. ब्रीच** के मतानुसार, "सम्प्रेषण एक व्यक्ति द्वारा दूसरे व्यक्ति को किसी सूचना अथवा विश्वास का हस्तान्तरण है।"

(3) **जिस्ट** के मतानुसार, "सम्प्रेषण ऐसा कोई भी व्यवहार है जिसमें किसी अर्थ का आदन-प्रदान शामिल होता है तो वह सम्प्रेषण कहलाता है।"

(4) **बुकर** (Booker, 1949) के मतानुसार, "सम्प्रेषण ऐसा कोई भी व्यवहार है जिसमें किसी अर्थ का आगत-निर्गत किया जाता है, जिसमें एक व्यक्ति से दूसरे व्यक्ति को सन्देश दिया जाता है।"

(5) **जे.पॉल लीगन** के मतानुसार, "संचार एक प्रक्रिया है जिसमें दो या दो से अधिक व्यक्ति आपस में विचारों, तथ्यों तथा भावनाओं का आदान-प्रदान इस

तरह करते हैं कि उनमें से प्रत्येक व्यक्ति संचरित सन्देश के अर्थ, विषय सामग्री एवं उसके प्रयोग को समझते हैं।"

(6) **वॉरेन वीवर** के अनुसार, "सम्प्रेषण वह सभी प्रविधियाँ है जिसके द्वारा एक व्यक्ति के विचार दूसरे व्यक्ति के विचारों को प्रभावित करते हैं।"

(7) **लुईस ए. ऐलन** के मतानुसार, "सम्प्रेषण उन सब क्रियाओं का योग है, जिनको एक व्यक्ति, अपनी विचारधारा को दूसरे व्यक्ति के मस्तिष्क में पहुँचाने हेतु अथवा उसे समझाने हेतु अपनाता है। इसके अन्तर्गत कहने, सुनने तथा समझाने की व्यवस्थित एवं निरन्तर क्रियाओं का समावेा होता है।"

(8) **कोलमैन तथा मार्श** के मतानुसार, " वह सभी शैक्षिक और प्रयोगात्मक कार्यक्रम जो कृषि क्षेत्र में चलाये जाते हैं, संचार कहलाते हैं।"

(9) **कीथ डेविस** के अनुसार, "सम्प्रेषण एक व्यक्ति से दूसरे व्यक्ति को कोई सूचना या भाव पहुँचाने की प्रक्रिया है।"

(10) **डॉ. रणजीत सिंह** के शब्दानुसार, "सरल अर्थों में, संचार का अर्थ सन्देश प्राप्ति हेतु भोजन वाले व ग्रहण करने वाले के मध्य एकरूपता है। संचार व्यक्तियों के मध्य अर्थ का आदान-प्रदान करने की प्रक्रिया है।"

इस प्रकार संचार दो या दो से ज्यादा व्यक्तियों के मध्य, विचारों, सूचनाओं, अनुभूतियों और ज्ञान का प्रभावकारी आगत-निर्गत है। इसमें सूचना देने वाले व प्राप्तकर्त्ता के बीच एक साझेदारी होती है। संचार मे निहित संवाद अर्थयुक्त होना आवश्यक है। इसमें सूचना देने वाले प्रेषक जिस अभिप्राय को सम्प्रषित करते हैं, सूचना ग्रहण करने वाले ग्रहणकर्त्ता भी उसके अर्थ में अगर ग्रहण कर लेता है, तो वह वास्तविक संचार कहलाता है।

अतः प्रतिशत संचार का सार्थक होना आवश्यक है। इसके अन्तर्गत अनुभवों का आदान-प्रदान किया जाता है। यह आदान-प्रदान की क्रिया प्रत्यक्ष एवं परोक्ष रूप में सम्पन्न होती है। सन्देश को सम्प्रेषित किया जाता है। सन्देश में अनुभाव, वर्तमान व्यवहार एवं भविष्य की आवश्यकता निहित है। इस तरह सम्प्रेषण के द्वारा दो व्यक्तियों में सार्थकता का निर्माण होता है। संचार व्यक्तियों के व्यवहारों को भी प्रभावित करता है।

संचार प्रत्येक समाज की अनिवार्य जरूरत है। संचार के अभाव में न तो मानव समाज की स्थापना हो सकती है और न ही मनुष्य की सामाजिक व्यवस्था सम्भव है। संचार के अभाव में व्यक्ति स्वयं तक ही सीमित रहेगा।

संचार में प्रक्रियात्मक दृष्टि से कई चरण शामिल होते हैं, जिनसे मिलकर संचार हुआ। लगभग 2300 वर्ष पूर्व ग्रीक दार्शनिक अरस्तू (Aristotle) ने संचार में मुख्य रूप से निम्न 5 चरणों को समाहित किया था–

1. वक्ता
2. सन्देश
3. श्रोता
4. अवसर
5. प्रभाव

आधुनिक संचार विशेषज्ञ हैराल्ड डी लावेल (Harold D. Lasswell) ने भी संचार के प्रारूप में मुख्य रूप से 5 चरण समांहित किये, जिन्हें 5 'क' से जाना जाता है–

लासवेल का संचार प्रारूप

प्रति 5 'क'	अभिव्यक्ति
कौन?	प्रेषक (स्रोत)
क्या कहा?	सन्देश सन्दर्भ
किस माध्यम से	संचार माध्यम
किसके लिए	श्रोता
क्या प्रभाव	प्रभाव

अरस्तू और लासवेल के संचार प्रारूप में यह अंतर है कि अरस्तू के प्रारूप में मौके का उल्लेख है, किन्तु संचार माध्यमों का नहीं। अतः यह सम्भव है कि चूँकि प्राच्य समय में मनुष्यों के मध्य सम्भवत प्रतिशत मौखिक संचार होता होगा।

फ्रेंक ई. एक्स ने संचार प्रक्रिया को लट्टू की तरह बताया है। संचार भूतकाल से प्रभांवित होता है और इसमें हर चरण में नवीनीकरण होता है। अत प्रतिशत यह प्रारूप घटना एवं व्यक्ति पर आधारित है जिसके अनुसार संचार का कोई निर्धारित शुरू अथवा अन्त नहीं होता। अतः इस मॉडल के अनुसार संचार का दायरा अनिश्चित होता है इसीलिए फ्रेंक ई. एक्स ने इसे संचार का नृत्य प्रारूप कहा है।

शेमन वीवर मॉडल के अनुसार प्रेषक के पास ज्ञान का स्रोत होता है जिसको वह संकेत अथवा शब्दों के द्वारा प्रेषित करता है। इन संकेतों को प्राप्तकर्त्ता ग्रहण करके गन्तव्य तक पहुँचाता है। यह आदर्श इस प्रकार हैं–

स्रोत → प्रसारक → संकेतक → प्राप्तकर्त्ता → गंतव्य

लीगन्स के मतानुसार संचारक किसी सन्देश को जब श्रोता के पास पहुँचाता है तो वह एक समुचित माध्यम द्वारा प्रतिपादित करके भेजा जाता है। लीगन्स ने संचार पद्धति में श्रोता की प्रतिक्रिया को भी सम्मिलित किया है। श्रोताओं की प्रतिक्रिया जानने से संचारक अपने द्वारा प्रेषित सन्देश का मूल्यांकन करते हैं एवं उसके अनुकूल प्रयत्न करता है। संचार पद्धति में इसे प्रतिपुष्टि कहते हैं।

प्रपुष्टि के द्वारा संचार की सफलता को मूल्यांकित किया जाता है। संचार तब सफल माना जाता है जब ग्रहणकर्त्ता या श्रोता उस संचार को समझ लेता है और प्रभावित होता है। श्रोता की प्रतिक्रिया अच्छी या बुरी हो सकती है। प्रतिक्रिया जिसमें श्रोता व बोलने वाला वक्ता दोनों आमने-सामने होते हैं। बोलने वाला वक्ता मात्र शब्दों के द्वारा अपना सन्देश प्रस्तुत नहीं करता वरन् उसके हाव-भाव, आँखें, हाथ एवं शरीर की हलचल भी सन्देश प्रस्तुति में मददगार होती हैं। इसी तरह श्रोता या ग्रहणकर्त्ता के हाव-भाव एवं मुद्राओं से संचार के प्रभाव को देखा जा सकता है। दूसरी, अप्रत्यक्ष प्रतिक्रिया होती है, जिसमें श्रोता या ग्रहणकर्त्ता रेडियो, टेलीविजन, समाचार-पत्र पत्रिकाएँ आदि जनसंचार के द्वारा सन्देश ग्रहण करता है। यहाँ संचार प्रेषक और ग्रहणकर्त्ता के मध्य प्रत्यक्ष सम्पर्क नहीं होता है। अत प्रतिशत यहाँ प्रतिक्रिया जानने हेतु सर्वेक्षण, चिट्ठी-पत्री आदि का सहारा लिया जाता है।

संचार की प्रणाली

सम्प्रेषण दो या अधिक व्यक्तियों के मध्य सार्थक बातों के आदान-प्रदान की प्रक्रिया है। यह प्रक्रिया जीवन के इतिहास के प्रारंभ से चली आ रही है। यह समाज की उन्नति का जीवन्त उदाहरण है। प्रारम्भिक आदिम मानव प्रतीकों एवं हाव-भावों द्वारा सम्प्रेषण करते थे, बाद में शब्दों को बोलकर सम्प्रेषण किया जाता है जो कि भाषा के रूप में होती है। जैसे-जैसे तकनीकी विकास हुआ, लिखे हुए शब्द व कई माध्यमों का इस्तेमाल किया जाने लगा, साथ ही प्रतीकों, हाव-भाव एवं बोले हुए शब्दों का भी प्रयोग किया जाता था। सभी प्रतीक एवं हाव-भाव पुरातन समय से सम्प्रेषण में अभिप्राय रखते हैं एवं वर्तमान में भी वे सार्थक हैं।

संचार अपने न्यूनतम रूप में कम से कम दो लोगों के मध्य सम्पन्न होती है। एक व्यक्ति जो अपना सन्देश देना चाहता है वह सन्देश-स्रोत (Source) या प्रेषक (Sender) होता है। इसे ही संकेतकर्त्ता (Encoder) भी कहते हैं। दूसरा

मनुष्य सन्देश को ग्रहण करने वाला अर्थात् ग्रहणकर्त्ता (Receiver) अथवा श्रोता (Audience) होता है। इन दोनों व्यक्तियों के मध्य संवाद या सन्देश (Message) का आगत-निर्गत होता है। इस तरह संचार प्रक्रिया के तीन आवश्यक तत्व (Elements) हैं जिनके बिना संचार प्रक्रिया पूरी नहीं हो सकती है। यह तीन तत्व हैं—प्रेषक (Sender), संवाद (Message) तथा ग्रहणकर्त्ता (Receiver)। इनके अतिरिक्त संवादों को प्रेषित करने हेतु किसी माध्यम की भी आवश्यकता होती है, जिसकी मदद से विचारों को ग्रहणकर्त्ता तक पहुँचाया जाता है। अत प्रतिशत इन माध्यमों (Channels) को भी संचार प्रक्रिया का आवश्यक तत्व माना गया है।

विज्ञान एवं तकनीकी विकास के कारण सम्प्रेषण के रूप एवं तरीके अधिक विशिष्ट हो गये हैं। रेडियो, टेलीविजन, मूवी एवं टेलीफोन प्रणालियाँ आधुनिक समय में सम्प्रेषण की विविध पद्धतियां हैं। प्रारम्भ में सम्प्रेषण मुख्य रूप से मौखिक अथवा लिखित होता था एवं प्रत्यक्ष होता है क्योंकि व्यक्तियों के मध्य सम्प्रेषण आमने-सामने (face-to-face) होता था। यद्यपि वर्तमान जटिल समाज में संचार प्रक्रिया अधिक जटिल एवं अप्रत्यक्ष हो गई। इस प्रकार का सम्प्रेषण अप्रत्यक्ष तरह का होता है जिसमें व्यक्ति आमने-सामने नहीं होता।

व्यक्तियों द्वारा आपस में सम्प्रेषण के कई तरीके हैं; यथा—अभिवादन के आदान-प्रदान के तरीके सभी राष्ट्र में पृथक-पृथक हैं। यहाँ तक कि एक ही देश के विविध धर्मों और समुदायों के मध्य भी संचार के तरीके भिन्न-भिन्न होते हैं। भारत में हाथ जोड़कर नमस्ते किया जाता है या झुककर माथे पर सलाम करके 'आदाब अर्ज' कहा जाता है या सिक्ख 'सत-श्री-अकाल' कहते हैं। हाव-भाव सम्प्रेषण के प्रभावकारी यन्त्र हैं। अत प्रतिशत उत्तम सम्प्रेषणकर्त्ता में इतनी योग्यता होती है कि वह कई विभिन्न तरीकों से श्रोता की भावनाओं या प्रतिक्रियाओं को जान लेता है।

सम्प्रेषण बिना शब्दों के भी होता है। हमारी चार संवेदनाओं—दृश्य, श्रवण, स्पर्श एवं गन्ध सम्प्रेषण में सहायक होते हैं। अलार्म घड़ी की घण्टी बजने (श्रवण) का अभिप्राय है कि हम जाएँ, खिड़कियों के बाहर देखकर, जो स्पष्टतया दृष्टिगोचर है, किसी बर्तन को छूने से वह गर्म है या ठण्डा (स्पर्श) इसका अनुभव हमें हो जाता है, गन्ध की संवेदना हमें बता देती है कि हलवा अथवा आमलेट या पराठा, सुबह के नाश्ते हेतु बन रहा है।

अत प्रतिशत जब सन्देश किसी साधन (source) से किसी प्रेषक या ग्रहणकर्ता (reveiver) को भेज जाता है और वह वहाँ किसी भी प्रकार की

विशिष्ट मानसिक अथवा शारीरिक प्रतिक्रिया उत्पन्न करता है तो इसका अर्थ है सम्प्रेषण की प्रक्रिया पूर्ण हुई है।

सम्प्रेषण की प्रकृति

(1) सम्प्रेषण विज्ञान और कला दोनों है—सम्प्रेषण प्रक्रिया में विज्ञान एवं कला दोनों के तत्व पाये जाते हैं। सम्प्रेषण एक प्रमुख प्रबन्धकीय प्रक्रिया एवं संस्था के कार्यों के नियन्त्रण की आधारशिला है। सम्प्रेषण द्वारा कर्मचारियों एवं कार्य पर नियन्त्रण पाया जाता है। आधुनिक युग में सम्प्रेषण हेतु कई संचार माध्यम इस्तेमाल में लाये जाते हैं। सूचना क्रान्ति के आधुनिक युग में कई वैज्ञानिक प्रक्रियाओं का प्रयोग सम्प्रेषण हेतु किया जाता है। इसी तरह परिवार में सदस्यों के मध्य और व्यावसायिक संगठनों में कर्मचारियों के बीच सौहार्दपूर्ण वातावरण प्रभावी सम्प्रेषण द्वारा ही बनाया जा सकता है। भावनाओं, प्रेम, अभिप्रेरणा आदि का आदान-प्रदान सम्प्रेषण द्वारा ही होता है। इस रूप में सम्प्रेषण विज्ञान और कला दोनों है।

सम्प्रेषण प्रक्रिया को सम्पूर्ण एवं प्रभावी बनाने हेतु सिर्फ क्रमबद्ध एवं व्यवस्थित ज्ञान ही पर्याप्त नहीं है वरन् प्रस्तुत करने की अभिव्यक्ति भी आवश्यक है। अतः कला और विज्ञान दोनों के उचित मिश्रण में सम्प्रेषण को प्रभावी बनाया जा सकता है।

(2) सम्प्रेषण एक सतत प्रक्रिया—सम्प्रेषण निरन्तर चलने वाली प्रक्रिया है। घरों में, व्यवसायों में, मित्रों में व प्रत्येक व्यक्तियों में आपस में सन्देशों का आदान-प्रदान होता रहता है। सम्प्रेषण के बगैर एक व्यक्ति दूसरे व्यक्ति की भावनाओं को नहीं ज्ञात कर पाता है। सम्प्रेषण में सूचना (Information), आदेश (Orders), निर्देश (Direction), सलाह (Advice), सुझाव (Suggestion), क्रियान्वयन (Persuasion), शिक्षा (Educational), अभिप्रेरणा (Motivation), चेतावनी (Warning), स्नेह (Affection), भावनाएँ (Emotions) तथा ऊँचा मनोबल (High Moral) उठाने वाले सन्देशों को आदान-प्रदान सतत प्रक्रिया के तौर पर चलता रहता है।

(3) सम्प्रेषण द्विमार्गी प्रक्रिया—सम्प्रेषण में दो व्यक्तियों या समूहों के बीच सन्देश का आदान-प्रदान होता है। अतः सम्प्रेषण दो जतफा प्रक्रिया है। सम्प्रेषण प्रक्रिया में सन्देश भेजने वाले प्रेषक के सही अभिप्राय भाव को सन्देश प्राप्तकर्त्ता ग्रहण करता है तथा अपनी प्रतिक्रिया में सन्देश भेजने वाले प्रेषक के

अर्थ भाव को सन्देश प्राप्तकर्त्ता ग्रहण करता है और अपनी प्रतिक्रिया या प्रतिपुष्टि (Freedback) पुन प्रतिशत प्रेषक को सम्प्रेषित करता है। इस प्रकार सम्प्रेषण मूल रूप में द्विमार्गी प्रक्रिया है। जब तक सन्देश प्राप्तकर्त्ता सन्देश प्राप्त होने पर अपनी प्रतिक्रिया सन्देश भेजने वाले को नहीं देता तब तक यह प्रक्रिया अपूर्ण रहती है।

(4) सम्प्रेषित करने का माध्यम—सम्प्रेषण का तात्पर्य केवल एक व्यक्ति या समूह से दूसरे व्यक्ति या समूह में सन्देशों तथा सूचनाओं को भेजना ही काफी नहीं है वरन् यह भी जरूरी है कि इस सूचना या सन्देश को प्राप्तकर्त्ता उसी अर्थ या भाव में समझे जिस भाव से उसे सूचना दी गई है।

(5) सम्प्रेषण एक मानवीय एवं सामाजिक प्रक्रिया है—वास्तव में सम्प्रेषण मानवीय और सामाजिक प्रक्रिया है क्योंकि सम्प्रेषण के दोनों पक्ष—प्रेषक तथा प्राप्तकर्त्ता, सामाजिक प्राणी होते हैं और सम्प्रेषण की पूरी प्रक्रिया व्यक्ति या समूहों के बीच ही सम्पन्न होती है। समाज के प्रत्येक व्यक्ति की अनिवार्य आवश्यकताओं एवं इच्छाओं की पूर्ति हेतु सम्प्रेषण एक यन्त्र के तौर पर कार्य करता है इसलिए सम्प्रेषण पूरे समाज को प्रभावित करता है।

(6) सम्प्रेषण एक सार्वभौमिक प्रक्रिया है—सम्प्रेषण के सिद्धान्त सार्वभौमिक होते हैं। किसी एक हिस्से में किये जाने वाले सम्प्रेषण को दूसरे हिस्से के व्यक्ति भी उसी अर्थ में समझते हैं। यद्यपि भाषा की कठिनाई कई बार इसमें अवरोधक होती है। किन्तु कई प्रचलित तकनीकों द्वारा इसे दूर किया जा सकता है।

(7) सम्प्रेषण एक जन्मजात गुण है—सम्प्रेषण एक जन्मजात और प्राकृतिक गुण है। सम्प्रेषण मनुष्य के जन्म से ही प्रारंभ होता है जब नवजात शिशु रोता है। मनुष्य के बीच शाब्दिक सम्प्रेषण एक ऐसा गुण है जो उसे अन्य प्राणियों से पृथक् करता है। यद्यपि सम्प्रेषण जन्मजात गुण है, किन्तु इसके प्रभावी उपयोग हेतु बोलने, सुनने, लिखने या पढ़ने का कौशल विकसित करने की आवश्यकता होती है।

प्रसार कार्य और सम्प्रेषण

सम्प्रेषण का सामुदायिक विकास एवं प्रसार कार्यक्रमों में अत्यधिक महत्व होता है। प्रसार कार्यक्रमों में व्यक्तियों तक सही जानकारी पहुँचाने व उनके व्यवहारों में परिवर्तन लाने का कार्य प्रभावी सम्प्रेषण से ही सम्भव है। व्यक्तियों की परेशानियों को सुनना उन्हें सुलझाना भी सम्प्रेषण के द्वारा असरकारी तरीके से

किया जा सकता है। यदि प्रसार कार्यकर्त्ता में अपनी बात प्रभावी रूप से सम्प्रेषित करने की योग्यता नहीं है तो वह समाज में परिवर्तन लाने में सक्षम नहीं होगा। नये ज्ञान शोध सम्बन्धी खोजें, तकनीकी विकास आदि की जानकारी देकर व्यक्तियों में बदलाव लाने का कार्य सम्प्रेषण के द्वारा ही सम्भव है। जितना उत्तम सम्प्रेषण होगा उतनी ही तेजी से समाज का विकास होगा। आधुनिक समय में प्रसार के क्षेत्र में संचार का जिनता महत्व है उतना पहले कभी नहीं रहा। इसका प्रधान कारण है कि पहले कभी इतने अधिक व्यक्तियों को इतनी अधिक जानकारियों को, इतने अल्प समय में जानने की जरूरत नहीं पड़ती। आज सभी क्षेत्र में व्यक्ति नई बातों, विचारों, अनुसन्धानों की खोज होते ही जान लेना चाहता है। इस प्रकार नई खोज होने तथा ग्रामीण जीवन में पहुँचने की दूरी कम होती जा रही है। वर्तमान समय में जितनी भी मानवीय अन्त प्रतिशतक्रियाएँ हो रही हैं, सब संचार की ही देन हैं—चाहे वह निजी स्तर पर हों, समूह स्तर पर हों या देश-विदेश स्तर पर। सही संचार प्रक्रिया द्वारा हर स्तर पर उत्पन्न विसंगतियों को दूर किया जा सकता है। आर्थिक-सामाजिक परिवर्तन लाने हेतु भी संचार प्रक्रिया अनिवार्य है।

आज विशेष रूप से प्रसार विधियों का सही ढंग से उपयोग न होने के कारण ही उपयोगी तकनीकी ज्ञान का समुचित संचार जनता के मध्य नहीं हो पा रहा है जिसके परिणामस्वरूप जनता उसे न समझने के कारण अपना नहीं पाती है। अत प्रतिशत संचार प्रणाली के सुनियोजित तथा उपयुक्त उपयोग से ही प्रसार शिक्षा प्रभावशाली ढंग से सम्पन्न होती है जिसके परिणामस्वरूप शिक्षार्थियों (ग्रामीणों) के व्यवहार में अपेक्षित परिवर्तन दृष्टिगोचर होता है। अत प्रतिशत विषय वस्तु को प्रभावपूर्ण ढंग से लोगों तक पहुँचाने की जरूरत है। श्री एस. कैण्डी ने संचार के महत्व के विषय में कहा है, "आज के युग में लाभदायी विचारों को एक स्थान से दूसरे स्थान तक पहुँचाने या एक व्यक्ति से दूसरे व्यक्ति तक पहुँचाने से अधिक आवश्यक एवं लाभकारी काम दूसरा और कोई नहीं है। उन्होंने आगे कहा है कि अनुसन्धान केन्द्रों पर हुई नई खोजों का महत्व कुछ भी नहीं रह जाता है, यदि वह लोगों के पास नहीं पहुँचती।" इस तरह ग्रामीण जीवन के विकास में संचार ही सबसे महत्वपूर्ण भूमिका अदा करता है।

ग्रामीण विकास के सभी कार्यक्रमों में प्रसारकर्त्ता दुभाषिया के रूप में वैज्ञानिक सच्चाई के शोध के तौर पर तथा प्रबन्ध एवं मैनेजर के रूप में, मिलकर एक टीम बनाकर काम करते हैं।

प्रसार कार्यकर्त्ता व्यक्तियों तक, नये ज्ञान को एक शिक्षक के तौर पर प्रेषित करता है। अपने कार्यक्रम को व्यक्तियों तक पहुँचाने एवं उनकी समस्या अनुसन्धान केन्द्र पर पहुँचाने हेतु जो कुछ करना पड़ता है, उसे ही संचार प्रक्रिया कहते हैं और प्रसार हेतु यह अत्यधिक महत्वपूर्ण है। इस प्रकार यदि प्रसार कार्यकर्त्ता के कार्य को देखा जाए तो शोधकर्त्ता से ज्ञान प्राप्त करना और उसे ठीक से समझना है, इसी प्रकार कार्यकर्त्ता को ग्रामीण जनता की आवश्यकताओं, इच्छाओं, प्रतिबन्धों की जानकारी प्राप्त करना होता है, फिर वह उपयुक्त संचार विधियों के द्वारा शोध जानकारी को ग्रामीण लोगों तक पहुँचाता है।

कृषि के क्षेत्र में प्रसार कार्यकर्त्ता तब पिछड़ जायेगा जब उसे गेहूँ, सोयाबीन और अन्य फसलों आदि पर हुए आधुनिक अनुसंधानों के बारे में ज्ञात न हो, उसे उर्वरक के उपायों व पौधों की सुरक्षा के उपायों के बारे में ज्ञान न हो। अत प्रतिशत यह आवश्यक है कि प्रसार कार्य हेतु सेवा के दौरान प्रशिक्षण, सम्प्रेषण केन्द्रों का विकास, प्रसार निदेशालय व इसी प्रकार की अन्य समितियों को रहना चाहिए। इस तरह किसानों को सुधरी हुई प्रविधियों को प्रदर्शन, रेडियो कार्यक्रमों के द्वारा सूचना प्रदान करना, सम्बन्धित साहित्य प्रदान करना, प्रदर्शन दिखाना, प्रदर्शनी लगाना, प्रगतिशील किसानों के खेत दिखाना, कृषि महाविद्यालय का भ्रमण करवाना, यह सभी प्रसार कार्य के अन्तर्गत आते हैं। अगर प्रसार कार्यकर्त्ता को प्राप्त विकसित ज्ञान व नई तकनीकी एवं किसानों के बीच खाई ज्यादा चौड़ी होगी तो विकास दर भी मद्धिम होगी। शोधकर्त्ताओं ने देखा है कि औसत तौर पर, एक व्यक्ति अपने क्रियाशील समय का तकरीबन 70 प्रतिशत समय शाब्दिक (Verbal) सम्प्रेषण में व्यतीत करता है—सुनना, बोलना, पढ़ना और लिखना। अर्थात् हम सभी व्यक्ति दिन के लगभग 10 या 11 घण्टे शाब्दिक सम्प्रेषण में व्यय करता है। भाषा एक कोड है जिसका इस्तेमाल हम अपने विचारों की अभिव्यक्ति में करते हैं।

गैर शाब्दिक (Non-Verbal) सम्प्रेषण में हाव-भाव, मुख-मुद्रा, शरीर की गतिशीलता आदि सम्मिलित होती है जो कि हमारे सम्प्रेषण को अधिक प्रभावशाली बनाती है।

व्यक्ति कई स्तरों पर, कई कारणों से, कई व्यक्तियों के साथ और कई तरीकों से सम्प्रेषण करता है। एक सामान्य व्यक्ति सामान्य दिन में निम्न तरीके से सम्प्रेषण करता है—

(1) वह अपने कार्यालय पहुँचता है एवं खत प्राप्त करता है—लिखित सम्प्रेषण।

(2) वह कार्यालय में चपरासी द्वारा सन्देश प्रेषित करता है कि बी.डी. ओ. उसे कार्यालय में देखना चाहता है—यह कहा हुआ सन्देश है।

(3) जब वह अपने ऑफिस में लौटते हैं और रिपोर्ट लेखन में व्यस्त हो जाते हैं—यह आत्म सम्प्रेषण है।

(4) जब लिपिक कार्यालय में प्रवेश करता है तो वह 'नमस्ते सर' कहकर अभिवादन करता है—यह कहा हुआ सन्देश है।

(5) जब वह पुनः प्रतिशत अपने कार्यालय में आता है तो रिपोर्ट लेखन में उसे सम्मिलित करवा दिया—यह समूहिक सम्प्रेषण है।

(6) वह बैठक का संचालन करता है—सामूहिक सम्प्रेषण।

शाब्दिक सम्प्रेषण प्रबन्ध में, उद्योगों में, कृषि विश्वविद्यालयों में, प्रसार सेवाओं में तथा विज्ञापनों में प्रचलित है। समाचार-पत्र, पत्रिकाएँ, विज्ञापन, रेडियो, टेलीविजन, फिल्में सभी संचार के प्रभावशाली माध्यम हैं।

प्रभावशाली सम्प्रेषण के सिद्धान्त

प्रभावशाली सम्प्रेषण के सिद्धान्त से आशय उन नियमों के समूह से है जिनके पालन करने पर सम्प्रेषण प्रक्रिया अपने उद्देश्यों को प्राप्त कर लेती है। यह प्रमुख सिद्धान्त इस प्रकार हैं—

(1) लघुता—प्रभावी सम्प्रेषण संक्षिप्त होना चाहिए। सन्देश में अनावश्यक शब्दों का प्रयोग नहीं करना चाहिए। संक्षिप्त सन्देश होने से ग्रहणकर्त्ता को प्रेषक के विचारों को समझने में सुविधा होती है। नई वर्तमान इलेक्ट्रॉनिक, कम्प्यूटराइज्ड, डिजिटल संचार माध्यमों में सम्प्रेषण लागत काफी अधिक होती है। अत प्रतिशत संक्षिप्त सन्देश का यह लाभ होता है कि इससे सम्प्रेषण लागत कम आती है।

(2) अर्थपूर्ण—सम्प्रेषण उद्देश्यपरक होना चाहिए। सम्प्रेषण प्रक्रिया का सार ही यही है. कि सन्देश में जिस विचार (idea) या अभिप्राय (meaning) को प्रेषित किया जा रहा है, ग्रहणकर्त्ता या प्राप्तकर्त्ता भी उस विचार या तात्पर्य को समझ सकं। इसके लिए आवश्यक है कि सन्देश वास्तविक व उचित गठन किये हुए होना चाहिए।

(3) पूर्णता—सम्प्रेषण के द्वारा दी जाने वाली विषयसामग्री पूर्ण होना चाहिए। अपूर्ण चिषय समाग्री अवरोधों व जटिलताओं को उत्पन्न करती है, साथ

ही स्नेहात्मक परिस्थितियाँ भी निर्मित करती हैं। सम्प्रेषण की पूर्णता तभी मानी जाती है जब प्राप्तकर्त्ता को सन्देश के किसी भी भाग के प्रति भ्रम न हो।

(4) सुस्पष्ट तथा सही—सन्देश स्पष्ट होना चाहिए ताकि प्रेषक एवं प्राप्तकर्त्ता दोनों की आपसी समझ बनी रहे और वांछित प्रतिपुष्टि (Feedback) प्राप्त हो सके। स्पष्ट सम्प्रेषण हेतु जरूरी है कि परिचित व सामान्य शब्दों को सहज तौर पर प्रभावी वाक्यों के द्वारा आदान-प्रदान किया जाये। वाक्यों में अनेकार्थी शब्द नहीं होना चाहिए न ही व्यर्थ शब्द होना चाहिए। जटिल तकनीकी भाषा का उपयोग नहीं करना चाहिए। सन्देश की भाषा तथा व्याकरण सही होना चाहिए।

(5) निरन्तरता—सम्प्रेषण प्रणाली को प्रभावी बनाने हेतु आवश्यक है कि प्रेषक एवं प्राप्तकर्त्ता के मध्य सम्प्रेषण निरन्तर बना रहे। निरन्तरता बनी रहने से प्रमुख बिन्दुओं पर पुनर्विचार किया जा सकता है और संवादहीनता (Communication Gap) से बचा जा सकता है। निरन्तरता से उद्देश्य प्राप्ति में गति आती है।

(6) शिष्टता—सम्प्रेषण हमेशा शिष्टतापूर्वक एवं शालीन भाषा में होना चाहिए। प्रभावी सम्प्रेषण हेतु जरूरी है कि प्रेषक एवं प्राप्तकर्त्ता दोनों में मैत्रीपूर्ण सम्बन्ध स्थापित हो। सम्प्रेषण के द्वारा कार्यों के प्रति कृतज्ञता, भूल सुधार हेतु-क्षमा याचना आदि देने से शालीनता बनी रहती है। आक्रामक शैली से बचना चाहिए।

(7) उपयुक्तता—सम्प्रेषण प्रस्तुति का माध्यम अधिकृत होना चाहिए जिससे मिथ्या धारणाएँ जन्म न ले सकें। सम्प्रेषण माध्यम परिस्थितियों और प्राप्तकर्त्ता की दृष्टि से सही होना चाहिए। निरक्षर व्यक्ति हेतु लिखित सम्प्रेषण उपयुक्त नहीं होता है।

(8) मूलविषय पर केन्द्रित—प्रभावी सम्प्रेषण हेतु आवश्यक है कि वह प्राप्तकर्त्ता की आवश्यकता के अनुरूप हो व मूल विषय पर केन्द्रित होना चाहिए। प्रसार कार्यकर्त्ता को सन्देश देने से पूर्व विषय के बारे में जानना अत्यंत जरूरी है कि उसके श्रोता किस प्रकार का सन्देश चाहते हैं और किस पद्धति द्वारा उन्हें ज्यादा जानकारी दी जा सकती है।

(9) सहयोग एवं भागीदारी—सफल व प्रभावी सम्प्रेषण हेतु आवश्यक है कि संचार में संलग्न व्यक्तियों में आपसी सहयोग व हिस्सेदारी होना चाहिए।

(10) प्रसार कार्यकर्त्ता को जनसमूह के समक्ष विचारों को प्रभावशाली तरीके से प्रस्तुत करते समय दृश्य-श्रव्य सामग्री का प्रयोग करना चाहिए।

(11) प्रसार कार्यकर्त्ता को सम्प्रेषण के समय स्थान का वातावरण (जैसे—शांत, शोरगुल, सर्द, गर्म), भौतिक सुविधाएँ, बिजली का प्रबन्ध, जल की व्यवस्था आदि का समुचित प्रबन्ध करना चाहिए।

(12) संचार प्रक्रिया का समय-समय पर मूल्यांकन करते रहने से संचार प्रभावी होता है।

सम्प्रेषण की प्रमुख अवधारणाएं

(1) **प्रक्रिया**—कोई भी निरन्तर होने वाली क्रिया या प्रतिपादन। कोई भी घटना जो समयानुसार निरन्तर परिवर्तशील है।

(2) **संहिताकारक**—स्रोत के उद्देश्यों को स्पष्ट करने के उद्देश्य से स्रोत के विचार को लेकर सांकेतिक प्रणाली में ढालना।

(3) **सन्देश**—स्रोत संहिताकारक का वास्तविक भौतिक उत्पादन उदाहरणार्थ बोलते समय विचार ही सन्देश है। लिखते समय लेखक, पेंटिंग में तस्वीर एवं हाव-भाव के समय गतिविधि और अभिव्यक्ति ही सन्देश है।

(4) **माध्यम**—सन्देश को वहन करने वाले को माध्यम कहते हैं।

(5) **संकेत वाचक**—सन्देश को पुनर्वाद करने की प्रक्रिया जिससे इस प्रकार सुना तथा निरीक्षण करना सम्भव हो जो प्राप्तकर्त्ता हेतु अर्थपूर्ण हो सके।

(6) **प्राप्तकर्त्ता**—संचार का लक्ष्य। वह मानव या मनुष्यों का समूह जो प्रेषक के प्रतिकूल छोर पर स्थित होते हैं।

(7) **सीख**—यह बदलाव की प्रक्रिया है जो व्यक्ति के परोक्ष या अपरोक्ष रूप से उद्दीपन (Stimulus) तथा प्रतिवेदन (response) के स्थायी सम्बन्ध में घटित होता है। इस प्रकार यह कहा जा सकता है कि शिक्षण सीख प्रक्रिया वास्तव में संचार की एक क्रिया है।

(8) **विश्वसनीयता**—विश्वसनीयता के दो विशिष्ट पहलू हैं—आस्था और न्यायसंगतता। वक्ता के व्यवहार द्वारा इसे अर्जित किया जा सकता है। निवेदन पद्धति के प्रभाव द्वारा विश्वसनीयता तथा इस प्रकार प्रबोधकता (Persuasiveness) से अर्थपूर्ण सह-सम्बन्ध है।

(9) **उत्तेजना**—जो व्यक्ति अपने पाँच ज्ञानेन्द्रियों द्वारा प्राप्त करता है वह है उत्तेजना। ये ज्ञानेन्द्रियाँ हैं—आँख, कान, नाक, त्वचा एवं जीभ।

(10) **ध्यानाकर्षण**—यह कार्य के निर्धारक तौर पर समझा जाता है।

(11) बाधाएँ–प्राप्तकर्त्ता तथा स्रोत के बीच जो रुकावट पैदा हो जाता है तथा सन्देश के मूल अर्थ को परिवर्तित कर देता है।

(12) लक्ष्य-श्रोता–स्रोत को सदैव अपने सन्देश प्राप्तकर्त्ता को स्मरण में रखना चाहिए। वही संकेत उपयोग में लाने चाहिए जिन्हें प्राप्तकर्त्ता आसानी से समझ सके। स्रोत सन्देश के तत्वों को इस प्रकार रखना चाहिए जिससे उसका संकेत वाचन एवं व्याख्या करने में कम से कम प्रयत्न करना पड़े इसलिए अन्तर्वस्तु का चयन करने में प्राप्तकर्त्ता 'श्रोता' की जरूरतों एवं अभिरुचियों पर आवश्यक रूप से ध्यान दे। अन्त में सन्देश को इस तरह औपचारिक (Treat) किया जाये जिससे उद्देश्य की पूर्ति हेतु ज्यादा से ज्यादा प्रभाव डाला जा सके।

(13) निष्ठा–शोर-गुल तथा निष्ठा एक ही सिक्के के दो पहलू हैं। कोलाहल की कमी निष्ठा में बढ़ोतरी करता है। कोलाहल के रहते सही संचार नहीं होता और निष्ठा के रहते संचार क्रिया बढ़ जाती है।

(14) संकेत–अपने विचारों को ऐसे अर्थपूर्ण प्रतीक समूह में व्यक्त करना जिससे स्रोत का उद्देश्य एक सन्देश के तौर पर स्पष्ट हो सके। सन्देश के विभिन्न रूप हो सकते हैं; जैसे–मौखिक शब्द, लिखित शब्द तथा चित्र आदि।

(15) पारस्परिक प्रभाव–चूँकि संचार प्रक्रिया में स्रोत और संकेत प्राप्तकर्त्ता एक-दूसरे पर आधारित रहते हैं। संचार प्रक्रिया को संचार संरचना, शक्ति सम्बन्ध, निजी सम्बन्ध एवं समूह का आकार प्रभावित करते हैं।

(16) कोलाहल–आवाज जो ध्यान बँटाती है। वह सन्देश जो दूसरे सन्देश में रूकावट डालता है।

(17) प्रतीतिकरण–यह सन्देश की ग्राह्यता प्राप्त करने की प्रक्रिया है जो विचार अथवा कार्य करने की हो सकती है और इसे प्राप्त करने हेतु श्रोता या प्राप्तकर्त्ता में दृष्टिकोण, विश्वास और अशिक्षा से समयानुकूल जोड़ सकते हैं।

(18) प्रतिवेदन–उत्तेजना का प्रत्यक्ष ज्ञान ही प्रतिवेदन की पुष्टि करता है।

(19) प्रतिपुष्टि–यह संचार के उस प्रभाव का प्रतीक है जो प्राप्तकर्त्ता द्वारा स्रोतों को प्राप्त होता है जो स्वीकृति अथवा अस्वीकृति के रूप में प्राप्त होता है।

(20) सहानुभूति–अपने को दूसरे एवं अपने स्थान पर रखकर स्वीकृति देना ही इसका मूल ध्येय है।

10

संचार के तत्व

स्रोत

संचार प्रणाली में स्रोत का महत्वपूर्ण स्थान है। स्रोत का सामान्य तात्पर्य उत्पत्ति स्थल से है। समाज में समय-समय पर घटनाएँ रहती हैं। हर घटना सूचना नहीं होती है। जिस घटना की सामाजिक उपादेयता होती है वही घटना सूचना के तौर पर संगृहीत कर ली जाती हैं। यह सूचना संग्रह से सम्बद्ध व्यक्तियों या संस्थाओं हेतु प्रमुख होती है। इस प्रकार सूचनाओं का स्रोत यही सामाजिक घटनाएँ हैं। सूचना निजी कथन या हाव-भाव या संचार संगठन आदि हो सकते हैं। स्रोत सूचना को समाज के मध्य से ग्रहण करते हैं और समाज में ही आगे प्रेषित करते हैं। यह द्वारपाल के समान काम करता है। इसमें दरबान कार्य सूचना का चुनाव करना, उसमें आवश्यकता के अनुसार परिवर्तन करना, संशोधित करना व परित्याग करता है। इस प्रकार स्रोत सम्प्रेषित की जाने वाली सूचनाओं को प्रभावित कर सकता है।

सूचना संग्रह करने वाले व्यक्ति अथवा संस्थाएँ स्रोत से हर दिन भारी मात्रा में सूचनाओं को संगृहीत करते या प्राप्त करते हैं। इन प्राप्त सूचनाओं में श्रोता या

समाज हेतु महत्वपूर्ण सूचनाएँ ही प्रेषण हेतु चयन की जाती हैं। इस चयन का आधार सामाजिक महत्ता, नवीनता, श्रोता, समूह का स्तर, उपादेयता आदि है।

सम्प्रेषक

समाज हेतु उपयोगी सूचना के सम्प्रेषण में सम्प्रेषक की मुख्य भूमिका होती है। एक ही सूचना की प्रस्तुति एवं उसकी प्रभावशीलता में सम्प्रेषक की भूमिका के अनुसार अन्तर आ जाता है। यह अन्तर सूचना को अच्छी प्रकार से तैयार करने में, उसे प्रेषित करने में, अच्छे शब्दों का चुनाव कर बोलने में, अच्छे लेखन एवं हाव-भाव से प्रेषित करने के तरीकों के कारण आता है। अरस्तू के अनुसार, सद्गुण अथवा ईमानदारी सम्प्रेषक की प्रभावशीलता का प्रमुख तत्व है। सम्प्रेषक संचार प्रक्रिया का वह अंग है जो कि सन्देश का सम्प्रेषण करता है।

सम्प्रेषक संचार प्रक्रिया का आरम्भकर्त्ता होता है। प्रसार प्रणाली में इसे अन्य नामों से भी जाना जा सकता है; जैसा—संचारक (Communication) स्रोत-प्रेषक, सूचना वाहक (Sender), वक्ता आदि। इसे संकेतक (Emcoder) भी कहा जा सकता है क्योंकि यह संकेतीकरण भी करता है।

जैसा हम जानते हैं कि सम्प्रेषण वह प्रणाली है जिसमें विशेष सन्देश देने हेतु अथवा सन्देशों की शृंखला प्रस्तुत करने हेतु प्रेषक व प्राप्तकर्त्ता (Sender and a receiver) के मध्य परस्पर अच्छा सहसम्बन्ध होना चाहिए। अत प्रतिशत सम्प्रेषण में सम्प्रेषक (Communicator) तथा प्राप्तकर्त्ता (Receiver) मुख्य व्यक्ति होते हैं। ओ.पी.धामा एवं ओ. पी. भटनागर (O.P.Dhama & O.P. Bhatnagar) के अनुसार, "सम्प्रेषक वह व्यक्ति है जो संचार प्रक्रिया को वास्तविक में क्रियात्मक स्थिति में लाता है एवं यह सन्देशों का स्रोत या जन्मदाता होता है। यह सन्देशों को प्रेषित करने वाला है। यह वह प्रथम व्यक्ति होता है जो सन्देशों को भाव प्रदान करता है जिसके परिणामस्वरूप वह श्रोताओं तक इस रूप में पहुँचते हैं जिनकी सही व्याख्या हो सके एवं इच्छित प्रतिक्रिया प्राप्त हो संके।"

प्रसार शिक्षा में सम्प्रेषक, ग्रामीण स्तर का कार्यकर्त्ता, खण्ड विकास अधिकारी, पंचायत अधिकारी, शिक्षक अथवा दूसरा कोई व्यक्ति हो सकता है। कुप्पुस्वामी के अनुसार, "सम्प्रेषक की साख का संचार प्रक्रिया में मुख्य स्थान होता है। सम्प्रेषक की साख में उसका सामाजिक स्तर ही नहीं वरन् सम्प्रेषक की उपयुक्तता पर बुद्धि और विशेषज्ञता का मुख्य स्थान होता है।" प्राचीन काल में नारद का ब्रह्मा, विष्णु, महेश तथा अन्य देवताओं के बीच सूचना देने और उस साख के ऊपर विश्वास

किया जाता था। नारद द्वारा दी गई प्रत्येक सूचनाओं को समस्त देवता प्रभावी रूप से स्वीकार करते थे। नारद की इस साख के पीछे उनकी सूचना संग्रह की शैली तथा उनकी सम्प्रेषण प्रतिभा मुख्य थी। इसके अतिरिक्त चमत्कार भी सम्प्रेषक की साख का एक तत्व है। राष्ट्रीय आन्दोलन के दौरान गाँधीजी के शब्दों का जादू लोगों को आकर्षित तथा प्रभावित करता था। इसी प्रकार केनेडी, नेहरू, चर्चिल आदि चुम्बकीय व्यक्तित्व वाले मनुष्य थे। इनके विचार लोगों पर जादू जैसा चमत्कार दिखाते थे।

कुप्पुस्वामी के अनुसार, "सम्प्रेषक की प्रतिभा या साख में सक्रियता और सुरक्षा भी महत्वपूर्ण अंग है। सम्प्रेषक की सक्रियता का सम्बन्ध उसकी दृढ़ता, गतिशीलता, लगनशीलता एवं उसके प्रभावीपन से है। सुरक्षा तत्व के तहत सम्प्रेषक की दयालुता, मित्रता, ज्ञानशीलता, परोपकारिता न्यायप्रियता, सहिष्णुता आदि प्रवृत्तियाँ प्रमुख हैं।" सम्प्रेषक का काम सामाजिक उत्तरदायित्वों से पूर्ण होता है। किसी सत्य अथवा तथ्यपूर्ण जानकारियों को व्यक्तियों तक पहुँचाना एवं उसके द्वारा उन्हें प्रभावित करना एक चुनौतीपूर्ण काम है। सम्प्रेषक द्वारा प्रेषित सूचनाएँ मात्र तथ्यों, सूचनाओं, विचारों आदि पर ही आधारित नहीं होतीं वरन् लोगों को परिवर्तन की तरफ भी अग्रसर करती हैं।

संचार प्रक्रिया को प्रभावित करने वाले कारकों में से सम्प्रेषक स्वयं एक मुख्य कारक है। वह कौन है? वह क्या जानता है? उसके कार्य की क्षमता क्या है? वह देखने में कैसे लगता है? कैसे लिखता है? कैसे बोलता है? इस प्रकार के अन्य प्रश्न भी ग्रामीण लोगों के दिमाग में आते हैं जब वे सम्प्रेषक से पहली बार मिलते हैं। अगर किसी कारणवश सम्प्रेषक अपने श्रोताओं का विश्वास प्राप्त नहीं कर पाता है तो ऐसी स्थिति में संचार सम्भव नहीं हो पाता है। सम्प्रेषक जो संचार प्रक्रिया का स्रोत-बिन्दु होता है, उसे प्रभावी संचार-प्रक्रिया को सम्पन्न करने हेतु निम्नांकित प्रमुख बिन्दुओं पर विचार करना जरूरी होता है–

(1) सबसे पहले सम्प्रेषक को संचार प्रक्रिया का उद्देश्य निर्धारित करना चाहिए कि उसे किस लक्ष्य को प्राप्त करना है।

(2) इसके बाद उसे जिस सन्देश या विषय-वस्तु का सम्प्रेषण करना है, उसकी विषय-वस्तु का चुनाव गहन सोच-विचार करने के पश्चात् किया जाता है। सन्देशों की विषय-वस्तु उपयोगी, समयानुकूल, महत्वपूर्ण व रुचिकर होनी चाहिए।

(3) सन्देश के चुनाव के बाद उस सन्देश की प्रस्तुति पर विचार करना भी आवश्यक होता है। सम्प्रेषक को सन्देशों की प्रस्तुति सजीव, आकर्षक, उत्साहपूर्ण

और रुचिपूर्ण तरीके से करना चाहिए जिससे श्रोता उनकी बातें ध्यानपूर्वक सुनें। भाषा श्रोताओं के स्तर के अनुरूप व आसान होनी चाहिए। विषय-वस्तु में विश्वसनीयता का होना भी जरूरी है। अपनी बातों को समझाने हेतु बीच-बीच में उदाहरणों द्वारा भी समझाया जा सकता है। पूरी प्रस्तुति क्रमबद्ध तरीके से होना चाहिए। अर्थात् भूमिका, विषय-वस्तु की मूल जानकारी व समापन सभी एक के बाद एक प्रभावी तरीके से होना चाहिए। अन्त में श्रोताओं की प्रतिक्रिया भी जानना चाहिए।

(4) अपनी बात को संचारित करने हेतु सम्प्रेषक को उपयुक्त संचार माध्यम का चयन करना चाहिए। हर विषय-वस्तु हेतु एक समान संचार माध्यम उपयुक्त नहीं हो सकता है। संचार हेतु विविध लोक माध्यम जैसे नाटक, लोक गीत, कठपुतली आदि के साथ आधुनिक संचार माध्यम यथा– समाचार-पत्र, पत्रिकाएँ, फिल्म, टी.वी., रेडियो, बैनर आदि में से प्रभावी माध्यम का चयन किया जा सकता है। संचार के उपयुक्त साधन का चुनाव श्रोताओं के स्तर को स्मरण में रखकर करना चाहिए।

(5) सम्प्रेषक को संचार-प्रक्रिया के अन्तर्गत अपने प्राप्तकर्त्ता या श्रोताओं का अध्ययन करना चाहिए। उसके श्रोता किस वर्ग के हैं, उनकी उम्र क्या है, स्त्री, पुरुष या बच्चे हैं, साक्षर हैं या निरक्षर, कामकाजी हैं अथवा कृषक अथवा घरेलू महिलाएँ। श्रोताओं के बारे में जानकारी प्राप्त करने से सम्प्रेषक उनके अनुरूप संचार कार्यक्रम बना सकता है।

(6) उसे संचार प्रक्रिया की मूल्यांकन पद्धति की पूरी जानकारी होनी चाहिए। उसे अपने श्रोताओं में सम्प्रेषक के उपरान्त उनकी प्रतिपुष्टि या प्रतिक्रिया (Feedback) जानना चाहिए।

(7) सम्प्रेषक की मुख्य नीति अपने श्रोताओं के कल्याण में होना चाहिए। सम्पूर्ण संचार प्रणाली इस प्रकार की होनी चाहिए जिससे श्रोताओं को उपयोगी जानकारी मिले, उनके दृष्टिकोण में जरूरी बदलाव आ सके और वह उनके लिए महत्वपूर्ण हो।

(8) अन्त में, सम्प्रेषक को अपना आत्म-मूल्यांकन करना चाहिए। संचार प्रक्रिया के पूर्ण होने के पश्चात सम्प्रेषक अपने उद्देश्य में सफल हुआ या नहीं, इसका मूल्यांकन उसे करना चाहिए। क्या उसकी विषय-वस्तु का चयन ठीक था? क्या उनके संचार माध्यम का सही चुनाव किया? क्या उसकी सूचनाएँ श्रोताओं को उसी आशय में समझ में आई जिस रूप में उसने प्रेषित की थी?

एक सम्प्रेषक के अनिवार्य गुण

प्रभावी सम्प्रेषण हेतु सम्प्रेषक में कुछ गुण होना चाहिए जो कि निम्नांकित हैं–

(1) सम्प्रेषक को संचारित किये जाने वाले विषय-वस्तु का सम्पूर्ण ज्ञान होना चाहिए।

(2) सम्प्रेषक में आवश्यक संचार कौशल होना चाहिए; यथा–संकेतीकरण व संकेतवाचन।

(3) सम्प्रेषक को जिस श्रोता समूह में सम्प्रेषण करना है उस समूह की भाषा से भली प्रकार परिचित होना चाहिए व स्थानीय शब्दों का उपयोग करना चाहिए।

(4) सम्प्रेषण को विभिन्न संचार माध्यमों की जानकारी भी होना चाहिए। संचार माध्यमों की प्रकृति, उपयोगिता एवं उपयोग की पद्धति के बारे में सम्प्रेषक को पूर्ण ज्ञान होना चाहिए; जैसे–प्रोजेक्टर चलाना, माईक पर बोलना, कठपुतली का उपयोग आदि।

(5) सम्प्रेषक को विश्वसनीय होना चाहिए। वह संचार के द्वारा जो भी जानकारी दे वह पूर्ण विश्वसनीय होना चाहिए।

(6) सम्प्रेषक को हर-पल नई-नई जानकारियाँ प्राप्त करनी चाहिए और अपनी कार्यक्षमता को विकसित करते रहना चाहिए।

(7) सम्प्रेषक को अपने कार्य में रुचि होना चाहिए। प्रसार कार्यक्रम तभी सफल होता है जब सम्प्रेषक उसके कार्यक्रमों में रुचि के साथ पूर्ण प्रयास करे।

(8) सम्प्रेषक को कर्मठ तथा अपने कार्य के प्रति ईमानदार होना चाहिए।

(9) सम्प्रेषक को अपने कार्य, कार्य स्थल, सहकर्मियों और श्रोताओं के प्रति आस्थावान होना चाहिए तथा सौहार्दपूर्ण व घनात्मक अभिवृत्ति रखना चाहिए।

(10) सम्प्रेषक का श्रोताओं के साथ उत्तम व्यवहार होना चाहिए। इस हेतु व्यक्तिगत सम्पर्क भी उपयुक्त होता है। सम्प्रेषक को व्यवहारकुशल होना चाहिए।

सन्देश

"सीखने की क्रिया निर्वात अथवा खाली स्थान में नहीं होता। इसके लिए विषय-वस्तु की आवश्यकता होती है। अत प्रतिशत सम्प्रेषण में एक सन्देश होता है जो श्रोता तक पहुँचाया जाता है।" सन्देश सामाजिक सूचनाओं का शिक्षण या

संवाद का नाम है। सन्देशों पर ही समाज का वजूद टिका है। सन्देशों में नयापन का होना जरूरी है। संचार प्रक्रिया का उद्‌गम एवं निरन्तरता सन्देशों पर ही आश्रित है। अगर सन्देशों का आगत-निर्गत नहीं होगा तो उस स्थिति में संचार बाधित होता है। सन्देश के कुछ निर्धारित आयाम होते हैं, इनमें सूचना, विचार, निर्देश, अर्थ, भाषा सन्दर्भ, स्वरूप आदि प्रमुख होते हैं। सन्देश सम्प्रेषक के दिमाग में उत्पन्न होता है जहाँ वह उसे संवर्द्धित करके सम्प्रेषण के द्वारा श्रोता तक पहुँचता है। अतः सामान्य अर्थ में सूचना का वह तत्व जिसका कि सम्प्रेषण या आदान-प्रदान किया जाता है उसे सन्देश कहते हैं।

"संदेश या विषय सामग्री वह सूचना है जिसको सूचना-वाहक अपने श्रोताओं को इस तरीके से पहुँचाता है कि वे उसे समझें, अपनायें तथा उस पर अमल करें।" सन्देशपूर्ण रूप से विषय-सामग्री नहीं होती है। संवाद, विषय सामग्री का सूक्ष्म तत्व है। सन्देश की पुष्टि अथवा विचार को प्रमाणित अथवा साबित करने हेतु जो सामग्री प्रस्तुत की जाती है उसे हम विषय सामग्री (subject matter) कहते हैं। सन्देश लिखित, मौखिक, शाब्दिक अथवा सांकेतिक होते हैं। प्रसार कार्य में जो संवाद सम्प्रेषित किये जाते हैं उनके पीछे एक लक्ष्य या उद्देश्य होता है। प्रसार कार्य के अन्तर्गत ये उद्देश्य शैक्षिक महत्व के होते हैं। सम्प्रेषक कुछ मुख्य जानकारियाँ एवं सूचनाओं को एकत्र करता है जिन्हें वह संदेश के रूप में ग्रहणकर्त्ता तक पहुँचाता है। इसके पीछे उसका यह उद्देश्य होता है कि वे उन्हें ग्रहण करके अपना लें। कोई भी संवाद तभी सफल माना जाता है जब ग्रहणकर्ता उसे अपने लिए आवश्यक मानें, उन्हें स्वीकार कर ले व साथ ही उससे सन्तुष्ट भी हो। इस प्रकार अर्थपूर्ण होना, उस सन्देश का मुख्य अवयव है। इसके तहत दो बातें आती हैं। (1) इंगितीकरण, जिसमें शब्द या आवाज और उद्देश्य सम्मिलित होता है। (2) अर्थ समावेशीकरण, जिसमें व्यक्ति अपनी अन्तर्स्वीकृति के अनुरूप सुखद या दु प्रतिशतखद, नकारात्मक या सकारात्मक प्रतिक्रिया व्यक्त करता है।

इस प्रकार सन्देश के अर्थ तत्व के अनुसार सूचना पाने वाला कोई भी व्यक्ति जिस तरह सूचना ग्रहण करता है उसी तरह वह प्रत्युत्तर भी देता है। सम्प्रेषक अपने सन्देश एवं भाषा के द्वारा श्रोता के व्यवहार को परिष्कृत एवं परिवर्तित कर सकता है। सन्देश अपने प्रभाव के अनुरूप दो प्रकार के होते हैं—(1) सकारात्मक एवं (2) नकारात्मक। सकारात्मक संदेश का अर्थ ऐसे संदेश से है जो कि श्रोताओं को आकर्षित करते हैं। इनका उद्देश्य निर्माण, सुख,

विकास एवं परिणाममूलक तथा लाभकारी होता है। नकारात्मक संदेश विकर्षणयुक्त, आलोचनात्मक, ध्वंस तथा अलाभकारी होते हैं। संदेश में शब्दों के संकलन एवं स्वरूप पर विशेष ध्यान देने की आवश्यकता होती है। शब्दों का उपयोग किसी भी संदेश में उसके समय, स्थान, संदर्भ आदि के आधार पर होता है। इस प्रकार संदेश सम्प्रेषण और श्रोता के बीच होने वाली ऐसी प्रक्रिया है जो कि श्रोता के मस्तिष्क में सम्प्रेषित शब्दों के विचारों के आधार पर एक अर्थ उत्पन्न करती है। संदेश संचार की सभी प्रक्रियाओं का अनिवार्य अंग है।

संचार के सभी चरण का मूलाधार संदेश है। श्रोताओं में सम्प्रेषक को संदशों की प्राप्ति होती है। वह सन्देशों का चयनित संदेश ही भेजता है। श्रोताओं तक सन्देशों को प्रेषित करने का काम संचार साधनों व संचार द्वारा किया जाता है। श्रोता इन सन्देशों को ग्रहण करता है तथा पुन दूसरे व्यक्तियों तक भेजता है।

सन्देश सामाजिक, आर्थिक, सामाजिक, राजनीतिक, धार्मिक, मनोरंजन आदि प्रकार के हो सकते हैं—

(i) प्रभावशाली

(ii) व्यावहारिक

(iii) सरल

(iv) मितव्ययी

(v) दोहराया जाने वाला अर्थात् सन्देश को दोहराया जा सकता है।

सन्देश की विशिष्टताएं

(1) सहज तथा सुस्पष्ट प्रतिशत—सन्देश व्यापक एवं सुस्पष्ट होना चाहिए। जो वाक्य सन्देश के रूप में प्रयोग हो, लाये जायें वे द्विअर्थी या अनेकार्थी नहीं होना चाहिए। सफल सन्देश वही माना जाता है जो सम्प्रेषक एवं ग्रहणकर्त्ता हेतु समान अर्थ रखते हों। इससे सन्देश अनुकरण में भी सरल हो जाता है साथ ही सम्प्रेषक के प्रति भी विश्वसनीयता बढ़ती है। मुश्किल बातें ग्रहणकर्त्ता की समझ में नही आतीं जिससे वह उन्हें एकाग्रचित्त होकर ग्रहण नहीं कर पाता और विश्वास नहीं कर पाता है।

(2) अर्थपूर्ण प्रतिशत—सन्देश अर्थपूर्ण होना चाहिए अर्थात् किसी वांछित व्यक्ति अथवा स्थान तक पहुँचने का माध्यम होना चाहिए। मनुष्य का यह स्वभाव होता है कि वह हर बात में लाभ की सम्भावनाओं को देखता है। अगर गृहिणी को यह सन्देश भेजा जाये कि पानी को शुद्ध करने से उसके बच्चों में संक्रामक बीमारी

नहीं होगी तो वह सन्देश उसके लिए अर्थपूर्ण होगा और वह उसे उपयोग में लायेगी। अतः सन्देश उद्देश्य के अनुरूप होना चाहिए।

(3) सर्वहितकारी प्रतिशत—सम्प्रेषक जिन सन्देशों को प्रेषित करता है। वह जनसमुदाय हेतु सर्वहितकारी होना चाहिए। वह किसी एक छोटे वर्ग या अकेले व्यक्ति के हित को ध्यान में रखकर प्रेषित नहीं होना चाहिए।

(4) साधनों के तहत प्रतिशत—सन्देश श्रोताओं के आर्थिक, भौतिक, सामाजिक व अन्य साधनों के अन्तर्गत होना चाहिए। सन्देश द्वारा बतायी गई पद्धतियाँ अधिक मँहगी नहीं होनी चाहिए। वह श्रोताओं की आर्थिक स्थिति के अनुसार होनी चाहिए। इसी प्रकार संवाद उनके सामाजिक रीति-रिवाज, सामाजिक बन्धनों, विश्वासों के तहत होना चाहिए। सन्देश इन प्रत्येक मान्यताओं के अनुसार होना चाहिए। अगर कोई बदलाव लाना भी है तो उन्हें धीरे-धीरे परोक्ष तरीका अपनाया जाना चाहिए।

(5) सहज उपयोग प्रतिशत—सन्देश इस प्रकार के हों कि सम्प्रेषक स्वयं आसानी से प्रयोग कर सकें साथ जिस स्थान पर सन्देश प्रेषित करना हो वहाँ की स्थितियों के अनुकूल हों।

(6) सम्प्रेषक व श्रोता के बीच तालमेल प्रतिशत—सन्देश इस प्रकार हों कि वह ग्रहणकर्त्ता या श्रोताओं की उत्कंठा की पूर्ति करे तथा उसकी आकांक्षाओं के अनुरूप हो। इससे सम्प्रेषक व श्रोताओं के मध्य संबंध बढ़ाता है व सन्देश अच्छी प्रकार से ग्रहण किये जाते हैं। साथ ही श्रोताओं को भली तरह समझ में भी आ जाते हैं।

(7) वैज्ञानिक दृष्टिकोण प्रतिशत—सन्देश वैज्ञानिक दृष्टिकोण हेतु होना चाहिए तथा आधुनिक होना चाहिए। उसमें नई-नई जानकारियां समाविष्ट होनी चाहिए ताकि वह प्रसार के उद्देश्यों पर आधारित हो।

(8) संचार माध्यम के अनुरूप प्रतिशत—सम्प्रेषक अपने सन्देश को श्रोताओं तक पहुँचाने हेतु संचार माध्यमों का उपयोग करता है। अत प्रतिशत सन्देश इस तरह के हों कि वह संचार माध्यम के अनुरूप हो।

संचार माध्यम

ओ. पी. धामा एवं ओ. पी. भटनागर के अनुसार, "संचार माध्यम सन्देशों के प्रेषक और ग्रहणकर्त्ता के मध्य भौतिक पुल के समान है।" माध्यम (Channels) शब्द को टेली कम्यूनिकेशन (Tele Communication) से लिया

गया है और संचार प्रक्रिया के कई विविध पक्षों में प्रयोग में लाया जाता है। यह सम्प्रेषक एवं श्रोताओं के मध्य का ऐसा रास्ता है जिस पर सन्देश यात्रा करते हैं। माध्यम ऐसी कोई चीज है जिसे सन्देशों का सम्प्रेषक अपने श्रोता से जुड़ने हेतु प्रयोग में लाता है। प्रसार की स्थितियों में प्रचलित संचार माध्यम है—सभी तरह की मीटिंग, रेडियो, किताबें, बुलेटिन पत्र, समाचार-पत्र, संगठित यात्राएँ एवं व्यक्तिगत सम्पर्क आदि। अन्य कुछ और साधन हैं—टेलीफोन, टेलीविजन, तथा कार्य के दौरान नेता (Leader at work) अतः संचार माध्यम प्रक्रिया का एक आवश्यक अंग है।

सम्प्रेषित सन्देश शाब्दिक और अशाब्दिक (Verbal and non verbal) दोनों प्रकार के हो सकते हैं। लिखने और बोलने के अतिरिक्त हावभाव आदि तरीके से भी सन्देशों का सम्प्रेषण होता है। इस प्रकार संवेदनशील अंग शरीर में सूचना ग्रहण करते हैं। इनमें प्रमुख हैं—सुनना, देखना एवं स्पर्श। इस प्रकार संचार में संवेदनशील अंग संचार माध्यम का कार्य करते हैं। इस प्रकार मार्ग वह तरीका है, जिसके द्वारा स्रोत द्वारा प्रेषित सूचना को श्रोता प्राप्त करता है।

अतः संचार माध्यम का तात्पर्य होता है दो बिन्दुओं को जोड़ने वाला। संचार माध्यम भी सम्प्रेषक एवं श्रोता को आपस में जोड़ते हैं। **हेराल्ड लासवेल** (Herold D. Losswell) के अनुसार, संचार माध्यम के मुख्य कार्य हैं—सूचना संग्रह एवं प्रसार, सूचना विश्लेषण, सामाजिक मूल्य एवं ज्ञान का सम्प्रेषण एवं व्यक्तियों का मनोरंजन करना। संचार माध्यम का प्रभाव समाज में अनादिकाल से हो रहा है। संचार माध्यम स्रोत एवं श्रोता के बीच एक बीच स्थल दृश्य है जो कि प्रधानत माध्यम से सूचना लेता है तथा श्रोता को देता है। साधारण रूप से संचार माध्यम के अभाव में संचार प्रक्रिया पूर्ण नहीं की जा सकती है।

राबर्ट ए. बोगी एवं विलियम डी. ब्रुक्स ने अपने मॉडल में माध्यम को इस तरह दर्शाया है—

जब दो मनुष्य एक दूसरे से वार्ता करते हैं तब उनकी बोलने एवं सुनने की क्रिया गति में होती है। एक मनुष्य द्वारा मुँह से दिया गया सन्देश माध्यम के वाहन पर सवार होकर दूसरे मनुष्य के पास पहुँचता है। मौखिक सन्देश आवाज की तरंगों (Sound waves) से प्राप्त होती है। अन्त में आवाज की तरंगों को अपने भी किसी के सहारे की आवश्यकता होती है वह है तरंगीय वाहक (Wave-Carrier)। साधारणत प्रतिशत मानवीय संचार में आवाज की तरंगें वायु के सहारे से आती हैं।

संचार माध्यम को प्रमुख रूप से दो भागों में बाँटा जा सकता है–

(1) जनसंचार माध्यम प्रतिशत–जनसंचार माध्यम आधुनिक औद्योगिक और तकनीकी समाज में विकसित हुए हैं। पुराने जमाने में व्यक्ति जब छोटे-छोटे समूहों में रहते थे तब आमने सामने का प्रत्यक्ष सम्पर्क सम्भव था। वर्तमान समय में लाखों लोगों तक एक साथ संचार माध्यमों से सूचनाएँ प्रेषित की जाती हैं जो कि तकनीकी क्रान्ति की परिचायक हैं। जनसंचार एक यान्त्रिक उपकरण है जिसके द्वारा कोई व्यक्ति या समूह अल्प समय में तुलनात्मक रूप में बड़ी जनसंख्या तक पहुँच सकता है। इसमें श्रोता सदस्य भौतिक रूप से अलग रहते हैं। इसमें व्यापक रूप में सन्देश का उत्पादन होता है जिसका मुख्य उद्देश्य शिक्षण एवं मनोरंजन होता है। इस उद्देश्य हेतु समाचार-पत्र, समाचार एजेन्सी, सिनेमा, रेडियो, टेलीविजन आदि मुख्य हैं। जनसंचार माध्यम के चार मुख्य कार्य हैं–

(i) सूचना संग्रह एवं प्रसार

(ii) सूचना का विश्लेषण

(iii) ज्ञान के स्तर में वृद्धि करना

(iv) मनोरंजन

(2) परम्परागत संचार माध्यम प्रतिशत–परम्परागत संचार माध्यम ग्रामीण व्यक्तियों को परम्परागत उत्तराधिकारियों में मिलने वाले संचार माध्यम हैं। परम्परागत संचार माध्यम के विशेषज्ञ सन्देशों को स्थानीय लोकप्रिय स्वर में बदल सकते हैं। परम्परागत संचार माध्यम इस प्रकार के हैं जिसमें मौखिक गायन, वादन, दृश्य, कला का सम्प्रेषण एवं स्थानान्तरण सामाजिक समूहों में एक पीढ़ी से दूसरी पीढ़ी को होता रहता है।

कुप्पूस्वामी के अनुसार, प्रमुख परम्परागत संचार माध्यम इस प्रकार हैं–

(i) प्राचीन कला, संगीत, ग्रामीण नाटक एवं कठपुतली।

(ii) हरिकथा।

(iii) कहानी, किस्सा, गारी, गीत।

(iv) उत्सव-त्यौहार, ग्रामीण सभा एवं मेला।

(v) सामाजिक संस्थाएँ एवं ग्रामीण मुखिया।

(vi) ग्रामीण कला एवं व्यवसाय, परम्परागत डिजाइनें आदि।

संचार माध्यमों का चयन

अगर प्राथमिक समूह होता है तो सम्प्रेषक हेतु संचार माध्यमों का चुनाव

एवं आपसी मिश्रण उतना जटिल नहीं होता। इसमें लोगों से आमने-सामने वार्ता की जा सकती है, किन्तु अगर प्रसार कार्यकर्त्ता अपने प्राथमिक समूह से दूर है, तब प्रसार कार्यकर्त्ता को सोच-समझकर संचार माध्यमों के बारे में निर्णय करना पड़ता है। जब लोगों के बारे में समूह हेतु संचार की योजना बनाई जाती है तो चुनाव जटिल एवं कठिन होता है। कभी-कभी इसके निर्धारण में माध्यम की उपलब्धता (Availability) एवं श्रोताओं की क्षमता निर्णायक तत्व होती है। उदाहरणार्थ—अगर श्रोता अशिक्षित है तो प्रसार कार्यकर्त्ता चित्रों एवं बोले गये शब्दों का इस्तेमाल कर सकता है। यदि श्रोताओं के पास टी.वी. नहीं है तो स्पष्ट रूप में प्रसार कार्यकर्त्ता टी.वी. पर निर्भर नहीं हो सकता है, किन्तु कई सामान्य स्थितियों में जहाँ रेडियो, छपी हुई सामग्री एवं चित्र एवं दूसरे सभी संचार माध्यम श्रोताओं तक पहुँच सकते हैं वहाँ संचार माध्यमों के चुनाव सम्बन्धी निर्णय कई तत्वों के कारण जटिल हो जाते हैं। ऐसी स्थिति में निम्नलिखित तत्वों का उपयोग करके विविध माध्यमों का परीक्षण किया जा सकता है। ये तत्व हैं—

(1) **स्थान, समय एवं समय-स्थान प्रकृति**—छपी हुई चीजें, चित्र और कला की वस्तुएँ स्थान-संगठित (Space-organised) प्रकृति की होती हैं। रेडियो का प्रसारण और टेलीफोन पर वार्ता समय-संगठित (Time-organised) है जबकि आमने-सामने का संचार आवाज, छवि-चित्र, टेलीविजन आदि समय-स्थान संगठित (Time and Space Organised) है। पढ़ने की क्रिया में, व्यक्ति अपने निजी पृष्ठ को सेट करता है और जब इच्छा हो पलटकर देख सकता है और एक पृष्ठ, अनुच्छेद अथवा एक वाक्य का आपसी सम्बन्ध देख सकता है।

(2) **सहभागिता**—संचार माध्यम ऐसा होना चाहिए जिसमें श्रोताओं के साथ ज्यादा-से-ज्यादा सहभागिता हो जिससे संचार की प्रतिपुष्टि (Feedback) प्राप्त हो सके। निजी स्तरीय आमने-सामने की वार्ता, सामूहिक चर्चा, अनौपचारिक बैठकें, दूरभाष से वार्तालाप आदि माध्यमों में श्रोताओं के साथ अधिक से अधिक सहभागिता रहती है। फिल्म, टेलीविजन, रेडियो, निजी पत्र व्यवहार, समाचार-पत्र, पत्रिकाएँ एवं किताबों में अपेक्षाकृत कम सहभागिता होती है।

(3) **स्थायित्व**—संचार माध्यमों का स्थायित्व उसकी विश्वसनीयता में वृद्धि करता है। इस दृष्टि से पुस्तकें सबसे अधिक स्थायी माध्यम हैं। इसके बाद चलचित्र और पत्रिकाएँ व समाचार-पत्र आते हैं। सबसे अल्प स्थायी माध्यम हैं—रेडियो एवं टेलीविजन। प्रसार के उद्देश्य के अनुसार स्थायित्व को ध्यान में रखकर संचार माध्यम का चुनाव करना चाहिए।

(4) गति—आवश्यक सूचनाएँ तीव्र गति तक श्रोताओं तक पहुँचाने की दृष्टि से सबसे द्रुत गति का माध्यम है—दूरभाष एवं रेडियो। टेलीफोन पर भी शीघ्र ही सन्देश भेजा जा सकता है। समाचार-पत्रों में कुछ समय लगता है, पत्रिकाओं में अपेक्षाकृत देरी से सन्देश भेजा जा सकता है। सर्वाधिक देरी से सिनेमा एवं पुस्तकों के द्वारा सन्देश भेजे जा सकते हैं।

(5) उपलब्धता—संचार माध्यम उस स्थान पर सरलता से सुलभ हो जहाँ प्रयोग में लाया जाता हो। अगर हम टेलीफोन का उपयोग सन्देश प्रेषित करने हेतु करना चाहते हैं तो जरूरी है कि सभी श्रोताओं के पास दूरभाष उपलब्ध हो।

(6) कीमत—संचार माध्यमों में इस्तेमाल की जाने वाली सूचना माध्यम की कीमत भी एक निर्धारक तत्व है। टेलीविजन और रेडियो हेतु विद्युत जरूरत होती है, दूरभाष के उपयोग हेतु भी धन की आवश्यकता होती है, समाचार-पत्र, पत्रिकाओं व पुस्तकों की भी कीमत होती है। अत प्रतिशत सूचना माध्यम का चुनाव सूचना प्राप्त करने वाले श्रोताओं के आकार, आवश्यकताओं व विषय ज्ञान व उपलब्ध साधन सीमा के अनुसार चुना जाना चाहिए।

संचार माध्यमों की राह में रूकावट

(1) संचार माध्यमों के इस्तेमाल में आने वाली सबसे बड़ी बाधा 'शोर' (Noise) है। इससे श्रोताओं को सुनने में परेशानी आती है और वह सन्देशों को स्पष्ट रूप से समझ नहीं पाता है। अधिकतर संचार माध्यमों में शोर अवरोध डालने वाला मुख्य तत्व है।

(2) श्रोता तक पहुँचने में कई माध्यम असफल हो जाते हैं। सामान्यतया कोई एक माध्यम सम्पूर्ण श्रोताओं तक नहीं पहुँच पाता; यथा—यदि बैठक रखी जायें तो आवश्यक नहीं कि सभी सदस्य बैठक में उपस्थित रहें। रेडियो द्वारा सन्देश प्रस्तुत किया जाये तो जरूरी नहीं कि सभी श्रोताओं के पास रेडियो सेट हो अथवा वह उस विशेष समय में रेडियो को चालू रखे। लिखित सामग्री देने पर भी कई सदस्य उस सामग्री को नहीं पढ़ते हैं।

(3) अनेक संचार माध्यम श्रोताओं की योग्यता के अनुरूप नहीं होते। ऐसी स्थिति में श्रोता इस बात को समझने में असमर्थ रहता है; यथा—अनपढ़ श्रोताओं को लिखित पाठ्य-सामग्री प्रदान करना।

(4) कई बार सम्प्रेषक स्वयं भी संचार माध्यम का उपयोग प्रभावशाली तरीके से नहीं करता है। यदि वह अपनी बात श्रोताओं तक प्रभावशाली तरीके से

कहने या प्रदर्शन कर दिखाने में असफल रहता है तो कई श्रोता उसकी बात नहीं समझ पाते हैं।

(5) कुछ भौतिक तत्व भी संचार माध्यमों के इस्तेमाल पर बाधा डालते हैं। इनमें शोर तो मुख्य है ही, साथ ही लोगों का बार-बार अन्दर बाहर जाना, तेज गर्मी, तेज प्रकाश, बार-बार रोशनी बन्द होना, बहुत ज्यादा भीड़-भाड़, अनुशासनहीनता आदि तत्व भी व्यवधान पैदा करते हैं।

(6) सम्प्रेषक के उद्देश्य के अनुरूप सही संचार माध्यम का चयन नहीं करने से भी संचार प्रक्रिया में रूकावट आती है। जैसे यदि गृहिणी को कोई खाद्य सामग्री पकाने की विधि बताना है अथवा कम्पोस्ट खाद बनाने की पद्धति का प्रदर्शन करना है तो इस उद्देश्य हेतु रेडियो परिचालन पत्र (Circular Letter) या समाचार-पत्र उपयुक्त संचार माध्यम नहीं है। इस हेतु दूरदर्शन अथवा प्रदर्शन विधि (Demonstration Method) सही है।

(7) एक ही सन्देश को एक से ज्यादा संचार माध्यमों द्वारा श्रोताओं तक पहुँचाने से भी सन्देश श्रोताओं तक नहीं पहुँच पाता है।

(8) श्रोताओं द्वारा रुचि नहीं लेने से भी संचार माध्यम के इस्तेमाल में बाधा आती है। यदि सम्प्रेषक अपनी बात कह रहा है और श्रोता उसे तन्मयतापूर्वक से नहीं सुन रहे हैं या देख रहे हैं तो सन्देश पहुँचाने में बाधा आती है।

(9) ज्यादा संचार माध्यमों को एक ही समय में इस्तेमाल में लाने पर श्रोता न तो सन्देश को ठीक से प्राप्त कर पाते हैं और न ही समझ पाते हैं।

ग्रामीण क्षेत्रों में उपयोग होने वाले संचार माध्यम—सम्प्रेषक ग्रामीण क्षेत्रों में इस प्रकार संचार माध्यमों का उपयोग कर सकता है—गाँवों में संचार प्रक्रिया मुख्य तौर पर शब्दों (Words of mouth) या बातचीत द्वारा होती है जिसके लिए गाँव के नाई को सबसे उपयुक्त समझा जाता है। कुएँ पर जल भरती औरतों का समूह, खेतों पर इकट्ठे लोगों का समूह, हुक्का समूह, पान की दूकान का समूह, खेल के मैदान का समूह आदि मुख्य तौर पर गाँव के संचार माध्यम के रूप में इस्तेमाल किये जाते हैं। इसके अतिरिक्त पोस्टर, रेडियो, नाटक, प्रदर्शनी, लोक गीत आदि भी सही माध्यम हैं।

एक गाँव से दूसरे गाँव में सूचना भेजने हेतु समाचार-पत्र, रेडियो, व्यापारी, सरकारी कर्मचारी, प्रदर्शन, मीटिंग, समूह वार्त्ता, फिल्म, पोस्टर आदि संचार साधन मुख्य स्थान रखते हैं, जिनके द्वारा ग्रामीण जनता के विचारों का प्रसार किया जा सकता है।

अच्छे संचार माध्यम की विशिष्टताएं

(1) संचार माध्यम चाहे कोई भी हो, सन्देश के उद्देश्य को पूर्ण करने वाला हो।

(2) सन्देश के जो भी तत्व हों, उनके स्वभाव को ध्यान में रखते हुए संचार माध्यम का चयन किया जाये।

(3) संचार माध्यम श्रोताओं को देखने, सुनने एवं करने का मौका देने वाला हो।

(4) संचार माध्यमों में यदि एक से ज्यादा प्रयोग किये जाने वाले हों तो उनका संयोग (Combination) एक दूसरे का पूरक हो।

(5) संचार माध्यम सरलता से श्रोता तक पहुँच सकता हो।

(6) संचार माध्यम का चुनाव श्रोताओं की संख्या के अनुरूप हो।

(7) संचार माध्यम कभ खर्च वाला तथा सरल हो।

(8) उपलब्ध संचार माध्यमों का ही चयन किया जाना चाहिए।

(9) संचार माध्यम ऐसा हो जो सन्देश का प्रत्यक्ष एवं अप्रत्यक्ष प्रभाव बनाये रख सके।

(10) प्रसार माध्यम श्रोताओं के विषय को समझने की योग्यता के अनुरूप हो।

(11) सम्प्रेषक एवं श्रोताओं के पास उपलब्ध समय के अनुरूप हो।

श्रोता

श्रोता शब्द आंग्ल भाषा के 'Audience' शब्द का हिन्दी रूपान्तरण है। Audience शब्द की उत्पत्ति लैटिन के Audie से हुई है जिसका तात्पर्य न्यायाधीश या प्राप्तकर्त्ता होता है। Audience शब्द का प्रयोग 19वीं सदी में पाठक वर्ग हेतु प्रयुक्त किया गया था। बाद में इसका इस्तेमाल सिनेमा दर्शकों तथा जनसंचार माध्यम के श्रोता व दर्शकों हेतु प्रयुक्त हुआ। श्रोता का तात्पर्य संचार माध्यमों से सूचना प्राप्त करने वाले लोगों से हो। चाहे रेडियो हो, चाहे समाचार-पत्र अथवा टेलीविजन या फिल्म हो, श्रोता वर्ग प्रत्येक संचार माध्यमों में फैला होता है। संचार प्रक्रिया का केन्द्र बिन्दु श्रोता ही है। यह संचार का आवश्यक तत्व है। सम्पूर्ण संचार प्रक्रिया इस बात पर निश्चित है कि श्रोता प्राप्त चयनित सन्देश या विषय सामग्री से क्या प्रतिक्रिया करते हैं। श्रोता एक व्यक्ति या बहुत व्यक्तियों का दल

हो सकता है। श्रोता कोई भी व्यक्ति (man), औरत (woman), जवान (Youth), ग्रामीण नेता (village leader) हो सकते हैं।

जब श्रोता प्राप्त सन्देश में रुचि दिखाता है, उसे समझाता है, स्वीकार करता है कई उसका प्रयोग करके सन्तुष्ट होता है तभी संचार-प्रक्रिया सहजता पूर्वक सम्पन्न होती है। जब श्रोता सन्देश के प्रति सकारात्मक रुख प्रदर्शित करता है तब सन्देश का महत्व सिद्ध होता है। जनसंचार माध्यमों के विकास के फलस्वरूप श्रोता वर्ग के आकार में व्यापक परिवर्तन आया है। वर्तमान संचार माध्यमों का क्षेत्र विश्वव्यापी हो गया है।

परम्परागत एवं वर्तमान श्रोतावर्ग के चरित्र एवं व्यवहार में भी अन्तर है। परम्परागत संचार माध्यमों का श्रोता वर्ग किसी एक निश्चित दायरे में सिमटा तथा पर्याप्त सम्पर्कों से जुड़ा रहता है। वर्तमान समय में जनसंचार माध्यमों का श्रोता वहाँ तक बिखरा है जिस भौगोलिक दायरे तक जनसंचार माध्यमों का क्षेत्र विश्वव्यापी हो गया है।

परम्परागत एवं वर्तमान श्रोतावर्ग के चरित्र एवं व्यवहार में भी विभेद है। परम्परागत संचार माध्यमों का श्रोता वर्ग किसी एक निर्धारित दायरे में सिमटा तथा पर्याप्त सम्पर्कों से जुड़ा रहता है। वर्तमान समय में जनसंचार माध्यमों का श्रोता वहाँ तक बिखरा है जिस भौगोलिक दायरे तक जनसंचार माध्यमों की सन्देश प्रसारण क्षमता है। समाचार-पत्रों का प्रसार कितना भी हो किन्तु उसका भौगोलिक दायरा वहीं तक होगा जहाँ तक हार उसे पहुँचा देगा। इसी प्रकार रेडियो और टेलीविजन की प्रसार क्षमता उनके प्रसारण केन्द्रों की क्षमता पर निर्भर करती है। यह क्षमता पूर्ण विश्व की भी हो सकती है या कुछ वर्ग किलोमीटर की भी हो सकती है।

श्रोता दो प्रकार के होते हैं–

(i) प्राथमिक श्रोता अथवा ओपीनियन लीडर।

(ii) द्वितीयक श्रोता।

प्राथमिक श्रोता सम्प्रेषक का प्रेषित सन्देश प्रत्यक्ष रूप से प्राप्त करता है। द्वितीय श्रोता वह है जो कि सम्प्रेषक का प्रेषित सन्देश सीधे न ग्रहण कर प्राथमिक श्रोता से सूचनाएँ प्राप्त करता है।

प्रो. हाल (Prof. Hall) के अनुसार श्रोता का विषय-सामग्री प्राप्त करना कई बातों पर निर्धारित करता है। उनके अनुसार श्रोताओं द्वारा ग्रहण सूचना के स्तर पर श्रोता निम्न स्तर के होते हैं–

(i) अच्छी आर्थिक स्थिति वाले सूचना श्रोता तुलनात्मक रूप से जल्दी सूचना ग्रहण करते हैं।

(ii) प्रतिष्ठित सामाजिक स्तर वाले श्रोता नई खोजों को अधिक मात्रा में व शीघ्र ग्रहण करते हैं।

(iii) अनपढ़ की अपेक्षा शिक्षित श्रोता नये विचारों पर अविलंब अनुसरण करते हैं।

सम्प्रेषक को अपने श्रोता के बारे में निम्नांकित जानकारी होनी चाहिए–

(1) श्रोताओं की जरूरतें एवं रुचि।

(2) श्रोताओं की आंयु एवं मानसिक स्तर।

(3) श्रोताओं की सामाजिक, शैक्षिक तथा अर्थिक स्तर।

(4) श्रोताओं के रीति-रिवाज, परम्पराएँ एवं सामाजिक मूल्य।

(5) श्रोताओं की मनोवृत्ति।

(6) श्रोताओं के पूर्व अनुभाव।

(7) श्रोताओं के पास संचार माध्यमों की सुलभता।

श्रोताओं का वर्गीकरण

श्रोताओं के समान सोच वाले वर्ग (Homogeneous) तथा अलग-अलग सोच वाले (Heterogeneous) वर्ग होते हैं। किन्तु सामान्य रूप से श्रोताओं को निम्नलिखित चार श्रेणियों में रखा जा सकता है–

(1) उच्चस्तरीय श्रोता–संस्था अथवा संगठन के नीति नियोजक (Policy maker), शीर्ष प्रबन्धक (Managing director), निर्णयकर्त्ता (Decision-maker) अथवा कोई प्रधान व्यक्ति जब श्रोता के रूप में उपस्थित होते हैं तो इनको उच्च स्तर के श्रोताओं के वर्ग में शामिल किया जाता है। इनको नेतृत्व करने वाले श्रोता (Leader Audience) जिसे प्रबुद्ध श्रोता (Elite Audience) भी कहा जाता है।

(2) विशिष्ट श्रोता–जब समूह के सब श्रोता समान विशिष्टता वाले होते हैं तो उसको विशिष्ट श्रोता कहते हैं; जैसे–कार्य दल के सदस्य, अध्यापकों का समूह आदि।

(3) लक्ष्य श्रोता–समूह के सभी श्रोताओं का एक निश्चित लक्ष्य होता है। उन्हें उसी के अनुरूप सम्प्रेषण द्वारा सन्देश के निहित लक्ष्यों से श्रोताओं को प्रभावित किया जाता है। इनको लक्ष्य श्रोता कहा जाता है।

(4) श्रोताओं द्वारा विश्लेषण—श्रोताओं द्वारा दी गई प्रतिक्रिया, प्रत्युत्तर (Response) भी सम्प्रेषक प्रक्रिया का प्रमुख घटक है।

(5) सामान्य श्रोता—इनकी संख्या अति विशाल और बिखरी हुई होती है। सामान्य श्रोता को जन सम्प्रेषण (Mass Communication) द्वारा सन्देश दिये जाते हैं। इनको आम जनता, आम श्रोता आदि भी कहा जाता है। इनकी प्रतिक्रियाएँ व्यापक और प्रभावकारी होती हैं।

सम्प्रेषण प्रक्रिया में सन्देश Input होते हैं व प्रत्युत्तर Output होते हैं। सन्देश तथा उनके प्रतिउत्तर द्वारा सम्प्रेषण के प्रभावों का परीक्षण तथा उनका अध्ययन करने को ही श्रोता विश्लेषण कहा जाता है। श्रोता विश्लेषण के द्वारा सहयोगियों की वैयक्तिक प्रबन्धकीय एवं व्यावहारिक क्षमताओं को विकसित करने हेतु प्रेरित किया जाता है साथ ही बाह्य पक्षों के मध्य संगठन की कार्यप्रणाली की स्वच्छ छवि को निर्मित किया जाता है।

विश्लेषण के प्रयोजन

सम्प्रेषण प्रक्रिया में सन्देश Input होते हैं और प्रत्युत्तर Out put होते हैं। सन्देश एवं उनके प्रत्युत्तर द्वारा सम्प्रेषण के प्रभावों का परीक्षण एवं उनका अध्ययन करने को ही श्रोता विश्लेषण कहा जाता है। श्रोता विश्लेषण के द्वारा सहयोगियों की वैयक्तिक प्रबन्धकीय एवं व्यावहारिक क्षमताओं को विकसित करने हेतु प्रेरित किया जाता है साथ ही बाह्य पक्षों के मध्य संगठन की कार्यप्रणाली की स्वच्छ छवि को निर्मित किया जाता है।

विश्लेषण के उद्देश्यों को निम्न बिन्दुओं के अन्तर्गत व्यक्त किया जा सकता है—

(1) सम्प्रेषण श्रोताओं के किस वर्ग या क्षेत्र तक पहुँच रखता है अर्थात् सम्प्रेषण के फैलाव की परिधि (Audience Coverage) में कितने श्रोता सम्मिलित होते हैं?

(2) श्रोताओं ने या सम्प्रेषण प्राप्तकर्त्ता ने प्रत्युत्तर (Audience Response) किस प्रकार दिया है? क्या उन्होंने सन्देश के वास्तविक अभिप्राय को समझा? क्या सन्देश के अनुरूप वांछित प्रतिक्रिया हुई?

(3) क्या सम्प्रेषण ने श्रोताओं पर कोई प्रभाव डाला? (Communication Impact) क्या श्रोताओं के दृष्टिकोण एवं विचारों पर प्रभाव पड़ा?

(4) श्रोताओं को किस पद्धति द्वारा प्रेरित किया गया ? (Process of Influence) सम्प्रेषण में किस सम्प्रेषण माध्यम का प्रभावकारी इस्तेमाल किया गया?

विश्लेषण के विविध चरण

(1) सम्प्रेषण के समय विश्लेषण—आमने-सामने के वार्तालाप और मौखिक सम्प्रेषण में इस प्रकार का विश्लेषण किया जा सकता है। सम्प्रेषण प्रक्रिया के समय स्वयं सम्प्रेषण या अवलोकनकर्त्ता (observer) के माध्यम से श्रोताओं का विश्लेषण किया जाता है। श्रोताओं के सुनने का तरीका (Listening Method) श्रोताओं की मुख गुदा (Facial Expression), श्रोताओं की खामोशी (Silence), ताली बजाने का तरीका (Clapping Style) आदि दूसरी प्रतिक्रियाओं और प्रत्युत्तर (Other reactions and response) का गहन विश्लेषण किया जाता है। इस विश्लेषण से श्रोताओं की तात्कालिक प्रतिक्रिया मिल जाती है।

(2) कल्टिप एवं सेफ्टर—जब सम्प्रेषण देने से पूर्व श्रोताओं की संख्या (Number of Audience), उम्र वर्ग (Age group), लिंग (Sex), शैक्षिक स्तर (Education Level), सांस्कृतिक पृष्ठभूमि (Culture Background), अनुभव एवं कौशल (Experience and Skill) का विश्लेषण किया जाता है तो इसे सम्प्रेषण से पूर्व विश्लेषण कहा जाता है। सम्प्रेषण पूर्व विश्लेषण सम्प्रेषण हेतु लाभदायक होता है। उसको कहाँ, क्या, किसके द्वारा सम्प्रेषण करना है, इसकी जानकारी होने पर वह सम्प्रेषण को प्रभावकारी बना सकता है।

(4) सम्प्रेषण के पश्चात् विश्लेषण—सम्प्रेषक का हमेशा एक लक्ष्य होता है। सम्प्रेषण के औचित्य का या लक्ष्य तक पहुँचने का परीक्षण इसी विश्लेषण के द्वारा किया जाता है। श्रोताओं ने सम्प्रेषण को किस प्रकार प्राप्त किया है तथा वह उनके दृष्टिकोण को प्रभावित करने में कहाँ तक सफल हुआ है? इसका विश्लेषण इसी लक्ष्य विश्लेषण (Target Analysis) के द्वारा किया जाता है। इस विश्लेषण द्वारा संगठन के प्रेरित कार्यक्रम में प्राप्त सफलता का निरीक्षण किया जाता है और संगठन की छवि निर्माण की सफलता को भी देखा जाता है।

(3) प्रतिपुष्टि या फीडबैक—बरलो (Berlo, 1960) के अनुसार, "अगर सम्प्रेषक स्रोत अपने द्वारा प्रेषित सन्देश की ग्राह्यता को देखता है, यदि सन्देश को अपनी पद्धति में वापस लौटाया जाता है, अर्थात् प्रतिपुष्टि सम्पन्न हुई है।" अर्थात्

सम्प्रेषण की प्रक्रिया में क्रिया-प्रतिक्रिया (Action\-reaction) में अर्थनिर्भरता की प्रतिपुष्टि माना जाता है। सम्प्रेषक अपने प्राप्तकर्त्ता अथवा श्रोताओं की प्रतिक्रिया का उपयोग करके अपनी निजी प्रभावशीलता का मूल्यांकन करता है जो उसकी निजी भविष्य की क्रिया में मार्गदर्शक का कार्य करते हैं। यदि स्रोत से उसे सकारात्मक प्रतिपुष्टि प्राप्त होती है तो वह उसी प्रकार के सन्देशों को प्रेषित करता रहता है। अगर उसे सकारात्मक प्रतिपुष्टि नहीं मिलती है तो वह अपने सन्देशों को परिवर्तित करता रहता है।

सम्प्रेषण प्रक्रिया व्यक्ति के विचारों को सांकेतिक रूप देने वाला (Encoder) एवं उचित अर्थों को समझने वाला (Decoder)दोनों होता है। वह सन्देश प्राप्तकर्त्ता भी होता है व विस्तार वाला भी। व्यक्ति पहले सन्देश में सही अर्थों को समझता है और फिर अपने अनुभव के आधार पर उसकी व्याख्या करता है और पुनः उसके अनुसार प्रतिक्रियापूर्वक सन्देशों का आदान-प्रदान करता है और उसे सांकेतिक रूप देता है। इस प्रकार यह पुन प्रतिशत लौटने वाली प्रक्रिया 'प्रतिपुष्टि' या फीडबैक (Feedback) है एवं सम्प्रेषण में यह मुख्य प्रक्रिया है क्योंकि यह स्रोत तथा प्राप्तकर्त्ता दोनों के बारे में बताती है कि किस प्रकार उनके सन्देशों की व्याख्या की गई। प्रतिपुष्टि त्रुटियों को सुधारने की तकनीक है। (Feedback is an error-correcting mechanism) जो शोर से होने वाली समस्या को दूर करती है। यह व्यक्ति को सम्प्रेषण पद्धति में वास्तविक अन्तर्क्रिया करने वाले सदस्य के रूप में बनाती है और यह बताती है कि किस प्रकार हमारे सन्देशों की व्याख्या की गई। एक अनुभवी सम्प्रेषक फीडबैक के प्रति जागरूक रहता है और लगातार अपने सन्देशों को अपने श्रोताओं के अवलोकन के प्रकाश में संशोधित करता रहता है। हम कई बार फीडबैक की शक्ति को भूल जाते हैं कि वह किस तरह स्रोत को प्रभावित करता है। हम यह विश्वास करने में असफल हो जाते हैं कि किस सीमा तक प्राप्तकर्त्ता सम्प्रेषक को प्रभावित करता है। अगर वह दिखाते हैं कि उन्हें समझ में नहीं आया तो उसे पुनः करने की आवश्यकता होती है। जनसंचार (Mass media) की स्थिति में विचारों के मतदान द्वारा (Opinion polls) या अभिवृत्ति सर्वेक्षण (Attitude survey) आदि द्वारा प्राप्त फीडबैक के परिणामस्वरूप कई नाटकीय बदलाव देखे जा सकते है।

जोसफ (Joseph, 1976) के अनुसार, फीडबैक वह प्रक्रिया है, जिसके द्वारा सूचना प्राप्तकर्त्ता अथवा श्रोता अपनी प्रतिक्रिया अथवा सन्देश प्रेषित करता है और इसमें फीडबैक अर्थ व्यक्ति संचार द्वारा आँख, मुस्कराहट, भाषण, व्यवहार

एवं हावभाव के द्वारा होता है। फीडबैक प्रक्रिया जनसंचार माध्यमों (Mass Media) में कठिन होती है। जनसंचार माध्यमों द्वारा प्रेषित सूचना पर श्रोताओं की प्रतिक्रिया का क्या विचार है, सूचना प्रेषण में क्या कमी है, श्रोता किस प्रकार की सूचना चाहता है आदि का ज्ञान फीडबैक के द्वारा होता है। प्रति जनसंचार माध्यम श्रोता की प्रतिक्रिया अपने कार्यक्रमों और सम्प्रेषित सूचनाओं के प्रति जानना चाहते हैं। श्रोताओं की प्रतिक्रिया के आधार पर कार्यक्रमों एवं सूचना सम्प्रेषण के प्रारूपों को परिवर्तित और परिवर्धित करते हैं।

फीडबैक के कमी में पूरा संचार प्रवाह उस बहरे मनुष्य की तरह हो जाता है जो कार्य करके और आदेश देकर चला जाता है, परन्तु वह किसी की प्रतिक्रिया सुन नहीं सकता है। इस कारण उसके कार्यों और दिशा में बदलाव दूसरों के कथनानुसार नहीं हो सकेगा। इस प्रकार फीडबैक (प्रतिपुष्टि) के अभाव में संचार की दशा बहरे मनुष्य से अलग नहीं होगी।

किसी प्रमुख समूह द्वारा सन्देश को प्राप्त करने के फलस्वरूप निम्न तरह की सम्भावित प्रतिक्रियाएँ प्राप्त हो सकती है–

(1) **स्वीकृति या अस्वीकृति**–कोई भी जागरूक अथवा विचारशील मानव मस्तिष्क किसी सच्चाई को स्वीकार करने से पूर्व उसे समझता है। मानसिक रूप से प्राप्त संतुष्टि ही उसे भौतिक क्रिया करने को प्रेरित करती है।

(2) **सही या गलत**–कई कारणों से व्यक्ति सूचना के अनुसार कार्य नहीं करता है, चाहे वह उसे समझ गया है या उसने उसकी स्वीकृति दे दी है। चाहे व्यक्ति अकेला हो अथवा समूह में हो, मानव के निजी यह विचार होते हैं कि वह किस तरह कार्य करे। वह उस कार्य को सही मानता है तब ही वह कार्य करने को तैयार होता है।

(3) **मानसिक या शारीरिक क्रिया**–मानव के मस्तिष्क में परिवर्तन होने पर उसके द्वारा हाथों से की जाने वाली क्रिया में भी परिवर्तन होता है।

(4) **अभ्यास करना या अभ्यास न करना**–अगर उस कार्य को करने का अवसर तुरन्त नहीं मिलता है जिसे कि सीखा गया है तो उसे भूलने की सम्भावना रहती है। सही सन्देश को सही व्यक्ति तक सही समय में पहुँचना सफल सम्प्रेषक हेतु आवश्यक है।

फीडबैक की निम्न विशेषताएँ होती हैं–

(1) फीडबैक संचार पद्धति से स्थायित्व एवं सन्तुलन बनाये रखता है।

(2) फीडबैक सम्प्रेषक के स्रोत को प्रभावित करता है।

(3) फीडबैक स्रोत जनित है। यह स्रोत से प्रारंभ होकर स्रोत की ओर लौटता है।

(4) फीडबैक भविष्य के सन्देशों पर नियन्त्रण करता है।

(5) फीडबैक पृथक-पृथक सम्प्रेषण स्थितियों में अलग-अलग होता है।

प्रतिपुष्टि का वर्गीकरण

(1) **तथ्यों पर आधारित**—सम्प्रेषक द्वारा प्रतिपुष्टि के तौर पर प्राप्त उत्तर के तथ्यों के आधार पर फीडबैक दो प्रकार का होता हैं—

(क) **स्व उत्तरात्मक फीडबैक**—स्वउत्तरात्मक फीडबैक में व्यक्ति का अपना व्यक्तिगत सन्देश या उत्तर रहता है। इसमें, प्रेषित सन्देश में व्यक्ति मैंने सुना, मैंने लिखा, मैं इस प्रकार सोचता हूँ, मैं देखूँगा, मैं क्या लिखूँ, इस प्रकार की सूचनाओं के आधार पर स्वपरिमार्जन किया जाता है।

(ख) **सन्देशात्मक फीडबैक**—सन्देशात्मक फीडबैक में व्यक्ति प्राप्त सन्देश को ही फीडबैक करता है। यह सम्पादन (Performance) प्रक्रियात्मक (Reactionary), युक्तिपूर्ण (Tactful), दृश्य हावभाव (Epressions) या अन्य किसी प्रकार का हो सकता है।

(2) **सूचना प्रवृत्ति के आधार पर**—फीडबैक सूचना प्रवृत्ति के अनुसार भी दो प्रकार की हाती है—

(क) **सकारात्मक फीडबैक**—सकारात्मक फीडबैक में मानव सकारात्मक प्रक्रिया अथवा उत्तर देता है।

(ख) **नकारात्मक फीडबैक**—नकारात्मक फीडबैक में मानव नकारात्मक प्रतिक्रिया अथवा उत्तर देता है।

(3) **प्रत्यक्ष एवं अप्रत्यक्ष फीडबैक**—प्रत्यक्ष फीडबैक में मनुष्य स्वयं प्रति उत्तर प्रेषित करता है। अप्रत्यक्ष और समायान्तर या डीलेड (Delayed) फीडबैक सर्वे, शोध आदि प्रक्रियाओं द्वारा कुछ दिन, महीने, वर्ष आदि में पूरी होती है।

(4) **स्वप्रायोजित तरह का फीडबैक**—स्व प्रायोजित फीडबैक के तहत मानव स्वयं प्रतिक्रिया प्रेषित कर देता है। यह प्रकिया सम्पादक के नाम पत्र, स्वयं मिलकर आदि रूपों में हो सकती है। प्रायोजित फीडबैक में मनुष्य की प्रतिक्रिया साक्षात्कार, विचार-विमर्श आदि के माध्यम से एकत्र की जाती है।

फीडबैक या प्रतिपुष्टि की विधियाँ—सम्प्रेषण के विविध माध्यमों के अन्तर्गत प्रतिपुष्टि की निम्न विधियाँ होती है—

(1) **आमने-सामने सम्प्रेषण**–इसमें प्रतिपुष्टि शीघ्र एवं निरन्तर मिलती रहती है। इसमें सम्प्रेषक सुनने वाले के चेहरे की अभिव्यक्ति से सन्देश से सम्बन्धित फीडबैक प्राप्त करता रहता है।

(2) **लिखित सम्प्रेषण**–इसमें पाठकों के चेहरे के भावों को पढ़ना अथवा समझना आसान नहीं होता और न ही कोई तुरन्त फीडबैक ही प्राप्त होता है। लिखित सम्प्रेषण में एक व्यक्ति द्वारा सुझाया गया काम स्पष्ट और सही होता है उसमें शक की कोई सम्भावना नहीं होती है।

(3) **मौखिक सम्प्रेषण**–इसमें फीडबैक सम्प्रेषक को निरन्तर प्रभावित करती रहती है। सन्देश ग्रहणकर्त्ता द्वारा दिया गया फीडबैक सन्देश के सम्प्रेषक को और अधिक प्रभावशाली बनाने में सहायता करती है। मौखिक सम्प्रेषण में सकारात्मक फीडबैक तालियाँ या डेस्क बजाकर अभिव्यक्त की जा सकती है एवं नकारात्मक फीडबैक की अभिव्यक्ति उबासी दिखाकर अथवा जम्हाई लेकर की जा सकती है।

फीडबैक का महत्व–सकारात्मक फीडबैक प्राप्त करने हेतु "सुनने की कला" एक मुख्य तत्व है। सन्देश को जब तक प्रभावी ढंग से न सुना जाए तब तक प्राप्तकर्त्ता हेतु कोई उचित फीडबैक देना सम्भव नहीं होता है। अतएव यह आवश्यक है कि सन्देश को गम्भीरता, एकाग्रता एवं प्रभावशाली तरीके से सुना जाए।

सम्प्रेषण प्रक्रिया में फीडबैक एक उत्प्रेरक तत्व के रूप में काम करता है। बिना फीडबैक के सम्प्रेषण प्रक्रिया पूरा नहीं हो सकती।

संचार प्रणाली को असरकारी बनाने वाले कारक

(1) सफल संचार हेतु संलग्न व्यक्तियों का सहयोग और हिस्सेदारी बहुत आवश्यक है।

(2) संचार प्रक्रिया का उचित मूल्यांकन करते रहने से संचार प्रभावशाली होती है।

(3) सूचना वाहक को संचार के समय जगह का वातावरण (शान्त-शोरगुल, गर्म, सर्द) भौतिक सुविधाएँ, बिजली का प्रबन्ध, पानी आदि की व्यवस्था का समुचित प्रबन्ध करना चाहिए।

(4) प्रसार कार्यकर्त्ता (सूचनावाहक) को सन्देश देने से पूर्व विषय के बारे में यह जानना अत्यंत जरूरी है कि उसके श्रोता किस तरह का सन्देश चाहते हैं और किस विधि द्वारा उन्हें और भी जानकारी दी जा सकती है।

(5) संचार प्रक्रिया द्वितरफा पद्वति है। सूचना देने तथा लेने वाले दोनों को परस्पर मित्रतापूर्ण वातावरण में रखते हुए प्रश्न उत्तर की क्रिया प्रयोग करनी चाहिए जिसमें सूचना वाहक को सूचना वाहक के विषय सम्बन्धी जानकारी का ज्ञान होता है इससे संचार सफल होता है।

(6) प्रसार कार्यकर्त्ता (सूचना वाहक) को जनसमूह के सामने विचारों को पेश करते समय दृश्य-श्रव्य सामग्री का प्रयोग करना चाहिए।

संचार पद्धतियां

आजकल संचार की कई विधियाँ प्रयोग की जाती हैं यह देखा गया है कि साधन साधनों की उपलब्धता भी एक विचारणीय पहलू है।

अक्सर संचार विधियों को सरलता के उद्देश्य से दो हिस्सों में बाँटा गया है—

(1) संस्थागत संचार विधियाँ।

(2) असंस्थागत संचार विधियाँ।

(1) संस्थागत संचार विधियाँ—इसके तहत पत्रिकाएँ, बुकलेट, बुलेटिन, समाचार-पत्र तथा अन्य लिखित साधन, सिनेमा, रेडियो, इश्तेहार, धारावाहिक, अध्यापक, कृषि महाविद्यालय एवं विश्वविद्यालय, प्रसार अधिकारी, व्यावसायिक एजेंसियाँ, दूरभाष आदि शामिल किये जाते हैं।

(2) असंस्थागत संचार विधियाँ—इसके तहत अनौपचारिक बातचीत, पारिवारिक सदस्य, दोस्त एवं पड़ौसी, नेता, खेल के साथी, दुकानदार आदि शामिल किये जाते हैं।

भारतवर्ष में प्रसार शिक्षा में संचार माध्यमों पर काफी शोध किया गया है। उनके परिणामों के आधार पर हम अपनी आवश्यकता, प्रसार सन्देश प्राप्तकर्त्ता, क्षेत्र आदि को दृष्टिगत रखते हुए कोई एक या कई विधियों का चुनाव कर सकते हैं। कृषि विश्व विद्यालयों द्वारा विकास प्रक्रिया को तीन तन्त्रों द्वारा सम्पादित किया गया है—(1) ज्ञान विस्तारक तन्त्र तथा (2) ज्ञान उपयोगी तन्त्र, (3) ज्ञान उत्पादक तन्त्र। इसके द्वारा जो संचार माध्यम उपयोग होता है वह निम्नांकित है—जिसका उपयोग कृषि विकास के विशेष संदर्भ में तकनीकी तथा व्यावहारिक ज्ञान प्रसार के निमित्त कई संस्थाओं के माध्यम से किया जाता है।

(1) ज्ञान उत्पादक तन्त्र से ज्ञान विस्तारक तन्त्र तक इस्तेमाल में आने वाले संचार माध्यम टेलीफोन, प्रशिक्षण, मीटिंग, रेडियो, प्रकाशन, कार्यालय तथा रिसर्च रिपोर्ट के द्वारा नई जानकारी से ज्ञात कराना।

(2) विस्तार कार्यकर्त्ताओं अथवा किसानों एवं किसानों के बीच संचार माध्यम–घर तथा खेत पर जाकर निजी सम्पर्क, प्रदर्श, गोष्ठियाँ, प्रतियोगिताएँ, खेत दिवस, चलचित्र आदि। अब सवाल यह उठता है कि कृषक किन संचार माध्यमों द्वारा नई जानकारी प्राप्त करते हैं। इस सन्दर्भ में अनुसंधान से ज्ञात हुआ है कि वे निम्नांकित माध्यमों का प्रयोग करते हैं–परस्पर में बातचीत, ग्राम सेवक, रेडियो, प्रदर्शन एवं कुछ जानकारी पोस्टर तथा पत्र-पत्रिकाओं द्वारा मिली।

(3) कृषि वैज्ञानिकों एवं कृषकों के मध्य संचार क्रिया में प्रयुक्त संचार माध्यम–फार्म, भ्रमण, प्रदर्शन, गोष्ठी, मेले, कृषि, ज्ञान पत्र, प्रदर्शनी, चलचित्र, रेडियो, वार्ता.टी.वी. पर कृषि दर्शन आदि। सन् 1979 में मा. कृषि परिषद (नई दिल्ली) ने अपनी स्वर्ण जयन्ती के मौके पर 'प्रयोगशाला से खेत तक' कार्यक्रम के तहत जिन संचार माध्यमों का प्रयोग किया है–परस्पर बातचीत, प्रदर्शन एवं खेत दिवस। राष्ट्रीय प्रदर्शनी भी वैज्ञानिकों से किसानों तक कृषि संचार का एक प्रभावशाली साधन (माध्यम) साबित हुआ है।

अंगीकरण और संचार प्रणाली में सम्बन्ध–"अंगीकरण एक वैज्ञानिक प्रक्रिया है जो व्यक्ति के माध्यम से किसी नई पद्धति के बारे में सुनने से लेकर अन्तिम रूप में अंगीकार करने तक चलती है।"

"It is mental Process through which an individual person from first bearing about an innovation to its findal adoption."

1. परिचय
2. अभिरुचि
3. परीक्षण
4. अंगीकरण
5. मूल्यांकन

अंगीकरण की विभिन्न अवस्थाओं हेतु संचार माध्यम–अंगीकरण की अवस्थाओं के सम्बन्ध में कतिपय मतभेद है कि इसमें कितनी अवस्थाएँ हैं। सिंह तथा पारीक ने भारत की दशाओं को दर्शाते हुए एक मॉडल का परामर्श दिया जो कि अन्य देशों द्वारा सुझाये गये मॉडलों से पृथक् है। उसी मॉडल के अनुरूप अंगीकरण की विभिन्न अवस्थाएँ, जो प्रत्येक अवस्था हेतु उपयुक्त संचार माध्यम हैं, निम्नांकित हैं–

1. आवश्यकता–ग्राम सेवक।
2. अभिरुचि–ग्राम सेवक एवं अन्य साथी।

3. परीक्षण—उसी समुदाय के प्रमुख व्यक्ति।

4. परिचय—ग्राम सेवक एवं अन्य साथी।

5. विमर्श—परिवार के सदस्य या निकट सम्बन्धी।

6. मूल्यांकन—साथी एवं किसान लोग।

इस प्रकार लोगों में जानकारी करने की जरूरत पैदा करने में ग्राम स्तरीय कार्यकर्त्ता का स्थान महत्वपूर्ण है जबकि अभिरुचि पैदा करने में ग्राम सेवक तथा अन्य सभी किसान भी जुड़े होने चाहिए। हर व्यक्ति किसी भी जानकारी को अंगीकार करने से पहले मानसिक निर्णय लेता है। इस विमर्श अवस्था पर उसके समीप के व्यक्ति एवं परिवार के प्रमुख सदस्यों का स्थान महत्वपूर्ण होता है। इसी प्रकार परीक्षण अवस्था पर समुदाय के उसी विषय में विशेष व्यक्ति तथा मूल्यांकन अवस्था पर अन्य साथी किसान लोग काफी प्रमुख हैं।

अब सवाल उठता है कि क्या विभिन्न प्रकार के सन्देश हेतु भिन्न-भिन्न माध्यम आवश्यक हैं। विद्वानों के अनुसार विमर्श अवस्था पर अलग-अलग सन्देश हेतु भिन्न-भिन्न माध्यम की आवश्यकता होती है। विभिन्न प्रसारशास्त्रियों—के अध्ययनों के आधार पर कहा जा सकता है कि—

1. जिन नई बातों को अपनाने हेतु पूरे परिवार की मदद लेनी पड़ती है उनके विषय में पूरे परिवार से ही विचार-विमर्श अवश्य होता है।

2. प्राय प्रतिशत सन्देश के अनुसार स्रोत/माध्यम नहीं बदलते।

3. विमर्श अवस्था पर व्यक्ति के आपस में संचार का कुछ अन्तर देखा गया है।

यदि इन सबका विश्लेषण किया जाए तो तीन बातें स्पष्ट होती हैं—

(3) परिवर्तन—लोगों द्वारा अंगीकार होने पर उनके व्यवहार में वांछित परिवर्तन आता है। यह परिवर्तन तभी सम्भव होता है जब नये ज्ञान का अंगीकरण होता हो। इस तरह स्वीकृति संचार प्रक्रिया का प्रतिफल है।

(1) नई पद्धतियाँ—खोज तथा शोध से प्राप्त उपयोगी नई जानकारियाँ, नवीनतम ज्ञान।

(2) विसरण—इस प्रक्रिया के तहत नूतन ज्ञान या पद्धतियाँ (जो अनुसन्धान द्वारा निकाली गई हैं, से सम्बन्धित) लोगों तक संचारित की जाती है। परिणामस्वरूप उसके वे लोग ज्ञानर्जन होकर अपने में अभिरुचि पैदा करते हैं और परीक्षण हेतु प्रोत्साहित होकर उसे स्वीकार करने को तैयार होते हैं। अतएव बिना संचार के

अंगीकरण असम्भव है। अर्थात् यह भी कह सकते हैं कि अंगीकरण हेतु संचार प्रक्रिया की एक पूर्व अवस्था है।

किसी समुदाय में एक साथ रहने वाले सभी व्यक्तियों के द्वारा एक साथ किसी नये ज्ञान का स्वीकृति नहीं होता। इनकी वजह अपनी बौद्धिक, व्यक्तिगत, आर्थिक और सामाजिक परिस्थितियाँ होती हैं जो इन्हें निम्न पाँच अंगीकरण श्रेणियों में विभाजित करती हैं–

1. शीघ्र अंगीकारक 2. नवचारक 3. भेद अंगीकारक 4. शीघ्र बहुसंख्यक 5. विलम्ब बहुसंख्यक।

तुरन्त स्वीकृति हेतु नई पद्धतियों में जिन विशेष गुणों का समावेश होना चाहिए वे निम्नांकित हैं। इनका अध्ययन प्रसारकर्त्ताओं के सफल संचार हेतु जरूरी है–

1. सांस्कृतिक मान्यताओं के अनुरूप हो।

2. आर्थिक लाभ पर्याप्त और स्पष्ट हो।

3. इसके सामाजिक परिणामों का पर्व जानकर उससे निपटने की तैयारी करनी चाहिए।

4. अंगीकरण की परिचय अवस्था से लेकर अन्तिम अवस्था तक उपयुक्त संचार साधनों का चुनाव एवं इस्तेमाल करना चाहिए।

5. समुदाय के सभी वर्गों के प्रतिनिधित्व का भी स्मरण रखना चाहिए।

6. अंगीकरण की सभी अवस्थाओं को पूरा करते रहना चाहिए। यदा-कदा लघुकालीन अभियान असफल हो जाते हैं।

11

जनसंचार माध्यम

जनसंचार का अभिप्राय

जनसंचार से हमारा आशय है—सूचना, विचार तथा मनोरंजन का संचार माध्यमों से व्यापक प्रचार करना। इसके तहत ऐसे माध्यम भी शामिल किये जाते हैं जो जनसंचार के आधुनिक साधनों का इस्तेमाल करते हैं। उदाहरणार्थ—प्रेस, रेडियो, दूरदर्शन, समाचार-पत्र, सिनेमा तथा अन्य प्रकाशन एवं विज्ञापन आदि। साथ ही मुख्य परम्परागत माध्यम जैसे लोक गीत, लोकनृत्य, नाटक, कठपुतली आदि का भी प्रयोग किया जाता है। भारत में सूचना एवं प्रसारण मन्त्रालय के पास जनसंचार माध्यम सुव्यवस्थित है जिसके क्षेत्रीय तथा शाखा कार्यालय और चलते-फिरते इकाई पूरे देश में फैले हैं।

प्रेस

संचार साधन के रूप में प्रेस प्रसार कार्य में सहायक हो सकता है। अत प्रतिशत प्रेस द्वारा सम्बन्ध स्थापित कर उपयुक्त सूचनाओं का प्रकाशन कराया जा सकता है। मीडिया में दी जाने वाली सामग्री तथ्यों पर आधारित होनी चाहिए साथ

ही स्पष्ट लिखी होनी भी जरूरी है इससे पूर्व प्रेस व्यवस्था की जानकारी भी होनी जरूरी है।

प्रेस निबंधन कार्यालय

समाचार-पत्रों के प्रकाशनार्थ प्रेस निबंधन कार्यालय की अन्तर्गत 1 जुलाई, 1956 को हुई। प्रेस तथा पंजीयक पुस्तक अधिनियम 1967 के तहत इसकी व्याख्या की गई है कि जिसका समय-समय पर सुधार भी होता है। इस कार्यालय द्वारा ही समाचार-पत्रों हेतु कागज का आवंटन एवं छपाई की मशीनों के आयात हेतु अनुमोदन भी किया जाता है। भारतीय प्रेस में 35 समाचार-पत्र ऐसे हैं जिन्हें आरंभ हुए सौ वर्षों से भी ज्यादा हुए हैं। गुजराती भाषा में सबसे प्राचीन मुम्बई समाचार-पत्र है जो अब भी मुम्बई से प्रकाशित होता है। भारतीय प्रेस की कुल समाचार-पत्रों की संख्या सन् 1983 तक 20,788 थी जिसमें 1423 दैनिक एवं 108 वे समाचार-पत्र हैं जो सप्ताह में 2-3 बार निकलते हैं। 6122 साप्ताहिक और 13,105 अन्य प्रकार की आवधिक पत्र-पत्रिकाएँ थीं। प्रतिदिन निकलने वाले समाचार-पत्रों की उत्तर-प्रदेश में स्थिति (192 प्रकाशन) सबसे अधिक है। 1983 के दौरान संस्कृत तथा कश्मीरी भाषा को छोड़कर शेष सभी भाषाओं के समाचार-पत्रों के सबसे बड़े हिस्से का स्वामित्व व्यक्तिगत हाथों में था।

पत्र सूचना कार्यालय

सरकारी नीतियों, गतिविधियों और कार्यक्रम सम्बन्धी सूचनाओं पर सूचना कार्यालय एजेन्सी के द्वारा दी जाती हैं। ये सूचनाएँ देश-विदेश, दैनिक पत्रिकाएँ समाचार एजेंसियों, रेडियो तथा टी.वी. संगठनों तक पहुँच जाती हैं। देश की अन्य कोई भी सूचना संगठन द्वारा इतने अधिक समाचार-पत्रों तथा जन-सम्पर्क माध्यमों तक नहीं पहुँच पाती। समाचार एजेंसियों में एक हजार के आस-पास पत्र ग्राहक हैं जबकि पत्र सूचना कार्यालय 6000 समाचार-पत्रों को प्रेस सामग्री का वितरण करता है। इस कार्यक्रम की कार्य प्रणाली गणतांत्रिक सरकार द्वारा जनता को अपनी नीतियों, कार्यकलापों और कार्यक्रमों की सही जानकारी देता है। इसके अतिरिक्त सरकार को इन सूचनाओं का जनता पर पड़ने वाले प्रभाव की जानकारी और अपनी सूचना नीति के निर्धारण हेतु सलाह भी देता है। इस संगठन के अधिकारी सभी मन्त्रालयों और विभागों के मुख्यालयों से सम्बद्ध हैं तथा दिन-प्रतिदिन सम्पर्क रखते हैं। पत्र-सूचना कार्यालय अपनी जारी की गई लिखित सामग्री में प्रेस

भाषण, प्रेस टिप्पणी, घटनाओं की पृष्ठभूमि, लेखा तथा पत्रक आदि इधर-उधर सूचना देने हेतु प्रयोग करते हैं। इसके अलावा बैठकों का आयोजन करना जिससे लोक सम्पर्क माध्यमों के प्रतिनिधि ताजी खबर एवं विशेष विषयों का स्पष्टीकरण प्राप्त कर सकें। विशेष तौर पर पिछड़े वर्गों और जनजातियों के विकास हेतु सूचनार्थ प्रेस पार्टी का आयोजन करता है। दूरभाष उपकरण सरकार के कार्यकलापों से सम्बन्धित फोटोग्राफ भी सुलभ कराता है।

समाचार एजेंसियाँ

भारत में प्रमुख तौर पर चार एजेंसियाँ हैं—

1. प्रेस ट्रस्ट ऑफ इण्डिया (P.T.I.)—इसकी स्थापना 27 अगस्त, 1947 को की गई। विचार-विमर्श के उपरान्त इसने एसोसिएटेड प्रेस ऑफ इण्डिया एवं राइटर्स की सम्पत्ति का अधिग्रहण कर लिया। यह दृश्य समाचार सेवा है जिसमें 24 इंच पर्दे पर सम्पादित समाचारों को लगातार डेस्क का भी संचालन कर रहा है।

2. यूनाइटेड न्यूज ऑफ इण्डिया (U.N.I.)—यह 1959 में एक कम्पनी के तौर पर पंजीकृत की गई थी। इसने मार्च 1961 से समाचार देने का कार्य शुरू किया। मई 1962 में 'यूनीवार्ता' नाम से हिन्दी में समाचार सेवा शुरू किया एवं यह खाड़ी देशों हेतु समचार सेवा का कार्य संचालन करती है।

3. समाचार भारती—प्रेस आयोग—जाँच आयोग अधिनियम 1952 के तहत भारतीय समाचार-पत्रों के विकास एवं स्तर के बारे में अध्ययन करने हेतु द्वितीय प्रेस आयोग (1978 में स्थापित) द्वारा अपनी रिपोर्ट भारत सरकार को 3 अप्रैल, 1982 में सौंपी गई। आयोग के अध्यक्ष न्यायमूर्ति के.के. मथ्यूर्य आयोग ने समाचार-पत्रों के अनेक पहलुओं पर 278 अनुशंसाएं कीं जो मन्त्रियों की समिति के विचाराधीन हैं।

4. हिन्दुस्तान समाचार—सन् 1976 में सभी समितियों का समाचार में विलय हो गया था किन्तु दो वर्षों बाद 'समाचार' एजेन्सी को खत्म कर दिया गया। 14 अप्रैल 1978 को चारों एजेंसियाँ दुबारा मुक्त रूप से कार्य करने लगीं। पी.टी.आई. और यू.एन.आई. ने विदेशी समाचारों हेतु विविध अन्तर्राष्ट्रीय एजेंसियों से सहयोग के समझौते किये एवं विश्व के मुख्य स्थानों पर अपने संवाददाताओं को नियुक्त किया। ये दोनों एजेंसियाँ आकाशवाणी, दूरदर्शन, केन्द्रीय और राज्य सरकारों, सर्वाजनिक क्षेत्र उपक्रमों सहित समाचार-पत्रों को कई भाषाओं में समाचार उपलब्ध कराती हैं।

प्रेस परिषद्

देश की स्वतन्त्रता प्राप्ति के बाद 26 जनवरी, 1950 को भारत का संविधान लागू हुआ जिसमें धारा 19 (1) (A) के अन्तर्गत बोलने तथा अभिव्यक्त करने की स्वतन्त्रता को मूल अधिकार के रूप में माना गया परन्तु स्वतन्त्र रूप से प्रेस को स्वतन्त्रता न देकर इसी अधिकार में सम्मिलित माना गया। इसके बाद कई संशोधनों के साथ-साथ देश के हित में प्रेस की आजादी हेतु 1965 में प्रेस परिषद् की स्थापना की गई। प्रेस परिषद् अधिनियम 1978 के अधीन प्रथम प्रेस परिषद् 1979 में, दूसरी फरवरी 1982 में, तीसरी 1985 तथा 1988 में स्थापित की गई।

प्रेस परिषद् के कार्य—इसके प्रमुख कार्य निम्नलिखित हैं--

1. बोलने एवं अभिव्यक्त करने की आजादी की रक्षा करना।

2. समाचार-पत्रों तथा समाचार एजेंसियों के स्तर को बनाये रखना और उनमें सुधार लाना।

परिषद्—परिषद् के सदस्य समाचार-पत्रों के प्रतिनिधि होते हैं। पत्रकारों के व्यापारिक कार्य को सुचारु तौर पर संचालित करने का उत्तदायित्व इन्हीं को दिया जाता है। परिषद् पत्रकारों के द्वारा स्वयं पर नियन्त्रण रखने के एक मंच के तौर पर कार्य करने लगी है। जो शिकायतें परिषद् के समक्ष रखी जाती हैं उनकी जाँच-पड़ताल के साथ अपनी ओर से होने वाली शिकायतों पर विचार करने का भी अधिकार प्राप्त है। अपने कार्य परिचालन हेतु यदि आवश्यक हो तो परिषद् सरकार सहित किसी भी अधिकारी के खिलाफ अपनी मशविरा दे सकती है।

समाचार-पत्र

कई नई जानकारी तथा सूचनाओं को लोगों तक पहुँचाने के उद्देश्य से प्रकाशन व्यवस्था होती है जिसे एक निर्धारित समय में प्रकाशित होने वाले पत्र में मुद्रित कराया जाता है तथा उसे समाचार-पत्र की संज्ञा दी जाती है।

प्रसार के सन्दर्भ में समचार-पत्र का उद्देश्य—इसके प्रमुख उद्देश्य निम्नवत् हैं—

1. किसी क्षेत्र या समुदाय के विकास हेतु प्रसार सम्बन्धी क्रियाकलापों से अवगत कराना।

2. आम जनता एवं नेताओं हेतु उपयोगी सूचना देना।

3. कृषि, पशुपालन, मत्स्य पालन और गृह विज्ञान-सम्बन्धी वैज्ञानिकों के लेख प्रकाशित करना।

4. आम जनता हेतु कार्यक्रम के नियोजन, क्रियान्वयन एवं उन्नति से अवगत कराना।

समाचार-पत्रों को आकर्षक बनाने हेतु चित्र, फोटो, डायग्राम आदि का प्रयोग किया जाता है। ग्रामीणों के समाचार-पत्रों में ग्रामीण समाचारों, घटनाओं, विषयों, आकांक्षाओं तथा कठिनाइयों का उल्लेख होता रहना चाहिए।

समाचार-पत्र के उपयोग—इसके प्रमुख उपयोग निम्नलिखित हैं—

1. स्थानीय किसानों को अपने अनुभव एवं लेख लिखने हेतु प्रोत्साहित किया जाता है।

2. सामग्री को कथानक के तौर पर प्रस्तुत किया जा सकता है।

3. नयी सूचनाओं की विस्तृत जानकारी को प्रकाशित किया जा सकता है।

4. पदार्थ घटना विवरण से आत्मीयता का ज्ञान होता है।

लाभ—प्रमुख लाभ निम्न हैं—

1. यह कई व्यक्तियों तक पहुँचाने वाला शीघ्र, सस्ता, प्रामाणिक साधन है।

2. इसमें सामाजिक, आर्थिक, राजनीतिक आदि अन्य प्रकार की सूचनाएँ भी दी जाती हैं।

3. अन्य साधनों की तुलना में सस्ता साधन है।

4. इसमें विश्वसनीयता होती है।

5. सन्दर्भ के उद्देश्य से भी उपयोग किया जा सकता है।

6. व्यक्तियों के मनोरंजन की भी सामग्री प्रस्तुत हो सकती है।

7. इससे साक्षरता में बढ़ोतरी की जा सकती है।

8. इसके द्वारा सामुदायिक सम्पर्क किया जा सकता है।

सीमाएँ—प्रमुख सीमाएँ निम्नवत् हैं—

1. यह अशिक्षित लोगों हेतु अनुपयोगी नहीं है।

2. यदि तथ्यों का विवरण सही तरीके से नहीं दिया है तो इसकी विशेषता खत्म हो जाती है।

ग्रामीण क्षेत्रों में समाचार-पत्रों की उपयोगिता बढ़ाने हेतु निम्नांकित प्रयत्न अपेक्षित है—

1. सभी जिला सूचना कार्यालय में टेली प्रिन्टर की व्यवस्था होनी चाहिए तथा प्राप्त सूचनाएँ क्षेत्रीय भाषा में अनुवादित की जानी चाहिए।

2. सहकारिता के आधार पर जिला मुद्रणालय की स्थापना होनी चाहिए।

3. मूलरूप से पत्रकारों को प्रशिक्षित किया जाना चाहिए।

4. प्रमुख भाषाओं में प्रखण्ड विकास कार्यालय द्वारा रूपक सेवा प्रारंभ की जानी चाहिए।

5. विज्ञापन के आवंटन में उदार नीति अपनायी जानी चाहिए।

समाचार कथाएँ

प्रायः समाचार कथाएँ दो वर्गों में विभाजित की जा सकती हैं–

1. रूपक कहानियाँ।

2. सरल समाचार कथाएँ।

सरल समाचार कथाओं को प्रतिकूल पिरामिड शैली में प्रस्तुत किया जाता है। इसमें कहानी में मुख्य कथ्य से सम्बन्धित एक कथामुख (lead) होता है जिसे हैडिंग के रूप में लिखा जाता है। इसके पश्चात परिचर्चा की विषयवस्तु विस्तारपूर्वक वर्णन की जाती है और अन्त में कहानी का निष्कर्ष लिखा जाता है। उस प्रकार की रूपरेखा पाठकों में रुचि उत्पन्न करती है। समाचार कहानी का कथामुख (lead) विशेषत प्रतिशत कौन, कहाँ, क्या, कैसे, कब और क्यों जैसे प्रश्नों का उत्तर स्पष्ट करने का प्रयत्न करता है। इस प्रकार इसको सारांश कथा मुख (Summary Lead) कहते हैं। रूपक कहानियाँ (Feature Stories) के अन्तर्गत हास्य, नाटक तथा रहस्य आदि पर बल दिया जाता है। इसे रुचिकर एवं आकर्षक बनाने हेतु सामान्य तौर पर स्पष्ट शब्दों का प्रयोग किया जाता है।

समाचार सम्पादन

समाज के अलग-अलग वर्गों में सम्बन्धित समाचारों का संकलन ही समाचार-लेखन कहलाता है। समाचार के अधिकाधिक पाठन के द्वारा पाठकों के बौद्धिक स्तर में बहुआयामी वृद्धि होती है। समाचार विशेष तौर पर सुस्पष्ट तथा ग्रहण करने योग्य होने चाहिए। जनसंचारण (Mass Circulation) हेतु यह बहुत आवश्यक है कि समाचार की शब्दावली का चयन सभी दैनिक अथवा यदा-कदा समाचार पढ़ने वालों हेतु भी (जो परिपक्व नहीं होते) सरल हो और साथ ही उनकी साहित्यिक रुचि तथा संस्कृति के अनुरूप हो। जनसंचार हेतु समाचार हेतु लेखन मात्र पठनीय ही नहीं बल्कि सत्य भी होना चाहिए। इस प्रकार समपादन के व्यावसायिक व्यवहार में सत्यवादिता का आचरण होना चाहिए; साथ ही अर्थपूर्ण

एवं विस्तृत व्याकरण व्याख्या प्रमुख होनी चाहिए।

भाषा सम्बन्धी त्रुटियों का सुधार एक कौशल का काम है यद्यपि पाठकों हेतु समाचार संचार की बाधा का स्वयं ही एक भाग है इसलिए सम्पादक एक चीज को सही करने में दूसरे को न भुला दें। अर्थपूर्ण पठनीय लेखन त्रुटिपूर्ण न हों, साथ ही सत्य लेखन की पठनीयता भी बाधारहित हो इसके लिए सम्पादक को हमेशा सतर्कता बरतनी चाहिए।

इस प्रकार सम्पादकीय, समाचारों के प्रति अधिक से अधिक कठोरता का व्यवहार करने वाले हेतु या अरुचिकर भाषा का उपयोग और न केवल सामग्री तथा व्याकरण की अशुद्धियों को सुधारने वालों हेतु सम्भव है, यह तो एक पूर्णरूपेण समर्पित पत्रकार की कुशलता द्वारा सम्पादित होने वाला कार्य है।

सम्पादक के मुख्य उत्तरदायित्व—सम्पादक के मुख्य उत्तरदायित्व निम्नलिखित हैं—

1. कथ्यों का सही प्रस्तुतीकरण।
2. पाठकों में जागरूकता लाना, समाचार को प्रतीकात्मक एवं आकर्षक बनाने हेतु उपयुक्त शीर्षक लिखना।
3. समाचार का मूल्यांकन करना।
4. प्रत्यक्ष तौर पर जल्द से जल्द सम्पादन करना।
5. व्याकरण वर्तनी एवं वाक्य के रूप को ठीक करना।

समाचार कथाओं में मुख्य सोपान—इसके प्रमुख सोपान निम्नवत् हैं—

1. समाचार कथाओं के प्रयोजन का निर्धारण।
2. समाचार कथाओं की प्रभावकारिता का मूल्यांकन करना।
3. समाचार कथाओं के स्वरूप के अनुरूप निर्धारण।
4. समाचार कथाओं में.शिक्षण योजना का जगह।
5. वार्षिक कैलेण्डर हेतु समाचार सूची की रूपरेखा बनाना।
6. समाचार एजेंसियों की लिस्ट बनाना।
7. उपयुक्त सोपानों के अनुपालन हेतु व्यवस्था करना।
8. उपयुक्त चित्रों का इस्तेमाल करना।

उपयोगिता—1. निर्देशित सूचनाओं द्वारा आसानी से लोग फायदा उठा सकते हैं।

2. विश्वसनीयता झलकती होती है।

3. अधिक संख्या में लोगों को सूचनाएँ प्राप्त होती हैं।

4. सस्ती विधि नहीं है।

5. प्रचार कार्य आसान हो जाता है।

सीमाएँ—1. यह अशिक्षित व्यक्तियों हेतु अनुपयोगी है।

2. प्रशिक्षित व्यक्ति ही समाचार कथाएँ लिखने हेतु योग्य होते हैं।

3. सामान्यतः समाचार-पत्र सम्पादन, प्रसार, शिक्षण, समाचार कथाओं के उपयोगिता को क्रम कर देता है।

रेडियो प्रसारण

रेडियो प्रसार द्वारा सामुदायिक संचार साधन के रूप में लोगों को सूचना देने के उद्देश्य से प्रमुख है। भारत में इसका आरम्भ मुम्बई में और कोलकाता में दो सरकारी ट्रांसमीटरों की 1927 में स्थापना हुई। 1930 में भारत सरकार ने इन्हें अपने अधीन में ले लिया एवं उनका संचालन भारतीय प्रसार सेवा के नाम से करने लगी। 1936 में इस सेवा का नाम बदल कर 'ऑल इण्डिया रेडियो' कर दिया गया। 1957 से इसे 'आकाशवाणी' कहते हैं। इसको सूचना तथा प्रसारण मन्त्रालय के तहत कर दिया गया है। इसका उपयोग मात्र लोगों की जानकारी में बढ़ोतरी करने तथा उन्हें शिक्षित करने हेतु ही नहीं किया जाता अपितु स्वास्थ्य, मनोरंजन आदि प्रदान करने में भी एक अत्यधिक प्रभावशाली माध्यम के रूप में इसका इस्तेमाल किया जाता है। ग्रामीण जनता हेतु सभी आकाशवाणी केन्द्रों द्वारा प्रतिदिन 30-35 मिनट का प्रमुख कार्यक्रम प्रसारित किया जाता है। इसके अलावा प्रत्येक दिन 45 से 55 मिनट का कृषि कार्यक्रम 64 कृषि और गृह इकाइयाँ प्रसारित करती हैं। ये इकाइयाँ कई केन्द्रों में कार्यरत हैं। आकाशवाणी की 'फार्म इकाई' प्रतिदिन किसानों हेतु कार्यक्रम प्रसारित करती है। सामुदायिक विकास खण्डों एवं चर्चा मण्डलों में सुनने हेतु ट्रांजिस्टर सेट भी वितरित किये गये हैं जिनसे किसानों को कृषि व्यवसाय सम्बन्धी नयी सूचना ज्ञात होती रहे।

ग्रामीण क्षेत्रों हेतु रेडियो प्रसारण हेतु विशेष तैयारी अपेक्षित है यथा—उद्देश्य का निर्धारण, प्रस्तुतीकरण विधियाँ (वार्ता, साक्षात्कार, विचार विनिमय आदि) श्रोताओं की उचित जानकारी सामानों का एकत्रीकरण और उनकी व्यवस्था एवं सहायक व दृष्टान्त सामग्री का समावेश करना आदि। रेडियो प्रसारण हेतु लिखे जाने वाले लेख श्रोताओं के अनुसार सहज भाषा में, स्थानीय सूचनाएँ अनुभव के आधार पर तथा उनमें व्यावहारिक नामों का उपयोग करना चाहिए।

श्रोताओं की रुचि तथा दृष्टिकोण को ध्यान में रखकर कार्यक्रम प्रयोग करने चाहिए। रेडियो वार्ता का उद्देश्य, लोगों का ध्यानाकर्षण, वर्तमान स्थिति का विश्लेषण एवं कार्यान्वयन हेतु प्रवृत्त करने तथा परिणाम प्रस्तुत करता है। साथ ही वार्ता को मनोरंजनयुक्त बनाने का भी प्रयास हो जिससे श्रोताओं की सोचने की शक्ति को बढावा मिले और वे अपनी कठिनाइयों के निराकरण के प्रति सचेत हो सकें। तात्कालिक समस्याओं तथा उसका निवारण अनिवार्य रूप से रेडियो प्रसारण में सम्मिलित किये जायें।

लाभ—1. जो व्यक्ति गोष्ठियों आदि में सम्मिलित नहीं हो पाते उन्हें भी रेडियो द्वारा सूचनाओं की जानकारी मिल जाती है।

2. कुछ समय में जरूरी जानकारी लोगों तक पहुँच जाती है।

3. शैक्षणिक वार्ता द्वारा किसानों के काम करने के ढंग में परिवर्तन लाना सम्भव है।

4. अनुभव की बातें स्थानीय भाषा में दूसरे लोगों को ज्ञात करायी जा सकती है।

5. अशिक्षित तथा अर्द्धशिक्षित लोगों हेतु यह रुचिकर एवं प्रभावशाली प्रसार माध्यम है।

सीमाएँ—1. सभी कृषक परिवारों में रेडियो सुलभ नहीं है।

2. इसमें विचारो का दोतरफा आदान-प्रदान नहीं हो पाता।

3. रेडियो का प्रयोग अधिकतर लोग मनोरंजन हेतु करते हैं।

4. प्रसार कार्यक्रम हेतु कम समय मिलता है।

5. रेडियो द्वारा प्रसारित सभी सूचनाएँ सभी हेतु उपयुक्त नहीं होतीं।

6. रेडियो द्वारा परिणामों की जाँच करना कठिन होता है।

दूरदर्शन

15 सितम्बर, 1959 का भारतवर्ष में प्रयोग के तौर पर दूरदर्शन का प्रयोग किया गया। अपने जीवन के तीसरे दशक में अब तक यह राष्ट्रीय स्तर पर व्यापक नेटवर्क ग्रहण कर चुका है। 180 ट्रांसमीटर स्थापित करने का लक्ष्य तकरीबन पूरा हो चुका है जिससे देश की 70 फीसदी जनसंख्या तक दूरदर्शन कार्यक्रम पहुँचने की आशा है। इस समय दूरदर्शन के 10 पूर्ण केन्द्र (इसमें पाँच रिले केन्द्र भी शामिल हैं) 5 साइट केन्द्र तथा 6 इन्सेट केन्द्र हैं। शेष 147 कम शक्ति के ट्रांसमीटर हैं जो दिल्ली से जुड़े है। देश में इस समय ट्रांसमीटरों की कुल संख्या

173 है। दूरदर्शन केन्द्रों के बड़े पैमाने पर इस विस्तार एवं स्वदेशी प्रौद्योगिकी के विकास के परिणामस्वरूप देश के अधिकांश ग्रामीण तथा दूरदर्शन के क्षेत्रो को राष्ट्र की मुख्य धारा से जोड़ने में सहायता मिली है। प्रायोगिक तौर पर सप्ताह में दो बार यातायात तथा सड़क नियमों, स्वास्थय, पौष्टिक, आहार, सार्वजनिक सम्पत्ति की सुरक्षा, नागरिकता आदि विषयों पर आधारित सामाजिक शिक्षा कार्यक्रम किये गये। फोर्ड फाउण्डेशन के द्वारा 1961 में प्रसारण के क्षेत्र में दूसरी परियोजना का शुरू किया।

26 जनवरी, 1967 में 'कृषि दर्शन' शीर्षक के रूप में कृषि शैक्षणिक कार्यक्रम को प्रारंभ किया गया। सर्वप्रथम दिल्ली के चतुर्दिक 80 गाँवो को सम्मिलित कर एक प्रयोग किया और उसके प्रभाव का मूल्यांकन भी किया गया जिसके परिणामस्वरूप आशातीत सफलता की पुष्टि भर की गई। साथ ही यह एहसास भी किया गया कि दृश्य-श्रव्य माध्यम के तौर पर दूरदर्शन का सहयोग प्रसार शिक्षा विकास में तभी सार्थक होगा जब तक कि लक्ष्य श्रोता मूलक, शैक्षणिक अभिप्रेरणा तथा सूचनात्मक न हो क्योंकि इन पहलुओं के कमी में ग्रामीण लोगों के व्यवहार में वांछित परिवर्तन लाना सम्भव नहीं हो पाता है। भारत जैसे देश में जहाँ, संस्कृति-विविधताओं के चलते दूरदर्शन कार्यक्रम के संचालन में विशेष तौर पर सतर्कता उपयोग करने की जरूरत है।

प्रसार शिक्षण कार्यक्रमों को दूरदर्शन द्वारा प्रस्तुत करने में उपयुक्त विषय-वस्तु के चयन एवं उपचार पर विशेष रूप से बल दिया जाना चाहिए। वैसे विधि प्रदर्शन काफी सफल रहा है। दृश्यात्मक विवरण की तकनीक भी सफलतापूर्वक उपयोग की जाती है। दूरदर्शन के द्वारा स्लाइड, चार्ट, ग्राफ आदि द्वारा अनुसन्धान में विकास निजी उपलब्धियों, सामुदायिक विकास के कार्यक्रमों तथा स्थानीय आर्थिक लेखे-जोखे के तथ्यों को अधिक सुव्यवस्थित रूप से दिखाया जा सकता है। सफल दूरदर्शन प्रसारण में निम्नांकित सोपानों पर ध्यान देना जरूरी है—

1. **प्रशिक्षण**—दूरदर्शन कार्यक्रमों के सफलतापूर्वक संचालन हेतु सम्बन्धित कर्मियों के प्रशिक्षण की आवश्यकता है।

2. **नियोजन**—प्रसारण कार्य हेतु दूरदर्शन द्वारा सबसे पूर्व कार्यक्रम का नियोजन सावधानी पूर्वक किया जाना चाहिए जिससे श्रोताओं की पहचान, विषय-वस्तु का चुनाव, सम्बन्धित समस्याओं की पहचान, उनके समाधान हेतु सामग्री को एकत्रित करना आदि बातों को शामिल किया जा सके।

3. संगठन—नियोजन के उपरान्त सभी वस्तुओं को ऐसे विधि से संयोजित करना जिसके प्रदर्शन से एक सार्थक घटना या कहानी का ज्ञान हो सके। इसे 'रन डाउन शॉट' भी कहते है। यही अनुगमनीय नियोजन भी है।

4. निष्पादन—कार्यक्रम का क्रियान्वयन इस प्रकार किया जाना चाहिए। कि प्रसार कार्यक्रम दर्शकों को प्रभावित हो सके।

5. दृश्य सहायकों का प्रयोग—विषय-वस्तु को प्रदर्शित करने हेतु उपयुक्त दृश्य सहायकों का उपयोग इस प्रकार होना चाहिए जिससे दर्शकों को ठीक तरह से सम्बन्धित सूचनाएँ ग्रहणीय सम्भव हो सके।

6. दर्शकों हेतु उपयुक्त कार्यक्रम—कार्यक्रम का चयन करते समय दर्शको की अभिरुचियों, आवश्यकताओं और उनके खाली समय पर जरूर ध्यान देना चाहिए तभी दूरदर्शन की सार्थकता सफल हो सकती है।

7. मूल्यांकन—प्रदर्शित कार्यक्रमों का समय-समय पर मूल्यांकन करना एक आवश्यक सोपान है। अतः मूल्यांकन करते समय इस बात का निर्धारण किया जाये कि दूरदर्शन प्रसारण द्वारा दर्शकों के व्यवहार में किस सीमा तक परिवर्तन हुआ है, साथ ही उन कारकों का भी पता लगाना चाहिए जो कार्यक्रम की सफलता में समस्या पैदा करते हैं।

इस प्रकार उपर्युक्त सोपानों को ध्यान में रखते हुए दूरदर्शन कार्यक्रमों को सम्पन्न किया जाना चाहिए। टी.वी. चैनलों ने दूरदर्शन की कमियों को पूरा कर दिया है।

सीमाएँ—प्रमुख सीमाएँ निम्नांकित हैं—

1. दूरदर्शन प्रसारण की सीमित सीमा तथा ग्रामीण में टी.वी.सेटों की कमी।
2. बिजली की समस्या खासकर ग्रामीण क्षेत्रों में।
3. दूरदर्शन सेट महँगा होता है शत प्रतिशत सभी को प्राप्त नहीं हो पाता।

12

संचार में आने वाली समस्याएँ और समाधान

सफल सम्प्रेषण जीवन रेखा है। प्रभावी सम्प्रेषण के बगैर किसी भी कार्य का सफल होना संभव नहीं है। प्रत्येक सम्प्रेषक द्वारा प्रेषित सूचना सामान्यत प्रतिशत सम्प्रेषित हो जाती है परन्तु सम्प्रेषक की वेदना उस समय होती है जब सम्प्रेषण को सही प्रत्युत्तर नहीं प्राप्त होता है। इस वेदना का कारण सम्प्रेषक की वह अनुभूति होती है, जो कि संचार प्रक्रिया को स्पष्ट एवं बाधायुक्त बनाना चाहती है।

संचार की मुख्य बाधाएं

सम्प्रेषण प्रक्रिया में कई कारण सम्प्रेषक तथा प्राप्तकर्त्ता के बीच अवरोध पैदा करते हैं। इन बाधाओं, रुकावटों या अवरोधों की वजह अपूर्ण सम्प्रेषण (Incomplete Communication), कुसम्प्रेषण (Mal-Communication), गलत सम्प्रेषण (Incorrect Communication), कुरचित सम्प्रेषण (Mis-Constructed Communication) एवं सम्प्रेषण हीनता (Mis-Communication) की स्थितियाँ पैदा होती हैं, जो कई समस्याओं एवं जटिलताओं को जन्म देती हैं। सम्प्रेषण की प्रमुख समस्याएँ इस प्रकार है।

(1) संगठनात्मक समस्याएँ

किसी भी प्रसार कार्य में पूर्व-निर्धारित लक्ष्यों की प्राप्ति हेतु संगठनात्मक ढाँचे का निर्माण किया जाता है जिससे प्रत्येक व्यक्ति अपनी शक्ति के साथ उन उद्देश्यों की प्राप्ति की तरफ अग्रसर हो सके। इस संगठनात्मक संरचना के सफल संचालन हेतु एक उपयुक्त सम्प्रेषण व्यवस्था आवश्यक होती है। किन्तु इस सम्प्रेषण शृंखला में अनेक बार कई समस्याएँ आ जाती हैं, जो निम्नलिखित हैं–

(1) ध्वनि–शोर के कारण सम्प्रेषित सूचना विशृंखल या अवरोधित होती है। शोर, प्राप्तकर्त्ता या श्रोता को प्रेषित सूचना प्राप्त करने से रोकता है। इस प्रकार शोर एवं व्यवधान एक दूसरे के पर्याय हैं। सम्प्रेषण के शोर के प्रभाव के बारे में सर्वप्रथम शैनन एवं वीलर ने टेलीफोन संचार के सन्दर्भ में किया था। उन्होंने पाया था कि ध्वनि, टेलीफोन संचार में सन्देशों के प्रेषण में समस्या पैदा करता है। टेलीविजन संचार के सम्बन्ध में चेरी (1966) ने स्पष्ट किया कि ध्वनि के कारण सम्प्रेषित किये जाने वाले प्रतीकों (Signal) या सन्देशों में रूकावट आती है।

यह आवश्यक नहीं है संचार में निहित शोर सुनाई दिया जाये, कई बार उसकी केवल अनुभूति होती है। अतः शोर सूचना प्रवाह की शृंखला, दिशा तथा आयाम को रोक देती है। विविध सम्प्रेषण यन्त्रों में दोष होने से उत्पन्न शोर की वजह भी सम्प्रेषण में कठिनाई आती है। टेलीफोन के ढीले कनेक्शन के कारण, तारों की खराबी के कारण टी.वी. प्रसारण में अवरोध, ध्वनि तरंगों के कारण, माईक में आवाज गूँतना आदि खराबी के कारण, अस्पष्ट सम्प्रेषण होता है। ऐसे स्थानों में भी जहाँ ध्वनि रहता है, जहाँ ज्यादा व्यक्ति सम्प्रेषण होता है। ऐसे स्थानों में भी जहाँ ध्वनि रहता है, जहाँ ज्यादा व्यक्ति सम्प्रेषण करते हैं, जहाँ ध्वनि उत्पन्न करने वाले उपकरण निकट रहते हैं वहाँ भी सम्प्रेषण करते हैं, जहाँ शोर उत्पन्न करने वाले उपकरण समीप रहते हैं वहाँ भी सम्प्रेषण में बाधा आती है।

(2) सांस्कृतिक मूल्य तथा सामाजिक संगठन–सम्प्रेषणं को असरकारी बनाने के लिए सांस्कृतिक मूल्य तथा सामाजिक संगठन निर्षारिक तत्व होते हैं। प्रभावशाली सम्प्रेषण में सम्प्रेषक को सन्देश प्राप्तकर्त्ता अथवा श्रोता के सांस्कृतिक मूल्यों तथा सामाजिक पृष्ठभूमि का ज्ञान होना आवश्यक है। इस ज्ञान के अभाव में सम्प्रेषक द्वारा प्रेषित सन्देशों को समझने में समस्या आती है।

(3) समय और दूरी—सम्प्रेषण के स्वाभाविक प्रवाह में समय एवं दूरी भी एक प्रमुख समस्या है। सम्प्रेषक एवं सन्देश प्राप्तकर्त्ता के बीच की दूरी और समय विभिन्नता कई सम्प्रेषण समस्याओं को जन्म देती है। यदि यान्त्रिक खराबी के कारण ई-मेल समय पर नहीं पहुँच पाता है, अगर प्रसार कार्यकर्त्ता और श्रोताओं के मध्य आवश्यक दूरी है तो सम्प्रेषण में समस्या पैदा होता है।

(4) अप्रिय सूचनाएँ—कई व्यक्ति अरोचक सूचनाएँ भेजने से डरते हैं। बुरी या अरोचक सूचना से उत्पन्न होने वाले परिणामों के डर से वे ऐसी सूचनाएँ छिपाते हैं अथवा गुमराह करते हैं। कई बार ऐसा भी होता है कि सम्प्रेषक को लगता है कि उत्तम परामर्श देने से उन्हें कोई लाभ नहीं होगा तो ऐसी स्थिति में भी वह सम्प्रेषण को रोक देते हैं।

(5) संगठन की नीतियाँ—संगठन के नियम कठोर हों अथवा उनमें लचीलापन नहीं हो तो भी सम्प्रेषण प्रक्रिया में समस्या आने की सम्भावना होती है। इससे कई बार सम्प्रेषण में व्यवधान होता है, यह सभी समस्याएँ संगठन की गलत नीतियों के कारण आती हैं।

(6) सम्प्रेषण मार्ग का सही उपयोग नहीं करना—यदि मीटिंग, यात्रा, रेडियो कार्यक्रम या किसी मान्य सम्प्रेषण मार्ग को उसकी सही विधि के अनुसार प्रयोग में नहीं लाया जाये तो उनके सम्प्रेषण मार्ग में समस्या आती है।

(7) सम्प्रेषण माध्यमों का गलत चुनाव—किसी विशिष्ट उद्देश्य की प्राप्ति हेतु प्रत्येक माध्यम समान रूप से प्रयुक्त नहीं होते हैं। सम्प्रेषण के उद्देश्य के अनुरूप सही माध्यमों का चुनाव नहीं करने से सन्देश को उसी रूप में समझने में कठिनाई आती है, जिस रूप में श्रोता तक पहुँचाया जाता है।

(8) सम्प्रेषण मार्ग में होने वाली हानि—अगर सम्प्रेषण के मार्ग में कई स्तर हैं तो मौखिक सन्देश प्रत्येक स्तर पर परिवर्तित होता रहता है। प्रत्येक स्तर पर मौखिक सम्प्रेषण के कुछ हिस्से की सूचनाएँ कम हो जाती हैं। इससे प्रत्येक स्तर पर मौखिक सम्प्रेषण में एक ही सन्देश की प्राप्ति क्रमिक तौर पर घटती दर पर होती है। ऐसी स्थिति में कई स्तरों से गुजरकर प्राप्त सूचना अविश्वसनीय हो जाता है।

(9) रख-रखाव नहीं करना—अगर सूचनाओं का रख-रखाव ठीक से नहीं किया जाता तो भी सम्प्रेषण को आगे उपयोग में लाने में कठिनाई आती है। लिखित सूचनाओं का ठीक से रख-रखाव आवश्यक है।

(10) एक साथ कई अपर्याप्त माध्यमों का उपयोग—अगर सम्प्रेषक समानान्तर रूप से एक साथ कई माध्यमों का उपयोग करता है, अथवा एक समय में कई माध्यम का प्रयोग करता है तो सन्देश श्रोताओं तक सही रूप में पहुँचने में रूकावट आती है। जैसे जब लाऊडस्पीकर पर कोई सन्देश प्रसारित हो रहा हो उसी समय रेडियो से भी वही सन्देश श्रोताओं में प्रसारित किया जाये तो वह सन्देश सही रूप में प्रेषित होने में अवरोध आएगी।

2. भाषागत समस्याएँ

भाषागत समस्या, वह व्यवधान है जिसमें स्रोत एवं श्रोता के मध्य अर्थगत विविधता होती है।

सम्प्रेषण हेतु भाषा आवश्यक है। सम्प्रेषण में शाब्दिक अथवा अशाब्दिक दोनों प्रकार की भाषाओं का प्रयोग सम्प्रेषण में किया जाता है। अधूरी, असामयिक, अस्पष्ट, विविध अर्थों वाले शब्दों या संकेतों का चयन सम्प्रेषण में मुख्य बाधा है। भाषागत समस्याएँ निम्नानुसार हैं—

(1) अस्पष्ट—कई बार सम्प्रेषक सन्देश भेजते समय अपने सन्देश में प्रत्येक कारक का विस्तृत ब्यौरा नहीं देता है। कुछ कारकों के बारे में वह सोच लेता है कि सन्देश पाने वाले मनुष्य खुद ही समझ जाएगा जबकि सन्देश पाने वाला व्यक्ति उसमें अपनी तरफ से कुछ नहीं सोचता अथवा कुछ गलत ही समझ लेता है। अत प्रतिशत स्पष्टता का अभाव सम्प्रेषण में समस्या पैदा करता है।

(2) विभिन्न मान्यताएँ—सम्प्रेषक हेतु यह आवश्यक है कि वह अपने सन्देश में अन्तर्निहित मान्यताओं को स्पष्ट करे। कई बार सम्प्रेषक इन मान्यताओं को स्पष्ट नहीं करता है अथवा प्राप्तकर्त्ता को उस सन्देश में निहित मान्यताओं की जानकारी नहीं देता है तो सम्प्रेषण अपूर्ण माना माना जाता है, क्योंकि इसमें सन्देश में निहित मान्यताओं के भिन्न-भिन्न अभिप्राय निकाले जाते हैं।

(3) गलत शब्दों का उपयोग—अर्थहीन शब्दों तथा वाक्यों का प्रयोग, अशुद्ध वाक्य रचना, अपर्याप्त शब्द ज्ञान, विवेकहीन व्याख्यान आदि गलतियाँ सामान्य बात हैं। अतः गलत शब्दों का प्रयोग सम्प्रेषण में भाषागत व्यवधान डालता है।

(4) संकेतों के अनेक अर्थ—सम्प्रेषण में संकेतों का उपयोग विचारों, उद्देश्यों या अवधारणाओं को सम्प्रेषित करने हेतु किया जाता है। इसके लिए संकेत एकदम सही होना चाहिए एवं कुशलत्तापूर्वक इनका प्रयोग किया जाना

चाहिए। यहाँ मुख्य बात यह है कि विचारों को प्रेषित करने हेतु जिन संकेतों को प्रयुक्त किया जता है वह एकदम सही तरीके से विचारों को प्रयुक्त कर सके और श्रोता तक सही रूप से पहुँचे एवं उन्हें उसी तरीके में समझ में आये जिस तरीका में भेजा गया हो। संकेत तभी सफल माना जाता है जब मनुष्य उसे उसी रूप में समझे या उसका अर्थ समझे।

(5) दोषपूर्ण अनुवाद—सामान्य सन्देश पहले उच्च अधिकारियों को प्राप्त होता है तत्पश्चात् ये अधिकारी अपने से निचले स्तर के व्यक्तियों अथवा अधीनस्थों को सन्देश देते हैं तथा इसके लिए सन्देश प्रेषित करने से पूर्व वह उपयुक्त भाषा में अनुवाद करते हैं। कई बार इस प्रक्रिया में दोषपूर्ण अनुवाद के कारण सम्प्रेषण में भाषागत कठिनाई आती है।

(3) भौतिक बाधाएँ

प्रभावी सम्प्रेषण में कुछ भौतिक समस्याएँ भी व्यवधान डालती हैं। व्यक्ति का सम्प्रेषण से प्राप्त सन्देश के प्रति क्या दृष्टिकोण है? यह भी सम्प्रेषण में व्यवधान डालता है। कुछ समस्याएँ इस प्रकार हैं—

(1) रुचि का अभाव—अनेकों बार सन्देश पाने वाले व्यक्ति को सन्देश में कोई रुचि नहीं होती है। लम्बी-लम्बी रिपोर्ट, सरकुलर प्रपत्र, बुलेटिन आदि को प्राय प्रतिशत व्यक्ति पढ़ते नहीं हैं। लम्बे व उबास मौखिक सम्प्रेषण में श्रोता भले ही शारीरिक रूप से उपस्थित होता है किन्तु मानसिक रूप से वह जागरूक नहीं रहता है। व्यक्ति का स्वभाव है कि वह वही बात सुनता है जिसमें उसकी रुचि होती है या कोई लाभ होता है। मनुष्य का यही दृष्टिकोण उसकी सबसे बड़ी समस्या है।

(2) सम्प्रेषण की तकनीकी समस्या—सम्प्रेषण की तकनीकी समस्या में सम्प्रेषित सूचना श्रोता को स्पष्ट रूप में नहीं प्राप्त होती वह बाधित होती है; यथा—जब कोई सम्प्रेषक विचार व्यक्त कर रहा हो किन्तु श्रोता को शब्द अस्पष्ट सुनाई दे रहे हों। व्यक्ति बहुत जल्दी-जल्दी बोल रहा हो अथवा बहुत धीमे बोल रहा हो तब भी सन्देश को समझने में मुश्किल होती है। यह भी संचार में रुकावट डालता है।

(3) अपरिपक्व मूल्यांकन—कुछ लोग इतने अधीर होते हैं कि संकेतक द्वारा दी जाने वाली सूचनाओं के पूर्ण होने से पूर्व ही उसका अर्थ निकाल लेते हैं और मान लेते हैं कि उनको पूरी सूचना ज्ञात हो चुकी है। कई बार इससे

अनावश्यक रूप में संदेहात्मक स्थिति बन जाती है और अर्थ का अनर्थ हो जाता है।

(4) अविश्वसनीय सम्प्रेषण—कई बार कुछ उच्चाधिकारियों की आदत होती है कि बिना विचारे विवेकहीन अथवा गलत निर्णय लेते रहते हैं, उनके शब्दों का चयन गलत होता है। कुछ समय बाद ये उच्चाधिकारी अपने निर्णय बदलते रहते हैं। इससे अधीनस्थों या सन्देश प्राप्तकर्त्ता उनके द्वारा दिये गये सम्प्रेषण को त्रुटिपूर्ण मानते हैं और सोचते हैं कि हो सकता है कि इस बार भी वे गलत होंगे और वे निर्णय में बदलाव करने वाले होंगे। इस तरह के सम्प्रेषणों को श्रोता गम्भीरता से नहीं लेते हैं और सम्प्रेषण की यह त्रुटिहीनता सम्प्रेषण में बाधा डालती है।

(5) संकीर्णता—यह माना जाता है कि सम्प्रेषक या सन्देश प्राप्तकर्त्ता दोनों खुले दिमागों वाले होंगे जिससे सम्प्रेषण निर्बाध होगा। परन्तु कुछ सम्प्रेषिक या साथ ही सन्देश प्राप्तकर्त्ता संकीर्ण दिमाग वाले होते हैं। वे अपने निजी संकीर्ण उद्देश्यों एवं विचारों के वजह सम्प्रेषण को सीमित कर देते हैं जिससे प्रभावी सम्प्रेषण नहीं होता है।

(6) सम्प्रेषण का विरोध—सम्प्रेषण का विरोध करना भी एक बड़ी समस्या है। कुछ लोग सम्प्रेषित सूचनाओं के प्रति यह विचार रखते हैं कि इनका सम्प्रेषण नहीं होना चाहिए। इसके सम्प्रेषित करने की कोई जरूरत नहीं है, यह लोगों हेतु जरूरी नहीं है। कुछ लोग जानबूझकर भी सम्प्रेषण का विरोध करते हैं।

(7) सम्प्रेषण में असफल—अनेक बार सूचना प्रेषित करने वाला व्यक्ति लापरवाही के वजह, अकर्मण्यता या आलस्य के कारण सूचना को प्रेषित करने की क्या जरूरत है। इस तरह वह सम्प्रेषण नहीं करता है और इससे सम्प्रेषण में समस्या आती है।

(8) निजी स्वार्थ व अनावश्यक मिश्रण—प्रत्येक व्यक्ति प्राप्त सन्देशों का मूल्यांकन अपने निजी-स्वार्थ और अपने स्वयं के दृष्टिकोण से करता है। अत प्रतिशत स्वाभाविक ही व्यक्ति प्राप्त सन्देश में से जाँच-पड़ताल करके वही सन्देश में अपने निजी स्वार्थ के वजह बेवजह मिश्रण कर देता है जिससे सन्देश का प्रेषण तोड़-मरोड़कर प्रस्तुत होता है एवं इससे सम्प्रेषण में उत्पन्न आती है।

4. व्यक्तिगत समस्याएँ

सम्प्रेषक की कुछ व्यक्तिगत समस्याएँ भी होती हैं जो सम्प्रेषण में बाधा डालती हैं। यह बाधाएँ इस तरह हैं—

(1) तनावपूर्ण प्रतिक्रिया—जैसे स्टेज का डर, हीनता का ज्ञान आदि बोलने पर असर डालता है।

(2) बोलने एवं आवाज का त्रुटियुक्त होना—जैसे हकलाना, दोषपूर्ण उच्चारण आदि।

(3) वातावरण—प्रसार कार्यकर्त्ता अथवा सम्प्रेषक द्वारा जो वातावरण की रचना की जाती है वह भी उसकी प्रभावशीलता पर असर डालता है। भौतिक सुविधाएँ, मित्रतापूर्ण वातावरण, आदरपूर्ण वातावरण आदि न होने पर सम्प्रेषण में समस्याएँ आती है।

(4) शारीरिक रूप—लकवा कोई अन्य बीमारी अथवा शारीरिक दोष जो कि शारीरिक क्रिया की अभिव्यक्ति में अवरोध डालती है अथवा जिसके कारण सुनने वाले व्यक्ति पर विपरीत प्रतिक्रिया पड़ता हो।

(5) सही शब्दों व प्रतीकों का चयन न करना—सही शब्दों व प्रतीकों का चयन करना, सही विषय-वस्तु, सही तथ्य या सही वैधानिकपूर्ण साधनों का उपयोग नहीं करने से भी सम्प्रेषण में बाधा आती है।

संचार की बाधाएँ दूर करने के सुझाव

सम्प्रेषण की बाधाएँ चूँकि मानवीय एवं भौतिक असफलतओं के कारण उत्पन्न होती हैं अत प्रतिशत इन्हें दूर किया जा सकता है। सम्प्रेषण की समस्याओं को दूर करने के लिए निम्नलिखित सुझाव हैं—

(1) उद्देश्यों एवं मान्यताओं की स्पष्टता—सम्प्रेषक को सन्देश के उद्देश्य सन्देश प्राप्तकर्त्ता के सामने स्पष्ट कर देना चाहिए साथ ही विषय-वस्तु और सन्दर्भ भी स्पष्ट कर देना चाहिए। सम्प्रेषण को असरदार बनाने हेतु यह भी जरूरी है कि सम्प्रेषक सभी मान्यताओं को भी पहले ही स्पष्ट कर दे।

(2) प्रभावशाली व्यक्तित्व—सम्प्रेषक का व्यक्तित्व का प्रभाव भी सम्प्रेषक पर पड़ता है। सम्प्रेषक द्वारा कोई बात कहने तथा उसकी शारीरिक भाषा के बीच परस्पर होना चाहिए। सम्प्रेषण के समय सम्प्रेषक के बैठने, खड़े होने तथा बोलने के तरीके में आत्मविश्वास, दृढ़ निश्चय एवं सकारात्मकता दिखाई देनी चाहिए।

(3) प्राप्तकर्त्ता की आवश्यकताओं के अनुरूप—सम्प्रेषक द्वारा दिये जाने वाले सन्देश प्राप्तकर्त्ता की आवश्यकताओं के अनुरूप होना चाहिए। प्राप्तकर्त्ता उन सन्देशों को ध्यान से सुनते एवं ग्रहण करते हैं जो उनके लिए आवश्यक एवं काम के होते हैं।

(4) प्रतिपुष्टि का उपयोग—असरदार सम्प्रेषण में प्रतिपुष्टि बहुत जरूरी होता है। इसकी व्यवस्था दो चरणों में सम्प्रेषण द्वारा की जाती है। सन्देश प्राप्तकर्त्ता द्वारा सन्देश के बारे में की गई अभिव्यक्ति को ही प्रतिपुष्टि (Feed-back) कहते हैं। अभिव्यक्ति लिखित, मौखिक, शाब्दिक जरूरी सांकेतिक हो सकती है। सन्देश प्राप्तर्त्ता के द्वारा उचित प्रतिपुष्टि हेतु आवश्यक है कि सन्देश को असरदार ढंग से सुना जाये और उसी रूप में समझा जाए जिस रूप में सम्प्रेषित किया गया है।

(5) प्रभावी सुनना—सम्प्रेषण को प्रभावी एवं सुगम्य बनाने हेतु आवश्यक है कि सम्प्रेषक अपने विचारों और दृष्टिकोणों के साथ अपने सन्देशों को प्राप्तकर्त्ता तक पहुँचाने में सफल हो जाये।

(6) ग्रहणशीलता में वृद्धि—सम्प्रेषण को प्रभावी बनाने हेतु यह आवश्यक है कि प्राप्तकर्त्ताओं की ग्रहणशीलता में वृद्धि की जाये। सन्देशों को रुचिकर ढंग से प्रस्तुत करें। सन्देशों की उबासी उसकी ग्रहणशीलता में कमी करती है।

(7) शोर दूर करना—असरदार सम्प्रेषण क्रिया में भावनाएँ भी एक विशेष भूमिका अदा करती हैं एवं कई बार सम्प्रेषण क्रिया में व्यवधान पैदा करती हैं। चेहरे के हावभाव, हाथ हिलाना, गर्दन घुमाना आदि पर पूर्ण नियन्त्रण होना चाहिए।

(8) सरल भाषा—सम्प्रेषक में प्रयुक्त होने वाली भाषा सरल, समझने योग्य एवं प्राप्तकर्त्ता के स्तर के अनुसार होनी चाहिए। सम्प्रेषक को सही शब्द तथा वाक्य का चयन करना चाहिए।

(9) उचित माध्यम से सम्प्रेषण—सम्प्रेषण में उचित माध्यमों को प्रयुक्त करना चाहिए। प्राप्तकर्त्ता के स्तर को ध्यान में रखकर ही माध्यमों का प्रयोग करना चाहिए। प्राप्तकर्त्ता के स्तर को ध्यान में रखकर ही माध्यम का चयन किया जाना चाहिए। सन्देश किस प्रकार का दिया जा रहा है व किस जगह पर दिया जा रहा है यह भी सम्प्रेषण माध्यम के चुनाव पर असर डालता है।

(10) भावनाओं पर नियन्त्रण—सम्प्रेषण क्रिया में भावनाएँ भी एक महत्वपूर्ण भूमिका अदा करती हैं व कई बार सम्प्रेषण क्रिया में समस्या पैदा करती हैं। चेहरे के हावभाव, हाथ हिलाना, गर्दन घुमाना आदि पर पूर्ण नियन्त्रण होना चाहिए।

(11) संगठनात्मक वातावरण—सम्प्रेषण प्रक्रिया में विभिन्न हिस्सेदारों के बीच संगठन में विश्वास, परिपक्वता, पारदर्शिता, प्रसिद्धि का एक उचित आन्तरिक संगठनात्मक वातावरण होना चाहिए।

(12) सम्पूर्ण सूचना—सम्प्रेषण प्रक्रिया में दिये जाने वाले सन्देश या सूचनाएँ अपने आप में पूरा होना चाहिए। अपूर्ण सन्देश प्राप्तकर्त्ता की रोचकता को कम करते हैं।

(13) लोचपूर्ण प्रणाली—सम्प्रेषण पद्धति पर्याप्त लोचपूर्ण होनी चाहिए जिससे जरूरत पड़ने पर सूचनाओं के अतिरिक्त भार को सहन कर सके, सूचना प्रेषण की नई तकनीकों का इसमें समावेश हो सके और परिवर्तन होने वाली संगठनात्मक आवश्यकताओं को लागू किया जा सके।

(14) संक्षिप्तता—सम्प्रेषक द्वारा दिये जाने वाले सन्देशों की विषय-वस्तु सम्पूर्णता के साथ-साथ संक्षिप्त भी होना चाहिए जिससे सम्प्रेषण को प्रभावी बनाया जा सके।

(15) उचित समय—सन्देश उपयुक्त समय में दिये जाने चाहिए। काम पूर्ण हो जाने के पश्चात दिये जाने वाले सन्देश का कोई फायदा नहीं होता।

(16) सम्प्रेषण शृंखलाएँ—सम्प्रेषण श्रंखलाएँ सीधी और छोटी होनी चाहिए। अधिक लम्बी शृंखलाएँ सम्प्रेषण में व्यवधान पैदा करती हैं। छोटी शृंखलाओं से सूचनाएँ त्वरित रूप में जा सकती हैं और व्यवधानों में कमी की जा सकती है। संगठन की सभी गतिविधियाँ सम्प्रेषण शृंखलाओं से बंधी होनी चाहिए।

सम्प्रेषण बाधाओं को दूर करने के उपरोक्त परामर्शों का पालन करने से सम्प्रेषण को प्रभावशाली बनाया जा सकता है।

13

प्रसारण व संचार माध्यमों की भूमिका

आज हर क्षण बदल रहे सामाजिक, आर्थिक, राजनीतिक घटना चक्र में सामाजिक मान्यतायें धराशायी हो रही हैं। नये मूल्यों की सृजनात्मकता इस समाज को एक नये विश्व समाज में परिवर्तित कर रही है तथा एक नये सामाजिक वातावरण का नया प्रारूप हमारे सामने है; जिसमें हम अपनी टूटती हुई परम्पराओं का दर्पण देख रहे हैं।

वर्तमान प्रचार-प्रसार के माध्यमों की इसमें मुख्य भूमिका दिखाई दे रही है। इन्हीं माध्यमों द्वारा आज सम्पूर्ण परिदृश्य परिवर्तित होता सा प्रतीत हो रहा है। बदलते हुए सामाजिक परिवेश में आज संचार क्रांति ने नई संभावनायें उजागर की हैं इसके साथ-साथ नये विश्व का चेहरा-मोहरा भी सजाया संवारा है। इसके पीछे पिछली एक सदी ही सूचना-तंत्र का अर्थात् प्रचार-प्रसार के एक सूचना माध्यमों का विशेष हाथ रहा है।

बदलते सामाजिक परिवेश में इस सदी के दूसरे भाग में झांककर देखें तो पता चलता है कि 1950 के बाद इन संचार-प्रचार के प्रसारण माध्यमों ने क्रांतिकारी उन्नति के शिखर छुए हैं तथा इस खत्म हो रही शताब्दी के अंतिम वर्षों में तो इसने नये विविध प्रयोगों द्वारा नई महत्वपूर्ण सामाजिक चेतना को जन्म दिया है।

उदारीकरण के आधुनिक युग में महादेशों और देशों के बीच की सीमाएं टूट चुकी हैं। सारा विश्व सिमटकर एक हो गया है। ऐसे में दुनिया के किसी भी कोने में पल-प्रतिफल घटित होने वाले राजनीतिक घटनाक्रम हों अथवा खेल से जुड़ी खबरें या फिर रुपहली दुनियावी खबरें—सभी के बारे में जानने की उत्कंठा एक प्रबुद्ध नागरिक को रहती है।

प्रसारण माध्यमों की बढ़ती हुई सामाजिक घुसपैठ को जिस प्रकार से इन माध्यमों ने नया दिशा बोध प्रदान किया है उससे समाज में नये टी.वी. व फिल्म संस्कृति वाले पश्चिमी मूल्यों की प्रतियोगिता सी लगी दिखाई दे रही है। पिछले दो दशकों से जिस प्रकार से इन दृश्य व श्रव्य आकाशी हमला हमारे यहाँ हो रहा है, उससे पता चलता है कि इन माध्यमों के प्रभाव ने किस प्रकार हमारी सामाजिक-सांस्कृतिक नींव को तथा परम्परा को हिला कर रख दिया है। आज पूरे समाज में यहाँ तक पूरे दक्षिण एशिया में जिस तरह समाज का गठबन्धन तथा पारिवारिक टूटन का सामना करना पड़ रहा है, उससे पता चल रहा है कि इन दृश्य-श्रव्य माध्यमों की भूमिका हमारे समाज में किस तरह से बदली है।

सामाजिक विकास में नई दिशा बोध का उदय तो इन माध्यमों के प्रसारण के द्वारा हुआ ही है एवं नई तकनीकों द्वारा नये दरवाजे भी खुले हैं इससे ज्ञान, शिक्षा और चिन्तन के नये सरोकार स्थापित किये हैं, परन्तु उसके साथ-साथ हमारे समाज को उपभोक्तावादी संस्कृति में लपेटना इन संचार माध्यमों का विशेष कर रेडियो, टी.वी. का सबसे बड़ा दुष्प्रभाव है जिसमें उलझकर हमारी युवा पीढ़ी अपने मूल्यों को छोड़कर तथा पश्चिमी संस्कृति तथा विचारधारा में बह गई है।

परिवर्तित सामाजिक परिवेश में इसकी भूमिका पर टिप्पणी करते हुए बी. एम. गुप्त ने कहा है कि आज सबसे बड़ा खतरा है 'पूर्व-प्रौढ़ता' और 'सतही प्रौढ़ता' का विकास। टेलीविजन के द्वारा अपनी प्रौढ़ विश्व की सतही पहचान को बच्चा दुनिया की हकीकत मान बैठता है। मनोवैज्ञानिकों की नजर में दूसरा खतरा प्रौढ़ों के सामाजिक एवं व्यक्तिगत अन्तर्द्वन्द्वों के निरन्तर चित्रण से है। इससे बच्चा प्रौढ़ता के बारे में भ्रामक धारणा बना लेता है। कतिपय विशेषज्ञ मानते हैं कि भले ही वह इस प्रकृति की मूल प्रेरणा न हो, लेकिन वह बच्चों की पूर्व धाराणाओं को मजबूत बनाता है। वर्तमान समाज के बदलते हुए परिवेश में इन माध्यमों में यह बात भी देखी जाती है कि आज जब 90 प्रतिशत जनसंख्या इन माध्यमों का प्रभाव स्वीकार कर रही है तो इन माध्यमों द्वारा जीवन के मूल्यों का विश्लेषण किया जाना बेहद रोचक होगा। जिस प्रकार से आज के समाज में

परिवर्तन एवं बिखराव दिखाई दे रहा है तथा वह ध्वस्त होने के कगार पर खड़ा है उसमें अगर सबसे ज्यादा किसी का अंशदान निश्चित किया जा सकता है तो वह है सूचना के इस तंत्र अर्थात् दृश्य-श्रव्य माध्यमों का आक्रमण और प्रभाव। परिवर्तित सामाजिक परिवेश में मनोवैज्ञानिक दबाव व प्रभाव सामने दिखाई दे रहे हैं। टी. कलेपर का मानना है कि अधिकतर मनोवैज्ञानिक इस बात से राजी हैं कि सीमित मात्रा में बड़ों के कार्यक्रम बच्चों द्वारा देखने पर अच्छा प्रभाव हो सकता है। इससे बच्चे भावी जीवन की विशेष मुसीबतों का सामना करने हेतु मानसिक तौर पर तैयार होते हैं लेकिन 'अति-दर्शन' के अपने ही खतरे हैं। इस परिवेश में यह भी मानना होगा कि इन प्रसारण माध्यमों के द्वारा आज एक प्रकार की सामाजिक क्रांति ने जन्म लिया है तथा विश्व के शोधकर्ताओं का मत है कि आगे आने वाले दिनों में यह एक बदलते हुए समाज की नई तस्वीर प्रस्तुत करेगा। विशेषज्ञों की मान्यता के अनुसार आज उपभोक्तावादी रुचियों की कड़ी प्रतिस्पर्द्धा इस बदलते हुए प्रसारण परिवेश के प्रभाव के द्वारा ही पैदा हुई है तथा आज इनको अपने चकाचौंध वाले सम्मोहन में मानता है।

आज इन प्रसारण के माध्यमों के द्वारा नयी अपेक्षाएं उत्पन्न हो रही हैं जिनके बारे में विशेषज्ञ गुप्ता का मानना है कि नौकरी एवं व्यवसाय के बारे में भी टेलीविजन का प्रभाव ज्यादा नहीं पड़ता। इस बदलते हुए परिवेश की रोशनी में मीडिया विशेषज्ञ टी. माईसन का कहना है कि आधुनिक सामाजिक परिवेश में जनसंचार की तकनीकी तथा रूमानी भूमिका भी हमारे सामने है जिसके मनोविज्ञान का प्रभाव एवं उसका लक्षण हमें इस सदी में किनारे तक पहुँचते-पहुँचते दिखाई देने लगे हैं तथा 21वीं सदी तक ये और भी आक्रामक रूप में अपनी गिरफ्त में जकड़ लेंगे।

आजादी के उपरान्त भारतीय परिवेश में देखें तो इस टिप्पणी को भी नजरअंदाज नहीं किया जा सकता, जिसमें मल्हम का मानना है कि–

Politically, the Constitution of India, enforced on 26 January, 1950 the first Republic Day had granted to every citizen and media the freedom of speech and expression and to every adult the right to vote and elect legislators. The establishment of a representative system of government, gave the right to every citizen to be informed, that is to have reasonable access to social, aesthetic, moral, and other ideas and information vital for the grooming of enlight alos implied the right to reasonable access to capetitive sources of information and media. These rights which flowed out off democratic and citizenship enjoined view obligations on the communication media and goverment to inform and educate the citizends and children of the coutry and at the same time stimulate awareness about fundamental and other civic and social duties. It was generally agreed that mass media of communication would have a key role in the building of our democratic polity and illumination of our social fabric.

इसी प्रसंग में इस बदलते हुए परिवेश में सामाजिक औचित्य की बात करते हुए हम पाते हैं कि आधुनिक समय में इन प्रसारण माध्यमों का प्रभाव समाज को सीधे तौर पर अपने प्रवाह में ले रहा है। इस सम्बन्ध में फोर्ड फाउन्डेशन द्वारा किया गया सर्वेक्षण भी है, जिसमें कहा गया है कि भारतीय परिवेश में इस माध्यम को समझने में अभी देर लगेगी।

" India's development task is so great and her population so large that only by the most efficient possible programme of public information necessarily emphasing mass communication hope to reach people often enough and effectively enough to activate, on the needed sxale, discussion process and subsequent action in the cities, towns and villages. In This context, the Vidyalankar Committee stated that the principal aim of publicity of commnication was to prepare the minds of the people to meet the challenges of these new problems.

इसी संदर्भ में डॉ. जैम्स एस. मूर्ति की टिप्पणी भी विशेष ध्यान आकर्षित करती है, जिसमें उनका कहना है कि भारतीय परिप्रेक्ष्य में अगर देखा जाय तो हम पायेंगे कि निर्धनता, निरक्षरता एवं अंधविश्वास की समस्याओं से हम घिरे हैं। संचार के क्षेत्र में हुई सफलता, संचार-क्रान्ति और नव-विश्व सूचना एवं संचार व्यवस्था के बारे में तो हम विश्व को बता सकते हैं परन्तु हकीकत में हमारी सामाजिक संरचना इतनी जटिल है कि अत्याधुनिक तकनीकों के मार्ग में विभिन्न बाधाएँ पैदा हो जाती हैं।

अनादिकाल से मानव की आवश्यकताएं और महत्वाकांक्षाएँ एक परम मूल्य को उद्घाटित करती आई हैं जिस मूल्य की प्राप्ति हेतु समूचा मानव समुदाय सदैव प्रयत्नशील रहता है। इसे मनोवैज्ञानिक अब्राहम मैसलो के सिद्धान्त के अनुसार 'आत्म-प्रत्यक्षीकरण' (Self-Actualization) कहते हैं। भारतीय दर्शन पर अगर

नजर डालें तो बुद्ध, शंकर और अरविन्द जैसे महान् संत एक उच्च आध्यात्मिक सतह पर आत्म-प्रत्यक्षीकरण के मूल्य के प्रति ईमानदारी से प्रतिबद्ध होते हैं। इसी सत्य का प्रतिपादन 'अहम् ब्रह्मास्मि के महान् वैदिक सिद्धान्त ने भी किया है। बगैर इलेक्ट्रॉनिक तकनीक या जनसंचार माध्यमों की सहायता के ही इन महान् संतों के कई अनुयायी बने। यद्यपि उनके संदेशों की प्रासंगिकता हमारे युग में भी है, फिर भी जहाँ तक स्वस्थ व्यक्तियों, स्वस्थ मूल्यों और सुन्दर जीवन निर्माण का सवाल है, कोई सुखद परिणाम सामने नहीं आया है। दूसरी विधाओं की तरह हमें अपनी संचार तकनीक को विकसित करने हेतु ऐसी योजना की आवश्यकता है, जो मूल्यों पर आधारित हो। हमारी भौतिक एवं दूसरी आवश्यकताओं की पूर्ति हेतु संचार संसाधनों का विकास अत्यंत आवश्यक है। संचार तकनीकों का उपयोग इस तरह होना चाहिए जिससे हमारी शैक्षणिक, भौतिक, मानसिक, स्वास्थ्य और स्वस्थ मनोरंजन की आवश्यकताओं की पूर्ति हो सके। मानव उपभोग हेतु अधिक-से-अधिक प्राकृतिक सम्पदाओं का दोहन करने हेतु संचार-संसाधनों के समुचित प्रयोग की नितांत आवश्यकता है। संचार का प्रयोग एक ओर किसानों में नई-नई तकनीकों और प्राकृतिक सम्पदाओं के संरक्षण के प्रति जागरूकता उत्पन्न करने हेतु किया जा सकता है, तो दूसरी तरफ संचार प्रौद्योगिकी का प्रयोग निर्धनता उन्मूलन, परिवार कल्याण को बढ़ावा देने और लोगों के जीवन-स्तर को ऊँचा उठाने की दिशा में किया जा सकता है।

इसी संदर्भ में इस बदले हुए परिवेश में इस यात्रा में वर्तमान संचार-क्रान्ति का अंशदान यह भी है कि आज यह प्रचार तथा प्रसारण माध्यम आज के आदमियों की जिन्दगी का एक मुख्य अंग बन चुके हैं। सूचना-तंत्र के प्रचार-प्रसार व दृश्य-श्रव्य के माध्यमों की संचार क्रान्ति का दौर पिछले 25 सालों में चलकर आज उस मुकाम पर पहुँच चुका है जब इनकी सम्मानित कहानी हर दिन हर क्षण बढ़ती ही जाती है। संचार की इस नई भूमिका ने आज नये आदमी की नई कथा को प्रस्तुत करने का सर्वश्रेष्ठ प्रयत्न हमारे सम्मुख प्रस्तुत की है। सम्बन्धों के आर-पार झांकता हुआ यह सूचना-तंत्र आज इस वर्तमान दौर में किस सीमा तक असर डालता है इसका एक उदाहरण पिछले दिनों पूरे विश्व में घटित हुई घटनायें हैं जिन्होंने पूरे विश्व को हिला-झंझोड़ कर रख दिया है।

आज इस बदलते हुए परिवेश में इन माध्यमों की भूमिका एक अतिमहत्वपूर्ण बहस को जन्म दे रही है; क्योंकि आज इन्होंने वर्तमान आदमी को अपने

आस-पास से काटकर नितान्त एकाकी होने पर मजबूर कर दिया है। इस तरह आज का सामाजिक परिवेश इस सारे घटना-चक्र के बाद इससे पूरी तरह कटने की ओर अग्रसर है। इन परिस्थितियों ने पूरे संचार माध्यमों के प्रति एक नई बहस को भी जन्म दिया है।

हालांकि बदलते हुए सामाजिक परिवेश में इन संचार व प्रसारण माध्यमों की भूमिका के बारे में अच्छी बहस प्रारंभ हो चुकी है फिर भी जिस प्रकार से पश्चिमी जगत् में इन माध्यमों ने मानवीय मूल्यों को हिला कर रख दिया है वह अपने आपमें एक संवेदनशील मुद्दा बन कर निकला है। कुछ वर्षों पूर्व ब्रितानवी प्रिंसेज डायना की मृत्यु के पश्चात मीडिया के बारे में एक गर्म बहस इसके सामाजिक लगाव को लेकर छिड़ चुकी है। स्मरणीय है कि इसी प्रकार के प्रसंगों के चलते उनकी मृत्यु हो गई थी।

आज सामाजिक लगाव के आस-पास झांकता हुआ यह प्रसारण तथा सूचना-तंत्र एक नई चर्चा का केन्द्र बिन्दु है।

सामाजिक परिवेश के प्रदेश में हमें देखना होगा कि जब इस शताब्दी के प्रारंभ में सिनेमा तकनीकी अपने प्रयोगवादी उड़ान के नये संदर्भों को खोजने में प्रयत्नशील थी तो फिल्मकार फेड्रिक ने मानवी रिश्तों की नई फैंटेसी अपनी फिल्मों द्वारा प्रस्तुत करके पूरे फिल्म जगत् के पर्दे पर मानवीय रिश्तों को एक नया स्वरूप और संवेदनशील घेरा प्रस्तुत किया।

द्वितीय विश्व युद्ध के उपरान्त फिल्म एवं समाचार व्यवसाय में नये तकनीकी तथा मानवीय संदर्भों का समावेश आया जब विश्व के प्रख्यात फिल्मकारों, चित्रकारों और सम्पादकों ने मानवीय रिश्तों की त्रासदी को एक संवदेनशील प्रारूप में देखा एवं प्रस्तुत किया। सबसे प्रमुख ये जापानी तथा यूरोपीय समाचार-पत्र देखते ही पश्चिमी देशों के समाचार-पत्रों तथा संचार माध्यमों ने एक नई भाविक सरोकारों वाली भाषा प्रस्तुतीकरण को नये तौर पर उभारा तथा इस प्रकार का प्रसार माध्यम सीधे-सीधे मानवी संवेदना को छूने लगा।

1960 के दशक के उपरान्त आई तकनीकी क्रांति के पिछले एक-चौथाई शताब्दी के समय में पूरी रूपरेखा एवं सोच संवेदना के आधार पर पूरे प्रसार माध्यमों को आदमी के साथ गहरे जोड़ा है। आज आदमी इन प्रसार माध्यमों का गुलाम हो गया है। आज प्रचार-संचार माध्यम उसकी सोच तथा जिंदगी का एक अभिन्न अंग बन गये हैं। अभी इन दिनों पश्चिमी मीडिया जगत् का एक अन्य चेहरा सामने आया है जिसमें उनके द्वारा की गई मानवीय टिप्पणियों को लेकर

आज यह बहस गर्म होने लगी है कि क्या यह मीडिया के सामाजिक वास्ता है, क्या मीडिया की सामाजिक प्रतिबद्धता केवल इतनी ही है कि वह आदमी के अंदर इतना आर-पार झांके कि आदमी खुदकुशी करने पर मजबूर हो जाए अथवा उसकी इस पारदर्शिता का शिकार हो जाए। शाही घरानों तथा फिल्मी जगत् की चकाचौंध के किस्से पश्चिमी मीडिया में उछलना कोई नई बात नहीं है। आज भी विश्व के सबसे ज्यादा बिकने वाले समाचार-पत्र तथा सबसे अधिक दर्शक वर्ग को बाँधने वाले टी.वी. चैनल ऐसी सामग्री प्रस्तुत करते हैं जिसके द्वारा पाठक/दर्शक रिश्तों के आर-पार देखता रहे। दूसरी ओर कुछ मीडिया विश्लेषकों का भी यह मानना है कि सामाजिक रिश्तों तथा उसकी सामाजिक सामयिकता की यह आवश्यकता है कि आज के बदलते हुए उपभोक्तावादी समाज हेतु इस प्रकार का रस तथा अन्य प्रस्तुतीकरण दिया जाए ताकि मीडिया के प्रति उनकी सजगता बनी रहे। जिंदगी के सरोकारों के प्रति मीडिया कितना आर-पार झांके एवं उनका प्रस्तुतीकरण कैसा हो? यह एक बहस का मुद्दा हो सकता है; परन्तु हमें उसके मानव जाति तथा समाज पर पड़ने वाले दूरगामी प्रभावों को भी देखना होगा। यह एक कटु सत्य है कि आज जो कुछ हम अपनी नंगी आँख से कागज पर या टी.वी. के द्वारा देख रहे हैं, वह कई बार हमारी भावनाओं और संवेदनाओं के साथ मेल नहीं खाता। हम अपनी इस बात को बदलते हुए उपभोक्ता युग की नई संस्कृति का खुला बाजार भी कह सकते हैं।

किन्तु इस बात से इंकार नहीं जा सकता है कि आखिरकार इस प्रकार मीडिया की उन्नति हमारे सामाजिक आचरण को कहाँ ले जायेगी आगामी वर्षों में हम किस सामाजिक मानसिकता में आँख के पर्दे की एवं अक्षर रंग की लड़ाई में अपने रिश्तों को ढूँढेंगे। पश्चिमी मीडिया से पैदा यह मुद्दे आज एशियाई देशों में भी देखे जा सकते हैं; क्योंकि खुलेपन के प्रभाव से हामारा समाचार जगत् और छोटा पर्दा भी बचा नहीं रह गया है। अब हमें वह सब कुछ आसानी से अपने ड्राइंग रूम में बैठे बैठाये मिल जाता है तथा आज हमारी मुख्य प्राथमिकताएँ इसी मानसिकता में समाहित हो गई हैं।

पिछले दिनों जिस प्रकार राजकुमारी डायना की मृत्यु को पश्चिमी मीडिया ने उछाला तथा प्रिंस चार्ल्स द्वारा आहत डायना बार-बार अपने से भागती रही। अन्ततः यह सब कुछ उसकी मृत्यु के साथ ही समाप्त हुआ। उनकी मृत्यु से उठे

प्रश्नों में प्रमुख प्रश्न यह भी रहा है कि क्या मीडिया को इस प्रकार की छूट कहाँ तक दी जा सकती है कि वह किसी भी आदमी के अंदर कितना झांके कि वह उसकी भेंट ही चढ़ जाए। शाही परिवार ने पहले भी कई बार मीडिया के प्रति अपने आक्रोश का प्रदर्शन किया है; परन्तु विश्व के सुप्रसिद्ध तथा सबसे ज्यादा बिकने वाले समाचार-पत्रों ने लाखों पौंड खर्च करके शाही परिवार की वो तस्वीरें मुहैया करवाईं कि जब वे छपीं तो तहलका मच गया। इसी प्रकार टी.वी. चैनलों ने भी उनका पीछा नहीं छोड़ा एवं वैसे चित्र तथा साक्षात्कार दिखाए कि पूरा विश्व स्तब्ध रहा गया। मार्टिन बशीर द्वारा बी. बी. सी. से लिया गया डायना का साक्षात्कार एक ऐसी ही घटना थी जिसमें डायना को तलाक हेतु उबलती हुई आग में घी का काम किया। यही वह साक्षात्कार था जिसमें उसने खुलेआम दूसरे मर्दों से सम्बन्धों की हामी भरी।

इस प्रकार के प्रसंगों के बाद क्या यह बहस शुरू की जा सकती है कि कोई आदमी या औरत जब खुलेआम इस बात को स्वीकार करती है कि उसने कतई अनैतिक काम नहीं किया है, क्या यह सामाजिक सरोकारों के प्रति अपने दायित्वों की प्रसारण माध्यमों द्वारा अवमानना नहीं है। क्या प्रसारण माध्यमों द्वारा खुलेआम अनैतिक सम्बन्धों की स्वीकृत मुजाहिरा किया जाए। कुछ लोगों द्वारा इसे पश्चिमी तहजीब की जीवन शैली का अटूट हिस्सा भी माना गया है; परन्तु सच यह है कि किसी भी समाज में मानवीय संवेदनाएँ एवं रिश्ते अभी इतने संवेदन शून्य नहीं हुए कि इस प्रकार का नाटक (मुजाहिरा) खुलेआम किया जाए। सवाल यह भी है कि पश्चिमी प्रसारण माध्यम इन तमाम बातों को दिखाकर प्रायः एक इतिहास बनाने की कल्पना करता है एवं एक नई बहस को जन्म देता है।

पश्चिमी प्रसारण माध्यमों में सामाजिक प्रतिबद्धता और खोजपूर्ण पड़ाव भी सामने आते हैं। जब पिछले दशक में उन्होंने वाटर गेट स्केन्डल का पर्दाफाश किया। उसी प्रकार के कई अन्य सामाजिक मुद्दे एशिया तथा यूरोपीय देशों के समाचार माध्यमों से भी जुड़े हुए हैं। यहाँ पर प्रसारण माध्यम ने समाज को चेतन किया किन्तु आदमी की निजी जिंदगी के भीतर झांकने की प्रवृत्ति को वह रोक नहीं पाया। अभी हाल ही के वर्षों में विश्व के सर्वाधिक महँगे सितारों की जिंदगी धनाढ्य लोगों की आंतरिक झलक तथा राजनेताओं, शाही परिवारों के भीतर की जिंदगी को आम व्यक्तियों हेतु मसालेदार शब्दों में परोसना एक

तरह का फैशन ही बन गया था। लेडी डायना का उदाहरण इस तरह की प्रस्तुति का ऐसा उदाहरण है जिसने पूरी दुनिया को यह सोचने हेतु विवश कर दिया है कि प्रसारण माध्यम को कितनी छूट दी जा सकती है। लेडी डायना के अन्तिम समय के समारोह में अर्लस्पेगर ने जिस प्रकार अपनी कायरता का परिचय अपनी बहन की मृत्यु हेतु दिया वह सचमुच ही दिल टटोलने वाली घटना है। उसने ब्रिटेन के प्रिंस हेरी तथा विलियम हेतु भी यह सुबहा प्रकट किया।

आज पश्चिम के सर्वाधिक महँगे तथा सबसे ज्यादा बिकने वाले टेबलायड मिरर, सन, स्टार वर्ड दिस वीक इत्यादि अब इस बात से क्षमा मांग रहे हैं कि अगर उनके कारण किसी को दुःख पहुँचा है तो वह क्षमा प्रार्थी है; किन्तु इसके साथ ही उन्होंने प्रसारण माध्यम की स्वाधीनता का प्रश्न उछाल दिया है। अब ब्रितानवी प्रेस एक बार फिर प्रेस कमीशन के पास इस बात हेतु आवेदन किया है कि वह एक बार पुनः पुराने प्रेस कानूनों का पुर्नमूल्यांकन करें तथा नये दिशा-निर्देश निर्धारित करें; परंतु प्रसारण माध्यम विशेषज्ञों की राय है कि प्रसारण माध्यम की स्वतन्त्रता का सवाल तो खुलेपन का सूचक है किन्तु उसे अपनी सामाजिक प्रतिबद्धता को नहीं भूलना चाहिए। जो कहीं-कहीं/ यदा-कदा आंख की शर्म समाज हित में होती है तथा इसे बचाया जाना चाहिए ताकि आने वाले भविष्य में हमारी सामाजिक संवेदनाएँ एवं सामाजिक संबंध जीवित रहे। कतिपय सामाजिक चिंतकों का मानना यह भी है कि इस खत्म हो रही सदी में यह सब कुछ तकनीकी खुलेपन तथा उपभोक्तावादी संस्कृति का ही परिणाम है कि इस प्रकार के मुद्दे सामने आ रहे हैं जिनसे सामाजिक रिश्तों को टूटने से नहीं बचाया जा सकता तथा आने वाले दिनों में इस पर बहस के साथ-साथ एक गंभीर विवेचन भी जरूरी हो गया है।

प्रसारण माध्यमों द्वारा सामाजिक रिश्तों से छेड़छाड़ कोई नई बात नहीं है किन्तु इसकी सीमा निर्धारित करनी होगी कि आप आदमी की निजी जिंदगी को कहाँ तक दिखा सकते हैं। यह एक ऐसा सवाल है जिस पर आने वाले दिनों में गंभीर बहस की जरूरत है ताकि प्रसारण माध्यमों की आड़ में हम अपने सामाजिक परिवेश के कुछ सामाजिक पहलू तो अपने आने वाली नस्ल हेतु बचाकर रख सकें और प्रसारण माध्यमों के तन्त्र को नई सामाजिक संरचना हेतु लामबन्द किया जा सके।

उपरोक्त संदर्भों तथा टिप्पणियों के परिवेश से पल-पल बदल रहे प्रसारण व भूमिका के बारे में आज की त्रासदी का भी खुलासा होता है इसके साथ-साथ एक

भयावह चिंता भी आज के समाज को सोचने पर विवश कर रही है। क्या मानवीय संवेदनाओं के स्तर पर इन दिनों प्रचार व प्रसार माध्यमों की भूमिका केवल इसी तरह की रह जायेगी अन्यथा इससे भी दूसरा प्रभाव आने वाले दिनों में मिलेगा।

विशेषज्ञ नोरा क्यूबर्ल का मत है कि–

This brand of communication implies "the art and science of human communication applied to the speedy transformation of a country and the mass of its people from poverty to a dynamic state of economic growth that makes possible greater social equality and the larger fulfilment of human potential". This development support concept of mass communication is thus dynamic, purposive, practical and promotional in approach and nature. It is a new hope for development and social change in the Developing Countries. Though not a panacea for all ills, it is one of the vital components in any development planning and implementation. This science and art of communication views and individual, a society or a nation in its totality, transcending thereby from a piecemeal or a segmented view of rural or urban society, economic and human development. In our country development communication combines in it the philosophy of humanism of Pandit Nehru, interding to achieve a better, richer and fuller way of life, along with the growth and development of the country as a whole. Another strand of the concept which is trypeically Indian is that development communication should grow mostly out of people's participation and people's satisfaction, the essential ingredients of which are :

(i) a sence of feeling to have actively participated;

(ii) a sence of pride in evolving co-operative solutions to the problem in hand;

(iii) a sence of achievement, reflected in the concrete betterment of poorer sections of the people and of backward areas.

उपरोक्त टिप्पणी के द्वारा यह स्पष्ट हो जाता है कि आधुनिक दौर में इस परिवर्तन की सामाजिक प्रक्रिया में इन संचार व प्रसार माध्यमों का वर्चस्व आने वाले समय में और भी बढ़ेगा तथा यह नये परिवेश में व्यक्तियों की सोच को प्रेरित एवं प्रभावित करने के सकारात्मक तथा नकारात्मक दोनों पक्षों को प्रस्तुत करने में सक्षम होगा। इन प्रसारण माध्यमों की वर्तमान के बदलते परिवेश में

आज की भूमिका की जाँच की जाये तो पता होता है कि सामाजिक सोच के परिवर्तनीय पहलू के विभिन्न स्तर पर यह एक बेहद शक्तिशाली माध्यम का स्वरूप धारण कर चुका है। सवाल यह है कि इस प्रसारण तथा संचार क्रांति की सम्पूर्ण शक्ति को मनुष्य की संवेदना को नई सोच एवं विश्वास हेतु नई सर्जना हेतु तैयार करना चाहिए। जीवन्त एवं सन्तुलित सहज प्रसारण प्रचार-प्रसार मानवीय सरोकारों से जुड़कर आधुनिक आदमियों की चिन्ताओं को कहीं न कहीं कम करने का अनुकूल वातावरण पैदा करने में कहीं न कहीं सहायक हो सकता है।

भारतीय परिवेश में प्रसारण के विषय में हम कह सकते हैं कि यहाँ पर इन प्रचार-प्रसार माध्यमों को इस भू-भाग से गरीब, निरक्षरता, बेरोजगारी तथा सामाजिक सूचनाओं के आगत-निर्गत हेतु एक मुख्य आधार के रूप में अपनाया जा सकता है। यह तो वह शक्तिशाली हथियार है जिससे मानवीय सम्बन्धों की नई सीमा रेखा तैयार की जा सकती है। डॉ. जेम्स मूर्ति मानते हैं कि जनमानस निश्चित तौर पर मानव-जाति से जुड़ी कुछ मनोवैज्ञानिक आवश्यकताओं एवं सामाजिक प्रवृत्तियों को तुष्ट करते हैं। लेकिन संचार की सार्थकता मात्र यहीं तक नहीं है। संचार तकनीकों से पूरी तरह से फायदा उठाने हेतु नियोजकों एवं प्रसारण माध्यमों से जुड़े व्यक्तियों को इस बात का पता लगाना चाहिए कि प्रसारण माध्यमों की दूसरी क्षमताएँ क्या हैं, जो सूचना सम्प्रेषण हेतु, संवेगात्मक अनुभव को प्रेरित करने हेतु अथवा जीवन के बारे में और अंतर्दृष्टि प्राप्त करने हेतु सशक्त माध्यमों की भूमिका निभा सकें। हमारे देश में समस्या यह है कि जन-माध्यमों से जुड़े उच्च अधिकारी प्रसारण माध्यमों का एकमात्र प्रयोग जन मनोरंजन हेतु करना चाहते हैं। आज जन-माध्यम अनपढ़ जनता हेतु नशा बन चुका है। अनपढ़ व्यक्ति बिना कुछ सोचे-समझे उन कार्यक्रमों को काफी रुचि के साथ देखते हैं जिनमें उपभोक्ता उत्पादों से सम्बन्धित आकर्षक विज्ञापनों की भरमार होती है, भले ही ये उपभोक्ता वस्तुएँ उनकी पहुँच से बाहर हों। विज्ञापनों से लदे इन कार्यालयों की प्रवृत्ति ऐसी होती है कि व्यक्ति विशेषकर, निचले तबके के लोग, जीवन की अपेक्षाकृत उत्तम बातों से, उच्च आदर्शों से विमुख होने को बाध्य हो जाते हैं। एक ऐसा संचार वातावरण बने जिसमें कई विकल्प उपस्थित हों, यही हमारा मूल लक्ष्य होना चाहिए। संचार की लगभग सभी तकनीकों को ऐसे वातावरण का निर्माण करना चाहिए।

इन स्थितियों में प्रसारण माध्यमों का प्रयोग मानव समाज को बचाने हेतु और भी उचित तरीके से किया जा सकता है। विशेषज्ञ सेठ के कथनानुसार माना जा सकता है कि आज जब ये प्रसारण माध्यम इतना शक्तिशाली आधार के रूप में सामने आये हैं तो इस संचार क्रांति को हम इस प्रकार भी कह सकते हैं कि तीनों प्रकार के माध्यम अर्थात् शब्द, श्रव्य एवं दृश्य संचार माध्यम अपनी उपयोगिता किसी समाज हेतु पांच तरह से स्पष्ट करते हैं–

(क) अन्तर्सम्बन्धों की व्याख्या

(1) सामान्य परिस्थितियाँ बनाने हेतु व्यवस्था को मदद देते हैं।

(2) ये माध्यम घटनाओं की सूचना तथा उनके अभिप्राय का मूल्यांकन करते हैं।

(3) पृथक-पृथक गतिविधियों को सही रूप देते हैं।

(4) समाजीकरण में अंशदान देते हैं।

(5) देश में प्राथमिकताओं और स्तरों का निर्णय देते हैं।

(6) सही मुद्दों हेतु जनसाधारण की राय पैदा करते हैं।

(ख) सूचना

(1) जनसंचार माध्यम घटनाओं, समाज की परिस्थितियों और दुनिया की सूचना सबको देते हैं।

(2) सत्ता के जनता से सम्बन्धों की खबर देते हैं।

(3) आविष्कारों एवं उन्नति का ब्यौरा देते हैं।

(ग) मनोरंजन

(1) ये सामाजिक तनावों को कम करने में अपना अंशदान देते हैं।

(2) माध्यम जनसामान्य हेतु मनोरंजन वैविध्य और रोचकता का साधन बनते हैं।

(घ) गत्यात्मक विकास

राजनीतिक उन्नति, आर्थिक विकास, युद्ध अथवा धर्म में भी उच्चतर गतिशील एवं विकसित मूल्यों की स्थापना हेतु अभियान चलाते हैं। हो सकता है

जब हम जनसंचार माध्यमों की उपादेयता को स्पष्ट करने हेतु इन कार्यों की सूची पर ध्यान दें, तो इनमें से कई काम हमें एक-दूसरे के प्रतियोगी लगें; परन्तु हकीकत में ऐसा नहीं है। अगर हम अपनी शोध एवं अनुभवों को सामने रखें तो यह स्पष्ट हो जाता है कि जनसंचार माध्यमों ने अलग-अलग समाजों में इन प्रतियोगी लगने वाले कामों को बखूबी अंजाम दिया है एवं अपनी उपयोगिता को निरर्थक नहीं होने दिया। सवाल संभवत प्रतिशत उद्देश्य की गम्भीरता, कार्य करने वालों की ईमानदारी, उनके सही मागदर्शन और समुचित प्रोत्साहन का है।

(ङ) निरन्तरता

(1) यह अनेकता में एकता के तत्वों की खोज करते हैं या उन्हें उत्पन्न करते हैं।

(2) ये संस्कृति एवं उपसंस्कृतियों की व्याख्या कर उन्हें नवसांस्कृतिक विकास से जोड़कर एक निरन्तरता की स्थिति उत्पन्न करते हैं।

उपर्युक्त टिप्पणियों के पश्चात इस निष्कर्ष पर पहुँचा जा सकता है कि वर्तमान के बदलते हुए परिवेश में जब नगरीकरण का फैलाव बेतहाशा हो रहा है तथा समूचा परिवेश उपभोक्तावादी औद्योगीकरण व्यवसायीकरण के शिकंजे में आ गया है तो संचार प्रसार माध्यमों की भूमिका और भी मुख्य भूमिका बन जाती है।

यह संचार-प्रसार माध्यम ही है जो वर्तमान समाज को परिवर्तित कर एक नूतन समाज की संरचना का एक नया अध्याय जोड़ सकते हैं। वर्तमान संदर्भ में हमें यह भी देखना होगा कि जिस प्रकार डॉ. जैम्स ने माना है कि इन प्रचार-प्रसार माध्यमों को भी दूसरी विधाओं की तरह हमें अपनी संचार तकनीक को विकसित करने हेतु ऐसी योजना की आवश्यकता है जो मूल्यों पर आधारित हो। हमारी भौतिक और दूसरी जरूरतों की पूर्ति हेतु संचार संसाधनों का विकास अत्यंत आवश्यक है। संचार तकनीकों का उपयोग इस प्रकार होना चाहिए जिससे हमारी शैक्षणिक, भौतिक, मानसिक, स्वास्थ्य एवं स्वस्थ मनोरंजन की आवश्यकताओं की पूर्ति हो सके। मानव उपभोग हेतु अधिकाधिक प्राकृतिक सम्पदाओं का दोहन करने हेतु संचार-संसाधनों के समुचित प्रयोग की नितांत जरूरत है। संचार का प्रयोग एक तरफ किसानों में नई-नई तकनीकों एवं प्राकृतिक सम्पदाओं के संरक्षण के प्रति जागरूकता पैदा करने हेतु किया जा

सकता है तो दूसरी ओर संचार प्रौद्योगिकी का उपयोग निर्धनता का उन्मूलन, परिवार कल्याण को बढ़ावा देने और लोगों के जीवन-स्तर को ऊँचा उठाने की दिशा में किया जा सकता है।

संचार-क्रांति का लाभ अपने वातावरण को युद्ध, परमाणुविक-विप्लव, पर्यावरण असन्तुलन, भूकम्प, बाढ़, रासायनिक युद्ध एवं अन्य अदृश्य विपत्तियों से मुक्त करने के कार्य में लिया जा सकता है। इन खतरों से मुक्ति, आने वाली पीढ़ी को इस योग्य बनायेगी कि वह मानव अस्तित्व में नये-नये क्षितिजों की खोज कर सके तथा आत्मानुभूति एवं जीवन के अन्य अनुभवों के साथ तादात्म्य स्थापित करने का प्रयास कर सके।

उपर्युक्त संदर्भ में यह प्रयत्न सामाजिक परिवेश में बेहद मुख्य भूमिका निभा सकते हैं। इन संदर्भों के निष्कर्ष के तौर पर माना जा सकता है कि प्रसारण और संचार माध्यमों की इस परिवर्तित भूमिका से समाज परिवर्तन में एक कारगर भूमिका निभाई जा सकती है, जिसकी आज पूरे विश्व को आवश्यकता भी है। प्रसारण व संचार माध्यमों की बदलते हुए सामाजिक परिवेश में प्रमुख भूमिका यह भी निर्धारित करती है कि आने वाले दिनों में नई सदी का नया मनुष्य तथा उसका प्रवेश किस तरह का होगा तथा उसकी प्राथमिकताएँ भी कैसी होंगी। परन्तु सबसे प्रमुख बात यह भी है कि हम इस संचार क्रांति को, समाज के बदलते हुए परिवेश को समृद्ध एवं सार्थक बनाने हेतु क्या कर सकते हैं। यह तो माना जा सकता है कि वर्तमान प्रसारण व संचार माध्यमों की भूमिका को अब नकारा नहीं जा सकता एवं उसके महत्व को इस बदलते हुए विश्व के नजरिए से नये बदलाव की भूमिका में देखना होगा।

पूर्व प्रधानमंत्री श्रीमती इन्दिरा गाँधी ने गुट निरपेक्ष सम्मेलन में इस आशय की जानकारी की थी कि आने वाली सदी को असल में प्रसारण माध्यम ही नियंत्रण कर सकते हैं तथा उनके द्वारा जनमत के प्रभावीकरण की महत्ता को नजरअंदाज नहीं किया जा सकता। उनके अनुसार, यदि सूचना शक्ति है तो यह मात्र लादने वाली शक्ति नहीं है; अपितु विरोध करने वाली शक्ति भी है। हमारे लिए यह हमारे लोगों में जागरूकता बढ़ाना तथा राष्ट्रीय तथा अन्तर्राष्ट्रीय मामलों में लोगों की जवाबदारी हेतु एक महत्वपूर्ण सम्पदा का काम करती है। इससे भी ज्यादा, यह विश्व-शान्ति एवं सद्‌भाव हेतु एक प्रभावशाली माध्यम है।"

बदलते विश्व सामाजिक परिवेश में प्रसारण व सामाजिक परिवेशों में प्रमुख भूमिका ही वर्तमान सदी में नये समाज की संरचना का मूलभूत आधार बना रही है। अब इसमें कोई दो राय नहीं हो सकती; क्योंकि इन शक्तिशाली साधनों ने जनमत के प्रभावीकरण को एक नई दिशा दी है, जिसका प्रभाव यहाँ परिलक्षित हो रहा है। सामाजिक, आर्थिक एवं राजनीतिक परिदृश्य में भी। सामाजिक बदलाव के नये अध्याय की शुरुआत वर्तमान सदी में ये माध्यम ही कर रहे हैं अब इस बात से इंकार नहीं किया जा सकता।

14

जनसंपर्क परिभाषा एवं महत्व

जनसंपर्क आधुनिक समय की प्रमुख आवश्यकताओं हेतु अत्यंत अनिवार्य है। इसे लोकसंपर्क से भी संबद्ध कर देखा जाता है, यह वर्त्तमान समाज हेतु आर्थिक एवं सामाजिक जनसंपर्क सामाजिक एवं आर्थिक दोनों ही दृष्टि से आवश्यक है। शासन, व्यापार एवं जनता के बीच पारस्परिक तालमेल के लिए जनसंपर्क एक सेतु का काम करता है यह सेतु व्यावहारिक स्तर पर काफी प्रभावी है।

जनसंपर्क में जन शब्द 'पब्लिक' तथा संपर्क 'रिलेशन' के अर्थों से व्यवस्थापित होता है। यानी जनता के साथ संबंधों की वर्णन ही जनसंपर्क है। अंग्रेजी में इसके लिए एक शब्द 'पब्लिक रिलेशंस' प्रयोग होता है इसे प्रायः संक्षिप्त रूप में पी.आर. भी कहते हैं। यहाँ 'पी' का अर्थ पर्फार्मेंस (Performance) तथा 'आर' (Recognition) अर्थात स्वीकृति के विस्तृत अर्थों को दर्शाता है इस दृष्टि से जो काम जनता की स्वीकृति से होता है उसे जनसंपर्क कहते हैं। वृहद हिंदी पत्रकारिता कोष में डॉ. प्रताप नारायण टंडन ने ए.ए. राजूमैन के कथनानुसार जनसंपर्क की सही विस्तृत प्रस्तुत की है "जनसंपर्क वह द्विपक्षीय संप्रेषण है, जिसमें सह अभिमति का आधार संपूर्ण सत्य, ज्ञान तथा संपूर्ण रचनाएँ होती है, जिसमें सह-अभिमति का

आधार संपूर्ण सत्य, ज्ञान तथा पूरी सूचनाएं होती हैं, जिसमें तनाव कम होता है तथा आपसी सौहार्द उत्पन्न होता है।'' इस दृष्टि से देखा जाए तो समाज, शिक्षा एवं आर्थिक क्षेत्रों के विभिन्न स्रोतों का मिला-जुला रूप ही लोकसंपर्क है। सही में यह विज्ञान के साथ-साथ वह कला है जिसमें मानव-जाति का इतिहास, उसकी सभ्यता और संस्कृति में छिपी उस अपार क्षमता को पारिभाषित करता है जिसमें समय अनुकूल समाज दृष्टिकोण से काफी अनिवार्य संभावनाएं छिपी होती हैं।

विविध परिभाषाएं

जनसंपर्क क्योंकि द्विपक्षीय व्यवस्था है। इस तरह जनता द्वारा पूछे जा रहे प्रश्नों के उत्तर देने का प्रयास करना ही उसका मुख्य उद्देश्य है। यह जनता के निर्णय के आधार पर किसी पक्ष के गुण-दोषों की परख करती है। यहाँ इन सभी कथ्यों को ध्यान में रखते हुए जनसंपर्क की भिन्न-भिन्न परिभाषाएं दी जा रही हैं।

अंतर्राष्ट्रीय जनसंपर्क परिषद के संस्थापक सैम ब्लैक के अनुसार—जनसंपर्क समाज विज्ञानों का सम्मिश्रण है जो व्यक्ति और समूह की प्रतिक्रियाओं का अनुभव कराता है। यह एक संप्रेषण विज्ञान है जो आपसी सहमति का निर्माण करके तनाव की अवस्था का निराकरण करता है।

जनसंपर्क अंतर्राष्ट्रीय जनसंपर्क परिषद के अनुसार—एक ऐसा अनवरत प्रयत्न है जिसमें संस्था या व्यक्तिगत संस्थान अपने फैसला जनता के सहयोग से उनकी रुचियों का ध्यान में रखते हुए करते हैं।

'एक्सप्लोरिंग जर्नलिज्म में 'कैंपबैल' के अनुसार—"Relation with public is the art of human behaviour the science of attitude centred, the organised efforts to get you own way."

(जनसंपर्क एक कला है जिसमें मानव व्यवहार व प्रवृत्ति का ज्ञान तथा उन्हें अपने अनुसार मोड़ सकने की क्षमता शामिल है।)

बैब्रनर्र—वर्त्तमान शासन में जनसंपर्क प्रचार-प्रसार का वह साधन है जिसके द्वारा जनता की इच्छाओं और भावनाओं का अनुभव होने के साथ-साथ उनका अपनी कार्य-प्रणाली में समन्वय करके दोबारा जनता तक पहुँचाया जाता है।

डॉ बलदेव-राजगुप्त—''जनसंपर्क जनता से संबंध स्थापित करने की एक कला है जिसके द्वारा संपर्ककर्त्ता अपने संस्थागत गुणों को उजागर करके योजनाबद्ध पद्धति से जनसंबंधों को आधार बनाकर जनमत का निर्माण करता है।''

डब्ल्यू पाल—"Public Relation is a fundamental attitude of mind, a philosophy of management. which deliberately takes public trust in every decision effecting the operation of business."

जनसंपर्क मुख्य रूप से प्रबंधन प्रणाली की वह आधारभूत मानसिक तरीका है जिसमें व्यवस्थापक अपनी संस्था के हर फैसले में जनता की प्राथमिकताओं को भी स्थान देता है।

बट्रेवद आर केनफील्ड एवं एच. प्रेफनियरभूर—"अपनी नीतियों व कार्य-प्रणाली की साख बनाये रखने हेतु जनता की सहमति पाना जनसंपर्क है। यह द्विपक्षीय-संप्रेषण प्रक्रिया एवं समाज-दर्शन है।"

आर्थर आर. रालमैन—The establishment of two way communication to resolve conflicts of interest by seeking common ground or area of mutual interest and the establishment of understanding based on truth. knowledge and full informatlion.

जनसंपर्क द्विपक्षीय-संप्रेषण प्रक्रिया जिसमें जनता तथा संस्था केंद्रित में दोनों के मध्य पूर्ण व सही सूचनाएँ प्रस्तुत कर पारस्परिक सौहार्द्र स्थापित किया जाता है।

ब्रिटिश इंस्टीटयूट ऑफ पब्लिक रिलेशंस—"The deliberate and planned effort to establish and maintain mutual understanding between an organisation and its public"

"जनसंपर्क जनता और संगठन के बीच सोच-समझकर योजनाबद्ध तरीके से किया जाने वाला कोशिश है, जिसमें निरंतरता होनी जरूरी है।"

एडवर्ड एल. बौज (अमेरिका में जनसंपर्क का जनक कहा जाता है।)—"जनसंपर्क मूख्य रूप से व्यक्ति, समुदाय और समाज में परस्पर एकीकरण है। प्रतिस्पर्धापूर्ण जीवन-प्रणाली में अपना अस्तित्व बनाए रखने के लिए हमें एक दूसरे की भावनाओं को समझने और आदर देने की जरूरत है। जनसंपर्क व्यक्ति और समाज में समायोजन करने और जनभवनाओं को मुखरित करने का एक प्रमुख साधन है।

बर्टबोलो—"Public relation is the comscious attempt to create a forowrablesales climate for a company and its products by communicating the company's message in the right way, at right time to the righ audiences, without using advertising."

वैव-स्टर्स—"किसी व्यक्ति अथवा संस्थान का दूसरे व्यक्तियों विशेष जनता या समुदाय से व्याख्यात्मक सामग्री-प्रदान कर गहरा संबंध स्थापित करना, पड़ोसी

की भाँति विचारों का आदान-प्रदान करना तथा जनता की प्रतिक्रियाओं का अवलोकन करना ही जनसंपर्क है।

''जनसंपर्क एक चेतन प्रयत्न है, जिसके द्वारा संस्था तथा उसके उत्पादन की सूचना बिना विज्ञापन के भी समय पर समुचित विधि से उचित श्रोताओं तक पहुँचाई जाती है।''

इस तरह निष्कर्ष रूप में यह कहा जा सकता है कि ''यह द्विपक्षीय प्रक्रिया है। पहले प्रचार चाहने वाला पक्ष अपने प्रचार के विषय के गुण-दोषों पर अच्छी प्रकार विचार करके जनता सम्मुख अपना संदेश अथवा प्रचार-प्रक्रिया में संशोधन या परिमार्जन कर प्रचार के भिन्न-भिन्न साधन चुनकर दुबारा जनता से संपर्क करता है।''

जनसंपर्क में संचारमाध्यमों का प्रयोग जनता एवं उसके संबंधित विभिन्न क्षेत्रों के मध्य संपर्क साधने हेतु की जाती है। दूरदर्शन, चलचित्र, टेपरिकार्डर रेडियो, भाषण, वीडियो, वार्ता इत्यादि माध्यमों से जनसंपर्क कायम किया जाता है प्रचार यानी प्रोपगैंडा भी इसका एक सशक्त माध्यम है।

इस प्रकार संक्षेप में जनसंपर्क को इस तरह समझा जा सकता है—

1. इससे दूरदराज़ के लोगों के मध्य संबंध स्थापित होता है।
2. व्यक्तिगत हितों के साथ सार्वजनिक हितों की रक्षा करता है।
3. जनसंपर्क से व्यक्ति एवं संस्था का भविष्य निर्धारित होता है।
4. जनसंपर्क से समाज में सूचनाओं का त्वरित एवं सहज प्रवाह होता है।
5. सांस्थानिक स्वरों पर जनसंपर्क की महत्व साबित होती है।

उपयोगिता

जनसंपर्क की आवश्यकता प्रायः निम्नलिखित क्षेत्रों में होती है—

1. शिक्षा स्वास्थ्य एवं अन्य मूलभूत जरूरतों एवं अधिकारों के प्रति जनता को जागरुक बनाने हेतु।
2. लोकतंत्र में जनता का अधिक-से-अधिक समर्थन प्राप्त करने की प्रबल इच्छा तथा लगातार परिवर्तन से गुज़र रहे सामाजिक स्थितियों के मध्य जनता से निरंतर संवाद की स्थिति बनाए रखने के कारण।
3. औद्योगिक प्रतियोगिता के बीच टिके रहने तथा उत्पादन क्षमता बढ़ाने के लिए मालिक एवं कर्मचारियों के बीच संवादहीनता को दूर करने हेतु।

4. औद्योगिक प्रतिस्पर्धा के मध्य उपभोक्ताओं को अपने उत्पाद के पक्ष में लाने के लिए जनसंपर्क की आवश्यकता होती है।
5. सामाजिक, आर्थिक एवं राजनैतिक-परिवर्तन की पूर्ण जानकारी जनता तक सदैव पहुंचाने तथा जानने की जिज्ञासा को पूर्ण करने के लिए।
6. जनसंचार माध्यमों, परिवहन प्रबंध जैसी सरकारी एवं निजी सेवाओं में निरंतरता एवं तारतम्यता स्थापित करने के लिए।

प्रमुख नियम

जनसंपर्क का आधारक्षेत्र जनता है। जनता की समाजिक एवं आर्थिक आवश्यकताओं को समझने के साथ-साथ उसे इन सबके प्रति जागरूक बनाना भी जनसंपर्क का मुख्य उद्देश्य है। यह समाज की नीतियों के निर्माण एवं पुन निर्माण की वह प्रक्रिया है जिसमें व्यक्ति एवं संस्था दोनों के हित सुरक्षित रहें।

इस तरह इसके लिए आवश्यक है कि जनसंपर्क हेतु कुछ प्रमुख मूलभूत तत्वों को समझा जाए—

1. **प्रबंधन संबंधी सिद्धांत**—जनसंपर्क का एक पक्ष सांस्थानिक हितों को सामाजिक और व्यावसायिक हितों से जोड़ना है। जनसंपर्क सही में एक प्रबंधन संबंधी सामाजिक दर्शन है। जनता से संस्थान के आपसी संबंधों को व्याख्यियित कर उन्हें निश्चित करना जनसंपर्क का ही कार्य है क्योंकि संस्थान का भविष्य जनता की स्वाभाविक और अस्वाभाविक प्रतिक्रियाओं से ही निर्धारित होता है। जनसामान्य की रुचियों, उनकी पंसद तथा उनकी जरूरतों को जानने-समझने के लिए संस्थान अपनी कतिपय नीतियों को तय करते हैं। ये नीतियाँ जनता की सहमति, रुचि-अरुचि एवं विश्वास के साथ-साथ चलती हैं। आवश्यकता पड़ने पर नीतियों में जरूरी बदलाव भी किया जाता है।
2. **द्विपक्षीय संचरण का सिद्धांत**—यह जनसंपर्क का आधारभूत सिद्धांत है जिसमें परस्परता एवं संबंधों का सटीक वर्णन प्रस्तुत किया गया है। इस सिद्धांत के अनुरूप—
   (i) जनता एवं संस्थान के बीच संबंधों एवं प्रभावों की समीक्षा एवं उनमें आ रहे सूक्ष्म अंतरों को व्याख्यामित करते चलना।
   (ii) जनता की अभिरुचियों और सहमति-असहमति का अध्ययन किया जाता है।

(iii) प्रबंधन संस्थान द्वारा नीति-निर्धारण किया जाता है।
(iv) जनता पर नीतियों प्रभावों की समीक्षा करना तथा आवश्यकता के अनुसार उसमें परिवर्तन करते जाना।

जिसे निम्नलिखित तरीकों से समझा जा सकता है—

(i) जनता की रुचि, मांग, आवश्यकता एवं उसकी स्थिति के अनुसार नीतियों को तय करना।
(ii) जनता के मध्य नीतियों के प्रभावी होने की समीक्षा तथा उनकी प्रतिक्रियाओं का अध्ययन।
(iii) जनता की सहमति, असहमति के आधार पर संस्थान में नीतियों का जरूरत अनुसार बदलाव करना यहाँ से पूरी प्रक्रिया दोबारा स्थितियों को छूती हुई आगे बढ़ती है।
(iv) जनता की रुचि, मांग, आवश्यकता एवं उसकी स्थिति का अध्ययन।

3. **स्थायी नीतियों का सिद्धांत**—प्रबंधकों को यह निश्चित करना चाहिए कि ऐसी स्थायी एवं अपरिवर्तनकारी नीतियों का निर्माण हो जिससें जनता की अभिरुचियों एवं उनके विश्वास को कायम रखा जा सके। उसकी प्रामाणिकता जीवन की जरूरतों एवं ज्ञानों से निश्चित किया जाना चाहिए।

4. **नीति-निर्धारण का सिद्धांत**—वास्तव में नीतियों का निर्धारण जनसंपर्क हेतु प्राथमिक आधार है। जनता से संस्थान के संबंधों की समीक्षा एवं उनके प्रमुख तत्वों को रेखांकित करना नितांत आवश्यक है। जनता की सामाजिक, आर्थिक, सांस्कृतिक परिस्थितियों का अध्ययन नीति-निर्धारण में काफी अधिक मददगार हो सकते हैं। नीतियों को भली-भांति लागू करने में आने वाली व्यावहारिक कठिनाइयों का अध्ययन करना भी नितांत आवश्यक है जिससे नीति को सही तरीके से नियोजित किया जा सके।

इस तरह हम कह सकते हैं जनसंपर्क का उद्देश्य संस्थान एवं जनसामान्य के मध्य आपसी तालमेल पैदा करना है। उस तालमेल को निरंतर बनाए रखने के लिए संस्थान द्वारा प्रभावी कदम उठाए जाते हैं। जनसंपर्क के पद्धति माध्यमों के प्रतिभाकर्षण उसके द्वारा नियोजित नीतियों पर ही टिका होता है। जनता, संस्थान एवं जनसंपर्क माध्यमों के मध्य पारस्परिक सद्भाव बनाए रखना भी नितांत जरूरी

है। संपर्क स्थापना ही जनसंपर्क का प्रमुख उद्देश्य है। यह संपर्क कितना व्यावहारिक एवं कितना प्रभावशाली है इसका निर्धारित जनसंपर्क से जाना जा सकता है।

जनमत निर्माण पद्धति

जनता के विचार लोकतंत्र के लिए बहुत अधिक महत्वपूर्ण होते है। लोकतंत्र के बारे में कहा भी जाता है—'जनता से जनता को तथा जनता के लिए' यानी जनता का फैसला लोकतंत्र के आधार होते हैं। 'मत' यानी वोट जनता की सबसे बड़ी ताकत होता है जिससे जनता द्वारा एक निर्धारित समय हेतु प्रतिनिधि सरकार चुनी जाती है। विश्व के ज्यादातर देश इस लोकतांत्रिक पद्धति को स्वीकार करते हैं। सरकार चुनने का यह अधिकार जाति, लिंग, धर्म जैसे भेदभावों से ऊपर सभी को एकरूप से प्राप्त है।

जनमत का अभिप्राय क्या है? इस पर कई विद्वानों ने विचार किया है।

लार्ड ब्राइस—"लंबे समय के बाद निरंतर परिवर्तनीय किन्तु स्पष्ट विचार जब स्थायी एवं निश्चित विचार में परिवर्तित होकर सभी वर्गों, जातियों, धर्मों द्वारा स्वीकार कर लिया जाता है, जनमत कहलाता है।"

विलियम एलाविक—व्यक्तियों के समूह द्वारा किसी एक विषय पर एकमत विचाराभिव्यक्ति जनमत हैं।

जिंसबर्ग—समाज में प्रचलित वह विचार अथवा फैसला जो लगभग निश्चित स्थिर स्रोत हैं और जो समाज के एक बड़े वर्ग के लोगों में अनुरूप से विद्यमान है जनमत कहलाते हैं।

कार्डिनेन कोनीज (जर्मनी के प्रसिद्ध दार्शनिक)—जनमत अलग-अलग वर्गों की भावनाओं की एकीकृत सहमति है जो व्यक्ति समूह तथा विशेष तथा विशेष समूह द्वारा स्वीकृत अथवा अस्वीकृत की जाती है।"

सही में जनमत का निर्माण दोनों में जनता का मत संवैधानिक एवं नैतिक अधिकार रूप में आता है, जबकि जनमत का निर्माण सायास के साथ-साथ अनायास होता है। सही में जनसंचार माध्यम जनमत को बताता ही नहीं अपितु उसे बनाती भी है। यही जनमत के निर्माण की प्रक्रिया है जो सच्चाई में अत्यधिक जटिल है। राजसत्ता, प्रबुद्धवर्ग, बौद्धिक वर्ग तथा अपने मत को प्रस्तुत करने में सक्षम वर्ग की इस प्रकार के जनमत के निर्माण में

अहम भूमिका होती है। इसके अतिरिक्त अन्य कई स्थितियाँ हैं जिन कारणों से जनमत का निर्माण होता है।

जनमत निर्माण में दो प्रकार के लोगों का योगदान होता है। पहला उनसे जिनके द्वारा जनमत निर्माण की प्रणाली पूरी होती है दूसरा जो जनमत के निर्माण की प्रक्रिया में सहायक होते हैं।

पहले तरह के जनमत निर्माण में तीन प्रकार के लोग शामिल हैं।

1. **देश के प्रबुद्ध नागरिक**—ये विशिष्ट कार्यकर्त्ता के विचारों को अपने अधिकारों के द्वारा सदैव परिष्कृत करते रहते हैं यह उनके कामों के आधार पर उनका चयन करते हैं।
2. **आम नागरिक**—इनसे मत का निर्माण नहीं होता बल्कि ये जनमत का निर्माण करते हैं।
3. **विशिष्ट कार्यकर्त्ता**—जैसे—नेता, पत्रकार, विधान सभा, संसद, परिषद के सदस्य।

दूसरे प्रकार के लोग जो जनमत का निर्माण करते हैं वे निम्न हैं—

1. समाज का सुशिक्षित, रोजगार प्राप्त लोग तथा सामाजिक कार्यकर्ताओं का एक-समूह जो सामाजिक आर्थिक तथा राजनैतिक दृष्टि से समाज के विकास में सहायक होते हैं। इनसे अच्छे तथा सार्थक जनमत का निर्माण होता है।

2. जनमत निर्माण में जनसंचार माध्यमों की भूमिका प्रधान होती है। प्रिंट एवं इलेक्ट्रॉनिक दोनों ही माध्यमों द्वारा जनमत को काफी सहजता एवं व्यापक रूप में निर्मित किया जाता है। लोगों से ज्यादा-से-ज्यादा संपर्क स्थापित कर उन्हें संपूर्ण विश्व के साथ जोड़ना जनसंचार द्वारा जनमत निर्माण की प्रक्रिया ही है। प्रख्यात विद्वान मैक्लूहान ने लिखा है—"संचार माध्यमों ने संपूर्ण विश्व को भूमंडलीकरण की प्रक्रिया के अन्तर्गत ग्लोबल विलेज में बदलाव कर दिया है। अब गाँव, शहर, राष्ट्र एवं विश्व एक संपर्क सूत्र में बंध चुके हैं। भिन्न-भिन्न वर्गों के व्यक्ति देश-विदेश की सामाजिक आर्थिक, राजनीतिक समस्याओं से सीधे संबंधित हो जाते हैं।"

राष्ट्रीय स्तर पर चल रही योजनाओं एवं कार्यों का जनसंचार माध्यमों द्वारा प्रचार करने तथा जन अधिकारों का समय-समय पर प्रसारण भी 'जनमत' के निर्माण में सहायक होते हैं।

3. जनमत के निर्माण में धर्मिक एवं सांस्कृतिक संगठनों की भूमिका प्रमुख होती है। यद्यपि इस प्रकार के प्रयत्न जनता को यदा-कदा एक खास तरह की अति की ओर ले जाती है। किन्तु उसका नैतिक पक्ष समाज के प्रति दायित्वों को निभाने तथा जनमत को एक विशेष विचार की तरफ आकर्षित करता है। कुछ राजनीतिक दल भी धर्मिक एवं सांस्कृतिक संस्थानों के द्वारा जनमत को अपने पक्ष में लाने का कोशिश करते हैं।

4. क्षेत्रीय एवं राष्ट्रीय स्तर के राजनीतिक दल अपने मतों अपनी योजनाओं को जनता तक पहुँचाने का प्रयास करते हैं। अलग-अलग राजनीतिक सम्मेलनों एवं सभाओं का आयोजन कर जनता के मध्य स्वयं को स्थापित करने का प्रयत्न भी किया जाता है। अपने राजनीतिक विचारों को जनता तक पहुंचाने हेतु विज्ञापनों, पत्र-पत्रिकाओं, समाचार-पत्रों एवं विभिन्न स्थानों पर लेख भी लिखी जाती है।

6. जनमत निर्माण में शिक्षण संस्थाओं का योगदान निर्विवाद है। स्कूल महाविद्यालयों, विश्वविद्यालयों में कई भाषण, वैचारिक गोष्ठियों, सेमिनार भिन्न-भिन्न प्रतियोगिताएं आयोजित कर शिक्षार्थियों के द्वारा जनता के मत को अपने अनुसार बनाते हैं।

6. जनमत निर्माण में जनता के साथ 'आमने-सामने' के संप्रेषण जैसे सार्वजनिक सभाओं, जुलूस भाषण इत्यादि के द्वारा नगरों, कस्बों, गाँवों में जाकर जनता को अपने राजनीतिक व धर्मिक विचारों से प्रभावित कर तथा विरोधी दलों की कमियों को उजागर कर जनता को प्रभावित करने की प्रयास करते हैं। जनमत निर्माण की यह प्रक्रिया भारत में सबसे ज्यादा कारगर है। इससे कभी-कभार देश का राजनीतिक परिदृश्य ही बदल जाता है।

7. कभी-कभार सूचनाओं की अफवाहें भी जनमत निर्माण में मददगार होते हैं। राजनीतिक दल अपने पक्ष में जनमत को प्रभावित करने हेतु कई तरह की अफवाहों का मदद लेते हैं। जनसंचार माध्यमों के गलत इस्तेमाल से भी इस तरह की अफवाहों को गर्माया जाता है। अशिक्षित एवं सीधी-साधी जनता को गुमराह करने में इस तरह की अफवाहें बहुत कारगर साबित होती हैं। सूचनाओं का अपने पक्ष में निर्माण कर जनमत को विरोधियों के विरोध में खड़ा कर दिया जाता है। अफवाहों से राजनीतिक चेतना का प्रवाह क्षीण हो जाता हैं तथा 'माइंड ब्लॉकेज' की अवस्था में जनमत अफवाह फैलाने वाले पक्ष में खड़ा नज़र आता है। लोकतंत्र

हेतु यह अत्यंत घातक साबित हो सकता है। अफवाहों से कैसे बचा जा सकता है, इसके उपाय निम्नांकित है–

(क) नागरिकों को शिक्षित किया जाए जिससे उनमें निर्णय करने की क्षमता उत्पन्न हो सकती है।

(ख) नागरिकों को अपने सामाजिक-आर्थिक और राजनीतिक अधिकारों के प्रति जागरुक किया जाए।

(ग) राष्ट्रीय विकास और अपने कर्तव्यों की पूरी जानकारी जनता को होनी चाहिए।

(घ) सरकारी नीतियों एवं कार्यक्रमों की जानकारी जनता को समय-समय पर दिया जाए।

(ङ) राजनीतिक दलों हेतु प्रचार की एक सीमा निर्धारित की जानी चाहिए।

(च) सूचनाओं की एक आचार-संहिता का निर्माण किया जाना चाहिए। जनसंचार माध्यमों पर नियंत्रण कायम होना चाहिए।

8. सूचना का संचार एवं संप्रेषण जनमत/निर्माण का सबसे त्वरित माध्यम होता है। इनका असर अत्यंत प्रभावशाली होता है। संप्रेषण के महत्व पर मैकनैली का मानना है' संप्रेषण की विश्वसनीयता जनसंचार की जटिल, बहुसोपानी एवं कई पहलुओं की प्रक्रिया का ही हिस्सा है जो सही में बहुत महत्वपूर्ण योग्यता है।'' डेविसन के कथनानुसार'' सूचना संप्रेषण व्यवहार से उसके व्यवहार एवं कार्य में अंतर आ जाता है।'' जनमत निर्माण में संप्रेषण की भूमिका को स्पष्ट करते हुए कतलिप और केंतिरी ने लिखा है-''संप्रेषण प्रभावशाली तभी होता है जब सूचना में छिपे आशय को सुनने वाला भलीभाँति स्वीकार कर ले।'' यानी संप्रेषण या संचार तीन तत्वों के परस्पर तालमेल से ही संभव होता है–

1. संदेश यानी भेजी गयी सूचना
2. प्रेषक यानी भेजने वाला
3. सुनने वाला यानी ग्राहक!

जनमत निर्माण में शासक वर्ग की भूमिका सबसे ज्यादा होती है। जिसकी मदद मीडिया ही नहीं अपितु शिक्षा-क्षेत्र से जुड़े कई संस्थान भी करते हैं।

9. न्यायिक संस्थानों के फैसला भी कभी-कभार जनमत के निर्माण में सहायक होते हैं। राजनीतिक दल इन निर्णयों को अपने पक्ष में लाने का प्रयास करते हैं।

विभिन्न माध्यम

जनसंपर्क के प्रसार-प्रचार में माध्यमों की भूमिका पर बातें करते हुए छाटवाला ने लिखा है—"समाज ऐसे जैविक संबंधों का तंत्र है जिसमें मानव जनसंपर्क के विभिन्न प्रकार के माध्यमों से एक दूसरे से संबंधित होकर अपना विकास करता चलता है।" मानव जीवन में सामूहिक भावना का विकास जनसंपर्क तथा उनके माध्यमों के नियमित उपयोग से हो सकता है। जनसंपर्क माध्यम दो तरह के होते हैं—

1. वर्त्तमान जनसंपर्क माध्यम
2. परंपरागत जनसंपर्क-माध्यम

1. **आधुनिक जनसंपर्क माध्यम**—जनसंपर्क के वर्त्तमान माध्यमों ने सूचना के क्षेत्र में क्रांति ला दी है। जबरीमल पारख ने लिखा है—सही में संचार की प्रक्रिया सबसे पूर्व हमारे मस्तिष्क से शुरू होती है। हमारे मस्तिष्क की सक्रिय हिस्सेदारी के बिना संचार की प्रक्रिया असंभव है। जब हमें किसी तक कोई संदेश पहुंचाना होता है तब उसका प्रथम स्वरूप हमारे मानस में ही बनता है। लेकिन यह मानसिक प्रक्रिया कुछ बाह्य ढांचों में ही संभव होता है। जिन्हें हम भिन्न-भिन्न संचार मॉडल कह सकते हैं। संचार के साधनों में बदलाव के साथ ये मॉडल भी बदलते रहते हैं। संचार माध्यमों के इन परिवर्तनों ने ही व्यक्ति को वर्त्तमान जनसंपर्क माध्यमों से जोड़ा। जनसंपर्क के आधुनिक माध्यमों में निम्नलिखित माध्यम सम्मिलित हैं—

(क) प्रोपगंडा—जिसके बारे में गोबल्ज ने लिखा है—"प्रोपगंडा राजनीति शास्त्र का वह शस्त्र है जिससे समाज को नियंत्रित करने की ताकत प्राप्त होती है।" झूठा प्रचार एवं लाभ प्राप्ति के उद्देश्य से यह सीधी-सादी जनता को भ्रमित करके तथा जनमत को अपने पक्ष में लाने का प्रयास करता है। यह 'प्रोपेगेटर्स' शब्द से बना है जिसका आशय होता है—जारी रखना। यह सत्ता को अपने पक्ष में तथा विरोधियों की नीतियों को गलत तरीके से प्रचारित करने का माध्यम है। राजनीतिक पार्टियां वोट की राजनीति के तहत इसका प्रयोग करती हैं।

(क) समाचार पत्र माध्यम

(ख) विज्ञापन माध्यम

(ग) सूचना माध्यम

(घ) प्रकाशन गृह माध्यम

(ङ) रेडियो, दूरदर्शन माध्यम

(च) प्रचार माध्यम

सामान्यतौर पर समाचार पत्रों हेतु 'प्रेस' शब्द का उपयोग होता है। भारत में हज़ारों संख्या में प्रकाशित हो रहे समाचार पत्रों द्वारा जनमत निर्माण की प्रणाली तेज होती है। कटलिप—एवं जैनटर ने लिखा,'' वर्त्तमान युग में सबसे बड़ी एवं प्रभावशाली शक्ति समाचार पत्र हैं। यूनेस्को रिपोर्ट ऑन कम्यूनिकेशंस ने समाचार पत्रों की महत्ता पर प्रकाश डालते हुए लिखा''

What people read makes a more lasting impression on them..... they still rely on newspaprs and periodicaler to confirm news and to present views.

प्रकाशन सुशिक्षित लोगों के मध्य अपने विचारों तथा प्रभावों को रखने का काफी प्रभावशाली माध्यम है। शोधें, लेखों एवं संपादकीय के द्वारा संस्थानों की नीतियों एवं नियमों तथा जनता की कठिनाइयों को जनमत निर्माण के लिए उपयोग किया जाता था। सूचनाओं को पक्ष-विपक्ष में लाने का काम भी प्रकाशन से संभव होता है।

सूचना और समाज का परस्पर संबंध निर्विवाद है। औद्योगिक समाज में सूचना की भूमिका को नकारा नहीं जा सकता है। विकास से साथ-साथ सूचना का महत्व भी उसी अनुपात में बढ़ता गया है। सूचना किसी भी समाज की समस्याओं घटनाओं से संबंधित होती है। सूचना का सच जनता तक पहुंचना लोकतंत्र हेतु काफी आवश्यक होता है। परंतु सूचनाओं जनमत के लिए पक्ष और विपक्ष में अपने तरीके से प्रयोग किया जाता है।

प्रचार जनसंपर्क की एक पक्षीय प्रक्रिया है। प्रचार मात्र 'क्यों' को ही व्याख्यायित करता है। प्रचार का उद्देश्य जनता के मध्य बहुत ज्यादा दबावों के साथ अपने विचारों एवं सिद्धांतों को रखना।

यह जनसंपर्क के प्रति जिम्मेदार नहीं होती है। इसका उद्देश्य अपनी बात कहना है उसका जवाब ढूंढना नहीं। इसमें अफवाहों का भी मदद लिया जाता है। सूचना की वास्तविकता के प्रति शंका होती है। फिर भी यह कभी-कभार राजनीतिक दलों हेतु कारगर हथियार साबित होते हैं।

इलेक्ट्रॉनिक माध्यम यथा—रेडियो, दूरदर्शन आदि आधुनिक संचार-क्रांति का नतीजा है। यह जनता को जानकारी मुहैया करने, उन्हें शिक्षित करने तथा

उनका मनोरंजन कर जनमत को प्रभावित करने का सशक्त माध्यम है। जनमत निर्माण में रेडियो, इंटरनेट, दूरदर्शन, ईमेल, उपग्रह संचार आदि का इस्तेमाल सामान्यतौर पर यूरोपीय एवं अमेरिकी चुनावी प्रक्रिया में होता है। भारत में चुनावी प्रक्रिया प्रचार द्वारा चलता रहा है। यह प्रक्रिया जनता से आमने-सामने के संचार एवं संप्रेषण का तरीका है। पिछले लोकसभा चुनाव में चुनावी प्रचार के अमेरिकी शैली का प्रयोग किया गया। यद्यपि यह तरीका वहीं कारगर हो सकता है जहाँ संचार माध्यमों की पहुँच घर-घर, गाँव-गाँव तक हो। इस तरह जनमत निर्माण में जितनी अहम भूमिका रेडियो और दूरदर्शन निभा सकते हैं उतना अत्याधुनिक संचार माध्यम नहीं है। भारत में आज भी सभाओं और सेमिनारों के द्वारा अपनी विचारधारा का प्रचार किया जाता है।

विज्ञापन जनसंपर्क का सबसे ज्यादा सशक्त माध्यम है। विज्ञापन और जनसंपर्क का संबंध विशिष्ट होता है। विज्ञापन हेतु 'एडवरटाइजिंग' शब्द का उपयोग होता है। विज्ञापन का प्रयोग अक्सर अपना उत्पाद या अपने विचारों को जनता तक पहुंचाने का कार्य करता है। यह तरीका सबसे ज्यादा सार्थक एवं प्रभावशाली होता है। इसमें समय के साथ-साथ पर्याप्त धन की भी आवश्यकता होती है। किसी संस्था या व्यक्ति विशेष की छवि निर्माण में भी यह सहायक होता है। वस्तु की विशेषता को अंतिरंजना के साथ प्रस्तुत किया जाता है। व्यक्ति की भय, असुरक्षा, प्रेम तथा रिश्तों को निभाने के भावों को विज्ञापन अक्सर प्रयोग कर व्यक्ति को उत्पाद में ही अपनी सुरक्षा ढूंढ़ने के प्रति खींचता है। विज्ञापन का अपना व्यावसायिक पहलू होता है। जिसकी दरें समय और स्थान के आधार पर निश्चित होती है। विज्ञापन के मुख्य तत्व निम्नलिखित हैं—

(क) शिक्षा के प्रचार हेतु विज्ञापन

(ख) राजनीति संबंधी विज्ञापन

(ग) व्यावसायिक विज्ञापन

(घ) प्रचार एवं विचार प्रधान विज्ञापन

(ङ) समाज प्रेरक विज्ञापन

उपभोक्ता निर्माण पर विज्ञापन निर्भर होता है। विज्ञापन का आधार उपभोक्ता की 'चाहत' जिसे 'आवश्यकता बना दिया जाता है पर ही अपना प्रभाव स्थापित कर सकता है। विज्ञापन उपभोक्ता की 'आवश्यकता' को अपने हितों में प्रयोग कर अपना राजनीतिक, व्यावसायिक लाभ साधता है। जिससे

जनमत का निर्धारण स्वमेव हो जाता है। जनसंपर्क का यह सबसे ज्यादा प्रभावशाली माध्यम है।

2. **परंपरागत जनसंपर्क माध्यम**—मानव के विकास की कहानी जनसंपर्क माध्यमों के निरन्तर विकसित होते रहने की कहानी है। भाषा एवं लिपि के उपयोग ने जनसंपर्क को अधिक-से-अधिक बढ़ा दिया। इतिहास में जनसंपर्क के परंपरागत माध्यमों का वर्णन मिलता है। जो निम्नवत् हैं—

(क) रास, नौटंकी, यात्रा, भवई, तमाशा, अंकिया इत्यादि लोकनाट्य हैं जिससे जनता में 'आमने-सामने' का संचार होता है।

(ख) हस्तकला, चित्रकला, मूर्तिकला, वास्तुकला, भाडूकला, इत्यादि से भी संचार एवं संप्रेषण के तरीके खोजे गए।

(ग) लोक-समाज में प्रचलित लोकनृत्य यथा—कठपुतली, डांडिया, काल बेलिया, रासलीला आदि विविध लोकतत्व जनसंपर्क के सर्वाधिक प्रभावशाली माध्यम थे।

(घ) कस्बाई एवं कबीलाई क्षेत्रों में गाए जाने वाले कबीलाई, क्षेत्रीय, गीत जिन्हें अक्सर 'लोकगीत' भी गाया जाता है। पारिवारिक एवं सामुदायिक उत्सवों यथा—जन्म, मुंडन, विवाह के गीत, त्योहारों आदि में गाए जाने वाले गीत। जीवन के प्रत्येक क्षेत्र से संबंधित ये लोकगीत भिन्न-भिन्न समाजों के मध्य जनसंपर्क का माध्यम बनकर उभरे।

(ङ) पत्र-लेखन, मुनादी करना, भाषणों, सभाओं, सेमिनारों इत्यादि माध्यमों द्वारा भी अपने विचारों एवं तरीकों को व्यक्तियों तक पहुंचाया जा सकता है।

(च) सामाजिक एवं धार्मिक आयोजनों एवं समारोहों से भी जनसंपर्क की संभावनाए बढ़ती हैं। सामूहिक भोजन, सामूहिक शिकार, सामूहिक नृत्य, सामूहिक खेल आदि से लोगों के मध्य संपर्क सूत्र प्रगाढ़ होते हैं।

(छ) शिलालेखों, ताम्रपत्रों, प्रशस्तिपत्र, कला-पत्रकों, शौर्यपरक काव्यों के द्वारा से जनसंपर्क सूत्रों को खोजा जाता था।

इन परंपरागत जनसंपर्क माध्यमों का महत्व संचार-क्रांति के वर्त्तमान युग में भी कम नहीं हुआ है लेखन एवं वाचन की प्रक्रिया आज भी इलेक्ट्रॉनिक मीडिया के आधार बने हुए हैं। लोकगीतों के द्वारा आज भी दूर-दराज इलाकों में जहाँ इलेक्ट्रॉनिक माध्यम अभी तक नहीं पहुँच सके हैं वहाँ परंपरागत जनसंपर्क द्वारा

सामाजिक कुरीतियों एवं छद्म राजनीतिक माहौल को उभारने में सहायता मिली है। आज कुछ जागरूक लोगों ने सूचना के इन परंपरागत माध्यमों का उपयोग समाज में नई जागृति लाने का प्रयास करते हैं। उन्हें पता है कि इलेक्ट्रोनिक मीडिया पर शासक वर्ग का प्रभुत्व होने से सूचना की वास्तविकता को तोड़-मरोड़ कर प्रस्तुत करना उनका चरित्र बनता जा रहा है।

लोक-कथाएँ साधारण जनता से जुड़ी उनकी स्वाभाविक अभिव्यक्तियाँ हैं जिन पर किसी का नियंत्रण नहीं होता है।

15

विज्ञापन

आज के युग को अगर विज्ञापन का युग कहा जाए तो कोई अतिश्योक्ति न होगी। ऐसा लगता है विज्ञापन जीवन मे सर्वव्यापी अवधारणा के तौर पर स्वीकार किया जाने लगा है। व्यक्ति का जन्म से लेकर मृत्यु तक विज्ञापन से लगातार सरोकार रहता है। ओढ़ने-पहनने, खाने-पीने, रहन-सहन, घर-द्वार, से लेकर धर्म, राजनीति आदि समाज के हर क्षेत्र में विज्ञापन ने अपना स्थान बना लिया है। शिक्षा के प्रचार और औद्योगीकरण के प्रभाव के परिणामस्वरूप व्यक्ति उपभोक्ता बन कर रहा गया है और उपभोक्ता की हर गतिविधि का निर्णय विज्ञापन करेगा उदाहरणार्थ आप क्या खाएँगे, क्या पहनेंगे, कैसे घर में रहेंगे, कहाँ पढ़ेंगे, कहाँ प्रशिक्षण लेंगे, कहाँ नौकरी करेंगे, कहाँ अपना व्यवसाय करेंगे, कहाँ विवाह करेंगे, आर्थिक स्रोत कहाँ से सुलभ होंगे, इन सबका निर्णय करने में विज्ञापन की अहम भूमिका है।

विज्ञापन साधारणतः किसी वस्तु, विधा या सेवा से उपभोक्ताओं की जानकारी करवाता है, उनमे खरीदने की इच्छा जाग्रत करता है या कई उपलब्ध वस्तुओं में से एक का चयन करने में मदद करता है और किसी वस्तु के ब्रांड विशेष के प्रति उनकी प्रतिबद्धता बढ़ाता है। यदा-कदा ऐसा लगता है

कि विज्ञापन हमारे जीवन में सहायक की भूमिका तो निभा ही रहा है किन्तु कुछ मामलों में वह ग्राहकों या उपभोक्ताओं को आदेश देने लगता है। यानी मस्तिष्क पर इतना गहरा प्रभाव पड़ता है कि किसी ब्रांड की उपभोक्ता को लत पड़ जाती है।

विज्ञापन आज के आर्थिक स्पर्धापूर्ण युग में एक साधन ही नहीं जो उपभोक्ताओं अथवा उत्पादकों की सेवा करता है अपितु अच्छे व्यवसाय के रूप मे विज्ञापन विकसित हो गया है। क्योंकि बड़ी-बड़ी कम्पनियाँ अपने उत्पाद को ज्यादा से ज्यादा उपभोक्ताओं तक पहुँचाने हेतु नियमित रूप से विज्ञापनों पर धन व्यय करती हैं, अतः अब भारत में भी अनेक विज्ञापन एजेंसियाँ इसे व्यवसाय के रूप मे विकसित करके अच्छा खासा धन कमा रही है। और उन्होंने कई व्यक्तियों को रोजगार उपलब्ध कराने की क्षमता भी उत्पन्न कर ली है। यह एक अनिवार्य सामाजिक संस्था के रूप में उभर कर आया है जो सूचना, सेवा, मार्गनिर्देशन के अलावा गतिशीलता का संचार करके जीवन को जीवन्त बना सकता है और दूसरी तरफ उत्पादों के क्रय-विक्रय के चक्र को निरन्तर बनाए रखकर आर्थिक विकास का आवश्यक अंग बन गया है।

विज्ञापन घर में-रेडियो, दूरदर्शन, समाचार-पत्र -पत्रिका के द्वारा घर के बाहर-पोस्टर, दीवार पर लिखाई, बस में, रेल में, सड़क पर बड़े-बड़े आकार के होर्डिग, खेल के मैदान में, सिनेमा घर में, रेस्तरां में और जहाँ भी आप जाइए विज्ञापन आपकी दृष्टि के सामने हैं, आपके दिलो-दिमाग में हर वक्त छाए रहते हैं।

विज्ञापना का अभिप्राय और परिभाषाएं

व्यापारिक विकास और प्रचार प्रसार विद्यालय का ऐतिहासिक संबंध रहा है। इसकी मदद उत्पाद की गुणवता एवं उसकी क्रय क्षमता में बढ़ोतरी के उद्देश्य से ली जाती है। प्रचार एवं जनसंपर्क दोनों में ही इसकी अहम भूमिका होती है। विज्ञापन सच्चाई में जनमत को अपने पक्ष में करने का सशक्त माध्यम है।

विज्ञापन को अगर हम विभाजित करें तो यह दो वर्डस 'वि' और 'ज्ञापन' से मिलकर बनता है। ज्ञापन का आशय है 'जानकारी देना' और 'वि' का उपसर्ग के रूप में प्रयुक्त होता है।

एडवरटाइजिंग(Advertising) विज्ञापन हेतु अंग्रेजी में सर्वाधिक उपरोक्त शब्द है। इसकी उत्पत्ति लैटिन शब्द 'Advertor' से मानी जाती है जिसका

अभिप्राय है किसी ओर मुड़ना या परिवर्त्तन। स्पष्ट शब्दों में कहें तो लोगों को अपनी ओर आकर्षित करना विज्ञापन कहलाता है।

विज्ञापन क्या है? इसपर अनेक विद्वानों की पृथक-पृथक राय है।

नाइस्ट्रोम—"An Advertising media is a vehicle, carier or means through which an advetisement or advertising message is conveyed to the individuals or groups which he hoped to influence."

कुछ विद्वान ऐसे भी हैं जिनका कहना है कि विज्ञापन एक तरह से जनहित (लोक) सेवा है चूँकि वह लोकहित को प्रोत्साहन देती है। एक सलीके से देखा जाए तो विज्ञापन विचार की प्रस्तुती है। विज्ञापनों को प्रदर्शित करने के अलग-अलग माध्यम हैं, मुद्रित रूप में (पत्रिकाओं के माध्यम से, समाचार-पत्र), टेलीविजन के माध्यम से, रेडियो एक अन्य माध्यम है। इसके अतिरिक्त होर्डिंग्स, बैनर्स इत्यादि भी विज्ञापन देने के अलग-अलग माध्यम हैं।

कुछ पाश्चात्य विद्वानों ने भी विज्ञापन की निम्नांकित परिभाषाएँ दी हैं।

गार्डनर-''विज्ञापन बहुमात्र उत्पाद के विपणन तथा उत्पाद की गति बनाए रखने का माध्यम है।''

ब्लम-''समस्त विज्ञापन का क्षेत्र सुझाव है।''

जी झ आर झग्रीयर-''विज्ञापन सामान्यतया विक्रय कला का एक ऐसा माध्यम है जिसका लक्ष्य ऐसा प्रचार है जो वस्तु अथवा सेवा के लिए इच्छुक व्यक्ति की माँग में वृद्धि करे।''

अमरीकी विज्ञापन विशेषज्ञ **रोजर रीवज** के शब्दों मे ''विज्ञापन एक व्यक्ति के मस्तिष्क से दूसरे मस्तिष्क में एक विचार को स्थानान्तरित करने की कला है।''

डरबन—''विज्ञापन के तहत वे सब क्रियाएँ आती हैं, जिनके अनुसार दृश्य या मैखिक सन्देश जनता को सूचना देने के उद्देश्य से तथा उन्हें या तो किसी वस्तु को क्रय करने हेतु या पूर्व निश्चित विचारों, संस्थाओं अथवा व्यक्तियों के प्रति झुक जाने के उद्देश्य से सम्बोधित किए जाते हैं।''

1932 में अमेरिकी पत्रिका एडवर्टाइजिंग एज ने विज्ञापन की सर्वोत्तम परिभाषा हेतु एक प्रतियोगिता आयोजित की। उन प्रविष्टियों के आधार पर यह परिभाषा दी गई—''किसी व्यक्ति,वस्तु, सेवा अथवा आन्दोलन को प्रस्तुत करने वाली मुद्रित सामग्री लिपिबद्ध शब्द बोले गए शब्द या चित्रांकन विज्ञापन हैं, जिसे विज्ञापनदाता, अपने खर्चे पर बिक्री प्रयोग वोट या अन्य प्रकार सहमति प्राप्ति हेतु खुले तौर से प्रस्तुत करें।'' इसके कई वर्षो बाद अमेरीकन मार्केटिंग

एसोसिएशन ने विज्ञापन को इस तरह से व्याख्यायित करने का प्रयास किया-''विज्ञापन एक किसी ज्ञात प्रस्तुतकर्ता द्वारा अपने खर्च-व्यय पर निवैयक्तिक प्रस्तुतीकरण और विचारों, वस्तुओं एवं सेवाओं का संवर्द्धन है। इसमें निम्नलिखित माध्यमों का इस्तेमाल किया जाता हैः पत्रिकाओं एवं समाचार पत्रों में स्थान, चलचित्र बाह्य साधनों, पोस्टर साइन आकाश लेखन आदि (रेडियो,कार्ड) कार, बस आदि सूची पत्र, निर्देशिकाएँ, सन्दर्भ-ग्रन्थ, कार्यक्रम, भोज्य वस्तु सूचियाँ तथा परिपत्र''

इसी प्रकार अमेरिकी मार्केटिंग एसोसिएशन का विचार है कि ''विज्ञापन एक सुपरिचित विज्ञापन द्वारा अपने विचारों, वस्तुओं, सेवाओं को अवैयक्तिक रूप में प्रस्तुत करने, सम्बर्धन करने का भुगतान किया हुआ प्रकार है।

Any paid form of non personal presentation or promoton of ideas, goods or service by an identified sponsor.

इस बात को ए. सैलडन इस तरह व्यक्त करते हैं-''विज्ञापन वह व्यावसायिक प्रक्रिया है जिसे मुद्रित शब्दों अथवा माध्यमों से विक्रय, लोकप्रियता एवं विश्वसनीयता प्राप्त करने में सहायता मिलती है।''

लास्कर का कथन है कि ''विज्ञापन मुद्रित रूप में एक कला है।''

According to Cannon & Wichend- Advertisement include there visual and oral message in Magazine, Newspaper, Movies and letters over Radio and TV and on transportation vehicles and on door Signs which are paid by their sponsered.

अर्थात्-विज्ञापन उन सभी श्रव्य, दृश्य, मौखिक, मुद्रित सन्देशों से सम्बन्धित होता है जो पत्र पत्रिकाओं, फिल्मों, रेडियो, टेलीविजन, परिवहनों मार्गों पर लगे हुए होर्डिंग दृश्य पटलों में माध्यम से एवं विज्ञापन द्वारा भुगतान के आधार पर, दर्शित एवं प्रकाशित होते हैं। इसका उद्देश्य उपभोक्ताओं की क्रय शक्ति और निर्णयों को प्रभावित करना है। (ई0एल0ब्रेस) उपभोक्ता के साथ विज्ञापन के सम्बन्धों एवं महत्व पर जोर देते हुए कहते हैं। विज्ञापन का उद्देश्य उत्पादक को लाभ पहुँचाना होता है। यह उपभोक्ता को शिक्षित करने, विक्रेता की सहायता करने, प्रतिस्पर्धा को समाप्त कर व्यापारियों एवं जनसमूहों को अपनी तरफ आकर्षित करने तथा उत्पादक एवं उपभोक्ता के बीच अच्छे सम्बन्धों के निर्धारण से जुड़ा है।

एस. रौलैण्ड हॉल के अनुसार-''विज्ञापन विक्रय कला की ऐसी प्रणाली है जिसमें वस्तु के लेखन, मुद्रण तथा चित्रण से सूचनाएँ प्रदान की जाती हैं।''

अमेरिकन जर्नल ''एडवरटाइजिंग एज'' के अनुसार-''विज्ञापन किसी विचार सेवा या उत्पादन से सम्बन्धित संदेश का विस्तारीकारण है जो विज्ञापन के हितों की सुरक्षा को आधार बनाकर कार्यक्रम प्रस्तुति की बाध्यता पैदा करता है।''

आज दुनिया में जिस तेजी से अपने उत्पादन को उत्कृष्टतम् सिद्ध कर, उपभोक्ता को ललचाने की होड़ लगी है उसे देखकर यह नहीं कहा जा सकता कि ये होड़ या ''कम्पीटिशन'' कहाँ तक जायेगा। बड़ी-बड़ी कम्पनियाँ करोड़ों रुपये सिर्फ उपभोक्ता के मस्तिष्क तक अपने उत्पादन की छवि पहुँचाने हेतु खर्च कर रही हैं। आज हर उत्पादक अपने उत्पादन को ज्यादा से ज्यादा उपभोक्ताओं तक पहुँचाना चाहता है और स्पष्ट है कि उत्पादन का उपभोक्ता के मस्तिष्क तक पहुँचाने का कार्य करते हैं विज्ञापन। तड़क-भड़क और जुमलेबाजी से भरपूर विज्ञापन जो कतिपय समय हेतु उपभोक्ता को उसकी दैनिक समस्याओं के जाल से खींच कर विज्ञापित वस्तु की तरफ आकृष्ट कर सके।

इससे स्पष्ट है कि विज्ञापन का कार्य प्रचार द्वारा जनमानस में किसी वस्तु या सेवा को चाहे उसकी गुणवत्ता कुछ भी हो, लोकप्रिय बनाना है। हिटलर और गोएबल्स के बारे में कहा जाता है कि वे झूठ को बारंबार दोहरा कर अर्थात् उस धुआँधार विज्ञापन के जरिए सच बनाने में यकीन रखते थे। हिटलर निरन्तर प्रचार माध्यमों की मदद से विज्ञापित करता रहा है कि जर्मन लोग ही विश्व पर राज्य करने के अधिकारी हैं। जर्मन नस्ल के व्यक्ति दुनिया के सबसे ज्यादा बुद्धिमान लोग समझे जाते हैं, मगर वे भी हिटलर के जाल में फँसने से नहीं बच सके। विज्ञापन की भूमिका का महत्व इसी बात से स्पष्ट है कि विज्ञापन के अभाव में वान गाग जैसे कालजयी चित्रकार अपने जीवन काल में एक भी कलाकृति बेचने में सफल नहीं हुए जबकि आज उनके चित्र दुनिया में सर्वाधिक मंहगे चित्र हैं।

दरअसल, बोलचाल की भाषा में विज्ञापन का आशय प्रचार से लिया जाता है। परन्तु यह मात्र प्रचार नहीं बल्कि जन सम्पर्क हेतु किया गया ऐसा अनुरोध अथवा शिष्ट उक्ति है जो उत्पादित वस्तु के प्रति दिलचस्पी उत्पन्न करता है।

विज्ञापन का अंग्रेजी शब्द 'एडवरटाइजिंग' है जिसकी उत्पत्ति लैटिन भाषा के शब्द ''एडवर्टर'' से हुई है। अंग्रेजी भाषा में इसका अर्थ ''टु टर्न टु'' अर्थात्

किसी तरफ मुड़ना है। जब किसी वस्तु या सीमा हेतु इसका प्रयोग होता है तो उसका मन्तव्य लोगों को उस ओर आकृष्ट करना होता है जिसे सार्वजनिक प्रचार की घोषणा भी कहा जाता है। हिन्दी में विज्ञापन दो शब्दों के संयोग से बना है-वि + ज्ञापन। इसमें 'वि' उपसर्ग है जिसका अभिप्राय विशेष है। "ज्ञापन" मूल शब्द है जिसका अर्थ "ज्ञान कराना" या सूचना देना है। प्रमुख राष्ट्रीय विज्ञापन दाता एवं प्रकाशक सूचना संघ के अनुसार-"विज्ञापन उत्पाद अथवा सेवा की सीधी बिक्री से आगे उद्‌देश्य पूर्ति हेतु किये गये समवेत वैयक्तिक प्रयासों के रूप में आधारित है।"

अमेरिकन मार्केटिंग एसोसिएशन के अनुसार–"विज्ञापन एक सुपरिचित विज्ञापन द्वारा अपने विचारों, वस्तुओं की सेवाओं को अवैयक्तिक रूप से प्रस्तुत करने तथा सम्वर्धन करने का भुगतान किया हुआ प्रकार है।"

सैल्डन के मतानुसार–"विज्ञापन वह व्यावसायिक शक्ति है जिसे मुद्रित शब्दों द्वारा विक्रय करने या वृद्धि करके, उसकी ख्याति एवं साख निर्माण करने में सहायता मिलती है।"

जान वी. ल्यूण्ड के अनुसार–"विज्ञापन विक्रय कला के किसी अन्य प्रकार की भाँति लोगों के विचारों एवं प्रतिक्रियाओं को प्रभावित करने का एक प्रयास है।"

स्टार्च के अनुसार–"विज्ञापन सामान्यतः किसी प्रस्ताव को लोगों के समक्ष मुद्रित रूप में प्रस्तुत करना है ताकि उसके अनुरूप उन्हें प्रेरित किया जा सके।"

फ्रैंक प्रेस्बी के अनुसार–"विज्ञापन मुद्रित, लिखित, उच्चारित अथवा चित्रित विक्रय कला है।"

केनन एवं विचर्ट के अनुसार–"विज्ञापन में वे सभी दृश्य एवं मौखिक सन्देश सम्मिलित हैं जो पत्र-पत्रिकाओं, चित्रों, पत्रों, आकाशवाणी, एवं दूरदर्शन यात्रा वाहनों तथा मार्ग पर लगे दृश्य पटलों पर विज्ञापन द्वारा भुगतान करके प्रदर्शित किये जाते हैं तथा जिनका उद्‌देश्य उपभोक्ताओं के क्रय एवं आचरण को प्रभावित करना होता है।

अलबर्ट फ्रे के अनुसार–"विज्ञापन का आशय व्यक्तियों को किसी वस्तु, ब्राण्ड, सेवा, संस्था, विचार अथवा विचारधारा से परिचित कराने अथवा उस ओर प्रवृत्त कराने हेतु दृश्य अथवा शब्द सन्देश लिखने और उसे प्रसारित करने से है।"

विलियम एच0 एण्ट्रियम एवं यजेन एवं डियोन के अनुसार–"विज्ञापन से तात्पर्य कहने या बेचने से है।"

ब्रिटेनिका विश्वकोष के अनुसार–"विज्ञापन विज्ञापक द्वारा इच्छित भुगतान प्रदत्त वह घोषणा है जो किसी वस्तु या सेवा के बिक्री प्रोत्साहन, किसी विचार के विकास अथवा कोई अन्य प्रभाव उत्पन्न करने के उद्देश्य से की गयी हो।"

गोपाल सरकार के अनुसार–"विज्ञापन एक प्रकार से किराये के वाहन द्वारा किया गया जन सम्प्रेषण है। यह विज्ञापन को इच्छानुकूल वांछित सूचना को कार्योत्तेजक रूप में रूचि उत्पन्न करता और विकसित करता है।"

शैलेन्द्र एफ0 ब्रल्सले विज्ञापन को समाचार पत्र की नींव मानते हैं क्योंकि विज्ञापन प्रचार और वितरण विभाग के कर्मचारी पत्र की वित्तीय स्थिति को मजबूत बनाये रखने हेतु भरपूर श्रम करते हैं तथापि इन सबमें विज्ञापन विभाग का स्थान सर्वोपरि है, इसलिए कि वितरण की तुलना में विज्ञापनों से आमदनी अर्जित करने की प्रतिस्पर्धा बहुत है।

उपर्युक्त परिभाषाओं से यह ज्ञात होता है कि विज्ञापन वह सूचना और संवाद है जो उत्पादन की उत्कृष्टता की विश्वसनीयता की जानकारी के साथ-साथ अपने उपभोक्ताओं को उससे मिलने वाली सेवाओं की जानकारी देता है।

संक्षेप में, विज्ञापन किसी उत्पादन, किसी विचार और सेवा के विक्रय का एक सर्वोत्तम सन्देश है जो अल्प व्यय में उपभोक्ताओं तक पहुँचाया जाय।

विज्ञापन का प्रायोजन

विज्ञापन का उद्देश्य उत्पादक द्वारा तैयार वस्तुओं की बाजार में सूचना देकर उपभोक्ताओं में इच्छा या आवश्यकता उत्पन्न करके उन्हें वस्तु उत्पाद खरीदने के लिए मानसिक तौर पर तैयार करना ताकि वस्तु के क्रय से विज्ञापनदाता को लाभ प्राप्त हो। विज्ञापन बाजार में उपलब्ध कई वस्तुओं के ब्राण्डों में तुलना का अवसर प्रदान करता है। श्रेष्ठ वस्तु खरीदने में उपभोक्ता की सहायता करता है। उत्पादों के बारे मे अद्यतन जानकारी देकर उपभोक्ताओं के जीवन को सुखी बनाकर उनके जीवन स्तर को ऊपर उठाने का मार्ग प्रशस्त करते हैं।

रॉबर्ट ने लेबिज और मेरी ए. स्टेनर के मतानुसार विज्ञापन के कई कदम हैं। ये सबसे पूर्व लोगों मे वस्तुओं उत्पादों के बारे में जागृति (Awareness) उत्पन्न

करते हैं, फिर उनमें पहल (Preference) उत्पन्न करके उनकी धारणा पुख्ता (Jonmviction) करते हैं और अन्त में खरीद (Purchase) और पुनः (Confirmation) के लिए काम करते हैं। एक अन्य विद्वान् के अनुसार- विज्ञापन का कार्य-''वस्तु या सेवा का परिचय देना, माँग बढ़ाना, बिक्री बढ़ाना, विक्रय समर्थन बढ़ाना, बिचौलियों को वस्तु की ज्यादा बिक्री हेतु विवश करना, उपभोक्ताओं को वस्तु का स्मरण कराते रहना, विद्यमान वस्तुओं की सूचना देना या उनके नाम परिवर्तन की सूचना देना, प्रतियोगी विज्ञापनों को प्रभावहीन बनाना व खरीदारी को विवेकपूर्ण बनाना, वस्तु के नए प्रयोगों की जानकारी देना, उत्पादों अथवा ब्राण्डों की जागरूकता उत्पन्न करना अथवा बढ़ाना। ग्राहकों को वस्तुओं के बारे में सूचित करना या शिक्षित करना, प्रवृत्तियों (Instinict) को प्रभावित करना, मध्यजनों (Agents) एवम् विक्रेताओं के मनोबल को बढ़ाना, प्रतियोगी वस्तुओं को हतोत्साहित करना, क्रेता की क्रय सम्बन्धी नीतियों को प्रभावित करना, नए स्थानों पर माँगें पैदा करना, नए बाजार विकसित करना, उत्पादन और वितरण की लागत अल्प करना आदि।''

संक्षेप में विज्ञापन का उद्‌देश्य उत्पादक को लाभ पहुँचाना, उपभोक्ताओं को आकर्षित कर प्रभावित करना, और सबसे ज्यादा उत्पादक और उपभोक्ता के सम्बन्ध अच्छे बनाना है। ई. एफ. एल. ब्रेच के अनुसार-''विज्ञापन का उद्‌देश्य उत्पादक को लाभ पहुँचाना, उपभोक्ता को शिक्षित करना, विक्रेता की सहायता करना, प्रतिस्पर्धा समाप्त कर व्यापारियों को अपनी तरफ आकर्षित करना और सबसे अधिक तो उत्पादक ओर उपभोक्ता के सम्बन्ध अच्छे बनाना है।'' इस उद्‌देश्य की पूर्ति हेतु विज्ञापन की प्रक्रिया की निम्न स्थितियाँ देखने को मिलती है :

(1) ध्यान आकर्षण-विज्ञापन अपनी तकनीक और संचार के आधुनिकतम साधनों द्वारा उपभोक्ताओं एवं व्यवसायियों-दोनों का नए उत्पाद या वस्तु की ओर ध्यान आकर्षित करता है। ध्यानाकर्षण हेतु विज्ञापन मे कुछ असाधारण या अभूतपूर्व गैर परम्परागत तकनीक अपनाई जाती है यथा– ओनिडा टी0वी0 में आने वाला व्यक्ति सींग वाला होता है। विशिष्टि स्थानों का चयन रंग, चित्र, भाषा-शैली, प्रकाश आदि के प्रयोग का निर्णय इस दृष्टि से लिया जाता है ताकि उपभोक्ताओं का ध्यान आकर्षित करके वस्तु के बारे मे जिज्ञासा व रुचि पैदा हो सके।

(2) वस्तु की जानकारी-विज्ञापन के द्वारा उत्पादक अपने उत्पाद, विचार या सेवा का, उपभोक्ताओं को अपने अस्तित्व का परिचय देता है। यह परिचय या जानकारी वस्तु का उत्पादन होने से पहले भी दी जा सकती है और बाद में भी। आजकल बाजार में वस्तु से पूर्व उसके नाम को प्रचारित-प्रसारित किया जाता है, समाचार-पत्रों-पत्रिकाओं, रेडियो, दूरदर्शन अथवा दीवारों पर लिखाई के द्वारा जानकारी दी जाती है कि अमुक वस्तु बाजार में आ रही है।

(3) छाप छोड़ना- उपभोक्ताओं के दिलो-दिमाग पर वस्तु का नाम व उसका ब्राण्ड छा जाए इतने प्रभावशाली ढंग से विज्ञापन दिए जाते हैं। यथा—टाटा, बाटा, उषा, बजाज के नाम सबको याद हो गए हैं और उनके उत्पादों या वस्तुओं का श्रेष्ठ होने का श्रेय प्राप्त हो गया है। इस प्रभाव से प्रेरित होकर उनकी गुणवत्ता की छाप के कारण उपभोक्ता को क्रय करने का निर्णय लेने में विलम्ब नहीं होता।

(4) रुचि उत्पन्न करना-उपभोक्ताओं का ध्यान आकर्षित करने के पश्चात विज्ञापन वस्तु के गुण विशेष का प्रचार करता है। बाजार में उपलब्ध उसी वस्तु के अन्य ब्राण्डों की तुलना में इनका उत्पाद किन-किन दृष्टियों से अच्छा है, इस बात पर बल दिया जाता है। तेल, साबुन, शैम्पू, क्रीम, पाउडर आदि प्रसाधन सामग्री के विज्ञापनों में अभिनेताओं, अभिनेत्रियों अथवा सुन्दरियों, खिलाड़ियों के चित्र देकर या दूरदर्शन पर उनके मुँह से वस्तु की प्रशंसा करवाकर विज्ञापन उपभोक्ताओं के मन में वस्तु के प्रति रुचि पैदा करता है।

(6) क्रय की इच्छा-विज्ञापनों के द्वारा उपभोक्ताओं को अच्छे जीवन स्तर की शिक्षा दी जाती है। अच्छे जीवन स्तर की आवश्यकताओं में अपने उत्पाद का महत्व फिट कर दिया जाता है। यह विज्ञापन का ही कमाल है कि जो वस्तुएँ कल तक ऐशो आराम के वर्ग में थीं वे जीवन की मूलभूत जरूरतों में आ गई हैं यथा—फोन, टी.वी., कपड़े धोने की मशीन, स्कूटर, कार आदि वाहन। इस इच्छा को केवल जागृति करने से विज्ञापन का उद्देश्य पूरा नहीं होता है। बल्कि इस इच्छा को अपनाए रखने या नई-नई वस्तुओं की खरीद हेतु बढ़ाना ही विज्ञापन का उद्देश्य है।

(7) आवश्यकता का अनुभव-विज्ञापन हमें यह बतलाने का प्रयत्न करता है कि अमुक वस्तु हमारे पास नहीं है तो हम सभ्य नहीं हैं, समृद्ध नहीं हैं, सम्पन्न नहीं हैं, जमाने के साथ नहीं चल पा रहे है और यहाँ तक कि अमुक वस्तु के

अभाव में जीवन ही बेकार है। यही है विज्ञापन का कमाल कि ये वस्तुओं की आवश्यकता ही नहीं अनिवार्यता की स्थिति उत्पन्न कर देते हैं।

(5) विक्रय-वृद्धि-ऐसे में उपभोक्ता वस्तु का क्रय करके उत्पादक और विक्रेता को लाभ पहुँचाता है और आत्मसन्तोष व सुख उसे प्राप्त होता है। इसी चक्र को बनाए रखने हेतु सबसे अधिक बिकने वाला जैसे जुमले उपयोग करके निरन्तर क्रय-विक्रय के चक्र को विज्ञापन ही तो है, जो बनाए रखता है।

इसके अतिरिक्त भी विज्ञापन के कुछ सूक्ष्म उद्देश्य हैं जो इस प्रकार हैं—

1. ध्यानाकर्षण करना;
2. परिचय देना;
3. विक्रय वृद्धि;
4. विश्वसनीयता जगाना;
5. छवि निर्माण।

1. ध्यानाकर्षण करना-पत्र-पत्रिकाओं में प्रकाशित विज्ञापन के द्वारा विज्ञापक अपने उत्पाद के प्रति उपभोक्ताओं का ध्यान आकर्षित करता है क्योंकि जब विशेष प्रविधि से बार-बार अपने उत्पाद का विज्ञापन पत्र-पत्रिकाओं में करता है तो पाठक अथवा उपभोक्ता की दृष्टि में आये बिना रह ही नहीं सकता। उस दृष्टि से सजावटी या डिस्प्ले विज्ञापन ज्यादा तीव्र गति से पाठक अथवा उपभोक्ता का ध्यान आकर्षित करने में सफल होते हैं।

2. परिचय देना-पत्र-पत्रिकाओं में विज्ञापन स्थान क्रय करके अपने संस्थान में निर्मित उत्पाद का परिचय उपभोक्ता तक पहँचाने की व्यवस्था पूर्ण करता है। उत्पाद, बिना विज्ञापन के उपभोक्ता तक पहँच ही नहीं सकता और अगर इस प्रारम्भिक परिचय के अभाव में उपभोक्ता तक कोई उत्पाद पहुँचता है तो भी यह अपने प्रति आकर्षण उत्पन्न नहीं कर पाता है।

3. विक्रय वृद्धि-किसी भी विज्ञापन का प्रत्यक्ष उद्देश्य मात्र बिना समुचित प्रयास ग्राहक, उपभोक्ता में अपने उत्पाद की वृद्धि होता है लेकिन समुचित प्रयत्न ग्राहक या उपभोक्ता को वस्तु परिचय उत्पाद के प्रति आकर्षक जगाये और विश्वसनीयता पैदा किये बिक्री बढ़ा सकना सम्भव नहीं होता है। अतः विज्ञापन का मुख्य उद्देश्य अपने उत्पाद या सेवा की बिक्री में बढ़ोतरी होता है और उसके लिए ही पत्र-पत्रिकाओं, होर्डिंग्स, प्लैकेट्स स्टैंड को किराये पर क्रय किया जाता है।

4. विश्वसनीयता जगाना-विज्ञापन का मूल उद्देश्य अपने उत्पाद की विक्रय बढ़ोतरी से है, पर विक्रय बढ़ोतरी की सम्भावनाएँ तब तक कदापि नहीं हो सकती जब तक उत्पाद के प्रति उपभोक्ता में विश्वास न जगे। अतः विज्ञापन के द्वारा कोई भी विज्ञापन या संस्थान अपने उत्पाद के प्रति उपभोक्ताओं की विश्वसनीयता प्राप्ति हेतु विज्ञापन करता है तथा अपने नारे एवं विषय-वस्तु के आधार पर विश्वास अर्जित करने का प्रयास करता है।

5. छवि निर्माण-विज्ञापन का उद्देश्य पत्र-पत्रिकाओं में स्थान क्रय कर उपभोक्ताओं के मध्य संस्थान की छवि निर्माण करना होता है क्योंकि किसी भी उत्पादन संस्थान द्वारा उत्पादित वस्तु का बिक्री की व्यवस्था उतनी सहज नहीं हो पाती जितनी की पूर्व निर्मित छवि वाले संस्थान के उत्पादों की होती है। ब्रुकबाण्ड अथवा लिप्टन की चाय की बिक्री के लिए किसी परिचय, ध्यानाकर्षण, प्रोत्साहन, विश्वसनीयता की जरूरत नहीं होती क्योंकि इन संस्थानों की छवि निर्माण उपभोक्ताओं में हो चुकी है। तथापि बहुराष्ट्रीय कम्पनियों के आने एवं प्रतियोगिता बढ़ने से ये कम्पनियाँ भी विज्ञापन पर आश्रित हो रही हैं।

विज्ञापन की उपादेयता

तेजी से हुए औद्योगीकरण के फलस्वरूप उत्पादन भी तेजी से बढ़ा है। इसकी मात्रा, गुणवत्ता व विविधता का भी क्रमशः विकास हुँआ है। उधर उपभोक्ता की आशाएँ, आकांक्षाएँ बढ़ी हैं विशेष रूप से जब से संचार माध्यमों का क्रान्तिकारी विकास हुआ है और यातायात के साधनों की उपलब्धि से 'वसुधैव कुटुम्बकम्' 'विश्व एक परिवार' बनने की स्थिति की तरफ हम बढ़ रहे हैं। कुल मिलकर देश-विदेश के आवागमन, विचारों के आदान-प्रदान, तकनीकी जानकारी आदि के कारण दिन प्रतिदिन मानव महत्वाकांक्षी होता जा रहा है। ऐसी स्थिति में ज्यादा उत्पादन के वितरण विपणन की व्यवस्था में उत्पादक और उपभोक्ता के मध य संवाद और सम्बन्ध स्थापित करने का महत्वपूर्ण कार्य विज्ञापन द्वारा ही सर्वाधिक मात्रा में प्रभावी तरीके से हो सकता है। अतः उत्पादक के लाभ से लेकर व्यक्ति की इच्छाओं की पूर्ति उसके जीवन स्तर के सुधार तक में विज्ञापन सहायक साबित होता है। ऐसी स्थिति में विज्ञापन की अहम भूमिका स्वतः सिद्ध है। विज्ञापन के महत्व को स्वीकारते हुए ब्रिटेन के प्रधानमंत्री विलियम ग्लेडस्टोन ने कहा था "व्यवसाय हेतु विज्ञापन का वही महत्व है जो उद्योग में वाष्प शक्ति

का।'' विन्सटन चर्चिल ने इसकी आर्थिक उपयोगिता को महत्व देते हुए कहा था-''टकसाल के अलावा कोई भी बिना विज्ञापन के मुद्रा उत्पन्न नहीं कर सकता।'' विज्ञापन के इससे जुड़े विभिन्न वर्गों पर क्या प्रभाव पड़ता है उसे समझने हेतु हम अलग-अलग पक्षों पर विचार कर सकते हैं–

1. उपभोक्ता–विज्ञापन उत्पादक और उपभोक्ता के मध्य की कड़ी है। सूचना प्रसारण के द्वारा उपभोक्ता को नए-नए उत्पादकों की जानकारी मिलती है। उसे गुणवत्ता, मात्रा, अन्य वस्तुओं से तुलना, मितव्ययिता, प्रयोग के तरीके, वस्तुओं के लाभ आदि सूक्ष्म से सूक्ष्म जानकारी मिलती है जिसके आधार पर वह वस्तु की जाँच, तुलना और चयन करके खरीदता है। इससे उसका समय और धन तो बचता ही है मन की सन्तुष्टि और आत्मविश्वास जागता है जो उसके जीवन स्तर ऊपर उठाने में साधक है। विन्सटन चर्चिल के शब्दों में- ''विज्ञापन उत्तम जीवन स्तर हेतु माँग उत्पन्न करता है। विज्ञापन उपभोक्ता की शंकाओं का निदान करता है। उसका ज्ञानवर्धन करता है। विज्ञापन उपभोक्ता के दिलो-दिमाग में कई वस्तुओं की छाप छोड़ देता है जिससे आवश्यकता पड़ने पर उसे किसी भी वस्तु के ब्रांड विशेष की स्मृति आ जाती है, और वह उसे तुरन्त खरीद लेता है। विज्ञापन की अनूठी रंग योजना, शब्द योजना एवं प्रस्तुतीकरण की शैली से उपभोक्ता का मनोरंजन भी होता है जिससे वह तनावमुक्त होता है।''

2. विज्ञापनदाता-उत्पादक मे तैयार माल के लिए विज्ञापन माँग का सृजन करता है, माँग को स्थिर रखता है एवं उत्पादन में बढ़ोतरी के साथ नए उत्पादों के लिए बाजारों का सृजन भी करता है। नाइट्रोम के अनुसार-''भारी उत्पादन का कारण एवं परिणाम विज्ञापन है।'' विज्ञापन की सहायता से उत्पाद के विक्रय में बढ़ोतरी होती है, जिससे उत्पादक को लाभ होता है। दूसरे ज्यादा मात्रा में उत्पादन की लागत भी कम पड़ती है, यह बचत या मितव्ययिता भी उत्पादक का लाभ ही है। तीसरे उत्तम स्तर के विज्ञापनों से उत्पादक की बाजार और समाज में ख्याति भी बढ़ती है। बाजार में होने वाली प्रतिस्पर्द्धा में विज्ञापन की मदद से भी विज्ञापनदाता की विजय होती है। चौथे गुणवत्ता में सुधार का परामर्श भी विज्ञापन ही उत्पादक को देता है।

4. विक्रयकर्त्ता का लाभ-उत्पादक और उपभोक्ता के मध्य में स्थित है विक्रेता जो उत्पादक के उत्पाद को बाजार में ले जाकर उसकी बिक्री करता है। विक्रेता को वस्तु को बेचकर लाभ प्राप्त होता है जो उसकी आजीविका का साधन

बनता है। विज्ञापन वस्तु की माँग को उत्पन्न करने, बढ़ाने और बनाए रखने में साधक है अतः विक्रेता के लाभ का मार्ग प्रशस्त करता है। विज्ञापन से कई वस्तुओं की उपलब्धि, माँग की स्थिति व विक्रय संवर्धन की जानकारी भी विक्रेता को प्राप्त होती है। विज्ञापनकर्त्ता मूल्य को नियन्त्रित करने में भी अप्रत्यक्ष तौर पर सहायक होते हैं।

3. राष्ट्र का लाभ-विज्ञापन राष्ट्र के नागरिकों को नए उत्पाद की जानकारी देता है, उनकी उपयोगिता बताकर क्रय करने की प्रेरणा देता है। इससे उपभोक्ताओं के जीवन स्तर का विकास होता है, उन्हें सन्तुष्टि और आनन्द प्राप्त होता हैं। विज्ञापन क्योंकि स्वतन्त्र व्यवसाय के तौर पर पनप रहा है अतः इससे जुड़े अनेक प्रकार के व्यक्तिओं को रोजगार या स्वरोजगार मिलता है। नए-नए उद्यमी इस व्यापार में आते हैं, उन्हें स्वयं रोजगार मिलता है और शनैः-शनैः वे दूसरों को रोजगार देने की स्थिति में आ जाते हैं। उत्पादों की बढ़ती माँग व बाजार में होने वाली स्पर्घा के फलस्परूप नये-नये उद्योग पनपते हैं, इससे व्यापार बढ़ता है, रेडियो, दूरदर्शन, संचार माध्यमों, पत्र-पत्रिकाओं को लाभ मिलता है और सभी पक्षों को लाभांश प्राप्त होता है, जिसके फलस्वरूप राष्ट्रीय आमदनी में वृद्धि होती है। प्रो. हैपनर के शब्दों में-''विज्ञापन हमारे स्वतन्त्र एवं आत्मनिर्भर प्रेस का बचाव है।'' एक अन्य विद्वान् इसे राष्ट्रीय आर्थिक विकास में सहायक मानते हुए इस बात पर जोर देते हैं कि राष्ट्र को पहले की अपेक्षा कहीं ज्यादा समृद्ध बनाने में विज्ञापन का अद्वितीय योगदान रह है।

विज्ञापन के विविध माध्यम

— पत्र-पत्रिकाओं, समाचार-पत्रों द्वारा।

— प्रदर्शनियाँ मेले, लोकगीत, लोककथाएँ जैसे पारम्परिक माध्यम।

— गली विज्ञापन यथा—सड़कों, गली-मुहल्लों, सार्वजनिक स्थलों, दीवारों के माध्यम से।

— दूरदर्शन एवं आकाशवाणी भी एक अन्य माध्यम है विज्ञापन का।

— नियनि साइन, पोस्ट, होर्डिंस इत्यादि।

— इंटरनेट, ई-मेल, अन्य माध्यम हैं विज्ञापन देने के।

समाचार पत्र, पत्रिकाओं में विज्ञापित विज्ञापन लोगों की रुचि को ध्यान में रखकर दिया जाता है। अर्थात् जन रूचि के समान ही विज्ञापन के पृष्ठ निर्धारित

किए जाते हैं। साथ ही इसमें एक लाभ यह भी है कि समाचार-पत्र हमसे भी हमारे विज्ञापनों की मांग करते हैं, इतना ही नहीं समाचार पत्र में छपने वाले विज्ञापन वर्गीकृत होते हैं। अतएव उन्हें पढ़ना आसान हो जाता है।

लोकनृत्य, लोक रंगमंच, लोकसंगीत, पर्व, त्योहार अथवा सामाजिक उत्सव ही क्यों न हो सभी एक उत्तम माध्यम है जनता तक विज्ञापनों को पहुँचाने का। गाँव में आज भी यही एक सशक्त जरिया है विज्ञापन पहुँचाने का। यह ग्रामीण संस्कृति अब नगरों में भी देखी जा सकती है। कुछ परंपरागत साधन विज्ञापन देने के हैं—साक्षरता मिशन, परिवार कल्याण, टीकाकरण, स्वच्छता अभियान आदि।

कठपुतली एक अन्य माध्यम है विज्ञापन देने का। इसके द्वारा लोगों को न सिर्फ मनोरंजन मिलता है बल्कि उन्हें शिक्षा भी दी जाती ह। कठपुतली द्वारा सूचना देना इसलिए भी प्रभावशाली होता है चूँकि कठपुतलियों को पात्र के रूप में सरलता से समझा जा सकता है। इसको बनाने और आयोजन करने में कम समय लगता है। कई विषयों को लेकर कठपुतलियों के जरिए सूचना दी जाती है। अभी तक कठपुतली द्वारा विज्ञापित विज्ञापन में साक्षरता, नशा बंदी, विवाह की उम्र, लड़कियों की शिक्षा, परिवार कल्याण इत्यादि रहे हैं।

अगर हम मेलों की बात करें तो आज वह अनुरूप क्रय-विक्रय का स्थान बन गया है। जहाँ लोग देखने के साथ-साथ खरीदते भी हैं। दिल्ली का प्रगति मैदान तो व्यापारिक मेले हेतु विख्यात है ही, खान-पान, कृषि मेला, पुस्तक मेला आदि पूरे वर्ष भर रहती हैं। इस प्रकार के मेले व्यावसायिक व विज्ञापन दोनों ही नजर से सफल कहे जा सकते हैं।

दीवारों पर चिपके, कतिपय विज्ञापन हमें सड़कों पर लिखे, बस स्टॉप पर खड़े वाहनों में लगे दिख ही जाते हैं। इस तरह के विज्ञापनों की एक विशेषता यह है कि इन्हें पढ़ने हेतु अलग से अपना समय बर्बाद नहीं करना पड़ता है। चलते-चलते ऐसे विज्ञापन विशेष तौर पर दिखाई दे ही जाते हैं बस से यात्रा करने वाले या अपने निजी वाहनों से यात्रा करने वाले भी रेड लाइट के पास या चलते हुए रास्ते से गुजरते हुए खम्बों व दीवारों पर नजर चली ही जाती है। इस तरह विज्ञापनों को विज्ञापित किया जाता है।

रेडियो और टेलीविजन द्वारा भी विज्ञापन विज्ञापित होते हैं। टेलीविजन पर विज्ञापनों को अभिनेता या अभिनेत्री के जरिए वस्तु की सूचना दिखाई

जाती है। किसी भी वस्तु में गीत और संगीत पर पुट देकर भी उन्हें प्रसारित किया ज़ाता है। इसके द्वारा दिए गए विज्ञापनों में जनता को वस्तु विशेष से व्यापक तौर पर अवगत कराया जाता है। दूरदर्शन विज्ञापन में इस बात का ध्यान रखा जाता है कि कौन सा उत्पाद किस समय हेतु है। उदाहरणार्थ पौन्ड्स का कोल्ड क्रीम इनका विज्ञापन सर्दियों के समय ही किया जाना चाहिए तभी इसकी बिक्री होगी। इतना ही नहीं सर्दियों के आते ही ऊनी कपड़ों के 'एड्स' की भरमार लग जाती है। इस तरह मौसम के हिसाब से विज्ञापनों का प्रसारण किया जाता है।

विज्ञापन रेडियो से प्रसारित किया जाने वाला सूचनात्मक ज्यादा होता है। इससे प्रसारित होने वाले विज्ञापनों की भाषा प्रायः सामान्य वक्तव्य के रूप में होता है। किसी भी सूक्ति का प्रयोग उदाहरण के साथ किया जाता है। विज्ञापन लयात्मक रूप से प्रस्तुत किया जाता है। आकाशवाणी पर प्रसारित होने वाले विज्ञापनों पर समय सीमा बहुत महत्व रखती है चूँकि विज्ञापनकर्ताओं के आर्थिक मदद से ही प्रायोजित कार्यक्रम बनाए जाते हैं।

वर्तमान समाज में विज्ञापन एक अच्छा साधन बन चुका है जिसके द्वारा जनसम्पर्क काफी तीव्रता से होता है, और सभी वर्ग पर बच्चों से लेकर वृद्ध तक को विज्ञापन प्रभावित करता है।

विज्ञापन के अन्य माध्यमों में होर्डिंग्स, कैलेण्डर, पोस्टर, इत्यादि हैं जो हमें सूचना भी देते हैं कई बार मंहगे विज्ञापन सिर्फ दिखावे के चक्कर में ही लगा देते हैं। बोर्ड, बैनर के माध्यम से ही सूचना हमें दूर से ही प्राप्त हो जाती है।

आजकल 'इन्टरनेट' पर भी विज्ञापन की होड़ सी लगी रहती है। आज word wide web ने दुनिया को जोड़कर उसे पास ला दिया है। आज विज्ञापन एक दो तक सीमित नहीं रह गया है। समस्त विश्व जुड़ गया है। ई-मेल (Electronic Mail) द्वारा खुली 'साइट्स'(Sights) उदाहरणार्थ Yahoo, Mailcity, Redif, Net सभी पर विज्ञापन देखे जा सकते हैं।

जनकल्याण विभाग द्वारा प्रसारित किए जाने वाले विज्ञापनों में

'सावधानी हटी दुर्घटना घटी।'

'शराब घर का विनाश।' इत्यादि ऐसे ही कई विज्ञापन हैं जिनका उद्देश्य जनता को जागरूक बनाना है। स्वास्थ्य विभाग का विज्ञापन 'छोटा परिवार सुखी परिवार'। जो लोगों को परिवार नियोजन के प्रति सचेत करता है।

कतिपय विज्ञापनों को इनाम के साथ प्रस्तुत किया जाता है, तो कुछ को प्रश्नों के उत्तर दो और मनचाहा इनाम पाओ। कुछ विज्ञापन विशेष छूट प्रदान करते हुए भी छपते हैं। इस तरह यह कहा जा सकता है कि विज्ञापन दो रूपों में छपते हैं एक तो सरकार की ओर से यानि विभिन्न विभागों द्वारा और दूसरा गैरसरकारी।

विज्ञापन में निहित मुख्य तत्व

विज्ञापन एक ऐसी कला है जिसमें मनोवैज्ञानिक और वैज्ञानिक दोनों तरीकों का प्रयोग किया जाता है। विज्ञापन देते समय यह बात ध्यान में रखनी चाहिए कि वह किस वर्ग-समूह हेतु बनाया जा रहा है, उनकी रुचि-अरुचि के साथ-साथ क्रय क्षमता, कैसी है? वे कहाँ के रहने वाले हैं? आदि।

ऐसे विज्ञापनों को दिया जाना चाहिए जो उपभोक्ता वर्ग को, उनकी इच्छाओं को पूरा भी करे, देखने में भी अच्छा हो, एवं पूरी जानकारी भी देता हो, वर्त्तमान में विज्ञापन देते समय इस बात का खास ध्यान रखा जाता है कि वह उपभोक्ता वर्ग को आकर्षित करे। रंगों का चयन, वाक्यों की बनावट, शब्दों को कलात्मक ढंग से सजाना, उन्हें अलग-अलग तरीकों से लिखना, जिससे वह उपभोक्ता को अपनी ओर खींचे।

अनेक बार जो विज्ञापन एक बार अच्छा नहीं लगता है, वह भी बार-बार के प्रयोग से अच्छा लगने लगता है। विज्ञापन में ऐसी बात होनी चाहिए कि वह केवल क्रय शक्ति जगाकर ही उपभोक्ता को शांत न करे अपितु उसके उत्पाद के बारे में विस्तृत जानकारी भी दे।

सरकारी जनसम्पर्क के तहत आने वाले विज्ञापनों को 'सूचना तथा प्रसारण मंत्रालय' निश्चित करते हैं। किस विज्ञापन हेतु कितनी राशि दी जा रही है, यही देंखकर ही विज्ञापनों का निर्माण किया जा सकता है। विज्ञापनकर्ताओं को यह ध्यान रखना चाहिए कि हमारे समाज में हर वर्ग के व्यक्ति रहते हैं। बड़े-छोटे के अलावा कुछ अशिक्षित भी हैं कुछ बच्चे हैं, तो कुछ बूढ़े और युवा भी हैं। अतः इन सभी चीजों का ध्यान रखते हुए ही विज्ञापन का निर्माण किया जाना चाहिए।

वर्तमान दौर में एक विज्ञापन क्षेत्र में कमी प्रतिस्पर्धा बढ़ गई है, जिसमें हर समय यह होड़ रहती है कि हमारा विज्ञापन ऐसा हो कि पाठक को अपनी तरफ

खींचें, उसे आकृष्ट करे। आज विज्ञापन का पहला लक्ष्य ही यही है कि वह उपभोक्ता वर्ग को अपनी तरफ आकृष्ट करे।

विज्ञापन एजेंसी

आज की जटिल व्यापारिक दुनिया में सारे आर्थिक कार्य प्रत्यक्ष तौर पर पूरे नहीं किये जा सकते, इसके लिए मध्यस्थों का सहारा आवश्यक-सा प्रतीत होने लगा है। उत्पादित वस्तुओं के प्रचार-प्रसार के लिए भी मध्यस्थ (एजेंसी) की आवश्यकता होती हैं, क्योंकि प्रायः उद्योगपति अपनी उत्पादित वस्तुओं के विज्ञापन की व्यवस्था स्वयं नहीं करते। विज्ञापन एजेंसियों ने यह कार्य अपने हाथ में लिया है। भारत में पिछले दशक में विज्ञापन एजेंसियों की संख्या तीव्रता से बढ़ी है।

हमारे देश के कुछ विज्ञापन एजेंसियाँ है। जे. वाल्टर थामसन प्रा. लि., बोमास लि., लिण्टास लिमिटेड, क्लैरियन एडवर्टाइजिंग सर्विसेज (प्रा0) लिमिटेड, ग्राण्ट एडवर्टाइजिंग इनकार्पोरेशन, एडवर्टाइजिंग एण्ड सेल्स प्रमोशन क. और एल. ए. एट्रानाच एण्ड कम्पनी (इण्डिया) प्रा. लि.। इनके अतिरिक्त सैकड़ों अन्य विज्ञापन एजेन्सियाँ भी भारत में कार्य करती हैं। अनुमानतः देश के कुल विज्ञापन खर्च (लगभग 50 करोड़ रूपये) में से लगभग 70 प्रतिशत (35 करोड़ रूपये) इन एजेंसियों के द्वारा ही आता है।

औद्योगिक विकास के साथ-साथ विज्ञापन एजेंसियों की महत्ता भी बढ़ती जा रही है। वस्तुतः ये विज्ञापन एजेंसियाँ एक तरफ बड़े-छोटे उद्योगपतियों, व्यापारियों, संस्थाओं आदि की विज्ञापन सम्बन्धी समस्याओं को हल करती हैं, वहीं दूसरी तरफ समाचारपत्रों का काफी सिरदर्द दूर करती हैं। (वैसे कई मामलों में ये समाचारपत्रों के लिए सिरदर्द भी साबित होती हैं।) वे विज्ञापनदाता और समाचारपंत्रों के मध्य मध्यस्थ का काम करती हैं। इस सन्दर्भ में हम एक औसत विज्ञापन एजेंसी के कार्यप्रणाली पर दृष्टि डाल सकते हैं।

आधुनिक उपभोक्तावादी समाज में विज्ञापन की भूमिका निर्णायक है। विज्ञापन मिथक ने समूचे समाज-वातावरण को तीव्रता से प्रभावित किया है। परिणाम हमारे सामने है-हम क्या खाएँगे, क्या पहनेंगे, कैसे उठेंगे-बैठेंगे, यहाँ तक कि हम क्या सोचें अथवा क्या करें, इन सबका निर्धारण विज्ञापनों के द्वारा हो रहा है। कहना अतिश्योक्ति नहीं होगा कि वर्तमान युग का संचालन विज्ञापन कर रहे हैं। विज्ञापन की महत्ता से स्पष्ट है कि विज्ञापन-कार्य को अंजाम देने हेतु विशेषज्ञों

एवं पर्याप्त अनुभवी व्यक्तियों का होना आवश्यक है। विज्ञापन एजेंसी इन्हीं विशेषज्ञों एवं अनुभवी व्यक्तियों के सामूहिक परिणाम हैं। चूँकि अन्य व्यवसायों की भाँति विज्ञापन भी एक व्यवसाय है। अतएव इस व्यवसाय में एजेंसी के माध्यम से व्यवस्था एवं गुणवत्ता प्रदान करने की कोशिश की जाती हैं।

सरकारी एवं गैर-सरकारी क्षेत्रों के विज्ञापन एजेंसियों के द्वारा तैयार किए जाते हैं। तथा सुविधा या आवश्यकतानुसार इन्हें तमाम जनसंचार माध्यमों के जरिए विज्ञापित किया जाता है। समस्त बड़े अथवा प्रमुख विज्ञापनकर्ता अपने 'उत्पाद' के प्रचार-प्रसार का दायित्व विज्ञापन एजेंसियों को सौंपते हैं तथा उनके प्रचार-प्रसार हेतु सही माध्यम के बारे में राय भी उन्हीं विशेषज्ञों से लेते हैं। इन विज्ञापन विशेषज्ञों को उपने क्षेत्र का पर्याप्त अनुभव होता है जिसका लाभ विज्ञापनकर्ता कम व्यय पर उठा लेते हैं क्योंकि सभी कम्पनियों के लिए यह सम्भव नहीं है कि वह अपने लिए पृथक् से विज्ञापन-विशेषज्ञ को नियुक्त कर सकें। किसी भी वस्तु के प्रति उपभोक्ता को किस तरह ललचाया जा सकता है, तथा उसे खरीदने हेतु मजबूर किया जा सकता है इसकी समझ विज्ञापन एजेंसियों को रहती है। विज्ञापन विशेषज्ञ एक प्रकार से समाज की 'दुखती रंग' अथवा उसके स्वभाव को अच्छी प्रकार समझते हैं। इसलिए 'वस्तु' के प्रति उपभोक्ता को तैयार करना या 'वस्तु' के लिए बेहतर 'माँग' या मार्किट बनाना विज्ञापन एजेंसियों को बखूबी आता है। बहरहाल, विज्ञापन एजेंसी किसी भी कम्पनी के लिए विज्ञापन के तौर-तरीके पर विचार कर उसे तैयार करती हैं जिसके बदले में वे कम्पनियों से अथवा विज्ञापनकर्ता से बतौर पारिश्रमिक अच्छी-खासी रकम लेती हैं।

अक्सर विज्ञापन एजेंसी को बतौर स्वतंत्र कम्पनी रूप से चलाई जाती है। लेकिन सरकारी या गैर-सरकारी स्तर पर भी विज्ञापन एजेंसियाँ व्यवहार में देखने को मिलती हैं जो किसी संचार माध्यम के अंग के रूप में कार्यरत होती हैं। उदाहरणार्थ पत्र-पत्रिकाओं के संगठन में विज्ञापन प्रभाग अथवा आकाशवाणी, दूरदर्शन में विज्ञापन प्रभाग कार्यरूप में देखे जा सकते हैं। सरकारी स्तर पर 'डी ए वी पी' जैसा संगठन सरकारी कार्यनीतियों के प्रचार-प्रसार की दिशा में सक्रिय हैं।

संगठन के साथ-साथ विज्ञापन के स्वरूप में बदलाव आया है। आधुनिक विज्ञापन एजेंसियों के अस्तित्व के पीछे विज्ञापन के स्वरूप में परिवर्तन और आधुनिक उपभोक्तावादी समाज की भूमिका महत्वपूर्ण रही है। सन् 1905 ई. में 'बी दत्ताराम एण्ड कम्पनी' नाम से भारत में प्रथम आधुनिक विज्ञापन एजेंसी स्थापित हुई। औद्योगिकी के विकास के साथ-साथ विज्ञापन की आवश्यकता में

बेतहाशा बढ़ोतरी हुई। परिणामस्वरूप नित नई-नई विज्ञापन एजेंसियों की स्थापना होने लगी। सन् 1939 - 40 में आई. एन. एस. से मान्यता प्राप्त विज्ञापन एजेंसियों की संख्या 14 थी जो 1947 में बढ़कर 45 हो गई। वर्तमान में लिंटास, एच. टी. ए., कान्ट्रेक्ट, सिस्टा, जैसी सैकड़ों ऐसी विज्ञापन एजेंसियाँ कार्यरत हैं जो करोड़ों रुपए का वार्षिक व्यापार कर रही हैं। वर्तमान में भारतीय विज्ञापन एजेंसियाँ पूरी तरह से व्यावसायिकता की दौड़ में सम्मिलित हो चुकी हैं। अपनी कार्यकुशलता एवं उपयोगिता के कारण विज्ञापन एजेंसियाँ आज किसी भी व्यवसाय अथवा 'मार्केटिंग' में अपनी प्रमुख भूमिका अदा कर रही हैं।

सन् 1905 में आधुनिक विज्ञापन की पहली एजेंसी भारत में बी. दत्ता राम एण्ड कम्पनी थी। विशेषकर द्वितीय महायुद्ध के बाद जब औद्यीगीकरण भारत में आरम्भ होने लगा और व्यापार को भी आधुनिक तरीकों से चलाया जाने लगा तो विज्ञापन एजेंसियों की संख्या में भी बढ़ोतरी हुई है। 1995 के आँकड़ों के अनुसार कई बड़ी विज्ञापन एजेंसियाँ हैं जिनमें से कई का व्यापार सैकड़ों करोड़ प्रतिवर्ष चल रहा है, उदाहरणार्थ 10 ऐसी एजंसियाँ थीं जिनका वार्षिक व्यापार 400 करोड़ रूपए से ज्यादा था-लिंटास (61.3 करोड), एच.टी.ए. (66 करोड), मुद्रा (40 करोड), ओ. बी. एम. (34.4 करोड), क्लेरियन (32.2) एवरेस्ट (27), आर. के. स्वामी (25), कान्ट्रेक्ट (20), सिस्टा (18) और चैत्रा (16.5)।

पहले की एजेंसियाँ छोटी होती थीं, उनमें एक-दो अथवा दो-चार लोग काम करते थे और उनका मुख्य काम पत्र पत्रिकाओं में स्थान खरीदकर विज्ञापनदाताओं को बेचना था। दूसरे दौर तक आते- आते इन्होंने कलाकारों, पेन्टरों को सेवारत करके चित्रमय विज्ञापन शुरू कर दिए और विज्ञापन तैयार करके समाचार-पत्रों को भेजना आरम्भ किया। फिर कॉपी राइटिंग (प्रतिलेखन) का उत्तरदायित्व सँभाल लिया और इस तरह विज्ञापन एजेंसियों के कार्य का विस्तार होता चला गया। उनकी आर्थिक क्षमता, आय, निवेश, मानव संसाधन के साथ-साथ व्यावसायिक स्तर को विकास होता गया।

भारत में वर्तमान में विज्ञापन एजेंसियाँ जिस आधुनिक एवं वैज्ञानिक तरीके से काम कर रही हैं उनकी तुलना किसी भी विकसित राष्ट्र की विज्ञापन एजेंसी से की जा सकती है। उनकी कल्पना, सृजना और प्रस्तुति उच्च स्तर की है। दैनिक जीवन में काम आने वाली छोटी से छोटी वस्तु से लेकर बड़ी से बड़ी औद्योगिक वस्तुओं के विज्ञापन बड़े बेमिसाल ढंग से दिए जा रहे हैं। बाजार, उद्योग, व्यापार जैसे विज्ञापन के बिना सम्भव ही नहीं है ऐसी स्थिति उत्पन्न हो गई है।

विज्ञापन उद्योग के तीन महत्वपूर्ण अवयव हैं जो एक-दूसरे पर निर्भर हैं—

(क) माध्यम मीडिया

(ख) विज्ञापन एजेंसियाँ

(ग) विज्ञापनदाता

विज्ञापन एजेंसियाँ दो तरह की हैं-एक तो वे जो स्वतंत्र व्यवसाय के रूप में स्थापित हैं और किसी भी विज्ञापनदाता अथवा ग्राहक को धन के बदले अपनी विज्ञापन कला बेच सकती हैं और ग्राहक की बिक्री बढ़ाकर ऐसे भी संतुष्ट करती हैं।

दूसरी एजेंसी वह है जो मात्र अपनी स्वामी कम्पनी की ही सेवा करती है। अर्थात् बड़ी कम्पनियाँ अपने व्यापार विकास हेतु अपना ही एक विज्ञापन विभाग खोल लेती हैं जो 'अपनी एजेंसी' के रूप में काम करता रहता है।